浙江丰国律师事务所 **资助出版**

本书编委会

主　编　陈松涛

副主编　王旭山

编　委　庞　越　胡美玉

　　　　李江华　曹奔靖

浙江省劳动争议处理

主　　编　陈松涛

副 主 编　王旭山

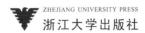

ZHEJIANG UNIVERSITY PRESS
浙江大学出版社

目　录

一、综合性规定

中华人民共和国劳动法
（2009 年修正）

发文机关：全国人大常委会　　　　　文号：主席令第 18 号
发文日期：2009 年 8 月 27 日　　　　生效日期：2009 年 8 月 27 日

第一章　总　　则

第一条　为了保护劳动者的合法权益，调整劳动关系，建立和维护适应社会主义市场经济的劳动制度，促进经济发展和社会进步，根据宪法，制定本法。

第二条　在中华人民共和国境内的企业、个体经济组织（以下统称用人单位）和与之形成劳动关系的劳动者，适用本法。

国家机关、事业组织、社会团体和与之建立劳动合同关系的劳动者，依照本法执行。

第三条　劳动者享有平等就业和选择职业的权利、取得劳动报酬的权利、休息休假的权利、获得劳动安全卫生保护的权利、接受职业技能培训的权利、享受社会保险和福利的权利、提请劳动争议处理的权利以及法律规定的其他劳动权利。

劳动者应当完成劳动任务，提高职业技能，执行劳动安全卫生规程，遵守劳动纪律和职业道德。

第四条　用人单位应当依法建立和完善规章制度，保障劳动者享有劳动权利和履行劳动义务。

第五条　国家采取各种措施，促进劳动就业，发展职业教育，制定劳动标准，调节社会收入，完善社会保险，协调劳动关系，逐步提高劳动者的生活水平。

第六条　国家提倡劳动者参加社会义务劳动，开展劳动竞赛和合理化建议活动，鼓励和保护劳动者进行科学研究、技术革新和发明创造，表彰和奖励劳动模范和先进工作者。

第七条　劳动者有权依法参加和组织工会。

工会代表和维护劳动者的合法权益，依法独立自主地开展活动。

第八条 劳动者依照法律规定,通过职工大会、职工代表大会或者其他形式,参与民主管理或者就保护劳动者合法权益与用人单位进行平等协商。

第九条 国务院劳动行政部门主管全国劳动工作。

县级以上地方人民政府劳动行政部门主管本行政区域内的劳动工作。

第二章 促进就业

第十条 国家通过促进经济和社会发展,创造就业条件,扩大就业机会。

国家鼓励企业、事业组织、社会团体在法律、行政法规规定的范围内兴办产业或者拓展经营,增加就业。

国家支持劳动者自愿组织起来就业和从事个体经营实现就业。

第十一条 地方各级人民政府应当采取措施,发展多种类型的职业介绍机构,提供就业服务。

第十二条 劳动者就业,不因民族、种族、性别、宗教信仰不同而受歧视。

第十三条 妇女享有与男子平等的就业权利。在录用职工时,除国家规定的不适合妇女的工种或者岗位外,不得以性别为由拒绝录用妇女或者提高对妇女的录用标准。

第十四条 残疾人、少数民族人员、退出现役的军人的就业,法律、法规有特别规定的,从其规定。

第十五条 禁止用人单位招用未满十六周岁的未成年人。

文艺、体育和特种工艺单位招用未满十六周岁的未成年人,必须依照国家有关规定,履行审批手续,并保障其接受义务教育的权利。

第三章 劳动合同和集体合同

第十六条 劳动合同是劳动者与用人单位确立劳动关系、明确双方权利和义务的协议。

建立劳动关系应当订立劳动合同。

第十七条 订立和变更劳动合同,应当遵循平等自愿、协商一致的原则,不得违反法律、行政法规的规定。

劳动合同依法订立即具有法律约束力,当事人必须履行劳动合同规定的义务。

第十八条 下列劳动合同无效:

(一)违反法律、行政法规的劳动合同;

(二)采取欺诈、威胁等手段订立的劳动合同。

无效的劳动合同,从订立的时候起,就没有法律约束力。确认劳动合同部分无效的,如果不影响其余部分的效力,其余部分仍然有效。

劳动合同的无效,由劳动争议仲裁委员会或者人民法院确认。

第十九条 劳动合同应当以书面形式订立,并具备以下条款:

(一)劳动合同期限;

(二)工作内容;

(三)劳动保护和劳动条件;

(四)劳动报酬;

(五)劳动纪律;

(六)劳动合同终止的条件;

(七)违反劳动合同的责任。

劳动合同除前款规定的必备条款外,当事人可以协商约定其他内容。

第二十条 劳动合同的期限分为有固定期限、无固定期限和以完成一定的工作为期限。

劳动者在同一用人单位连续工作满十年以上,当事人双方同意续延劳动合同的,如果劳动者提出订立无固定期限的劳动合同,应当订立无固定期限的劳动合同。

第二十一条 劳动合同可以约定试用期。试用期最长不得超过六个月。

第二十二条 劳动合同当事人可以在劳动合同中约定保守用人单位商业秘密的有关事项。

第二十三条 劳动合同期满或者当事人约定的劳动合同终止条件出现,劳动合同即行终止。

第二十四条 经劳动合同当事人协商一致,劳动合同可以解除。

第二十五条 劳动者有下列情形之一的,用人单位可以解除劳动合同:

(一)在试用期间被证明不符合录用条件的;

(二)严重违反劳动纪律或者用人单位规章制度的;

(三)严重失职,营私舞弊,对用人单位利益造成重大损害的;

(四)被依法追究刑事责任的。

第二十六条 有下列情形之一的,用人单位可以解除劳动合同,但是应当提前三十日以书面形式通知劳动者本人:

(一)劳动者患病或者非因工负伤,医疗期满后,不能从事原工作也不能从事由用人单位另行安排的工作的;

(二)劳动者不能胜任工作,经过培训或者调整工作岗位,仍不能胜任工作的;

(三)劳动合同订立时所依据的客观情况发生重大变化,致使原劳动合同无法履行,经当事人协商不能就变更劳动合同达成协议的。

第二十七条 用人单位濒临破产进行法定整顿期间或者生产经营状况发生严重困难,确需裁减人员的,应当提前三十日向工会或者全体职工说明情况,听取工会或者职工的意见,经向劳动行政部门报告后,可以裁减人员。

用人单位依据本条规定裁减人员,在六个月内录用人员的,应当优先录用被裁减的人员。

第二十八条 用人单位依据本法第二十四条、第二十六条、第二十七条的规定解除劳动合同的,应当依照国家有关规定给予经济补偿。

第二十九条 劳动者有下列情形之一的,用人单位不得依据本法第二十六条、第二十七条的规定解除劳动合同:

(一)患职业病或者因工负伤并被确认丧失或者部分丧失劳动能力的;

(二)患病或者负伤,在规定的医疗期内的;

(三)女职工在孕期、产期、哺乳期内的;

(四)法律、行政法规规定的其他情形。

第三十条 用人单位解除劳动合同,工会认为不适当的,有权提出意见。如果用人单位违反法律、法规或者劳动合同,工会有权要求重新处理;劳动者申请仲裁或者提起诉讼的,工会应当依法给予支持和帮助。

第三十一条 劳动者解除劳动合同,应当提前三十日以书面形式通知用人单位。

第三十二条 有下列情形之一的,劳动者可以随时通知用人单位解除劳动合同:

(一)在试用期内的;

(二)用人单位以暴力、威胁或者非法限制人身自由的手段强迫劳动的;

(三)用人单位未按照劳动合同约定支付劳动报酬或者提供劳动条件的。

第三十三条 企业职工一方与企业可以就劳动报酬、工作时间、休息休假、劳动安全卫生、保险福利等事项,签订集体合同。集体合同草案应当提交职工代表大会或者全体职工讨论通过。

集体合同由工会代表职工与企业签订;没有建立工会的企业,由职工推举的代表与企业签订。

第三十四条 集体合同签订后应当报送劳动行政部门;劳动行政部门自收到集体合同文本之日起十五日内未提出异议的,集体合同即行生效。

第三十五条 依法签订的集体合同对企业和企业全体职工具有约束力。职工个人与企业订立的劳动合同中劳动条件和劳动报酬等标准不得低于集体合同的规定。

第四章　工作时间和休息休假

第三十六条 国家实行劳动者每日工作时间不超过八小时、平均每周工作时间不超过四十四小时的工时制度。

第三十七条 对实行计件工作的劳动者,用人单位应当根据本法第三十六条规定的工时制度合理确定其劳动定额和计件报酬标准。

第三十八条 用人单位应当保证劳动者每周至少休息一日。

第三十九条 企业因生产特点不能实行本法第三十六条、第三十八条规定的,经劳动行政部门批准,可以实行其他工作和休息办法。

第四十条 用人单位在下列节日期间应当依法安排劳动者休假:

(一)元旦;

(二)春节;

(三)国际劳动节;

(四)国庆节;

(五)法律、法规规定的其他休假节日。

第四十一条 用人单位由于生产经营需要,经与工会和劳动者协商后可以延长工作时间,一般每日不得超过一小时;因特殊原因需要延长工作时间的,在保障劳动者身体健康的条件下延长工作时间每日不得超过三小时,但是每月不得超过三十六小时。

第四十二条 有下列情形之一的,延长工作时间不受本法第四十一条规定的限制:

(一)发生自然灾害、事故或者因其他原因,威胁劳动者生命健康和财产安全,需要紧急处理的;

(二)生产设备、交通运输线路、公共设施发生故障,影响生产和公众利益,必须及时抢修的;

(三)法律、行政法规规定的其他情形。

第四十三条 用人单位不得违反本法规定延长劳动者的工作时间。

第四十四条 有下列情形之一的,用人单位应当按照下列标准支付高于劳动者正常工作时间工资的工资报酬:

(一)安排劳动者延长工作时间的,支付不低于工资的百分之一百五十的工资报酬;

(二)休息日安排劳动者工作又不能安排补休的,支付不低于工资的百分之二百的工资报酬;

(三)法定休假日安排劳动者工作的,支付不低于工资的百分之三百的工资报酬。

第四十五条 国家实行带薪年休假制度。

劳动者连续工作一年以上的,享受带薪年休假。具体办法由国务院规定。

第五章 工资

第四十六条 工资分配应当遵循按劳分配原则,实行同工同酬。

工资水平在经济发展的基础上逐步提高。国家对工资总量实行宏观调控。

第四十七条 用人单位根据本单位的生产经营特点和经济效益,依法自主确定本单位的工资分配方式和工资水平。

第四十八条　国家实行最低工资保障制度。最低工资的具体标准由省、自治区、直辖市人民政府规定,报国务院备案。

用人单位支付劳动者的工资不得低于当地最低工资标准。

第四十九条　确定和调整最低工资标准应当综合参考下列因素:

(一)劳动者本人及平均赡养人口的最低生活费用;

(二)社会平均工资水平;

(三)劳动生产率;

(四)就业状况;

(五)地区之间经济发展水平的差异。

第五十条　工资应当以货币形式按月支付给劳动者本人。不得克扣或者无故拖欠劳动者的工资。

第五十一条　劳动者在法定休假日和婚丧假期间以及依法参加社会活动期间,用人单位应当依法支付工资。

第六章　劳动安全卫生

第五十二条　用人单位必须建立、健全劳动安全卫生制度,严格执行国家劳动安全卫生规程和标准,对劳动者进行劳动安全卫生教育,防止劳动过程中的事故,减少职业危害。

第五十三条　劳动安全卫生设施必须符合国家规定的标准。

新建、改建、扩建工程的劳动安全卫生设施必须与主体工程同时设计、同时施工、同时投入生产和使用。

第五十四条　用人单位必须为劳动者提供符合国家规定的劳动安全卫生条件和必要的劳动防护用品,对从事有职业危害作业的劳动者应当定期进行健康检查。

第五十五条　从事特种作业的劳动者必须经过专门培训并取得特种作业资格。

第五十六条　劳动者在劳动过程中必须严格遵守安全操作规程。

劳动者对用人单位管理人员违章指挥、强令冒险作业,有权拒绝执行;对危害生命安全和身体健康的行为,有权提出批评、检举和控告。

第五十七条　国家建立伤亡事故和职业病统计报告和处理制度。县级以上各级人民政府劳动行政部门、有关部门和用人单位应当依法对劳动者在劳动过程中发生的伤亡事故和劳动者的职业病状况,进行统计、报告和处理。

第七章　女职工和未成年工特殊保护

第五十八条　国家对女职工和未成年工实行特殊劳动保护。

未成年工是指年满十六周岁未满十八周岁的劳动者。

第五十九条 禁止安排女职工从事矿山井下、国家规定的第四级体力劳动强度的劳动和其他禁忌从事的劳动。

第六十条 不得安排女职工在经期从事高处、低温、冷水作业和国家规定的第三级体力劳动强度的劳动。

第六十一条 不得安排女职工在怀孕期间从事国家规定的第三级体力劳动强度的劳动和孕期禁忌从事的劳动。对怀孕七个月以上的女职工,不得安排其延长工作时间和夜班劳动。

第六十二条 女职工生育享受不少于九十天的产假。

第六十三条 不得安排女职工在哺乳未满一周岁的婴儿期间从事国家规定的第三级体力劳动强度的劳动和哺乳期禁忌从事的其他劳动,不得安排其延长工作时间和夜班劳动。

第六十四条 不得安排未成年工从事矿山井下、有毒有害、国家规定的第四级体力劳动强度的劳动和其他禁忌从事的劳动。

第六十五条 用人单位应当对未成年工定期进行健康检查。

第八章　职业培训

第六十六条 国家通过各种途径,采取各种措施,发展职业培训事业,开发劳动者的职业技能,提高劳动者素质,增强劳动者的就业能力和工作能力。

第六十七条 各级人民政府应当把发展职业培训纳入社会经济发展的规划,鼓励和支持有条件的企业、事业组织、社会团体和个人进行各种形式的职业培训。

第六十八条 用人单位应当建立职业培训制度,按照国家规定提取和使用职业培训经费,根据本单位实际,有计划地对劳动者进行职业培训。

从事技术工种的劳动者,上岗前必须经过培训。

第六十九条 国家确定职业分类,对规定的职业制定职业技能标准,实行职业资格证书制度,由经过政府批准的考核鉴定机构负责对劳动者实施职业技能考核鉴定。

第九章　社会保险和福利

第七十条 国家发展社会保险事业,建立社会保险制度,设立社会保险基金,使劳动者在年老、患病、工伤、失业、生育等情况下获得帮助和补偿。

第七十一条 社会保险水平应当与社会经济发展水平和社会承受能力相适应。

第七十二条 社会保险基金按照保险类型确定资金来源,逐步实行社会统筹。用人单位和劳动者必须依法参加社会保险,缴纳社会保险费。

第七十三条 劳动者在下列情形下,依法享受社会保险待遇:

(一)退休;

(二)患病、负伤;

(三)因工伤残或者患职业病;

(四)失业;

(五)生育。

劳动者死亡后,其遗属依法享受遗属津贴。

劳动者享受社会保险待遇的条件和标准由法律、法规规定。

劳动者享受的社会保险金必须按时足额支付。

第七十四条 社会保险基金经办机构依照法律规定收支、管理和运营社会保险基金,并负有使社会保险基金保值增值的责任。

社会保险基金监督机构依照法律规定,对社会保险基金的收支、管理和运营实施监督。

社会保险基金经办机构和社会保险基金监督机构的设立和职能由法律规定。

任何组织和个人不得挪用社会保险基金。

第七十五条 国家鼓励用人单位根据本单位实际情况为劳动者建立补充保险。

国家提倡劳动者个人进行储蓄性保险。

第七十六条 国家发展社会福利事业,兴建公共福利设施,为劳动者休息、休养和疗养提供条件。

用人单位应当创造条件,改善集体福利,提高劳动者的福利待遇。

第十章 劳动争议

第七十七条 用人单位与劳动者发生劳动争议,当事人可以依法申请调解、仲裁、提起诉讼,也可以协商解决。

调解原则适用于仲裁和诉讼程序。

第七十八条 解决劳动争议,应当根据合法、公正、及时处理的原则,依法维护劳动争议当事人的合法权益。

第七十九条 劳动争议发生后,当事人可以向本单位劳动争议调解委员会申请调解;调解不成,当事人一方要求仲裁的,可以向劳动争议仲裁委员会申请仲裁。当事人一方也可以直接向劳动争议仲裁委员会申请仲裁。对仲裁裁决不服的,可以向人民法院提起诉讼。

第八十条 在用人单位内,可以设立劳动争议调解委员会。劳动争议调解委员会由职工代表、用人单位代表和工会代表组成。劳动争议调解委员会主任由工会代表担任。

劳动争议经调解达成协议的,当事人应当履行。

第八十一条　劳动争议仲裁委员会由劳动行政部门代表、同级工会代表、用人单位方面的代表组成。劳动争议仲裁委员会主任由劳动行政部门代表担任。

第八十二条　提出仲裁要求的一方应当自劳动争议发生之日起六十日内向劳动争议仲裁委员会提出书面申请。仲裁裁决一般应在收到仲裁申请的六十日内作出。对仲裁裁决无异议的,当事人必须履行。

第八十三条　劳动争议当事人对仲裁裁决不服的,可以自收到仲裁裁决书之日起十五日内向人民法院提起诉讼。一方当事人在法定期限内不起诉又不履行仲裁裁决的,另一方当事人可以申请人民法院强制执行。

第八十四条　因签订集体合同发生争议,当事人协商解决不成的,当地人民政府劳动行政部门可以组织有关各方协调处理。

因履行集体合同发生争议,当事人协商解决不成的,可以向劳动争议仲裁委员会申请仲裁;对仲裁裁决不服的,可以自收到仲裁裁决书之日起十五日内向人民法院提起诉讼。

第十一章　监督检查

第八十五条　县级以上各级人民政府劳动行政部门依法对用人单位遵守劳动法律、法规的情况进行监督检查,对违反劳动法律、法规的行为有权制止,并责令改正。

第八十六条　县级以上各级人民政府劳动行政部门监督检查人员执行公务,有权进入用人单位了解执行劳动法律、法规的情况,查阅必要的资料,并对劳动场所进行检查。

县级以上各级人民政府劳动行政部门监督检查人员执行公务,必须出示证件,秉公执法并遵守有关规定。

第八十七条　县级以上各级人民政府有关部门在各自职责范围内,对用人单位遵守劳动法律、法规的情况进行监督。

第八十八条　各级工会依法维护劳动者的合法权益,对用人单位遵守劳动法律、法规的情况进行监督。

任何组织和个人对于违反劳动法律、法规的行为有权检举和控告。

第十二章　法律责任

第八十九条　用人单位制定的劳动规章制度违反法律、法规规定的,由劳动行政部门给予警告,责令改正;对劳动者造成损害的,应当承担赔偿责任。

第九十条　用人单位违反本法规定,延长劳动者工作时间的,由劳动行政部门给予警告,责令改正,并可以处以罚款。

第九十一条 用人单位有下列侵害劳动者合法权益情形之一的,由劳动行政部门责令支付劳动者的工资报酬、经济补偿,并可以责令支付赔偿金:

(一)克扣或者无故拖欠劳动者工资的;

(二)拒不支付劳动者延长工作时间工资报酬的;

(三)低于当地最低工资标准支付劳动者工资的;

(四)解除劳动合同后,未依照本法规定给予劳动者经济补偿的。

第九十二条 用人单位的劳动安全设施和劳动卫生条件不符合国家规定或者未向劳动者提供必要的劳动防护用品和劳动保护设施的,由劳动行政部门或者有关部门责令改正,可以处以罚款;情节严重的,提请县级以上人民政府决定责令停产整顿;对事故隐患不采取措施,致使发生重大事故,造成劳动者生命和财产损失的,对责任人员依照刑法有关规定追究刑事责任。

第九十三条 用人单位强令劳动者违章冒险作业,发生重大伤亡事故,造成严重后果的,对责任人员依法追究刑事责任。

第九十四条 用人单位非法招用未满十六周岁的未成年人的,由劳动行政部门责令改正,处以罚款;情节严重的,由工商行政管理部门吊销营业执照。

第九十五条 用人单位违反本法对女职工和未成年工的保护规定,侵害其合法权益的,由劳动行政部门责令改正,处以罚款;对女职工或者未成年工造成损害的,应当承担赔偿责任。

第九十六条 用人单位有下列行为之一,由公安机关对责任人员处以十五日以下拘留、罚款或者警告;构成犯罪的,对责任人员依法追究刑事责任:

(一)以暴力、威胁或者非法限制人身自由的手段强迫劳动的;

(二)侮辱、体罚、殴打、非法搜查和拘禁劳动者的。

第九十七条 由于用人单位的原因订立的无效合同,对劳动者造成损害的,应当承担赔偿责任。

第九十八条 用人单位违反本法规定的条件解除劳动合同或者故意拖延不订立劳动合同的,由劳动行政部门责令改正;对劳动者造成损害的,应当承担赔偿责任。

第九十九条 用人单位招用尚未解除劳动合同的劳动者,对原用人单位造成经济损失的,该用人单位应当依法承担连带赔偿责任。

第一百条 用人单位无故不缴纳社会保险费的,由劳动行政部门责令其限期缴纳,逾期不缴的,可以加收滞纳金。

第一百零一条 用人单位无理阻挠劳动行政部门、有关部门及其工作人员行使监督检查权,打击报复举报人员的,由劳动行政部门或者有关部门处以罚款;构成犯罪的,对责任人员依法追究刑事责任。

第一百零二条 劳动者违反本法规定的条件解除劳动合同或者违反劳动合同中

约定的保密事项,对用人单位造成经济损失的,应当依法承担赔偿责任。

第一百零三条 劳动行政部门或者有关部门的工作人员滥用职权、玩忽职守、徇私舞弊,构成犯罪的,依法追究刑事责任;不构成犯罪的,给予行政处分。

第一百零四条 国家工作人员和社会保险基金经办机构的工作人员挪用社会保险基金,构成犯罪的,依法追究刑事责任。

第一百零五条 违反本法规定侵害劳动者合法权益,其他法律、行政法规已规定处罚的,依照该法律、行政法规的规定处罚。

第十三章　附　则

第一百零六条 省、自治区、直辖市人民政府根据本法和本地区的实际情况,规定劳动合同制度的实施步骤,报国务院备案。

第一百零七条 本法自 1995 年 1 月 1 日起施行。

劳动部关于贯彻执行
《中华人民共和国劳动法》若干问题的意见

发文机关：劳动部　　　　　　　　　　文号：劳部发〔1995〕309 号
发文日期：1995 年 8 月 4 日　　　　　生效日期：1995 年 8 月 4 日

《中华人民共和国劳动法》(以下简称劳动法)已于 1995 年 1 月 1 日起施行，现就劳动法在贯彻执行中遇到的若干问题提出以下意见。

一、适用范围

1.劳动法第二条中的"个体经济组织"是指一般雇工在七人以下的个体工商户。

2.中国境内的企业、个体经济组织与劳动者之间，只要形成劳动关系，即劳动者事实上已成为企业、个体经济组织的成员，并为其提供有偿劳动，适用劳动法。

3.国家机关、事业组织、社会团体实行劳动合同制度的以及按规定应实行劳动合同制度的工勤人员；实行企业化管理的事业组织的人员；其他通过劳动合同与国家机关、事业组织、社会团体建立劳动关系的劳动者，适用劳动法。

4.公务员和比照实行公务员制度的事业组织和社会团体的工作人员，以及农村劳动者(乡镇企业职工和进城务工、经商的农民除外)、现役军人和家庭保姆等不适用劳动法。

5.中国境内的企业、个体经济组织在劳动法中被称为用人单位。国家机关、事业组织、社会团体和与之建立劳动合同关系的劳动者依照劳动法执行。根据劳动法的这一规定，国家机关、事业组织、社会团体应当视为用人单位。

二、劳动合同和集体合同

(一)劳动合同的订立

6.用人单位应与其富余人员、放长假的职工，签订劳动合同，但其劳动合同与在岗职工的劳动合同在内容上可以有所区别。用人单位与劳动者经协商一致可以在劳动合同中就不在岗期间的有关事项作出规定。

7.用人单位应与其长期被外单位借用的人员、带薪上学人员以及其他非在岗但仍保持劳动关系的人员签订劳动合同，但在外借和上学期间，劳动合同中的某些相关条款经双方协商可以变更。

8.请长病假的职工,在病假期间与原单位保持着劳动关系,用人单位应与其签订劳动合同。

9.原固定工中经批准的停薪留职人员,愿意回原单位继续工作的,原单位应与其签订劳动合同;不愿回原单位继续工作的,原单位可以与其解除劳动关系。

10.根据劳动部《实施〈劳动法〉中有关劳动合同问题的解答》(劳部发〔1995〕202号)的规定,党委书记、工会主席等党群专职人员也是职工的一员,依照劳动法的规定,与用人单位签订劳动合同。对于有特殊规定的,可以按有关规定办理。

11.根据劳动部《实施〈劳动法〉中有关劳动合同问题的解答》(劳部发〔1995〕202号)的规定,经理由其上级部门聘任(委任)的,应与聘任(委任)部门签订劳动合同。实行公司制的经理和有关经营管理人员,应依照《中华人民共和国公司法》的规定与董事会签订劳动合同。

12.在校生利用业余时间勤工助学,不视为就业,未建立劳动关系,可以不签订劳动合同。

13.用人单位发生分立或合并后,分立或合并后的用人单位可依据其实际情况与原用人单位的劳动者遵循平等自愿、协商一致的原则变更原劳动合同。

14.派出到合资、参股单位的职工如果与原单位仍保持着劳动关系,应当与原单位签订劳动合同,原单位可就劳动合同的有关内容在与合资、参股单位订立劳务合同时,明确职工的工资、保险、福利、休假等有关待遇。

15.租赁经营(生产)、承包经营(生产)的企业,所有权并没有发生改变,法人名称未变,在与职工订立劳动合同时,该企业仍为用人单位一方。依照租赁合同或承包合同,租赁人、承包人如果作为该企业的法定代表人或者该法定代表人的授权委托人时,可代表该企业(用人单位)与劳动者订立劳动合同。

16.用人单位与劳动者签订劳动合同时,劳动合同可以由用人单位拟定,也可以由双方当事人共同拟定,但劳动合同必须经双方当事人协商一致后才能签订,职工被迫签订的劳动合同或未经协商一致签订的劳动合同为无效劳动合同。

17.用人单位与劳动者之间形成了事实劳动关系,而用人单位故意拖延不订立劳动合同,劳动行政部门应予以纠正。用人单位因此给劳动者造成损害的,应按劳动部《违反〈劳动法〉有关劳动合同规定的赔偿办法》(劳部发〔1995〕223号)的规定进行赔偿。

(二)劳动合同的内容

18.劳动者被用人单位录用后,双方可以在劳动合同中约定试用期,试用期应包括在劳动合同期限内。

19.试用期是用人单位和劳动者为相互了解、选择而约定的不超过六个月的考察期。一般对初次就业或再次就业的职工可以约定。在原固定工进行劳动合同制度的转制过程中,用人单位与原固定工签订劳动合同时,可以不再约定试用期。

20.无固定期限的劳动合同是指不约定终止日期的劳动合同。按照平等自愿、协商一致的原则,用人单位和劳动者只要达成一致,无论是初次就业的,还是由固定工转制的,都可以签订无固定期限的劳动合同。

无固定期限的劳动合同不得将法定解除条件约定为终止条件,以规避解除劳动合同时用人单位应承担支付给劳动者经济补偿的义务。

21.用人单位经批准招用农民工,其劳动合同期限可以由用人单位和劳动者协商确定。

从事矿山井下以及在其他有害身体健康的工种、岗位工作的农民工,实行定期轮换制度,合同期限最长不超过八年。

22.劳动法第二十条中的"在同一用人单位连续工作满十年以上"是指劳动者与同一用人单位签订的劳动合同的期限不间断达到十年,劳动合同期满双方同意续订劳动合同时,只要劳动者提出签订无固定期限劳动合同的,用人单位应当与其签订无固定期限的劳动合同。在固定工转制中各地如有特殊规定的,从其规定。

23.用人单位用于劳动者职业技能培训费用的支付和劳动者违约时培训费的赔偿可以在劳动合同中约定,但约定劳动者违约时负担的培训费和赔偿金的标准不得违反劳动部《违反〈劳动法〉有关劳动合同规定的赔偿办法》(劳部发〔1995〕223号)等有关规定。

24.用人单位在与劳动者订立劳动合同时,不得以任何形式向劳动者收取定金、保证金(物)或抵押金(物)。对违反以上规定的,应按照劳动部、公安部、全国总工会《关于加强外商投资企业和私营企业劳动管理切实保障职工合法权益的通知》(劳部发〔1994〕118号)和劳动部办公厅《对"关于国有企业和集体所有制企业能否参照执行劳部发〔1994〕118号文件中的有关规定的请示"的复函》(劳办发〔1994〕256号)的规定,由公安部门和劳动行政部门责令用人单位立即退还给劳动者本人。

(三)经济性裁员

25.依据劳动法第二十七条和劳动部《企业经济性裁减人员规定》(劳部发〔1994〕447号)第四条的规定,用人单位确需裁减人员,应按下列程序进行:

(1)提前三十日向工会或全体职工说明情况,并提供有关生产经营状况的资料;

(2)提出裁减人员方案,内容包括:被裁减人员名单、裁减时间及实施步骤,符合法律、法规规定和集体合同约定的被裁减人员的经济补偿办法;

(3)将裁减人员方案征求工会或者全体职工的意见,并对方案进行修改和完善;

(4)向当地劳动行政部门报告裁减人员方案以及工会或者全体职工的意见,并听取劳动行政部门的意见;

(5)由用人单位正式公布裁减人员方案,与被裁减人员办理解除劳动合同手续,按照有关规定向被裁减人员本人支付经济补偿金,并出具裁减人员证明书。

(四)劳动合同的解除和无效劳动合同

26.劳动合同的解除是指劳动合同订立后,尚未全部履行以前,由于某种原因导致劳动合同一方或双方当事人提前消灭劳动关系的法律行为。劳动合同的解除分为法定解除和约定解除两种。根据劳动法的规定,劳动合同既可以由单方依法解除,也可以双方协商解除。劳动合同的解除,只对未履行的部分发生效力,不涉及已履行的部分。

27.无效劳动合同是指所订立的劳动合同不符合法定条件,不能发生当事人预期的法律后果的劳动合同。劳动合同的无效由人民法院或劳动争议仲裁委员会确认,不能由合同双方当事人决定。

28.劳动者涉嫌违法犯罪被有关机关收容审查、拘留或逮捕的,用人单位在劳动者被限制人身自由期间,可与其暂时停止劳动合同的履行。

暂时停止履行劳动合同期间,用人单位不承担劳动合同规定的相应义务。劳动者经证明被错误限制人身自由的,暂时停止履行劳动合同期间劳动者的损失,可由其依据《国家赔偿法》要求有关部门赔偿。

29.劳动者被依法追究刑事责任的,用人单位可依据劳动法第二十五条解除劳动合同。

"被依法追究刑事责任"是指:被人民检察院免予起诉的、被人民法院判处刑罚的、被人民法院依据刑法第三十二条免予刑事处分的。

劳动者被人民法院判处拘役、三年以下有期徒刑缓刑的,用人单位可以解除劳动合同。

30.劳动法第二十五条为用人单位可以解除劳动合同的条款,即使存在第二十九条规定的情况,只要劳动者同时存在第二十五条规定的四种情形之一,用人单位也可以根据第二十五条的规定解除劳动合同。

31.劳动者被劳动教养的,用人单位可以依据被劳教的事实解除与该劳动者的劳动合同。

32.按照劳动法第三十一条的规定,劳动者解除劳动合同,应当提前三十日以书面形式通知用人单位。超过三十日,劳动者可以向用人单位提出办理解除劳动合同手续,用人单位予以办理。如果劳动者违法解除劳动合同给原用人单位造成经济损失,应当承担赔偿责任。

33.劳动者违反劳动法规定或劳动合同的约定解除劳动合同(如擅自离职),给用人单位造成经济损失的,应当根据劳动法第一百零二条和劳动部《违反〈劳动法〉有关劳动合同规定的赔偿办法》(劳部发〔1995〕223号)的规定,承担赔偿责任。

34.除劳动法第二十五条规定的情形外,劳动者在医疗期、孕期、产期和哺乳期内,劳动合同期限届满时,用人单位不得终止劳动合同。劳动合同的期限应自动延续至医疗期、孕期、产期和哺乳期期满为止。

35.请长病假的职工在医疗期满后,能从事原工作的,可以继续履行劳动合同;医疗期满后仍不能从事原工作也不能从事由单位另行安排的工作的,由劳动鉴定委员会参照工伤与职业病致残程度鉴定标准进行劳动能力鉴定。被鉴定为一至四级的,应当退出劳动岗位,解除劳动关系,办理因病或非因工负伤退休退职手续,享受相应的退休退职待遇;被鉴定为五至十级的,用人单位可以解除劳动合同,并按规定支付经济补偿金和医疗补助费。

(五)解除劳动合同的经济补偿

36.用人单位依据劳动法第二十四条、第二十六条、第二十七条的规定解除劳动合同,应当按照劳动法和劳动部《违反和解除劳动合同的经济补偿办法》(劳部发〔1994〕481号)支付劳动者经济补偿金。

37.根据《民法通则》第四十四条第二款"企业法人分立、合并,它的权利和义务由变更后的法人享有和承担"的规定,用人单位发生分立或合并后,分立或合并后的用人单位可依据其实际情况与原用人单位的劳动者遵循平等自愿、协商一致的原则变更、解除或重新签订劳动合同。在此种情况下重新签订的劳动合同视为原劳动合同的变更,用人单位变更劳动合同,劳动者不能依据劳动法第二十八条要求经济补偿。

38.劳动合同期满或者当事人约定的劳动合同终止条件出现,劳动合同即行终止,用人单位可以不支付劳动者经济补偿金。国家另有规定的,可以从其规定。

39.用人单位依据劳动法第二十五条解除劳动合同,可以不支付劳动者经济补偿金。

40.劳动者依据劳动法第三十二条第(一)项解除劳动合同,用人单位可以不支付经济补偿金,但应按照劳动者的实际工作天数支付工资。

41.在原固定工实行劳动合同制度的过程中,企业富余职工辞职,经企业同意可以不与企业签订劳动合同的,企业应根据《国有企业富余职工安置规定》(国务院令第111号,1993年公布)发给劳动者一次性生活补助费。

42.职工在接近退休年龄(按有关规定一般为五年以内)时因劳动合同到期终止劳动合同的,如果符合退休、退职条件,可以办理退休、退职手续;不符合退休、退职条件的,在终止劳动合同后按规定领取失业救济金。享受失业救济金的期限届满后仍未就业,符合社会救济条件的,可以按规定领取社会救济金,达到退休年龄时办理退休手续,领取养老保险金。

43.劳动合同解除后,用人单位对符合规定的劳动者应支付经济补偿金。不能因劳动者领取了失业救济金而拒付或克扣经济补偿金,失业保险机构也不得以劳动者领取了经济补偿金为由,停发或减发失业救济金。

(六)体制改革过程中实行劳动合同制度的有关政策

44.困难企业签订劳动合同,应区分不同情况,有些亏损企业属政策性亏损,生产仍在进行,还能发出工资,应该按照劳动法的规定签订劳动合同。已经停产半停产的企业,要根据具体情况签订劳动合同,保证这些企业职工的基本生活。

45.在国有企业固定工转制过程中,劳动者无正当理由不得单方面与用人单位解除劳动关系;用人单位也不得以实行劳动合同制度为由,借机辞退部分职工。

46.关于在企业内录干、聘干问题,劳动法规定用人单位内的全体职工统称为劳动者,在同一用人单位内,各种不同的身份界限随之打破。应该按照劳动法的规定,通过签订劳动合同来明确劳动者的工作内容、岗位等。用人单位根据工作需要,调整劳动者的工作岗位时,可以与劳动者协商一致,变更劳动合同的相关内容。

47.由于各用人单位千差万别,对工作内容、劳动报酬的规定也就差异很大,因此,国家不宜制定统一的劳动合同标准文本。目前,各地、各行业制定并向企业推荐的劳动合同文本,对于用人单位和劳动者双方有一定的指导意义,但这些劳动合同文本只能供用人单位和劳动者参考。

48.按照劳动部办公厅《对全面实行劳动合同制若干问题的请示的复函》(劳办发〔1995〕19号)的规定,各地企业在与原固定工签订劳动合同时,应注意保护老弱病残职工的合法权益。对工作时间较长,年龄较大的职工,各地可以根据劳动法第一百零六条制定一次性的过渡政策,具体办法由各省、自治区、直辖市确定。

49.在企业全面建立劳动合同制度以后,原合同制工人与本企业内的原固定工应享受同等待遇。是否发给15%的工资性补贴,可以由各省、自治区、直辖市人民政府根据劳动法第一百零六条在制定劳动合同制度的实施步骤时加以规定。

50.在目前工伤保险和残疾人康复就业制度尚未建立和完善的情况下,对因工部分丧失劳动能力的职工,劳动合同期满也不能终止劳动合同,仍由原单位按照国家有关规定提供医疗等待遇。

(七)集体合同

51.当前签订集体合同的重点应在非国有企业和现代企业制度试点的企业进行,积累经验,逐步扩大范围。

52.关于国有企业在承包制条件下签订的"共保合同",凡内容符合劳动法和有关法律、法规和规章关于集体合同规定的,应按照有关规定办理集体合同送审、备案手续;凡不符合劳动法和有关法律、法规和规章规定的,应积极创造条件逐步向规范的集体合同过渡。

三、工 资

(一)最低工资

53.劳动法中的"工资"是指用人单位依据国家有关规定或劳动合同的约定,以货币形式直接支付给本单位劳动者的劳动报酬,一般包括计时工资、计件工资、奖金、津贴和补贴、延长工作时间的工资报酬以及特殊情况下支付的工资等。

"工资"是劳动者劳动收入的主要组成部分。劳动者的以下劳动收入不属于工资范围：

（1）单位支付给劳动者个人的社会保险福利费用，如丧葬抚恤救济费、生活困难补助费、计划生育补贴等；

（2）劳动保护方面的费用，如用人单位支付给劳动者的工作服、解毒剂、清凉饮料费用等；

（3）按规定未列入工资总额的各种劳动报酬及其他劳动收入，如根据国家规定发放的创造发明奖、国家星火奖、自然科学奖、科学技术进步奖、合理化建议和技术改进奖、中华技能大奖等，以及稿费、讲课费、翻译费等。

54.劳动法第四十八条中的"最低工资"是指劳动者在法定工作时间内履行了正常劳动义务的前提下，由其所在单位支付的最低劳动报酬。最低工资不包括延长工作时间的工资报酬，以货币形式支付的住房和用人单位支付的伙食补贴、中班、夜班、高温、低温、井下、有毒、有害等特殊工作环境和劳动条件下的津贴，国家法律、法规、规章规定的社会保险福利待遇。

55.劳动法第四十四条中的"劳动者正常工作时间工资"是指劳动合同规定的劳动者本人所在工作岗位（职位）相对应的工资。鉴于当前劳动合同制度尚处于推进过程中，按上述规定执行确有困难的用人单位，地方或行业劳动部门可在不违反劳动部《关于〈工资支付暂行规定〉有关问题的补充规定》（劳部发〔1995〕226号）文件所确定的总的原则的基础上，制定过渡办法。

56.在劳动合同中，双方当事人约定的劳动者在未完成劳动定额或承包任务的情况下，用人单位可低于最低工资标准支付劳动者工资的条款不具有法律效力。

57.劳动者与用人单位形成或建立劳动关系后，试用、熟练、见习期间，在法定工作时间内提供了正常劳动，其所在的用人单位应当支付其不低于最低工资标准的工资。

58.企业下岗待工人员，由企业依据当地政府的有关规定支付其生活费，生活费可以低于最低工资标准，下岗待工人员中重新就业的，企业应停发其生活费。女职工因生育、哺乳请长假而下岗的，在其享受法定产假期间，依法领取生育津贴；没有参加生育保险的企业，由企业照发原工资。

59.职工患病或非因工负伤治疗期间，在规定的医疗期内由企业按有关规定支付其病假工资或疾病救济费，病假工资或疾病救济费可以低于当地最低工资标准支付，但不能低于最低工资标准的80％。

（二）延长工作时间的工资报酬

60.实行每天不超过8小时，每周不超过44小时或40小时标准工作时间制度的企业，以及经批准实行综合计算工时工作制的企业，应当按照劳动法的规定支付劳动者延长工作时间的工资报酬。全体职工已实行劳动合同制度的企业，一般管理人员（实行不定时工作制人员除外）经批准延长工作时间的，可以支付延长工作时间的工资报酬。

61.实行计时工资制的劳动者的日工资,按其本人月工资标准除以平均每月法定工作天数(实行每周40小时工作制的为21.16天,实行每周44小时工作制的为23.33天)进行计算。

62.实行综合计算工时工作制的企业职工,工作日正好是周休息日的,属于正常工作;工作日正好是法定节假日时,要依照劳动法第四十四条第(三)项的规定支付职工的工资报酬。

(三)有关企业工资支付的政策

63.企业克扣或无故拖欠劳动者工资的,劳动监察部门应根据劳动法第九十一条、劳动部《违反和解除劳动合同的经济补偿办法》第三条、《违反〈中华人民共和国劳动法〉行政处罚办法》第六条予以处理。

64.经济困难的企业执行劳动部《工资支付暂行规定》(劳部发〔1994〕489号)确有困难,应根据以下规定执行:

(1)《关于做好国有企业职工和离退休人员基本生活保障工作的通知》(国发〔1993〕76号)的规定,"企业发放工资确有困难时,应发给职工基本生活费,具体标准由各地区、各部门根据实际情况确定";

(2)《关于国有企业流动资金贷款的紧急通知》(银传〔1994〕34号)的规定,"地方政府通过财政补贴,企业主管部门有可能也要拿出一部分资金,银行要拿出一部分贷款,共同保证职工基本生活和社会的稳定";

(3)《国有企业富余职工安置规定》(国务院令第111号,1993年发布)的规定,"企业可以对职工实行有限期的放假。职工放假期间,由企业发给生活费"。

四、工作时间和休假

(一)综合计算工作时间

65.经批准实行综合计算工作时间的用人单位,分别以周、月、季、年等为周期综合计算工作时间,但其平均日工作时间和平均周工作时间应与法定标准工作时间基本相同。

66.对于那些在市场竞争中,由于外界因素的影响,生产任务不均衡的企业的部分职工,经劳动行政部门严格审批后,可以参照综合计算工时工作制的办法实施,但用人单位应采取适当方式确保职工的休息休假权利和生产、工作任务的完成。

67.经批准实行不定时工作制的职工,不受劳动法第四十一条规定的日延长工作时间标准和月延长工作时间标准的限制,但用人单位应采用弹性工作时间等适当的工作和休息方式,确保职工的休息休假权利和生产、工作任务的完成。

68.实行标准工时制度的企业,延长工作时间应严格按劳动法第四十一条的规定执行,不能按季、年综合计算延长工作时间。

69.中央直属企业、企业化管理的事业单位实行不定时工作制和综合计算工时工作制等其他工作和休息办法的,须经国务院行业主管部门审核,报国务院劳动行政部门批准。地方企业实行不定时工作制和综合计算工时工作制等其他工作和休息办法的审批办法,由省、自治区、直辖市人民政府劳动行政部门制定,报国务院劳动行政部门备案。

(二)延长工作时间

70.休息日安排劳动者工作的,应先按同等时间安排其补休,不能安排补休的应按劳动法第四十四条第(二)项的规定支付劳动者延长工作时间的工资报酬。法定节假日(元旦、春节、劳动节、国庆节)安排劳动者工作的,应按劳动法第四十四条第(三)项支付劳动者延长工作时间的工资报酬。

71.协商是企业决定延长工作时间的程序(劳动法第四十二条和《劳动部贯彻〈国务院关于职工工作时间的规定〉的实施办法》第七条规定除外),企业确因生产经营需要,必须延长工作时间时,应与工会和劳动者协商。协商后,企业可以在劳动法限定的延长工作时数内决定延长工作时间,对企业违反法律、法规强迫劳动者延长工作时间的,劳动者有权拒绝。若由此发生劳动争议,可以提请劳动争议处理机构予以处理。

(三)休假

72.实行新工时制度后,企业职工原有的年休假仍然实行。在国务院尚未作出新的规定之前,企业可以按照1991年6月5日《中共中央国务院关于职工休假问题的通知》,安排职工休假。

五、社 会 保 险

73.企业实施破产时,按照国家有关企业破产的规定,从其财产清产和土地转让所得中按实际需要划拨出社会保险费用和职工再就业的安置费。其划拨的养老保险费和失业保险费由当地社会保险基金经办机构和劳动部门就业服务机构接收,并负责支付离退休人员的养老保险费用和支付失业人员应享受的失业保险待遇。

74.企业富余职工、请长假人员、请长病假人员、外借人员和带薪上学人员,其社会保险费用仍按规定由原单位和个人继续缴纳,缴纳保险费期间计算为缴费年限。

75.用人单位全部职工实行劳动合同制度后,职工在用人单位由转制前的原工人岗位转为原干部(技术)岗位或由原干部(技术)岗位转为原工人岗位,其退休年龄和条件,按现岗位国家规定执行。

76.依据劳动部《企业职工患病或非因工负伤医疗期的规定》(劳部发〔1994〕479号)和劳动部《关于贯彻〈企业职工患病或非因工负伤医疗期的规定〉的通知》(劳部发〔1995〕236号),职工患病或非因工负伤,根据本人实际参加工作的年限和本企业工作年限长短,享受3—24个月的医疗期。对于某些患特殊疾病(如癌症、精神病、瘫痪等)

的职工,在 24 个月内尚不能痊愈的,经企业和当地劳动部门批准,可以适当延长医疗期。

77.劳动者的工伤待遇在国家尚未颁布新的工伤保险法律、行政法规之前,各类企业仍要执行《劳动保险条例》及相关的政策规定,如果当地政府已实行工伤保险制度改革的,应执行当地新规定;个体经济组织的劳动者的工伤保险参照企业职工的规定执行;国家机关、事业组织、社会团体的劳动者的工伤保险,如果包括在地方人民政府的工伤改革规定范围内的,按地方政府的规定执行。

78.劳动者患职业病按照 1987 年由卫生部等部门发布的《职业病范围和职业病患者处理办法的规定》和所附的"职业病名单"(〔87〕卫防第 60 号)处理,经职业病诊断机构确诊并发给《职业病诊断证明书》,劳动行政部门据此确认工伤,并通知用人单位或者社会保险基金经办机构发给有关工伤保险待遇;劳动者因工负伤的,劳动行政部门根据企业的工伤事故报告和工伤者本人的申请,作出工伤认定,由社会保险基金经办机构或用人单位,发给有关工伤保险待遇。患职业病或工伤致残的,由当地劳动鉴定委员会按照劳动部《职工工伤和职业病致残程度鉴定标准》(劳险字〔1992〕6 号)评定伤残等级和护理依赖程度。劳动鉴定委员会的伤残等级和护理依赖程度的结论,以医学检查、诊断结果为技术依据。

79.劳动者因工负伤或患职业病,用人单位应按国家和地方政府的规定进行工伤事故报告,或者经职业病论断机构确诊进行职业病报告。用人单位和劳动者有权按规定向当地劳动行政部门报告。如果用人单位瞒报、漏报工伤或职业病,工会、劳动者可以向劳动行政部门报告。经劳动行政部门确认后,用人单位或社会保险基金经办机构应补发工伤保险待遇。

80.劳动者对劳动行政部门作出的工伤或职业病的确认意见不服,可依法提起行政复议或行政诉讼。

81.劳动者被认定患职业病或因工负伤后,对劳动鉴定委员会作出的伤残等级和护理依赖程度鉴定结论不服,可依法提起行政复议或行政诉讼。对劳动能力鉴定结论所依据的医学检查、诊断结果有异议的,可以要求复查诊断,复查诊断按各省、自治区和直辖市劳动鉴定委员会规定的程序进行。

六、劳动争议

82.用人单位与劳动者发生劳动争议不论是否订立劳动合同,只要存在事实劳动关系,并符合劳动法的适用范围和《中华人民共和国企业劳动争议处理条例》的受案范围,劳动争议仲裁委员会均应受理。

83.劳动合同鉴证是劳动行政部门审查、证明劳动合同的真实性、合法性的一项行政监督措施,尤其在劳动合同制度全面实施的初期有其必要性。劳动行政部门鼓励并提倡用人单位和劳动者进行劳动合同鉴证。劳动争议仲裁委员会不能以劳动合同未经鉴证为由不受理相关的劳动争议案件。

84.国家机关、事业组织、社会团体与本单位工人以及其他与之建立劳动合同关系的劳动者之间,个体工商户与帮工、学徒之间,以及军队、武警部队的事业组织和企业与其无军籍的职工之间发生的劳动争议,只要符合劳动争议的受案范围,劳动争议仲裁委员会应予受理。

85.“劳动争议发生之日”是指当事人知道或者应当知道其权利被侵害之日。

86.根据《中华人民共和国商业银行法》的规定,商业银行为企业法人。商业银行与其职工适用《劳动法》、《中华人民共和国企业劳动争议处理条例》等劳动法律、法规和规章。商业银行与其职工发生的争议属于劳动争议的受案范围的,劳动争议仲裁委员会应予受理。

87.劳动法第二十五条第(三)项中的“重大损害”,应由企业内部规章来规定,不便于在全国对其作统一解释。若用人单位以此为由解除劳动合同,与劳动者发生劳动争议,当事人向劳动争议仲裁委员会申请仲裁的,由劳动争议仲裁委员会根据企业类型、规模和损害程度等情况,对企业规章中规定的“重大损害”进行认定。

88.劳动监察是劳动法授予劳动行政部门的职责,劳动争议仲裁是劳动法授予各级劳动争议仲裁委员会的职能。用人单位或行业部门不能设立劳动监察机构和劳动争议仲裁委员会,也不能设立劳动行政部门劳动监察机构的派出机构和劳动争议仲裁委员会的派出机构。

89.劳动争议当事人向企业劳动争议调解委员会申请调解,从当事人提出申请之日起,仲裁申诉时效中止,企业劳动争议调解委员会应当在三十日内结束调解,即中止期间最长不得超过三十日。结束调解之日起,当事人的申诉时效继续计算。调解超过三十日的,申诉时效从三十日之后的第一天继续计算。

90.劳动争议仲裁委员会的办事机构对未予受理的仲裁申请,应逐件向仲裁委员会报告并说明情况,仲裁委员会认为应当受理的,应及时通知当事人。当事人从申请至受理的期间应视为时效中止。

七、法律责任

91.劳动法第九十一条的含义是,如果用人单位实施了本条规定的前三项侵权行为之一的,劳动行政部门应责令用人单位支付劳动者的工资报酬和经济补偿,并可以责令支付赔偿金。如果用人单位实施了本条规定的第四项侵权行为,即解除劳动合同后未依法给予劳动者经济补偿的,因不存在支付工资报酬的问题,故劳动行政部门只责令用人单位支付劳动者经济补偿,还可以支付赔偿金。

92.用人单位实施下列行为之一的,应认定为劳动法第一百零一条中的“无理阻挠"行为：

（1）阻止劳动监督检查人员进入用人单位内（包括进入劳动现场）进行监督检查的；

（2）隐瞒事实真相，出具伪证，或者隐匿、毁灭证据的；

（3）拒绝提供有关资料的；

（4）拒绝在规定的时间和地点就劳动行政部门所提问题作出解释和说明的；

（5）法律、法规和规章规定的其他情况。

八、适用法律

93.劳动部、外经贸部《外商投资企业劳动管理规定》（劳部发〔1994〕246号）与劳动部《违反和解除劳动合同的经济补偿办法》（劳部发〔1994〕481号）中关于解除劳动合同的经济补偿规定是一致的，246号文中的"生活补助费"是劳动法第二十八条所指经济补偿的具体化，与481号文中的"经济补偿金"可视为同一概念。

94.劳动部、外经贸部《外商投资企业劳动管理规定》（劳部发〔1994〕246号）与劳动部《违反〈中华人民共和国劳动法〉行政处罚办法》（劳部发〔1994〕532号）在企业低于当地最低工资标准支付职工工资应付赔偿金的标准、延长工作时间的罚款标准、阻止劳动监察人员行使监督检查权的罚款标准等方面规定不一致，按照同等效力的法律规范新法优于旧法执行的原则，应执行劳动部劳部发〔1994〕532号规章。

95 劳动部《企业最低工资规定》（劳部发〔1993〕333号）与劳动部《违反〈中华人民共和国劳动法〉行政处罚办法》（劳部发〔1994〕532号）在拖欠或低于国家最低工资标准支付工资的赔偿金标准方面规定不一致，应按劳动部劳部发〔1994〕532号规章执行。

96.劳动部《违反〈中华人民共和国劳动法〉行政处罚办法》（劳部发〔1994〕532号）对行政处罚行为、处罚标准未作规定，而其他劳动行政规章和地方政府规章作了规定的，按有关规定执行。

97.对违反劳动法的用人单位，劳动行政部门有权依据劳动法律、法规和规章的规定予以处理，用人单位对劳动行政部门作出的行政处罚决定不服，在法定期限内不提起诉讼或不申请复议又不执行行政处罚决定的，劳动行政部门可以根据行政诉讼法第六十六条申请人民法院强制执行。劳动行政部门依法申请人民法院强制执行时，应当提交申请执行书，据以执行的法律文书和其他必须提交的材料。

98.适用法律、法规、规章及其他规范性文件遵循下列原则：

（1）法律的效力高于行政法规与地方性法规；行政法规与地方性法规效力高于部门规章和地方政府规章；部门规章和地方政府规章效力高于其他规范性文件。

（2）在适用同一效力层次的文件时，新法律优于旧法律；新法规优于旧法规；新规章优于旧规章;新规范性文件优于旧规范性文件。

99.依据《法规规章备案规定》(国务院令第 48 号,1990 年发布)"地方人民政府规章同国务院部门规章之间或者国务院部门规章相互之间有矛盾的,由国务院法制局进行协调;经协调不能取得一致意见的,由国务院法制局提出意见,报国务院决定。"地方劳动行政部门在发现劳动部规章与国务院其他部门规章或地方政府规章相矛盾时,可将情况报劳动部,由劳动部报国务院法制局进行协调或决定。

100.地方或行业劳动部门发现劳动部的规章之间、其他规范性文件之间或规章与其他规范性文件之间相矛盾,一般适用"新文件优于旧文件"的原则,同时可向劳动部请示。

中华人民共和国工会法

（2009 年修正）

发文机关：全国人大常委会　　　　　文号：主席令第 18 号

发文日期：2009 年 8 月 27 日　　　　生效日期：2009 年 8 月 27 日

第一章　总　则

第一条　为保障工会在国家政治、经济和社会生活中的地位，确定工会的权利与义务，发挥工会在社会主义现代化建设事业中的作用，根据宪法，制定本法。

第二条　工会是职工自愿结合的工人阶级的群众组织。

中华全国总工会及其各工会组织代表职工的利益，依法维护职工的合法权益。

第三条　在中国境内的企业、事业单位、机关中以工资收入为主要生活来源的体力劳动者和脑力劳动者，不分民族、种族、性别、职业、宗教信仰、教育程度，都有依法参加和组织工会的权利。任何组织和个人不得阻挠和限制。

第四条　工会必须遵守和维护宪法，以宪法为根本的活动准则，以经济建设为中心，坚持社会主义道路、坚持人民民主专政、坚持中国共产党的领导、坚持马克思列宁主义毛泽东思想邓小平理论，坚持改革开放，依照工会章程独立自主地开展工作。

工会会员全国代表大会制定或者修改《中国工会章程》，章程不得与宪法和法律相抵触。

国家保护工会的合法权益不受侵犯。

第五条　工会组织和教育职工依照宪法和法律的规定行使民主权利，发挥国家主人翁的作用，通过各种途径和形式，参与管理国家事务、管理经济和文化事业、管理社会事务；协助人民政府开展工作，维护工人阶级领导的、以工农联盟为基础的人民民主专政的社会主义国家政权。

第六条　维护职工合法权益是工会的基本职责。工会在维护全国人民总体利益的同时，代表和维护职工的合法权益。

工会通过平等协商和集体合同制度，协调劳动关系，维护企业职工劳动权益。

工会依照法律规定通过职工代表大会或者其他形式，组织职工参与本单位的民主决策、民主管理和民主监督。

工会必须密切联系职工，听取和反映职工的意见和要求，关心职工的生活，帮助职工解决困难，全心全意为职工服务。

第七条　工会动员和组织职工积极参加经济建设，努力完成生产任务和工作任务。教育职工不断提高思想道德、技术业务和科学文化素质,建设有理想、有道德、有文化、有纪律的职工队伍。

第八条 中华全国总工会根据独立、平等、互相尊重、互不干涉内部事务的原则,加强同各国工会组织的友好合作关系。

第二章　工会组织

第九条 工会各级组织按照民主集中制原则建立。

各级工会委员会由会员大会或者会员代表大会民主选举产生。企业主要负责人的近亲属不得作为本企业基层工会委员会成员的人选。

各级工会委员会向同级会员大会或者会员代表大会负责并报告工作,接受其监督。

工会会员大会或者会员代表大会有权撤换或者罢免其所选举的代表或者工会委员会组成人员。

上级工会组织领导下级工会组织。

第十条 企业、事业单位、机关有会员二十五人以上的,应当建立基层工会委员会;不足二十五人的,可以单独建立基层工会委员会,也可以由两个以上单位的会员联合建立基层工会委员会,也可以选举组织员一人,组织会员开展活动。女职工人数较多的,可以建立工会女职工委员会,在同级工会领导下开展工作;女职工人数较少的,可以在工会委员会中设女职工委员。

企业职工较多的乡镇、城市街道,可以建立基层工会的联合会。

县级以上地方建立地方各级总工会。

同一行业或者性质相近的几个行业,可以根据需要建立全国的或者地方的产业工会。

全国建立统一的中华全国总工会。

第十一条 基层工会、地方各级总工会、全国或者地方产业工会组织的建立,必须报上一级工会批准。

上级工会可以派员帮助和指导企业职工组建工会,任何单位和个人不得阻挠。

第十二条 任何组织和个人不得随意撤销、合并工会组织。

基层工会所在的企业终止或者所在的事业单位、机关被撤销,该工会组织相应撤销,并报告上一级工会。

依前款规定被撤销的工会,其会员的会籍可以继续保留,具体管理办法由中华全国总工会制定。

第十三条 职工二百人以上的企业、事业单位的工会,可以设专职工会主席。工会专职工作人员的人数由工会与企业、事业单位协商确定。

第十四条 中华全国总工会、地方总工会、产业工会具有社会团体法人资格。

基层工会组织具备民法通则规定的法人条件的,依法取得社会团体法人资格。

第十五条 基层工会委员会每届任期三年或者五年。各级地方总工会委员会和产业工会委员会每届任期五年。

第十六条 基层工会委员会定期召开会员大会或者会员代表大会,讨论决定工会工作的重大问题。经基层工会委员会或者三分之一以上的工会会员提议,可以临时召开会员大会或者会员代表大会。

第十七条 工会主席、副主席任期未满时,不得随意调动其工作。因工作需要调动时,应当征得本级工会委员会和上一级工会的同意。

罢免工会主席、副主席必须召开会员大会或者会员代表大会讨论,非经会员大会全体会员或者会员代表大会全体代表过半数通过,不得罢免。

第十八条 基层工会专职主席、副主席或者委员自任职之日起,其劳动合同期限自动延长,延长期限相当于其任职期间;非专职主席、副主席或者委员自任职之日起,其尚未履行的劳动合同期限短于任期的,劳动合同期限自动延长至任期期满。但是,任职期间个人严重过失或者达到法定退休年龄的除外。

第三章　工会的权利和义务

第十九条 企业、事业单位违反职工代表大会制度和其他民主管理制度,工会有权要求纠正,保障职工依法行使民主管理的权利。

法律、法规规定应当提交职工大会或者职工代表大会审议、通过、决定的事项,企业、事业单位应当依法办理。

第二十条 工会帮助、指导职工与企业以及实行企业化管理的事业单位签订劳动合同。

工会代表职工与企业以及实行企业化管理的事业单位进行平等协商,签订集体合同。集体合同草案应当提交职工代表大会或者全体职工讨论通过。

工会签订集体合同,上级工会应当给予支持和帮助。

企业违反集体合同,侵犯职工劳动权益的,工会可以依法要求企业承担责任;因履行集体合同发生争议,经协商解决不成的,工会可以向劳动争议仲裁机构提请仲裁,仲裁机构不予受理或者对仲裁裁决不服的,可以向人民法院提起诉讼。

第二十一条 企业、事业单位处分职工,工会认为不适当的,有权提出意见。

企业单方面解除职工劳动合同时,应当事先将理由通知工会,工会认为企业违反法律、法规和有关合同,要求重新研究处理时,企业应当研究工会的意见,并将处理结果书面通知工会。

职工认为企业侵犯其劳动权益而申请劳动争议仲裁或者向人民法院提起诉讼的,

工会应当给予支持和帮助。

第二十二条　企业、事业单位违反劳动法律、法规规定,有下列侵犯职工劳动权益情形,工会应当代表职工与企业、事业单位交涉,要求企业、事业单位采取措施予以改正;企业、事业单位应当予以研究处理,并向工会作出答复;企业、事业单位拒不改正的,工会可以请求当地人民政府依法作出处理:

(一)克扣职工工资的;

(二)不提供劳动安全卫生条件的;

(三)随意延长劳动时间的;

(四)侵犯女职工和未成年工特殊权益的;

(五)其他严重侵犯职工劳动权益的。

第二十三条　工会依照国家规定对新建、扩建企业和技术改造工程中的劳动条件和安全卫生设施与主体工程同时设计、同时施工、同时投产使用进行监督。对工会提出的意见,企业或者主管部门应当认真处理,并将处理结果书面通知工会。

第二十四条　工会发现企业违章指挥、强令工人冒险作业,或者生产过程中发现明显重大事故隐患和职业危害,有权提出解决的建议,企业应当及时研究答复;发现危及职工生命安全的情况时,工会有权向企业建议组织职工撤离危险现场,企业必须及时作出处理决定。

第二十五条　工会有权对企业、事业单位侵犯职工合法权益的问题进行调查,有关单位应当予以协助。

第二十六条　职工因工伤亡事故和其他严重危害职工健康问题的调查处理,必须有工会参加。工会应当向有关部门提出处理意见,并有权要求追究直接负责的主管人员和有关责任人员的责任。对工会提出的意见,应当及时研究,给予答复。

第二十七条　企业、事业单位发生停工、怠工事件,工会应当代表职工同企业、事业单位或者有关方面协商,反映职工的意见和要求并提出解决意见。对于职工的合理要求,企业、事业单位应当予以解决。工会协助企业、事业单位做好工作,尽快恢复生产、工作秩序。

第二十八条　工会参加企业的劳动争议调解工作。

地方劳动争议仲裁组织应当有同级工会代表参加。

第二十九条　县级以上各级总工会可以为所属工会和职工提供法律服务。

第三十条　工会协助企业、事业单位、机关办好职工集体福利事业,做好工资、劳动安全卫生和社会保险工作。

第三十一条　工会会同企业、事业单位教育职工以国家主人翁态度对待劳动,爱护国家和企业的财产,组织职工开展群众性的合理化建议、技术革新活动,进行业余文化技术学习和职工培训,组织职工开展文娱、体育活动。

第三十二条　根据政府委托,工会与有关部门共同做好劳动模范和先进生产(工作)者的评选、表彰、培养和管理工作。

　　第三十三条　国家机关在组织起草或者修改直接涉及职工切身利益的法律、法规、规章时,应当听取工会意见。

　　县级以上各级人民政府制定国民经济和社会发展计划,对涉及职工利益的重大问题,应当听取同级工会的意见。

　　县级以上各级人民政府及其有关部门研究制定劳动就业、工资、劳动安全卫生、社会保险等涉及职工切身利益的政策、措施时,应当吸收同级工会参加研究,听取工会意见。

　　第三十四条　县级以上地方各级人民政府可以召开会议或者采取适当方式,向同级工会通报政府的重要的工作部署和与工会工作有关的行政措施,研究解决工会反映的职工群众的意见和要求。

　　各级人民政府劳动行政部门应当会同同级工会和企业方面代表,建立劳动关系三方协商机制,共同研究解决劳动关系方面的重大问题。

第四章　基层工会组织

　　第三十五条　国有企业职工代表大会是企业实行民主管理的基本形式,是职工行使民主管理权力的机构,依照法律规定行使职权。

　　国有企业的工会委员会是职工代表大会的工作机构,负责职工代表大会的日常工作,检查、督促职工代表大会决议的执行。

　　第三十六条　集体企业的工会委员会,应当支持和组织职工参加民主管理和民主监督,维护职工选举和罢免管理人员、决定经营管理的重大问题的权力。

　　第三十七条　本法第三十五条、第三十六条规定以外的其他企业、事业单位的工会委员会,依照法律规定组织职工采取与企业、事业单位相适应的形式,参与企业、事业单位民主管理。

　　第三十八条　企业、事业单位研究经营管理和发展的重大问题应当听取工会的意见;召开讨论有关工资、福利、劳动安全卫生、社会保险等涉及职工切身利益的会议,必须有工会代表参加。

　　企业、事业单位应当支持工会依法开展工作,工会应当支持企业、事业单位依法行使经营管理权。

　　第三十九条　公司的董事会、监事会中职工代表的产生,依照公司法有关规定执行。

　　第四十条　基层工会委员会召开会议或者组织职工活动,应当在生产或者工作时间以外进行,需要占用生产或者工作时间的,应当事先征得企业、事业单位的同意。

　　基层工会的非专职委员占用生产或者工作时间参加会议或者从事工会工作,每月不超过三个工作日,其工资照发,其他待遇不受影响。

第四十一条　企业、事业单位、机关工会委员会的专职工作人员的工资、奖励、补贴,由所在单位支付。社会保险和其他福利待遇等,享受本单位职工同等待遇。

第五章　工会的经费和财产

第四十二条　工会经费的来源:

(一)工会会员缴纳的会费;

(二)建立工会组织的企业、事业单位、机关按每月全部职工工资总额的百分之二向工会拨缴的经费;

(三)工会所属的企业、事业单位上缴的收入;

(四)人民政府的补助;

(五)其他收入。

前款第二项规定的企业、事业单位拨缴的经费在税前列支。

工会经费主要用于为职工服务和工会活动。经费使用的具体办法由中华全国总工会制定。

第四十三条　企业、事业单位无正当理由拖延或者拒不拨缴工会经费,基层工会或者上级工会可以向当地人民法院申请支付令;拒不执行支付令的,工会可以依法申请人民法院强制执行。

第四十四条　工会应当根据经费独立原则,建立预算、决算和经费审查监督制度。

各级工会建立经费审查委员会。

各级工会经费收支情况应当由同级工会经费审查委员会审查,并且定期向会员大会或者会员代表大会报告,接受监督。工会会员大会或者会员代表大会有权对经费使用情况提出意见。

工会经费的使用应当依法接受国家的监督。

第四十五条　各级人民政府和企业、事业单位、机关应当为工会办公和开展活动,提供必要的设施和活动场所等物质条件。

第四十六条　工会的财产、经费和国家拨给工会使用的不动产,任何组织和个人不得侵占、挪用和任意调拨。

第四十七条　工会所属的为职工服务的企业、事业单位,其隶属关系不得随意改变。

第四十八条　县级以上各级工会的离休、退休人员的待遇,与国家机关工作人员同等对待。

第六章　法律责任

第四十九条　工会对违反本法规定侵犯其合法权益的,有权提请人民政府或者有关部门予以处理,或者向人民法院提起诉讼。

第五十条　违反本法第三条、第十一条规定,阻挠职工依法参加和组织工会或者阻挠上级工会帮助、指导职工筹建工会的,由劳动行政部门责令其改正;拒不改正的,由劳动行政部门提请县级以上人民政府处理;以暴力、威胁等手段阻挠造成严重后果,构成犯罪的,依法追究刑事责任。

第五十一条　违反本法规定,对依法履行职责的工会工作人员无正当理由调动工作岗位,进行打击报复,由劳动行政部门责令改正、恢复原工作;造成损失的,给予赔偿。

对依法履行职责的工会工作人员进行侮辱、诽谤或者进行人身伤害,构成犯罪的,依法追究刑事责任;尚未构成犯罪的,由公安机关依照治安管理处罚法的规定处罚。

第五十二条　违反本法规定,有下列情形之一的,由劳动行政部门责令恢复其工作,并补发被解除劳动合同期间应得的报酬,或者责令给予本人年收入二倍的赔偿:

(一)职工因参加工会活动而被解除劳动合同的;

(二)工会工作人员因履行本法规定的职责而被解除劳动合同的。

第五十三条　违反本法规定,有下列情形之一的,由县级以上人民政府责令改正,依法处理:

(一)妨碍工会组织职工通过职工代表大会和其他形式依法行使民主权利的;

(二)非法撤销、合并工会组织的;

(三)妨碍工会参加职工因工伤亡事故以及其他侵犯职工合法权益问题的调查处理的;

(四)无正当理由拒绝进行平等协商的。

第五十四条　违反本法第四十六条规定,侵占工会经费和财产拒不返还的,工会可以向人民法院提起诉讼,要求返还,并赔偿损失。

第五十五条　工会工作人员违反本法规定,损害职工或者工会权益的,由同级工会或者上级工会责令改正,或者予以处分;情节严重的,依照《中国工会章程》予以罢免;造成损失的,应当承担赔偿责任;构成犯罪的,依法追究刑事责任。

第七章　附　则

第五十六条　中华全国总工会会同有关国家机关制定机关工会实施本法的具体办法。

第五十七条　本法自公布之日起施行。1950年6月29日中央人民政府颁布的《中华人民共和国工会法》同时废止。

中华人民共和国就业促进法

（2015 年修正）

发文机关：全国人大常委会　　　　　　　　文号：主席令第 24 号

发文日期：2015 年 4 月 24 日　　　　　　　生效日期：2015 年 4 月 24 日

第一章　总　则

第一条　为了促进就业，促进经济发展与扩大就业相协调，促进社会和谐稳定，制定本法。

第二条　国家把扩大就业放在经济社会发展的突出位置，实施积极的就业政策，坚持劳动者自主择业、市场调节就业、政府促进就业的方针，多渠道扩大就业。

第三条　劳动者依法享有平等就业和自主择业的权利。

劳动者就业，不因民族、种族、性别、宗教信仰等不同而受歧视。

第四条　县级以上人民政府把扩大就业作为经济和社会发展的重要目标，纳入国民经济和社会发展规划，并制定促进就业的中长期规划和年度工作计划。

第五条　县级以上人民政府通过发展经济和调整产业结构、规范人力资源市场、完善就业服务、加强职业教育和培训、提供就业援助等措施，创造就业条件，扩大就业。

第六条　国务院建立全国促进就业工作协调机制，研究就业工作中的重大问题，协调推动全国的促进就业工作。国务院劳动行政部门具体负责全国的促进就业工作。

省、自治区、直辖市人民政府根据促进就业工作的需要，建立促进就业工作协调机制，协调解决本行政区域就业工作中的重大问题。

县级以上人民政府有关部门按照各自的职责分工，共同做好促进就业工作。

第七条　国家倡导劳动者树立正确的择业观念，提高就业能力和创业能力；鼓励劳动者自主创业、自谋职业。

各级人民政府和有关部门应当简化程序，提高效率，为劳动者自主创业、自谋职业提供便利。

第八条　用人单位依法享有自主用人的权利。

用人单位应当依照本法以及其他法律、法规的规定，保障劳动者的合法权益。

第九条　工会、共产主义青年团、妇女联合会、残疾人联合会以及其他社会组织，协助人民政府开展促进就业工作，依法维护劳动者的劳动权利。

第十条　各级人民政府和有关部门对在促进就业工作中作出显著成绩的单位和个人，给予表彰和奖励。

第二章　政策支持

第十一条　县级以上人民政府应当把扩大就业作为重要职责,统筹协调产业政策与就业政策。

第十二条　国家鼓励各类企业在法律、法规规定的范围内,通过兴办产业或者拓展经营,增加就业岗位。

国家鼓励发展劳动密集型产业、服务业,扶持中小企业,多渠道、多方式增加就业岗位。

国家鼓励、支持、引导非公有制经济发展,扩大就业,增加就业岗位。

第十三条　国家发展国内外贸易和国际经济合作,拓宽就业渠道。

第十四条　县级以上人民政府在安排政府投资和确定重大建设项目时,应当发挥投资和重大建设项目带动就业的作用,增加就业岗位。

第十五条　国家实行有利于促进就业的财政政策,加大资金投入,改善就业环境,扩大就业。

县级以上人民政府应当根据就业状况和就业工作目标,在财政预算中安排就业专项资金用于促进就业工作。

就业专项资金用于职业介绍、职业培训、公益性岗位、职业技能鉴定、特定就业政策和社会保险等的补贴,小额贷款担保基金和微利项目的小额担保贷款贴息,以及扶持公共就业服务等。就业专项资金的使用管理办法由国务院财政部门和劳动行政部门规定。

第十六条　国家建立健全失业保险制度,依法确保失业人员的基本生活,并促进其实现就业。

第十七条　国家鼓励企业增加就业岗位,扶持失业人员和残疾人就业,对下列企业、人员依法给予税收优惠:

(一)吸纳符合国家规定条件的失业人员达到规定要求的企业;

(二)失业人员创办的中小企业;

(三)安置残疾人员达到规定比例或者集中使用残疾人的企业;

(四)从事个体经营的符合国家规定条件的失业人员;

(五)从事个体经营的残疾人;

(六)国务院规定给予税收优惠的其他企业、人员。

第十八条　对本法第十七条第四项、第五项规定的人员,有关部门应当在经营场地等方面给予照顾,免除行政事业性收费。

第十九条　国家实行有利于促进就业的金融政策,增加中小企业的融资渠道;鼓励金融机构改进金融服务,加大对中小企业的信贷支持,并对自主创业人员在一定期限内给予小额信贷等扶持。

第二十条　国家实行城乡统筹的就业政策,建立健全城乡劳动者平等就业的制度,引导农业富余劳动力有序转移就业。

县级以上地方人民政府推进小城镇建设和加快县域经济发展,引导农业富余劳动力就地就近转移就业;在制定小城镇规划时,将本地区农业富余劳动力转移就业作为重要内容。

县级以上地方人民政府引导农业富余劳动力有序向城市异地转移就业;劳动力输出地和输入地人民政府应当互相配合,改善农村劳动者进城就业的环境和条件。

第二十一条　国家支持区域经济发展,鼓励区域协作,统筹协调不同地区就业的均衡增长。

国家支持民族地区发展经济,扩大就业。

第二十二条　各级人民政府统筹做好城镇新增劳动力就业、农业富余劳动力转移就业和失业人员就业工作。

第二十三条　各级人民政府采取措施,逐步完善和实施与非全日制用工等灵活就业相适应的劳动和社会保险政策,为灵活就业人员提供帮助和服务。

第二十四条　地方各级人民政府和有关部门应当加强对失业人员从事个体经营的指导,提供政策咨询、就业培训和开业指导等服务。

第三章　公平就业

第二十五条　各级人民政府创造公平就业的环境,消除就业歧视,制定政策并采取措施对就业困难人员给予扶持和援助。

第二十六条　用人单位招用人员、职业中介机构从事职业中介活动,应当向劳动者提供平等的就业机会和公平的就业条件,不得实施就业歧视。

第二十七条　国家保障妇女享有与男子平等的劳动权利。

用人单位招用人员,除国家规定的不适合妇女的工种或者岗位外,不得以性别为由拒绝录用妇女或者提高对妇女的录用标准。

用人单位录用女职工,不得在劳动合同中规定限制女职工结婚、生育的内容。

第二十八条　各民族劳动者享有平等的劳动权利。

用人单位招用人员,应当依法对少数民族劳动者给予适当照顾。

第二十九条　国家保障残疾人的劳动权利。

各级人民政府应当对残疾人就业统筹规划,为残疾人创造就业条件。

用人单位招用人员,不得歧视残疾人。

第三十条　用人单位招用人员,不得以是传染病病原携带者为由拒绝录用。但是,经医学鉴定传染病病原携带者在治愈前或者排除传染嫌疑前,不得从事法律、行政法规和国务院卫生行政部门规定禁止从事的易使传染病扩散的工作。

第三十一条 农村劳动者进城就业享有与城镇劳动者平等的劳动权利,不得对农村劳动者进城就业设置歧视性限制。

第四章 就业服务和管理

第三十二条 县级以上人民政府培育和完善统一开放、竞争有序的人力资源市场,为劳动者就业提供服务。

第三十三条 县级以上人民政府鼓励社会各方面依法开展就业服务活动,加强对公共就业服务和职业中介服务的指导和监督,逐步完善覆盖城乡的就业服务体系。

第三十四条 县级以上人民政府加强人力资源市场信息网络及相关设施建设,建立健全人力资源市场信息服务体系,完善市场信息发布制度。

第三十五条 县级以上人民政府建立健全公共就业服务体系,设立公共就业服务机构,为劳动者免费提供下列服务:

(一)就业政策法规咨询;

(二)职业供求信息、市场工资指导价位信息和职业培训信息发布;

(三)职业指导和职业介绍;

(四)对就业困难人员实施就业援助;

(五)办理就业登记、失业登记等事务;

(六)其他公共就业服务。

公共就业服务机构应当不断提高服务的质量和效率,不得从事经营性活动。

公共就业服务经费纳入同级财政预算。

第三十六条 县级以上地方人民政府对职业中介机构提供公益性就业服务的,按照规定给予补贴。

国家鼓励社会各界为公益性就业服务提供捐赠、资助。

第三十七条 地方各级人民政府和有关部门不得举办或者与他人联合举办经营性的职业中介机构。

地方各级人民政府和有关部门、公共就业服务机构举办的招聘会,不得向劳动者收取费用。

第三十八条 县级以上人民政府和有关部门加强对职业中介机构的管理,鼓励其提高服务质量,发挥其在促进就业中的作用。

第三十九条 从事职业中介活动,应当遵循合法、诚实信用、公平、公开的原则。

用人单位通过职业中介机构招用人员,应当如实向职业中介机构提供岗位需求信息。

禁止任何组织或者个人利用职业中介活动侵害劳动者的合法权益。

第四十条　设立职业中介机构应当具备下列条件：

（一）有明确的章程和管理制度；

（二）有开展业务必备的固定场所、办公设施和一定数额的开办资金；

（三）有一定数量具备相应职业资格的专职工作人员；

（四）法律、法规规定的其他条件。

设立职业中介机构应当在工商行政管理部门办理登记后，向劳动行政部门申请行政许可。

未经依法许可和登记的机构，不得从事职业中介活动。

国家对外商投资职业中介机构和向劳动者提供境外就业服务的职业中介机构另有规定的，依照其规定。

第四十一条　职业中介机构不得有下列行为：

（一）提供虚假就业信息；

（二）为无合法证照的用人单位提供职业中介服务；

（三）伪造、涂改、转让职业中介许可证；

（四）扣押劳动者的居民身份证和其他证件，或者向劳动者收取押金；

（五）其他违反法律、法规规定的行为。

第四十二条　县级以上人民政府建立失业预警制度，对可能出现的较大规模的失业，实施预防、调节和控制。

第四十三条　国家建立劳动力调查统计制度和就业登记、失业登记制度，开展劳动力资源和就业、失业状况调查统计，并公布调查统计结果。

统计部门和劳动行政部门进行劳动力调查统计和就业、失业登记时，用人单位和个人应当如实提供调查统计和登记所需要的情况。

第五章　职业教育和培训

第四十四条　国家依法发展职业教育，鼓励开展职业培训，促进劳动者提高职业技能，增强就业能力和创业能力。

第四十五条　县级以上人民政府根据经济社会发展和市场需求，制定并实施职业能力开发计划。

第四十六条　县级以上人民政府加强统筹协调，鼓励和支持各类职业院校、职业技能培训机构和用人单位依法开展就业前培训、在职培训、再就业培训和创业培训；鼓励劳动者参加各种形式的培训。

第四十七条　县级以上地方人民政府和有关部门根据市场需求和产业发展方向，鼓励、指导企业加强职业教育和培训。

职业院校、职业技能培训机构与企业应当密切联系，实行产教结合，为经济建设服务,培养实用人才和熟练劳动者。

企业应当按照国家有关规定提取职工教育经费,对劳动者进行职业技能培训和继续教育培训。

第四十八条　国家采取措施建立健全劳动预备制度,县级以上地方人民政府对有就业要求的初高中毕业生实行一定期限的职业教育和培训,使其取得相应的职业资格或者掌握一定的职业技能。

第四十九条　地方各级人民政府鼓励和支持开展就业培训,帮助失业人员提高职业技能,增强其就业能力和创业能力。失业人员参加就业培训的,按照有关规定享受政府培训补贴。

第五十条　地方各级人民政府采取有效措施,组织和引导进城就业的农村劳动者参加技能培训,鼓励各类培训机构为进城就业的农村劳动者提供技能培训,增强其就业能力和创业能力。

第五十一条　国家对从事涉及公共安全、人身健康、生命财产安全等特殊工种的劳动者,实行职业资格证书制度,具体办法由国务院规定。

第六章　就业援助

第五十二条　各级人民政府建立健全就业援助制度,采取税费减免、贷款贴息、社会保险补贴、岗位补贴等办法,通过公益性岗位安置等途径,对就业困难人员实行优先扶持和重点帮助。

就业困难人员是指因身体状况、技能水平、家庭因素、失去土地等原因难以实现就业,以及连续失业一定时间仍未能实现就业的人员。就业困难人员的具体范围,由省、自治区、直辖市人民政府根据本行政区域的实际情况规定。

第五十三条　政府投资开发的公益性岗位,应当优先安排符合岗位要求的就业困难人员。被安排在公益性岗位工作的,按照国家规定给予岗位补贴。

第五十四条　地方各级人民政府加强基层就业援助服务工作,对就业困难人员实施重点帮助,提供有针对性的就业服务和公益性岗位援助。

地方各级人民政府鼓励和支持社会各方面为就业困难人员提供技能培训、岗位信息等服务。

第五十五条　各级人民政府采取特别扶助措施,促进残疾人就业。

用人单位应当按照国家规定安排残疾人就业,具体办法由国务院规定。

第五十六条　县级以上地方人民政府采取多种就业形式,拓宽公益性岗位范围,开发就业岗位,确保城市有就业需求的家庭至少有一人实现就业。

法定劳动年龄内的家庭人员均处于失业状况的城市居民家庭,可以向住所地街道、社区公共就业服务机构申请就业援助。街道、社区公共就业服务机构经确认属实的,应当为该家庭中至少一人提供适当的就业岗位。

第五十七条 国家鼓励资源开采型城市和独立工矿区发展与市场需求相适应的产业,引导劳动者转移就业。

对因资源枯竭或者经济结构调整等原因造成就业困难人员集中的地区,上级人民政府应当给予必要的扶持和帮助。

第七章 监督检查

第五十八条 各级人民政府和有关部门应当建立促进就业的目标责任制度。县级以上人民政府按照促进就业目标责任制的要求,对所属的有关部门和下一级人民政府进行考核和监督。

第五十九条 审计机关、财政部门应当依法对就业专项资金的管理和使用情况进行监督检查。

第六十条 劳动行政部门应当对本法实施情况进行监督检查,建立举报制度,受理对违反本法行为的举报,并及时予以核实、处理。

第八章 法律责任

第六十一条 违反本法规定,劳动行政等有关部门及其工作人员滥用职权、玩忽职守、徇私舞弊的,对直接负责的主管人员和其他直接责任人员依法给予处分。

第六十二条 违反本法规定,实施就业歧视的,劳动者可以向人民法院提起诉讼。

第六十三条 违反本法规定,地方各级人民政府和有关部门、公共就业服务机构举办经营性的职业中介机构,从事经营性职业中介活动,向劳动者收取费用的,由上级主管机关责令限期改正,将违法收取的费用退还劳动者,并对直接负责的主管人员和其他直接责任人员依法给予处分。

第六十四条 违反本法规定,未经许可和登记,擅自从事职业中介活动的,由劳动行政部门或者其他主管部门依法予以关闭;有违法所得的,没收违法所得,并处一万元以上五万元以下的罚款。

第六十五条 违反本法规定,职业中介机构提供虚假就业信息,为无合法证照的用人单位提供职业中介服务,伪造、涂改、转让职业中介许可证的,由劳动行政部门或者其他主管部门责令改正;有违法所得的,没收违法所得,并处一万元以上五万元以下的罚款;情节严重的,吊销职业中介许可证。

第六十六条 违反本法规定,职业中介机构扣押劳动者居民身份证等证件的,由劳动行政部门责令限期退还劳动者,并依照有关法律规定给予处罚。

违反本法规定,职业中介机构向劳动者收取押金的,由劳动行政部门责令限期退还劳动者,并以每人五百元以上二千元以下的标准处以罚款。

第六十七条 违反本法规定,企业未按照国家规定提取职工教育经费,或者挪用职工教育经费的,由劳动行政部门责令改正,并依法给予处罚。

第六十八条 违反本法规定,侵害劳动者合法权益,造成财产损失或者其他损害的,依法承担民事责任;构成犯罪的,依法追究刑事责任。

第九章 附 则

第六十九条 本法自 2008 年 1 月 1 日起施行。

国务院关于工人退休、退职的暂行办法

发文机关：国务院　　　　　　　　　　文号：国发〔1978〕104 号
发布日期：1978 年 6 月 2 日　　　　　生效日期：1978 年 6 月 2 日

老年工人和因工、因病丧失劳动能力的工人，对社会主义革命和建设做出了应有的贡献。妥善安置他们的生活，使他们愉快地度过晚年，这是社会主义制度优越性的具体体现，同时也有利于工人队伍的精干，对实现我国的四个现代化，必将起促进作用。为了做好这项工作，特制定本办法。

第一条　全民所有制企业、事业单位和党政机关、群众团体的工人，符合下列条件之一的，应该退休。

（一）男年满六十周岁，女年满五十周岁，连续工龄满十年的。

（二）从事井下、高空、高温、特别繁重体力劳动或者其他有害身体健康的工作，男年满五十五周岁，女年满四十五周岁，连续工龄满十年的。

本项规定也适用于工作条件与工人相同的基层干部。

（三）男年满五十周岁，女年满四十五周岁，连续工龄满十年，由医院证明，并经劳动鉴定委员会确认，完全丧失劳动能力的。

（四）因工致残，由医院证明，并经劳动鉴定委员会确定，完全丧失劳动能力的。

第二条　工人退休以后，每月按下列标准发给退休费，直至去世为止。

（一）符合第一条第（一）、（二）、（三）项条件，抗日战争时期参加革命工作的，按本人标准工资的百分之九十发给。解放战争时期参加革命工作的，按本人标准工资的百分之八十发给。中华人民共和国成立后参加革命工作，连续工龄满二十年的，按本人标准工资百分之七十五发给；连续工龄满十五年不满二十年的，按本人标准工资的百分之七十发给；连续工龄满十年不满十五年的，按本人标准工资的百分之六十发给。退休费低于二十五元的，按二十五元发给。

（二）符合第一条第（四）项条件，饮食起居需要人扶助的，按本人标准工资的百分之九十发给，还可以根据实际情况发给一定数额的护理费，护理费标准，一般不得超过一个普通工人的工资；饮食起居不需要人扶助的，按本人标准工资的百分之八十发给。同时具备两项以上的退休条件，应按最高的标准发给。退休费低于三十五元的，按三十五元发给。

第三条　患二、三期矽肺病离职休养的工人，如果本人自愿，也可以退休。退休费按本人标准工资的百分之九十发给，并享受原单位矽肺病人在离职休养期间的待遇。

患二、三期矽肺病离职休养的干部,也可以按照本条的办法执行。

第四条　获得全国劳动英雄、劳动模范称号,在退休时仍然保持其荣誉的工人;省、市、自治区革命委员会认为在革命和建设中有特殊贡献的工人;部队军以上单位授予战斗英雄称号的转业、复员军人,在退休时仍保持其荣誉的,其退休费可以酌情高于本办法所定标准的百分之五至百分之十五,但提高标准后的退休费,不得超过本人原标准工资。

第五条　不具备退休条件,由医院证明,并经劳动鉴定委员会确认,完全丧失劳动能力的工人,应该退职。退职后,按月发给相当于本人标准工资百分之四十的生活费,低于二十元的,按二十元发给。

第六条　退休工人易地安家的,一般由原工作单位一次发给一百五十元的安家补助费,从大中城市到农村安家的,发给三百元。

退职工人易地安家的,可以发给相当于本人两个月标准工资的安家补助费。

第七条　工人退休、退职的时候,本人及其供养的直系亲属前往居住地点途中所需的车船费、旅馆费、行李搬运费和伙食补助费,都按照现行的规定办理。

第八条　退休、退职工人本人,可以继续享受公费医疗待遇。

第九条　工人的退休费、退职生活费,企业单位,由企业行政支付;党政机关、群众团体和事业单位,由退休、退职工人居住地方的县级民政部门另列预算支付。

第十条　工人退休、退职后,家庭生活确实困难的,或多子女上山下乡、子女就业少的,原则上可以招收其一名符合招工条件的子女参加工作。招收的子女,可以是按政策规定留城的知识青年,可以是上山下乡知识青年,也可以是城镇应届中学毕业生。

我国农业生产水平还比较低,粮食还没有过关,对增加城镇和其他吃商品粮的人口,必须严加控制。因此,家居农村的退休、退职工人,应尽量回到农村安置,本人户口迁回农村的,也可以招收他们在农村的一名符合招工条件的子女参加工作;退休、退职工人回农村后,其口粮由所在生产队供应。

招收退休、退职工人的子女,应当由当地劳动部门统一安排。招收子女的具体办法,由省、市、自治区根据上述原则结合本地区的实际情况自行规定。

第十一条　工人退休、退职后,不要继续留在全民所有制单位。他们到城镇街道、农村社队后,街道组织和社队要加强对他们的管理教育,关心他们的生活,注意发挥他们的积极作用。街道、社队集体所有制单位如果需要退休、退职工人从事力所能及的工作,可以付给一定的报酬,但连同本人退休费或退职生活费在内,不能超过本人在职时的标准工资。

对于单身在外地工作的工人,退休、退职后要求迁到家属所在地居住的,迁入地区应当准予落户。

第十二条　各地区、各部门、各单位要切实加强对工人退休、退职工作的领导。对应该退休、退职的工人,要做好深入细致的思想政治工作,动员他们退休、退职。退休、退职工作要分期分批进行。要严格掌握退休、退职条件和招工条件,防止因招收退休、退职工人子女而任意扩大退休、退职范围和降低招工质量。

第十三条 集体所有制企业、事业单位工人的退休、退职,由省、市、自治区革命委员会参照本办法,结合本地区集体所有制单位的实际情况,自行制定具体办法,其各项待遇,不得高于本办法所定的标准。

第十四条 过去有关工人退休、退职的规定与本办法不一致的,按本办法执行。已按有关规定办理了退休的工人,其退休费标准低于本办法所定标准的,自本办法下达之月起,改按本办法规定的标准发给,但解放战争时期参加革命工作,连续工龄不满二十年的,只按本人标准工资的百分之七十五发给。改变退休费标准后的差额部分一律不予补发。已按有关规定办理了退职的工人,其待遇一律不再变动。

劳动部、国家档案局关于
企业职工档案管理工作规定

发文机关:劳动部、国家档案局   文号:劳力字〔1992〕33 号

发文日期:1992 年 6 月 9 日   生效日期:1992 年 6 月 9 日

第一章　总　则

第一条　为加强企业职工档案管理,有效地保护和利用档案,提高科学管理水平,为社会主义现代化建设服务,根据《中华人民共和国档案法》有关规定,制定本规定。

第二条　企业职工档案是企业劳动、组织、人事等部门在招用、调配、培训、考核、奖惩、选拔和任用等工作中形成的有关职工个人经历、政治思想、业务技术水平、工作表现以及工作变动等情况的文件材料。是历史地、全面地考察职工的依据,是国家档案的组成部分。

第三条　企业职工档案工作,在国家档案行政管理部门宏观管理、组织协调下,由劳动主管部门领导与指导,实行分级管理,同时接受同级档案行政管理部门的监督、指导。

第四条　企业职工档案管理工作必须贯彻执行党和国家有关档案、保密的法规和制度。

第二章　机构和职责

第五条　职工档案由所在企业的劳动(组织人事)职能机构管理。实行档案综合管理的企业单位,档案综合管理部门应设专人管理职工档案。

第六条　职工失踪、逃亡、合理流动或出国不归者,其档案由原所在单位保管,也可由当地劳动行政部门代为保管。

第七条　职工死亡后,其档案由原管理部门保存五年后,移交企业综合档案部门保存。对国家和企业有特殊贡献的英雄、模范人物死亡以后,其档案由企业综合档案部门按规定向有关档案馆移交。

第八条　企业职工档案管理部门的职责:

(一)保管职工档案;

(二)收集、鉴别和整理职工档案材料;

（三）办理职工档案的查阅、借阅和转递手续；

（四）登记职工工作变动情况；

（五）为有关部门提供职工情况；

（六）做好职工档案的安全、保密、保护工作；

（七）定期向企业档案室（馆）移交档案；

（八）办理其他有关事项。

第三章　档案的内容

第九条　企业职工档案的内容和分类：

（一）履历材料；

（二）自传材料；

（三）鉴定、考核、考察材料；

（四）评定岗位技能和学历材料（包括学历、学位、学绩、培训结业成绩表和评定技能的考绩、审批等材料）；

（五）政审材料；

（六）参加中国共产党、共青团及民主党派的材料；

（七）奖励材料；

（八）处分材料；

（九）招用、劳动合同，调动、聘用、复员退伍、转业、工资、保险福利待遇、出国、退休、退职等材料；

（十）其他可供组织参考的材料。

第四章　档案的收集、保管和销毁

第十条　职工所在企业的劳动（组织人事）职能机构对职工进行考察、考核、培训、奖惩等所形成的材料要及时收集，整理立卷，保持档案的完整。

第十一条　立卷归档的材料必须认真鉴别，保证材料的真实、文字清楚、手续齐备。材料须经组织审查盖章或本人签字的，应在盖章、签字后归档。

第十二条　企业职工档案材料统一使用十六开规格办公用纸，不得使用圆珠笔、铅笔、红色墨水及复写纸书写。

第十三条　按规定需要销毁档案材料时，必须经单位主管档案工作的领导批准。

第十四条　档案卷皮、目录和档案袋的样式、规格实行统一的制作标准。

第十五条　严禁任何人私自保存他人档案或利用档案材料营私舞弊。对违反规定者,应视情节轻重,严肃处理。对违反《中华人民共和国档案法》、《中华人民共和国保守秘密法》的,要依法处理。

第十六条 职工档案管理单位应建立健全工作制度,做好防火、防蛀、防潮、防光、防盗等工作。

第五章　档案的提供利用

第十七条 因工作需要查阅和借用档案,须遵守下列规定:

(一)查阅档案应凭盖有党政机关、人民团体、企事业单位公章的介绍信。

(二)查阅、使用企业职工档案的单位,应派可靠人员到保管单位查阅室查阅。

(三)档案除特殊情况外一般不借出查阅。如必须借出查阅时,应事先提交报告,说明理由,经企业或企业授权的主管档案工作的领导批准,严格履行登记手续,并按期归还。

(四)任何个人不得查阅或借用本人及亲属(包括父母、配偶、子女及兄弟姐妹等)的档案。

(五)各单位应制定查阅档案的制度。查阅档案必须严格遵守保密制度和阅档规定,严禁涂改、圈划、抽取、撤换档案。查阅者不得泄露或擅自向外公布档案内容。对违反者,应视情节轻重予以批评教育,直至纪律处分,或追究法律责任。

(六)因工作需要从档案中取证的,须请示单位主管档案工作的领导批准后才能复制办理。

第六章　档案的转递

第十八条 企业职工调动、辞职、解除劳动合同或被开除、辞退等,应由职工所在单位在一个月内将其档案转交其新的工作单位或其户口所在地的街道劳动(组织人事)部门。职工被劳教、劳改,原所在单位今后还准备录用的,其档案由原所在单位保管。

第十九条 转递档案应遵守下列规定:

(一)通过机要交通或派专人送取,不准邮寄或交本人自带。

(二)对转出的档案,必须按统一规定的"企业职工档案转递通知单"(见附件二)的项目登记,并密封包装。

(三)对转出的材料,不得扣留或分批转出。

(四)接收单位收到档案经核对无误后,应在回执上签名盖章,并将回执立即退回。逾期一个月转出单位未收到回执应及时催问,以防丢失。

第七章　附　则

第二十条　本规定由劳动部负责解释。

第二十一条　本规定自下达之日起执行。各省、自治区、直辖市和国务院各部门可结合实际情况制定实施办法或细则。

二、劳动关系和劳动合同

中华人民共和国劳动合同法

（2012 年修正）

发文机关:全国人大常委会　　　　文号:主席令第 73 号
发文日期:2012 年 12 月 28 日　　　生效日期:2013 年 7 月 1 日

第一章　总　则

第一条　为了完善劳动合同制度,明确劳动合同双方当事人的权利和义务,保护劳动者的合法权益,构建和发展和谐稳定的劳动关系,制定本法。

第二条　中华人民共和国境内的企业、个体经济组织、民办非企业单位等组织(以下称用人单位)与劳动者建立劳动关系,订立、履行、变更、解除或者终止劳动合同,适用本法。

国家机关、事业单位、社会团体和与其建立劳动关系的劳动者,订立、履行、变更、解除或者终止劳动合同,依照本法执行。

第三条　订立劳动合同,应当遵循合法、公平、平等自愿、协商一致、诚实信用的原则。

依法订立的劳动合同具有约束力,用人单位与劳动者应当履行劳动合同约定的义务。

第四条　用人单位应当依法建立和完善劳动规章制度,保障劳动者享有劳动权利、履行劳动义务。

用人单位在制定、修改或者决定有关劳动报酬、工作时间、休息休假、劳动安全卫生、保险福利、职工培训、劳动纪律以及劳动定额管理等直接涉及劳动者切身利益的规章制度或者重大事项时,应当经职工代表大会或者全体职工讨论,提出方案和意见,与工会或者职工代表平等协商确定。

在规章制度和重大事项决定实施过程中,工会或者职工认为不适当的,有权向用人单位提出,通过协商予以修改完善。

用人单位应当将直接涉及劳动者切身利益的规章制度和重大事项决定公示,或者告知劳动者。

第五条 县级以上人民政府劳动行政部门会同工会和企业方面代表,建立健全协调劳动关系三方机制,共同研究解决有关劳动关系的重大问题。

第六条 工会应当帮助、指导劳动者与用人单位依法订立和履行劳动合同,并与用人单位建立集体协商机制,维护劳动者的合法权益。

第二章 劳动合同的订立

第七条 用人单位自用工之日起即与劳动者建立劳动关系。用人单位应当建立职工名册备查。

第八条 用人单位招用劳动者时,应当如实告知劳动者工作内容、工作条件、工作地点、职业危害、安全生产状况、劳动报酬,以及劳动者要求了解的其他情况;用人单位有权了解劳动者与劳动合同直接相关的基本情况,劳动者应当如实说明。

第九条 用人单位招用劳动者,不得扣押劳动者的居民身份证和其他证件,不得要求劳动者提供担保或者以其他名义向劳动者收取财物。

第十条 建立劳动关系,应当订立书面劳动合同。

已建立劳动关系,未同时订立书面劳动合同的,应当自用工之日起一个月内订立书面劳动合同。

用人单位与劳动者在用工前订立劳动合同的,劳动关系自用工之日起建立。

第十一条 用人单位未在用工的同时订立书面劳动合同,与劳动者约定的劳动报酬不明确的,新招用的劳动者的劳动报酬按照集体合同规定的标准执行;没有集体合同或者集体合同未规定的,实行同工同酬。

第十二条 劳动合同分为固定期限劳动合同、无固定期限劳动合同和以完成一定工作任务为期限的劳动合同。

第十三条 固定期限劳动合同,是指用人单位与劳动者约定合同终止时间的劳动合同。

用人单位与劳动者协商一致,可以订立固定期限劳动合同。

第十四条 无固定期限劳动合同,是指用人单位与劳动者约定无确定终止时间的劳动合同。

用人单位与劳动者协商一致,可以订立无固定期限劳动合同。有下列情形之一,劳动者提出或者同意续订、订立劳动合同的,除劳动者提出订立固定期限劳动合同外,应当订立无固定期限劳动合同:

(一)劳动者在该用人单位连续工作满十年的;

(二)用人单位初次实行劳动合同制度或者国有企业改制重新订立劳动合同时,劳动者在该用人单位连续工作满十年且距法定退休年龄不足十年的;

（三）连续订立二次固定期限劳动合同，且劳动者没有本法第三十九条和第四十条第一项、第二项规定的情形，续订劳动合同的。

用人单位自用工之日起满一年不与劳动者订立书面劳动合同的，视为用人单位与劳动者已订立无固定期限劳动合同。

第十五条 以完成一定工作任务为期限的劳动合同，是指用人单位与劳动者约定以某项工作的完成为合同期限的劳动合同。

用人单位与劳动者协商一致，可以订立以完成一定工作任务为期限的劳动合同。

第十六条 劳动合同由用人单位与劳动者协商一致，并经用人单位与劳动者在劳动合同文本上签字或者盖章生效。

劳动合同文本由用人单位和劳动者各执一份。

第十七条 劳动合同应当具备以下条款：

（一）用人单位的名称、住所和法定代表人或者主要负责人；

（二）劳动者的姓名、住址和居民身份证或者其他有效身份证件号码；

（三）劳动合同期限；

（四）工作内容和工作地点；

（五）工作时间和休息休假；

（六）劳动报酬；

（七）社会保险；

（八）劳动保护、劳动条件和职业危害防护；

（九）法律、法规规定应当纳入劳动合同的其他事项。

劳动合同除前款规定的必备条款外，用人单位与劳动者可以约定试用期、培训、保守秘密、补充保险和福利待遇等其他事项。

第十八条 劳动合同对劳动报酬和劳动条件等标准约定不明确，引发争议的，用人单位与劳动者可以重新协商；协商不成的，适用集体合同规定；没有集体合同或者集体合同未规定劳动报酬的，实行同工同酬；没有集体合同或者集体合同未规定劳动条件等标准的，适用国家有关规定。

第十九条 劳动合同期限三个月以上不满一年的，试用期不得超过一个月；劳动合同期限一年以上不满三年的，试用期不得超过二个月；三年以上固定期限和无固定期限的劳动合同，试用期不得超过六个月。

同一用人单位与同一劳动者只能约定一次试用期。

以完成一定工作任务为期限的劳动合同或者劳动合同期限不满三个月的，不得约定试用期。

试用期包含在劳动合同期限内。劳动合同仅约定试用期的，试用期不成立，该期限为劳动合同期限。

第二十条 劳动者在试用期的工资不得低于本单位相同岗位最低档工资或者劳

动合同约定工资的百分之八十,并不得低于用人单位所在地的最低工资标准。

第二十一条　在试用期中,除劳动者有本法第三十九条和第四十条第一项、第二项规定的情形外,用人单位不得解除劳动合同。用人单位在试用期解除劳动合同的,应当向劳动者说明理由。

第二十二条　用人单位为劳动者提供专项培训费用,对其进行专业技术培训的,可以与该劳动者订立协议,约定服务期。

劳动者违反服务期约定的,应当按照约定向用人单位支付违约金。违约金的数额不得超过用人单位提供的培训费用。用人单位要求劳动者支付的违约金不得超过服务期尚未履行部分所应分摊的培训费用。

用人单位与劳动者约定服务期的,不影响按照正常的工资调整机制提高劳动者在服务期期间的劳动报酬。

第二十三条　用人单位与劳动者可以在劳动合同中约定保守用人单位的商业秘密和与知识产权相关的保密事项。

对负有保密义务的劳动者,用人单位可以在劳动合同或者保密协议中与劳动者约定竞业限制条款,并约定在解除或者终止劳动合同后,在竞业限制期限内按月给予劳动者经济补偿。劳动者违反竞业限制约定的,应当按照约定向用人单位支付违约金。

第二十四条　竞业限制的人员限于用人单位的高级管理人员、高级技术人员和其他负有保密义务的人员。竞业限制的范围、地域、期限由用人单位与劳动者约定,竞业限制的约定不得违反法律、法规的规定。

在解除或者终止劳动合同后,前款规定的人员到与本单位生产或者经营同类产品、从事同类业务的有竞争关系的其他用人单位,或者自己开业生产或者经营同类产品、从事同类业务的竞业限制期限,不得超过二年。

第二十五条　除本法第二十二条和第二十三条规定的情形外,用人单位不得与劳动者约定由劳动者承担违约金。

第二十六条　下列劳动合同无效或者部分无效:

(一)以欺诈、胁迫的手段或者乘人之危,使对方在违背真实意思的情况下订立或者变更劳动合同的;

(二)用人单位免除自己的法定责任、排除劳动者权利的;

(三)违反法律、行政法规强制性规定的。

对劳动合同的无效或者部分无效有争议的,由劳动争议仲裁机构或者人民法院确认。

第二十七条　劳动合同部分无效,不影响其他部分效力的,其他部分仍然有效。

第二十八条　劳动合同被确认无效,劳动者已付出劳动的,用人单位应当向劳动者支付劳动报酬。劳动报酬的数额,参照本单位相同或者相近岗位劳动者的劳动报酬确定。

第三章 劳动合同的履行和变更

第二十九条 用人单位与劳动者应当按照劳动合同的约定,全面履行各自的义务。

第三十条 用人单位应当按照劳动合同约定和国家规定,向劳动者及时足额支付劳动报酬。

用人单位拖欠或者未足额支付劳动报酬的,劳动者可以依法向当地人民法院申请支付令,人民法院应当依法发出支付令。

第三十一条 用人单位应当严格执行劳动定额标准,不得强迫或者变相强迫劳动者加班。用人单位安排加班的,应当按照国家有关规定向劳动者支付加班费。

第三十二条 劳动者拒绝用人单位管理人员违章指挥、强令冒险作业的,不视为违反劳动合同。

劳动者对危害生命安全和身体健康的劳动条件,有权对用人单位提出批评、检举和控告。

第三十三条 用人单位变更名称、法定代表人、主要负责人或者投资人等事项,不影响劳动合同的履行。

第三十四条 用人单位发生合并或者分立等情况,原劳动合同继续有效,劳动合同由承继其权利和义务的用人单位继续履行。

第三十五条 用人单位与劳动者协商一致,可以变更劳动合同约定的内容。变更劳动合同,应当采用书面形式。

变更后的劳动合同文本由用人单位和劳动者各执一份。

第四章 劳动合同的解除和终止

第三十六条 用人单位与劳动者协商一致,可以解除劳动合同。

第三十七条 劳动者提前三十日以书面形式通知用人单位,可以解除劳动合同。劳动者在试用期内提前三日通知用人单位,可以解除劳动合同。

第三十八条 用人单位有下列情形之一的,劳动者可以解除劳动合同:

(一)未按照劳动合同约定提供劳动保护或者劳动条件的;

(二)未及时足额支付劳动报酬的;

(三)未依法为劳动者缴纳社会保险费的;

(四)用人单位的规章制度违反法律、法规的规定,损害劳动者权益的;

(五)因本法第二十六条第一款规定的情形致使劳动合同无效的;

(六)法律、行政法规规定劳动者可以解除劳动合同的其他情形。

用人单位以暴力、威胁或者非法限制人身自由的手段强迫劳动者劳动的,或者用人单位违章指挥、强令冒险作业危及劳动者人身安全的,劳动者可以立即解除劳动合同,不需事先告知用人单位。

第三十九条　劳动者有下列情形之一的,用人单位可以解除劳动合同:

（一）在试用期间被证明不符合录用条件的;

（二）严重违反用人单位的规章制度的;

（三）严重失职,营私舞弊,给用人单位造成重大损害的;

（四）劳动者同时与其他用人单位建立劳动关系,对完成本单位的工作任务造成严重影响,或者经用人单位提出,拒不改正的;

（五）因本法第二十六条第一款第一项规定的情形致使劳动合同无效的;

（六）被依法追究刑事责任的。

第四十条　有下列情形之一的,用人单位提前三十日以书面形式通知劳动者本人或者额外支付劳动者一个月工资后,可以解除劳动合同:

（一）劳动者患病或者非因工负伤,在规定的医疗期满后不能从事原工作,也不能从事由用人单位另行安排的工作的;

（二）劳动者不能胜任工作,经过培训或者调整工作岗位,仍不能胜任工作的;

（三）劳动合同订立时所依据的客观情况发生重大变化,致使劳动合同无法履行,经用人单位与劳动者协商,未能就变更劳动合同内容达成协议的。

第四十一条　有下列情形之一,需要裁减人员二十人以上或者裁减不足二十人但占企业职工总数百分之十以上的,用人单位提前三十日向工会或者全体职工说明情况,听取工会或者职工的意见后,裁减人员方案经向劳动行政部门报告,可以裁减人员:

（一）依照企业破产法规定进行重整的;

（二）生产经营发生严重困难的;

（三）企业转产、重大技术革新或者经营方式调整,经变更劳动合同后,仍需裁减人员的;

（四）其他因劳动合同订立时所依据的客观经济情况发生重大变化,致使劳动合同无法履行的。

裁减人员时,应当优先留用下列人员:

（一）与本单位订立较长期限的固定期限劳动合同的;

（二）与本单位订立无固定期限劳动合同的;

（三）家庭无其他就业人员,有需要扶养的老人或者未成年人的。

用人单位依照本条第一款规定裁减人员,在六个月内重新招用人员的,应当通知被裁减的人员,并在同等条件下优先招用被裁减的人员。

第四十二条　劳动者有下列情形之一的,用人单位不得依照本法第四十条、第四十一条的规定解除劳动合同:

（一）从事接触职业病危害作业的劳动者未进行离岗前职业健康检查，或者疑似职业病病人在诊断或者医学观察期间的；

（二）在本单位患职业病或者因工负伤并被确认丧失或者部分丧失劳动能力的；

（三）患病或者非因工负伤，在规定的医疗期内的；

（四）女职工在孕期、产期、哺乳期的；

（五）在本单位连续工作满十五年，且距法定退休年龄不足五年的；

（六）法律、行政法规规定的其他情形。

第四十三条 用人单位单方解除劳动合同，应当事先将理由通知工会。用人单位违反法律、行政法规规定或者劳动合同约定的，工会有权要求用人单位纠正。用人单位应当研究工会的意见，并将处理结果书面通知工会。

第四十四条 有下列情形之一的，劳动合同终止：

（一）劳动合同期满的；

（二）劳动者开始依法享受基本养老保险待遇的；

（三）劳动者死亡，或者被人民法院宣告死亡或者宣告失踪的；

（四）用人单位被依法宣告破产的；

（五）用人单位被吊销营业执照、责令关闭、撤销或者用人单位决定提前解散的；

（六）法律、行政法规规定的其他情形。

第四十五条 劳动合同期满，有本法第四十二条规定情形之一的，劳动合同应当续延至相应的情形消失时终止。但是，本法第四十二条第二项规定丧失或者部分丧失劳动能力劳动者的劳动合同的终止，按照国家有关工伤保险的规定执行。

第四十六条 有下列情形之一的，用人单位应当向劳动者支付经济补偿：

（一）劳动者依照本法第三十八条规定解除劳动合同的；

（二）用人单位依照本法第三十六条规定向劳动者提出解除劳动合同并与劳动者协商一致解除劳动合同的；

（三）用人单位依照本法第四十条规定解除劳动合同的；

（四）用人单位依照本法第四十一条第一款规定解除劳动合同的；

（五）除用人单位维持或者提高劳动合同约定条件续订劳动合同，劳动者不同意续订的情形外，依照本法第四十四条第一项规定终止固定期限劳动合同的；

（六）依照本法第四十四条第四项、第五项规定终止劳动合同的；

（七）法律、行政法规规定的其他情形。

第四十七条 经济补偿按劳动者在本单位工作的年限，每满一年支付一个月工资的标准向劳动者支付。六个月以上不满一年的，按一年计算；不满六个月的，向劳动者支付半个月工资的经济补偿。

劳动者月工资高于用人单位所在直辖市、设区的市级人民政府公布的本地区上年度职工月平均工资三倍的，向其支付经济补偿的标准按职工月平均工资三倍的数额支付,向其支付经济补偿的年限最高不超过十二年。

本条所称月工资是指劳动者在劳动合同解除或者终止前十二个月的平均工资。

第四十八条 用人单位违反本法规定解除或者终止劳动合同,劳动者要求继续履行劳动合同的,用人单位应当继续履行;劳动者不要求继续履行劳动合同或者劳动合同已经不能继续履行的,用人单位应当依照本法第八十七条规定支付赔偿金。

第四十九条 国家采取措施,建立健全劳动者社会保险关系跨地区转移接续制度。

第五十条 用人单位应当在解除或者终止劳动合同时出具解除或者终止劳动合同的证明,并在十五日内为劳动者办理档案和社会保险关系转移手续。

劳动者应当按照双方约定,办理工作交接。用人单位依照本法有关规定应当向劳动者支付经济补偿的,在办结工作交接时支付。

用人单位对已经解除或者终止的劳动合同的文本,至少保存二年备查。

第五章 特别规定

第一节 集体合同

第五十一条 企业职工一方与用人单位通过平等协商,可以就劳动报酬、工作时间、休息休假、劳动安全卫生、保险福利等事项订立集体合同。集体合同草案应当提交职工代表大会或者全体职工讨论通过。

集体合同由工会代表企业职工一方与用人单位订立;尚未建立工会的用人单位,由上级工会指导劳动者推举的代表与用人单位订立。

第五十二条 企业职工一方与用人单位可以订立劳动安全卫生、女职工权益保护、工资调整机制等专项集体合同。

第五十三条 在县级以下区域内,建筑业、采矿业、餐饮服务业等行业可以由工会与企业方面代表订立行业性集体合同,或者订立区域性集体合同。

第五十四条 集体合同订立后,应当报送劳动行政部门;劳动行政部门自收到集体合同文本之日起十五日内未提出异议的,集体合同即行生效。

依法订立的集体合同对用人单位和劳动者具有约束力。行业性、区域性集体合同对当地本行业、本区域的用人单位和劳动者具有约束力。

第五十五条 集体合同中劳动报酬和劳动条件等标准不得低于当地人民政府规定的最低标准;用人单位与劳动者订立的劳动合同中劳动报酬和劳动条件等标准不得低于集体合同规定的标准。

第五十六条 用人单位违反集体合同,侵犯职工劳动权益的,工会可以依法要求用人单位承担责任;因履行集体合同发生争议,经协商解决不成的,工会可以依法申请仲裁、提起诉讼。

第二节 劳务派遣

第五十七条 经营劳务派遣业务应当具备下列条件：

（一）注册资本不得少于人民币二百万元；

（二）有与开展业务相适应的固定的经营场所和设施；

（三）有符合法律、行政法规规定的劳务派遣管理制度；

（四）法律、行政法规规定的其他条件。

经营劳务派遣业务，应当向劳动行政部门依法申请行政许可；经许可的，依法办理相应的公司登记。未经许可，任何单位和个人不得经营劳务派遣业务。

第五十八条 劳务派遣单位是本法所称用人单位，应当履行用人单位对劳动者的义务。劳务派遣单位与被派遣劳动者订立的劳动合同，除应当载明本法第十七条规定的事项外，还应当载明被派遣劳动者的用工单位以及派遣期限、工作岗位等情况。

劳务派遣单位应当与被派遣劳动者订立二年以上的固定期限劳动合同，按月支付劳动报酬；被派遣劳动者在无工作期间，劳务派遣单位应当按照所在地人民政府规定的最低工资标准，向其按月支付报酬。

第五十九条 劳务派遣单位派遣劳动者应当与接受以劳务派遣形式用工的单位（以下称用工单位）订立劳务派遣协议。劳务派遣协议应当约定派遣岗位和人员数量、派遣期限、劳动报酬和社会保险费的数额与支付方式以及违反协议的责任。

用工单位应当根据工作岗位的实际需要与劳务派遣单位确定派遣期限，不得将连续用工期限分割订立数个短期劳务派遣协议。

第六十条 劳务派遣单位应当将劳务派遣协议的内容告知被派遣劳动者。

劳务派遣单位不得克扣用工单位按照劳务派遣协议支付给被派遣劳动者的劳动报酬。

劳务派遣单位和用工单位不得向被派遣劳动者收取费用。

第六十一条 劳务派遣单位跨地区派遣劳动者的，被派遣劳动者享有的劳动报酬和劳动条件，按照用工单位所在地的标准执行。

第六十二条 用工单位应当履行下列义务：

（一）执行国家劳动标准，提供相应的劳动条件和劳动保护；

（二）告知被派遣劳动者的工作要求和劳动报酬；

（三）支付加班费、绩效奖金，提供与工作岗位相关的福利待遇；

（四）对在岗被派遣劳动者进行工作岗位所必需的培训；

（五）连续用工的，实行正常的工资调整机制。

用工单位不得将被派遣劳动者再派遣到其他用人单位。

第六十三条 被派遣劳动者享有与用工单位的劳动者同工同酬的权利。用工单位应当按照同工同酬原则，对被派遣劳动者与本单位同类岗位的劳动者实行相同的劳动报酬分配办法。用工单位无同类岗位劳动者的,参照用工单位所在地相同或者相近岗位劳动者的劳动报酬确定。

劳务派遣单位与被派遣劳动者订立的劳动合同和与用工单位订立的劳务派遣协议,载明或者约定的向被派遣劳动者支付的劳动报酬应当符合前款规定。

第六十四条 被派遣劳动者有权在劳务派遣单位或者用工单位依法参加或者组织工会,维护自身的合法权益。

第六十五条 被派遣劳动者可以依照本法第三十六条、第三十八条的规定与劳务派遣单位解除劳动合同。

被派遣劳动者有本法第三十九条和第四十条第一项、第二项规定情形的,用工单位可以将劳动者退回劳务派遣单位,劳务派遣单位依照本法有关规定,可以与劳动者解除劳动合同。

第六十六条 劳动合同用工是我国的企业基本用工形式。劳务派遣用工是补充形式,只能在临时性、辅助性或者替代性的工作岗位上实施。

前款规定的临时性工作岗位是指存续时间不超过六个月的岗位;辅助性工作岗位是指为主营业务岗位提供服务的非主营业务岗位;替代性工作岗位是指用工单位的劳动者因脱产学习、休假等原因无法工作的一定期间内,可以由其他劳动者替代工作的岗位。

用工单位应当严格控制劳务派遣用工数量,不得超过其用工总量的一定比例,具体比例由国务院劳动行政部门规定。

第六十七条 用人单位不得设立劳务派遣单位向本单位或者所属单位派遣劳动者。

第三节 非全日制用工

第六十八条 非全日制用工,是指以小时计酬为主,劳动者在同一用人单位一般平均每日工作时间不超过四小时,每周工作时间累计不超过二十四小时的用工形式。

第六十九条 非全日制用工双方当事人可以订立口头协议。

从事非全日制用工的劳动者可以与一个或者一个以上用人单位订立劳动合同;但是,后订立的劳动合同不得影响先订立的劳动合同的履行。

第七十条 非全日制用工双方当事人不得约定试用期。

第七十一条 非全日制用工双方当事人任何一方都可以随时通知对方终止用工。终止用工,用人单位不向劳动者支付经济补偿。

第七十二条 非全日制用工小时计酬标准不得低于用人单位所在地人民政府规定的最低小时工资标准。

非全日制用工劳动报酬结算支付周期最长不得超过十五日。

第六章 监督检查

第七十三条 国务院劳动行政部门负责全国劳动合同制度实施的监督管理。

县级以上地方人民政府劳动行政部门负责本行政区域内劳动合同制度实施的监督管理。

县级以上各级人民政府劳动行政部门在劳动合同制度实施的监督管理工作中,应当听取工会、企业方面代表以及有关行业主管部门的意见。

第七十四条 县级以上地方人民政府劳动行政部门依法对下列实施劳动合同制度的情况进行监督检查:

(一)用人单位制定直接涉及劳动者切身利益的规章制度及其执行的情况;

(二)用人单位与劳动者订立和解除劳动合同的情况;

(三)劳务派遣单位和用工单位遵守劳务派遣有关规定的情况;

(四)用人单位遵守国家关于劳动者工作时间和休息休假规定的情况;

(五)用人单位支付劳动合同约定的劳动报酬和执行最低工资标准的情况;

(六)用人单位参加各项社会保险和缴纳社会保险费的情况;

(七)法律、法规规定的其他劳动监察事项。

第七十五条 县级以上地方人民政府劳动行政部门实施监督检查时,有权查阅与劳动合同、集体合同有关的材料,有权对劳动场所进行实地检查,用人单位和劳动者都应当如实提供有关情况和材料。

劳动行政部门的工作人员进行监督检查,应当出示证件,依法行使职权,文明执法。

第七十六条 县级以上人民政府建设、卫生、安全生产监督管理等有关主管部门在各自职责范围内,对用人单位执行劳动合同制度的情况进行监督管理。

第七十七条 劳动者合法权益受到侵害的,有权要求有关部门依法处理,或者依法申请仲裁、提起诉讼。

第七十八条 工会依法维护劳动者的合法权益,对用人单位履行劳动合同、集体合同的情况进行监督。用人单位违反劳动法律、法规和劳动合同、集体合同的,工会有权提出意见或者要求纠正;劳动者申请仲裁、提起诉讼的,工会依法给予支持和帮助。

第七十九条 任何组织或者个人对违反本法的行为都有权举报,县级以上人民政府劳动行政部门应当及时核实、处理,并对举报有功人员给予奖励。

第七章 法律责任

第八十条 用人单位直接涉及劳动者切身利益的规章制度违反法律、法规规定的,由劳动行政部门责令改正,给予警告;给劳动者造成损害的,应当承担赔偿责任。

第八十一条 用人单位提供的劳动合同文本未载明本法规定的劳动合同必备条款或者用人单位未将劳动合同文本交付劳动者的,由劳动行政部门责令改正;给劳动者造成损害的,应当承担赔偿责任。

第八十二条　用人单位自用工之日起超过一个月不满一年未与劳动者订立书面劳动合同的,应当向劳动者每月支付二倍的工资。

用人单位违反本法规定不与劳动者订立无固定期限劳动合同的,自应当订立无固定期限劳动合同之日起向劳动者每月支付二倍的工资。

第八十三条　用人单位违反本法规定与劳动者约定试用期的,由劳动行政部门责令改正;违法约定的试用期已经履行的,由用人单位以劳动者试用期满月工资为标准,按已经履行的超过法定试用期的期间向劳动者支付赔偿金。

第八十四条　用人单位违反本法规定,扣押劳动者居民身份证等证件的,由劳动行政部门责令限期退还劳动者本人,并依照有关法律规定给予处罚。

用人单位违反本法规定,以担保或者其他名义向劳动者收取财物的,由劳动行政部门责令限期退还劳动者本人,并以每人五百元以上二千元以下的标准处以罚款;给劳动者造成损害的,应当承担赔偿责任。

劳动者依法解除或者终止劳动合同,用人单位扣押劳动者档案或者其他物品的,依照前款规定处罚。

第八十五条　用人单位有下列情形之一的,由劳动行政部门责令限期支付劳动报酬、加班费或者经济补偿;劳动报酬低于当地最低工资标准的,应当支付其差额部分;逾期不支付的,责令用人单位按应付金额百分之五十以上百分之一百以下的标准向劳动者加付赔偿金:

(一)未按照劳动合同的约定或者国家规定及时足额支付劳动者劳动报酬的;

(二)低于当地最低工资标准支付劳动者工资的;

(三)安排加班不支付加班费的;

(四)解除或者终止劳动合同,未依照本法规定向劳动者支付经济补偿的。

第八十六条　劳动合同依照本法第二十六条规定被确认无效,给对方造成损害的,有过错的一方应当承担赔偿责任。

第八十七条　用人单位违反本法规定解除或者终止劳动合同的,应当依照本法第四十七条规定的经济补偿标准的二倍向劳动者支付赔偿金。

第八十八条　用人单位有下列情形之一的,依法给予行政处罚;构成犯罪的,依法追究刑事责任;给劳动者造成损害的,应当承担赔偿责任:

(一)以暴力、威胁或者非法限制人身自由的手段强迫劳动的;

(二)违章指挥或者强令冒险作业危及劳动者人身安全的;

(三)侮辱、体罚、殴打、非法搜查或者拘禁劳动者的;

(四)劳动条件恶劣、环境污染严重,给劳动者身心健康造成严重损害的。

第八十九条　用人单位违反本法规定未向劳动者出具解除或者终止劳动合同的书面证明,由劳动行政部门责令改正;给劳动者造成损害的,应当承担赔偿责任。

第九十条　劳动者违反本法规定解除劳动合同,或者违反劳动合同中约定的保密义务或者竞业限制,给用人单位造成损失的,应当承担赔偿责任。

第九十一条 用人单位招用与其他用人单位尚未解除或者终止劳动合同的劳动者,给其他用人单位造成损失的,应当承担连带赔偿责任。

第九十二条 违反本法规定,未经许可,擅自经营劳务派遣业务的,由劳动行政部门责令停止违法行为,没收违法所得,并处违法所得一倍以上五倍以下的罚款;没有违法所得的,可以处五万元以下的罚款。

劳务派遣单位、用工单位违反本法有关劳务派遣规定的,由劳动行政部门责令限期改正;逾期不改正的,以每人五千元以上一万元以下的标准处以罚款,对劳务派遣单位,吊销其劳务派遣业务经营许可证。用工单位给被派遣劳动者造成损害的,劳务派遣单位与用工单位承担连带赔偿责任。

第九十三条 对不具备合法经营资格的用人单位的违法犯罪行为,依法追究法律责任;劳动者已经付出劳动的,该单位或者其出资人应当依照本法有关规定向劳动者支付劳动报酬、经济补偿、赔偿金;给劳动者造成损害的,应当承担赔偿责任。

第九十四条 个人承包经营违反本法规定招用劳动者,给劳动者造成损害的,发包的组织与个人承包经营者承担连带赔偿责任。

第九十五条 劳动行政部门和其他有关主管部门及其工作人员玩忽职守、不履行法定职责,或者违法行使职权,给劳动者或者用人单位造成损害的,应当承担赔偿责任;对直接负责的主管人员和其他直接责任人员,依法给予行政处分;构成犯罪的,依法追究刑事责任。

第八章　附　则

第九十六条 事业单位与实行聘用制的工作人员订立、履行、变更、解除或者终止劳动合同,法律、行政法规或者国务院另有规定的,依照其规定;未作规定的,依照本法有关规定执行。

第九十七条 本法施行前已依法订立且在本法施行之日存续的劳动合同,继续履行;本法第十四条第二款第三项规定连续订立固定期限劳动合同的次数,自本法施行后续订固定期限劳动合同时开始计算。

本法施行前已建立劳动关系,尚未订立书面劳动合同的,应当自本法施行之日起一个月内订立。

本法施行之日存续的劳动合同在本法施行后解除或者终止,依照本法第四十六条规定应当支付经济补偿的,经济补偿年限自本法施行之日起计算;本法施行前按照当时有关规定,用人单位应当向劳动者支付经济补偿的,按照当时有关规定执行。

第九十八条 本法自 2008 年 1 月 1 日起施行。

中华人民共和国劳动合同法实施条例

发文机关:国务院   文号:国务院令第 535 号
发文日期:2008 年 9 月 18 日   生效日期:2008 年 9 月 18 日

第一章 总 则

第一条 为了贯彻实施《中华人民共和国劳动合同法》(以下简称劳动合同法),制定本条例。

第二条 各级人民政府和县级以上人民政府劳动行政等有关部门以及工会等组织,应当采取措施,推动劳动合同法的贯彻实施,促进劳动关系的和谐。

第三条 依法成立的会计师事务所、律师事务所等合伙组织和基金会,属于劳动合同法规定的用人单位。

第二章 劳动合同的订立

第四条 劳动合同法规定的用人单位设立的分支机构,依法取得营业执照或者登记证书的,可以作为用人单位与劳动者订立劳动合同;未依法取得营业执照或者登记证书的,受用人单位委托可以与劳动者订立劳动合同。

第五条 自用工之日起一个月内,经用人单位书面通知后,劳动者不与用人单位订立书面劳动合同的,用人单位应当书面通知劳动者终止劳动关系,无需向劳动者支付经济补偿,但是应当依法向劳动者支付其实际工作时间的劳动报酬。

第六条 用人单位自用工之日起超过一个月不满一年未与劳动者订立书面劳动合同的,应当依照劳动合同法第八十二条的规定向劳动者每月支付两倍的工资,并与劳动者补订书面劳动合同;劳动者不与用人单位订立书面劳动合同的,用人单位应当书面通知劳动者终止劳动关系,并依照劳动合同法第四十七条的规定支付经济补偿。

前款规定的用人单位向劳动者每月支付两倍工资的起算时间为用工之日起满一个月的次日,截止时间为补订书面劳动合同的前一日。

第七条 用人单位自用工之日起满一年未与劳动者订立书面劳动合同的,自用工之日起满一个月的次日至满一年的前一日应当依照劳动合同法第八十二条的规定向劳动者每月支付两倍的工资,并视为自用工之日起满一年的当日已经与劳动者订立无固定期限劳动合同,应当立即与劳动者补订书面劳动合同。

第八条　劳动合同法第七条规定的职工名册,应当包括劳动者姓名、性别、公民身份号码、户籍地址及现住址、联系方式、用工形式、用工起始时间、劳动合同期限等内容。

第九条　劳动合同法第十四条第二款规定的连续工作满 10 年的起始时间,应当自用人单位用工之日起计算,包括劳动合同法施行前的工作年限。

第十条　劳动者非因本人原因从原用人单位被安排到新用人单位工作的,劳动者在原用人单位的工作年限合并计算为新用人单位的工作年限。原用人单位已经向劳动者支付经济补偿的,新用人单位在依法解除、终止劳动合同计算支付经济补偿的工作年限时,不再计算劳动者在原用人单位的工作年限。

第十一条　除劳动者与用人单位协商一致的情形外,劳动者依照劳动合同法第十四条第二款的规定,提出订立无固定期限劳动合同的,用人单位应当与其订立无固定期限劳动合同。对劳动合同的内容,双方应当按照合法、公平、平等自愿、协商一致、诚实信用的原则协商确定;对协商不一致的内容,依照劳动合同法第十八条的规定执行。

第十二条　地方各级人民政府及县级以上地方人民政府有关部门为安置就业困难人员提供的给予岗位补贴和社会保险补贴的公益性岗位,其劳动合同不适用劳动合同法有关无固定期限劳动合同的规定以及支付经济补偿的规定。

第十三条　用人单位与劳动者不得在劳动合同法第四十四条规定的劳动合同终止情形之外约定其他的劳动合同终止条件。

第十四条　劳动合同履行地与用人单位注册地不一致的,有关劳动者的最低工资标准、劳动保护、劳动条件、职业危害防护和本地区上年度职工月平均工资标准等事项,按照劳动合同履行地的有关规定执行;用人单位注册地的有关标准高于劳动合同履行地的有关标准,且用人单位与劳动者约定按照用人单位注册地的有关规定执行的,从其约定。

第十五条　劳动者在试用期的工资不得低于本单位相同岗位最低档工资的 80％或者不得低于劳动合同约定工资的 80％,并不得低于用人单位所在地的最低工资标准。

第十六条　劳动合同法第二十二条第二款规定的培训费用,包括用人单位为了对劳动者进行专业技术培训而支付的有凭证的培训费用、培训期间的差旅费用以及因培训产生的用于该劳动者的其他直接费用。

第十七条　劳动合同期满,但是用人单位与劳动者依照劳动合同法第二十二条的规定约定的服务期尚未到期的,劳动合同应当续延至服务期满;双方另有约定的,从其约定。

第三章　劳动合同的解除和终止

第十八条　有下列情形之一的,依照劳动合同法规定的条件、程序,劳动者可以与用人单位解除固定期限劳动合同、无固定期限劳动合同或者以完成一定工作任务为期限的劳动合同：

（一）劳动者与用人单位协商一致的；

（二）劳动者提前 30 日以书面形式通知用人单位的；

（三）劳动者在试用期内提前 3 日通知用人单位的；

（四）用人单位未按照劳动合同约定提供劳动保护或者劳动条件的；

（五）用人单位未及时足额支付劳动报酬的；

（六）用人单位未依法为劳动者缴纳社会保险费的；

（七）用人单位的规章制度违反法律、法规的规定，损害劳动者权益的；

（八）用人单位以欺诈、胁迫的手段或者乘人之危，使劳动者在违背真实意思的情况下订立或者变更劳动合同的；

（九）用人单位在劳动合同中免除自己的法定责任、排除劳动者权利的；

（十）用人单位违反法律、行政法规强制性规定的；

（十一）用人单位以暴力、威胁或者非法限制人身自由的手段强迫劳动者劳动的；

（十二）用人单位违章指挥、强令冒险作业危及劳动者人身安全的；

（十三）法律、行政法规规定劳动者可以解除劳动合同的其他情形。

第十九条 有下列情形之一的，依照劳动合同法规定的条件、程序，用人单位可以与劳动者解除固定期限劳动合同、无固定期限劳动合同或者以完成一定工作任务为期限的劳动合同：

（一）用人单位与劳动者协商一致的；

（二）劳动者在试用期间被证明不符合录用条件的；

（三）劳动者严重违反用人单位的规章制度的；

（四）劳动者严重失职，营私舞弊，给用人单位造成重大损害的；

（五）劳动者同时与其他用人单位建立劳动关系，对完成本单位的工作任务造成严重影响，或者经用人单位提出，拒不改正的；

（六）劳动者以欺诈、胁迫的手段或者乘人之危，使用人单位在违背真实意思的情况下订立或者变更劳动合同的；

（七）劳动者被依法追究刑事责任的；

（八）劳动者患病或者非因工负伤，在规定的医疗期满后不能从事原工作，也不能从事由用人单位另行安排的工作的；

（九）劳动者不能胜任工作，经过培训或者调整工作岗位，仍不能胜任工作的；

（十）劳动合同订立时所依据的客观情况发生重大变化，致使劳动合同无法履行，经用人单位与劳动者协商，未能就变更劳动合同内容达成协议的；

（十一）用人单位依照企业破产法规定进行重整的；

（十二）用人单位生产经营发生严重困难的；

(十三)企业转产、重大技术革新或者经营方式调整,经变更劳动合同后,仍需裁减人员的;

(十四)其他因劳动合同订立时所依据的客观经济情况发生重大变化,致使劳动合同无法履行的。

第二十条 用人单位依照劳动合同法第四十条的规定,选择额外支付劳动者一个月工资解除劳动合同的,其额外支付的工资应当按照该劳动者上一个月的工资标准确定。

第二十一条 劳动者达到法定退休年龄的,劳动合同终止。

第二十二条 以完成一定工作任务为期限的劳动合同因任务完成而终止的,用人单位应当依照劳动合同法第四十七条的规定向劳动者支付经济补偿。

第二十三条 用人单位依法终止工伤职工的劳动合同的,除依照劳动合同法第四十七条的规定支付经济补偿外,还应当依照国家有关工伤保险的规定支付一次性工伤医疗补助金和伤残就业补助金。

第二十四条 用人单位出具的解除、终止劳动合同的证明,应当写明劳动合同期限、解除或者终止劳动合同的日期、工作岗位、在本单位的工作年限。

第二十五条 用人单位违反劳动合同法的规定解除或者终止劳动合同,依照劳动合同法第八十七条的规定支付了赔偿金的,不再支付经济补偿。赔偿金的计算年限自用工之日起计算。

第二十六条 用人单位与劳动者约定了服务期,劳动者依照劳动合同法第三十八条的规定解除劳动合同的,不属于违反服务期的约定,用人单位不得要求劳动者支付违约金。

有下列情形之一,用人单位与劳动者解除约定服务期的劳动合同的,劳动者应当按照劳动合同的约定向用人单位支付违约金:

(一)劳动者严重违反用人单位的规章制度的;

(二)劳动者严重失职,营私舞弊,给用人单位造成重大损害的;

(三)劳动者同时与其他用人单位建立劳动关系,对完成本单位的工作任务造成严重影响,或者经用人单位提出,拒不改正的;

(四)劳动者以欺诈、胁迫的手段或者乘人之危,使用人单位在违背真实意思的情况下订立或者变更劳动合同的;

(五)劳动者被依法追究刑事责任的。

第二十七条 劳动合同法第四十七条规定的经济补偿的月工资按照劳动者应得工资计算,包括计时工资或者计件工资以及奖金、津贴和补贴等货币性收入。劳动者在劳动合同解除或者终止前 12 个月的平均工资低于当地最低工资标准的,按照当地最低工资标准计算。劳动者工作不满 12 个月的,按照实际工作的月数计算平均工资。

第四章　劳务派遣特别规定

第二十八条　用人单位或者其所属单位出资或者合伙设立的劳务派遣单位,向本单位或者所属单位派遣劳动者的,属于劳动合同法第六十七条规定的不得设立的劳务派遣单位。

第二十九条　用工单位应当履行劳动合同法第六十二条规定的义务,维护被派遣劳动者的合法权益。

第三十条　劳务派遣单位不得以非全日制用工形式招用被派遣劳动者。

第三十一条　劳务派遣单位或者被派遣劳动者依法解除、终止劳动合同的经济补偿,依照劳动合同法第四十六条、第四十七条的规定执行。

第三十二条　劳务派遣单位违法解除或者终止被派遣劳动者的劳动合同的,依照劳动合同法第四十八条的规定执行。

第五章　法律责任

第三十三条　用人单位违反劳动合同法有关建立职工名册规定的,由劳动行政部门责令限期改正;逾期不改正的,由劳动行政部门处 2000 元以上 2 万元以下的罚款。

第三十四条　用人单位依照劳动合同法的规定应当向劳动者每月支付两倍的工资或者应当向劳动者支付赔偿金而未支付的,劳动行政部门应当责令用人单位支付。

第三十五条　用工单位违反劳动合同法和本条例有关劳务派遣规定的,由劳动行政部门和其他有关主管部门责令改正;情节严重的,以每位被派遣劳动者 1000 元以上 5000 元以下的标准处以罚款;给被派遣劳动者造成损害的,劳务派遣单位和用工单位承担连带赔偿责任。

第六章　附　　则

第三十六条　对违反劳动合同法和本条例的行为的投诉、举报,县级以上地方人民政府劳动行政部门依照《劳动保障监察条例》的规定处理。

第三十七条　劳动者与用人单位因订立、履行、变更、解除或者终止劳动合同发生争议的,依照《中华人民共和国劳动争议调解仲裁法》的规定处理。

第三十八条　本条例自公布之日起施行。

劳务派遣暂行规定

发文机关:人力资源和社会保障部　　文号:人力资源和社会保障部令第 22 号

发文日期:2014 年 1 月 24 日　　　　生效日期:2014 年 3 月 1 日

第一章　总　则

第一条　为规范劳务派遣,维护劳动者的合法权益,促进劳动关系和谐稳定,依据《中华人民共和国劳动合同法》(以下简称劳动合同法)和《中华人民共和国劳动合同法实施条例》(以下简称劳动合同法实施条例)等法律、行政法规,制定本规定。

第二条　劳务派遣单位经营劳务派遣业务,企业(以下称用工单位)使用被派遣劳动者,适用本规定。

依法成立的会计师事务所、律师事务所等合伙组织和基金会以及民办非企业单位等组织使用被派遣劳动者,依照本规定执行。

第二章　用工范围和用工比例

第三条　用工单位只能在临时性、辅助性或者替代性的工作岗位上使用被派遣劳动者。

前款规定的临时性工作岗位是指存续时间不超过 6 个月的岗位;辅助性工作岗位是指为主营业务岗位提供服务的非主营业务岗位;替代性工作岗位是指用工单位的劳动者因脱产学习、休假等原因无法工作的一定期间内,可以由其他劳动者替代工作的岗位。

用工单位决定使用被派遣劳动者的辅助性岗位,应当经职工代表大会或者全体职工讨论,提出方案和意见,与工会或者职工代表平等协商确定,并在用工单位内公示。

第四条　用工单位应当严格控制劳务派遣用工数量,使用的被派遣劳动者数量不得超过其用工总量的 10%。

前款所称用工总量是指用工单位订立劳动合同人数与使用的被派遣劳动者人数之和。

计算劳务派遣用工比例的用工单位是指依照劳动合同法和劳动合同法实施条例可以与劳动者订立劳动合同的用人单位。

第三章　劳动合同、劳务派遣协议的订立和履行

第五条　劳务派遣单位应当依法与被派遣劳动者订立2年以上的固定期限书面劳动合同。

第六条　劳务派遣单位可以依法与被派遣劳动者约定试用期。劳务派遣单位与同一被派遣劳动者只能约定一次试用期。

第七条　劳务派遣协议应当载明下列内容：

（一）派遣的工作岗位名称和岗位性质；

（二）工作地点；

（三）派遣人员数量和派遣期限；

（四）按照同工同酬原则确定的劳动报酬数额和支付方式；

（五）社会保险费的数额和支付方式；

（六）工作时间和休息休假事项；

（七）被派遣劳动者工伤、生育或者患病期间的相关待遇；

（八）劳动安全卫生以及培训事项；

（九）经济补偿等费用；

（十）劳务派遣协议期限；

（十一）劳务派遣服务费的支付方式和标准；

（十二）违反劳务派遣协议的责任；

（十三）法律、法规、规章规定应当纳入劳务派遣协议的其他事项。

第八条　劳务派遣单位应当对被派遣劳动者履行下列义务：

（一）如实告知被派遣劳动者劳动合同法第八条规定的事项、应遵守的规章制度以及劳务派遣协议的内容；

（二）建立培训制度，对被派遣劳动者进行上岗知识、安全教育培训；

（三）按照国家规定和劳务派遣协议约定，依法支付被派遣劳动者的劳动报酬和相关待遇；

（四）按照国家规定和劳务派遣协议约定，依法为被派遣劳动者缴纳社会保险费，并办理社会保险相关手续；

（五）督促用工单位依法为被派遣劳动者提供劳动保护和劳动安全卫生条件；

（六）依法出具解除或者终止劳动合同的证明；

（七）协助处理被派遣劳动者与用工单位的纠纷；

（八）法律、法规和规章规定的其他事项。

第九条　用工单位应当按照劳动合同法第六十二条规定，向被派遣劳动者提供与工作岗位相关的福利待遇，不得歧视被派遣劳动者。

第十条　被派遣劳动者在用工单位因工作遭受事故伤害的,劳务派遣单位应当依法申请工伤认定,用工单位应当协助工伤认定的调查核实工作。劳务派遣单位承担工伤保险责任,但可以与用工单位约定补偿办法。

被派遣劳动者在申请进行职业病诊断、鉴定时,用工单位应当负责处理职业病诊断、鉴定事宜,并如实提供职业病诊断、鉴定所需的劳动者职业史和职业危害接触史、工作场所职业病危害因素检测结果等资料,劳务派遣单位应当提供被派遣劳动者职业病诊断、鉴定所需的其他材料。

第十一条　劳务派遣单位行政许可有效期未延续或者《劳务派遣经营许可证》被撤销、吊销的,已经与被派遣劳动者依法订立的劳动合同应当履行至期限届满。双方经协商一致,可以解除劳动合同。

第十二条　有下列情形之一的,用工单位可以将被派遣劳动者退回劳务派遣单位:

(一)用工单位有劳动合同法第四十条第三项、第四十一条规定情形的;

(二)用工单位被依法宣告破产、吊销营业执照、责令关闭、撤销、决定提前解散或者经营期限届满不再继续经营的;

(三)劳务派遣协议期满终止的。

被派遣劳动者退回后在无工作期间,劳务派遣单位应当按照不低于所在地人民政府规定的最低工资标准,向其按月支付报酬。

第十三条　被派遣劳动者有劳动合同法第四十二条规定情形的,在派遣期限届满前,用工单位不得依据本规定第十二条第一款第一项规定将被派遣劳动者退回劳务派遣单位;派遣期限届满的,应当延续至相应情形消失时方可退回。

第四章　劳动合同的解除和终止

第十四条　被派遣劳动者提前30日以书面形式通知劳务派遣单位,可以解除劳动合同。被派遣劳动者在试用期内提前3日通知劳务派遣单位,可以解除劳动合同。劳务派遣单位应当将被派遣劳动者通知解除劳动合同的情况及时告知用工单位。

第十五条　被派遣劳动者因本规定第十二条规定被用工单位退回,劳务派遣单位重新派遣时维持或者提高劳动合同约定条件,被派遣劳动者不同意的,劳务派遣单位可以解除劳动合同。

被派遣劳动者因本规定第十二条规定被用工单位退回,劳务派遣单位重新派遣时降低劳动合同约定条件,被派遣劳动者不同意的,劳务派遣单位不得解除劳动合同。但被派遣劳动者提出解除劳动合同的除外。

第十六条　劳务派遣单位被依法宣告破产、吊销营业执照、责令关闭、撤销、决定提前解散或者经营期限届满不再继续经营的,劳动合同终止。用工单位应当与劳务派遣单位协商妥善安置被派遣劳动者。

第十七条　劳务派遣单位因劳动合同法第四十六条或者本规定第十五条、第十六条规定的情形，与被派遣劳动者解除或者终止劳动合同的，应当依法向被派遣劳动者支付经济补偿。

第五章　跨地区劳务派遣的社会保险

第十八条　劳务派遣单位跨地区派遣劳动者的，应当在用工单位所在地为被派遣劳动者参加社会保险，按照用工单位所在地的规定缴纳社会保险费，被派遣劳动者按照国家规定享受社会保险待遇。

第十九条　劳务派遣单位在用工单位所在地设立分支机构的，由分支机构为被派遣劳动者办理参保手续，缴纳社会保险费。

劳务派遣单位未在用工单位所在地设立分支机构的，由用工单位代劳务派遣单位为被派遣劳动者办理参保手续，缴纳社会保险费。

第六章　法律责任

第二十条　劳务派遣单位、用工单位违反劳动合同法和劳动合同法实施条例有关劳务派遣规定的，按照劳动合同法第九十二条规定执行。

第二十一条　劳务派遣单位违反本规定解除或者终止被派遣劳动者劳动合同的，按照劳动合同法第四十八条、第八十七条规定执行。

第二十二条　用工单位违反本规定第三条第三款规定的，由人力资源社会保障行政部门责令改正，给予警告；给被派遣劳动者造成损害的，依法承担赔偿责任。

第二十三条　劳务派遣单位违反本规定第六条规定的，按照劳动合同法第八十三条规定执行。

第二十四条　用工单位违反本规定退回被派遣劳动者的，按照劳动合同法第九十二条第二款规定执行。

第七章　附　则

第二十五条　外国企业常驻代表机构和外国金融机构驻华代表机构等使用被派遣劳动者的，以及船员用人单位以劳务派遣形式使用国际远洋海员的，不受临时性、辅助性、替代性岗位和劳务派遣用工比例的限制。

第二十六条　用人单位将本单位劳动者派往境外工作或者派往家庭、自然人处提供劳动的，不属于本规定所称劳务派遣。

第二十七条　用人单位以承揽、外包等名义,按劳务派遣用工形式使用劳动者的,按照本规定处理。

第二十八条　用工单位在本规定施行前使用被派遣劳动者数量超过其用工总量10％的,应当制定调整用工方案,于本规定施行之日起 2 年内降至规定比例。但是,《全国人民代表大会常务委员会关于修改〈中华人民共和国劳动合同法〉的决定》公布前已依法订立的劳动合同和劳务派遣协议期限届满日期在本规定施行之日起 2 年后的,可以依法继续履行至期限届满。

用工单位应当将制定的调整用工方案报当地人力资源社会保障行政部门备案。

用工单位未将本规定施行前使用的被派遣劳动者数量降至符合规定比例之前,不得新用被派遣劳动者。

第二十九条　本规定自 2014 年 3 月 1 日起施行。

劳务派遣行政许可实施办法

发文机关:人力资源和社会保障部　　　文号:人力资源和社会保障部令第 19 号
发文日期:2013 年 6 月 20 日　　　　　生效日期:2013 年 7 月 1 日

第一章　总　　则

第一条　为了规范劳务派遣,根据《中华人民共和国劳动合同法》《中华人民共和国行政许可法》等法律,制定本办法。

第二条　劳务派遣行政许可的申请受理、审查批准以及相关的监督检查等,适用本办法。

第三条　人力资源社会保障部负责对全国的劳务派遣行政许可工作进行监督指导。

县级以上地方人力资源社会保障行政部门按照省、自治区、直辖市人力资源社会保障行政部门确定的许可管辖分工,负责实施本行政区域内劳务派遣行政许可工作以及相关的监督检查。

第四条　人力资源社会保障行政部门实施劳务派遣行政许可,应当遵循权责统一、公开公正、优质高效的原则。

第五条　人力资源社会保障行政部门应当在本行政机关办公场所、网站上公布劳务派遣行政许可的依据、程序、期限、条件和需要提交的全部材料目录以及监督电话,并在本行政机关网站和至少一种全地区性报纸上向社会公布获得许可的劳务派遣单位名单及其许可变更、延续、撤销、吊销、注销等情况。

第二章　劳务派遣行政许可

第六条　经营劳务派遣业务,应当向所在地有许可管辖权的人力资源社会保障行政部门(以下称许可机关)依法申请行政许可。

未经许可,任何单位和个人不得经营劳务派遣业务。

第七条　申请经营劳务派遣业务应当具备下列条件:

(一)注册资本不得少于人民币 200 万元;

(二)有与开展业务相适应的固定的经营场所和设施;

(三)有符合法律、行政法规规定的劳务派遣管理制度;

（四）法律、行政法规规定的其他条件。

第八条 申请经营劳务派遣业务的,申请人应当向许可机关提交下列材料:

（一）劳务派遣经营许可申请书;

（二）营业执照或者《企业名称预先核准通知书》;

（三）公司章程以及验资机构出具的验资报告或者财务审计报告;

（四）经营场所的使用证明以及与开展业务相适应的办公设施设备、信息管理系统等清单;

（五）法定代表人的身份证明;

（六）劳务派遣管理制度,包括劳动合同、劳动报酬、社会保险、工作时间、休息休假、劳动纪律等与劳动者切身利益相关的规章制度文本;拟与用工单位签订的劳务派遣协议样本。

第九条 许可机关收到申请材料后,应当根据下列情况分别作出处理:

（一）申请材料存在可以当场更正的错误的,应当允许申请人当场更正;

（二）申请材料不齐全或者不符合法定形式的,应当当场或者在 5 个工作日内一次告知申请人需要补正的全部内容,逾期不告知的,自收到申请材料之日起即为受理;

（三）申请材料齐全、符合法定形式,或者申请人按照要求提交了全部补正申请材料的,应当受理行政许可申请。

第十条 许可机关对申请人提出的申请决定受理的,应当出具《受理决定书》;决定不予受理的,应当出具《不予受理决定书》,说明不予受理的理由,并告知申请人享有依法申请行政复议或者提起行政诉讼的权利。

第十一条 许可机关决定受理申请的,应当对申请人提交的申请材料进行审查。根据法定条件和程序,需要对申请材料的实质内容进行核实的,许可机关应当指派 2 名以上工作人员进行核查。

第十二条 许可机关应当自受理之日起 20 个工作日内作出是否准予行政许可的决定。20 个工作日内不能作出决定的,经本行政机关负责人批准,可以延长 10 个工作日,并应当将延长期限的理由告知申请人。

第十三条 申请人的申请符合法定条件的,许可机关应当依法作出准予行政许可的书面决定,并自作出决定之日起 5 个工作日内通知申请人领取《劳务派遣经营许可证》。

申请人的申请不符合法定条件的,许可机关应当依法作出不予行政许可的书面决定,说明不予行政许可的理由,并告知申请人享有依法申请行政复议或者提起行政诉讼的权利。

第十四条 《劳务派遣经营许可证》应当载明单位名称、住所、法定代表人、注册资本、许可经营事项、有效期限、编号、发证机关以及发证日期等事项。《劳务派遣经营许可证》分为正本、副本。正本、副本具有同等法律效力。

《劳务派遣经营许可证》有效期为 3 年。

《劳务派遣经营许可证》由人力资源社会保障部统一制定样式,由各省、自治区、直辖市人力资源社会保障行政部门负责印制、免费发放和管理。

第十五条　劳务派遣单位取得《劳务派遣经营许可证》后,应当妥善保管,不得涂改、倒卖、出租、出借或者以其他形式非法转让。

第十六条　劳务派遣单位名称、住所、法定代表人或者注册资本等改变的,应当向许可机关提出变更申请。符合法定条件的,许可机关应当自收到变更申请之日起 10 个工作日内依法办理变更手续,并换发新的《劳务派遣经营许可证》或者在原《劳务派遣经营许可证》上予以注明;不符合法定条件的,许可机关应当自收到变更申请之日起 10 个工作日内作出不予变更的书面决定,并说明理由。

第十七条　劳务派遣单位分立、合并后继续存续,其名称、住所、法定代表人或者注册资本等改变的,应当按照本办法第十六条规定执行。

劳务派遣单位分立、合并后设立新公司的,应当按照本办法重新申请劳务派遣行政许可。

第十八条　劳务派遣单位需要延续行政许可有效期的,应当在有效期届满 60 日前向许可机关提出延续行政许可的书面申请,并提交 3 年以来的基本经营情况;劳务派遣单位逾期提出延续行政许可的书面申请的,按照新申请经营劳务派遣行政许可办理。

第十九条　许可机关应当根据劳务派遣单位的延续申请,在该行政许可有效期届满前作出是否准予延续的决定;逾期未作决定的,视为准予延续。

准予延续行政许可的,应当换发新的《劳务派遣经营许可证》。

第二十条　劳务派遣单位有下列情形之一的,许可机关应当自收到延续申请之日起 10 个工作日内作出不予延续书面决定,并说明理由:

(一)逾期不提交劳务派遣经营情况报告或者提交虚假劳务派遣经营情况报告,经责令改正,拒不改正的;

(二)违反劳动保障法律法规,在一个行政许可期限内受到 2 次以上行政处罚的。

第二十一条　劳务派遣单位设立子公司经营劳务派遣业务的,应当由子公司向所在地许可机关申请行政许可;劳务派遣单位设立分公司经营劳务派遣业务的,应当书面报告许可机关,并由分公司向所在地人力资源社会保障行政部门备案。

第三章　监督检查

第二十二条　劳务派遣单位应当于每年 3 月 31 日前向许可机关提交上一年度劳务派遣经营情况报告,如实报告下列事项:

(一)经营情况以及上年度财务审计报告;

（二）被派遣劳动者人数以及订立劳动合同、参加工会的情况；

（三）向被派遣劳动者支付劳动报酬的情况；

（四）被派遣劳动者参加社会保险、缴纳社会保险费的情况；

（五）被派遣劳动者派往的用工单位、派遣数量、派遣期限、用工岗位的情况；

（六）与用工单位订立的劳务派遣协议情况以及用工单位履行法定义务的情况；

（七）设立子公司、分公司等情况。

劳务派遣单位设立的子公司或者分公司，应当向办理许可或者备案手续的人力资源社会保障行政部门提交上一年度劳务派遣经营情况报告。

第二十三条　许可机关应当对劳务派遣单位提交的年度经营情况报告进行核验，依法对劳务派遣单位进行监督，并将核验结果和监督情况载入企业信用记录。

第二十四条　有下列情形之一的，许可机关或者其上级行政机关，可以撤销劳务派遣行政许可：

（一）许可机关工作人员滥用职权、玩忽职守，给不符合条件的申请人发放《劳务派遣经营许可证》的；

（二）超越法定职权发放《劳务派遣经营许可证》的；

（三）违反法定程序发放《劳务派遣经营许可证》的；

（四）依法可以撤销行政许可的其他情形。

第二十五条　申请人隐瞒真实情况或者提交虚假材料申请行政许可的，许可机关不予受理、不予行政许可。

劳务派遣单位以欺骗、贿赂等不正当手段和隐瞒真实情况或者提交虚假材料取得行政许可的，许可机关应当予以撤销。被撤销行政许可的劳务派遣单位在1年内不得再次申请劳务派遣行政许可。

第二十六条　有下列情形之一的，许可机关应当依法办理劳务派遣行政许可注销手续：

（一）《劳务派遣经营许可证》有效期届满，劳务派遣单位未申请延续的，或者延续申请未被批准的；

（二）劳务派遣单位依法终止的；

（三）劳务派遣行政许可依法被撤销，或者《劳务派遣经营许可证》依法被吊销的；

（四）法律、法规规定的应当注销行政许可的其他情形。

第二十七条　劳务派遣单位向许可机关申请注销劳务派遣行政许可的，应当提交已经依法处理与被派遣劳动者的劳动关系及其社会保险权益等材料，许可机关应当在核实有关情况后办理注销手续。

第二十八条　当事人对许可机关作出的有关劳务派遣行政许可的行政决定不服的，可以依法申请行政复议或者提起行政诉讼。

第二十九条　任何组织和个人有权对实施劳务派遣行政许可中的违法违规行为

进行举报,人力资源社会保障行政部门应当及时核实、处理。

第四章　法律责任

第三十条　人力资源社会保障行政部门有下列情形之一的,由其上级行政机关或者监察机关责令改正,对直接负责的主管人员和其他直接责任人员依法给予处分;构成犯罪的,依法追究刑事责任:

(一)向不符合法定条件的申请人发放《劳务派遣经营许可证》,或者超越法定职权发放《劳务派遣经营许可证》的;

(二)对符合法定条件的申请人不予行政许可或者不在法定期限内作出准予行政许可决定的;

(三)在办理行政许可、实施监督检查工作中,玩忽职守、徇私舞弊,索取或者收受他人财物或者谋取其他利益的;

(四)不依法履行监督职责或者监督不力,造成严重后果的。

许可机关违法实施行政许可,给当事人的合法权益造成损害的,应当依照国家赔偿法的规定给予赔偿。

第三十一条　任何单位和个人违反《中华人民共和国劳动合同法》的规定,未经许可,擅自经营劳务派遣业务的,由人力资源社会保障行政部门责令停止违法行为,没收违法所得,并处违法所得 1 倍以上 5 倍以下的罚款;没有违法所得的,可以处 5 万元以下的罚款。

第三十二条　劳务派遣单位违反《中华人民共和国劳动合同法》有关劳务派遣规定的,由人力资源社会保障行政部门责令限期改正;逾期不改正的,以每人 5000 元以上 1 万元以下的标准处以罚款,并吊销其《劳务派遣经营许可证》。

第三十三条　劳务派遣单位有下列情形之一的,由人力资源社会保障行政部门处 1 万元以下的罚款;情节严重的,处 1 万元以上 3 万元以下的罚款:

(一)涂改、倒卖、出租、出借《劳务派遣经营许可证》,或者以其他形式非法转让《劳务派遣经营许可证》的;

(二)隐瞒真实情况或者提交虚假材料取得劳务派遣行政许可的;

(三)以欺骗、贿赂等不正当手段取得劳务派遣行政许可的。

第五章　附　则

第三十四条　劳务派遣单位在 2012 年 12 月 28 日至 2013 年 6 月 30 日之间订立的劳动合同和劳务派遣协议,2013 年 7 月 1 日后应当按照《全国人大常委会关于修改〈中华人民共和国劳动合同法〉的决定》执行。

本办法施行前经营劳务派遣业务的单位,应当按照本办法取得劳务派遣行政许可后,方可经营新的劳务派遣业务;本办法施行后未取得劳务派遣行政许可的,不得经营新的劳务派遣业务。

第三十五条　本办法自 2013 年 7 月 1 日起施行。

集体合同规定

（2004 年）

发文机关：劳动和社会保障部　　　　文号：劳动和社会保障部令第 22 号
发文日期：2004 年 1 月 20 日　　　　生效日期：2004 年 5 月 1 日

第一章　总　则

第一条　为规范集体协商和签订集体合同行为，依法维护劳动者和用人单位的合法权益，根据《中华人民共和国劳动法》和《中华人民共和国工会法》，制定本规定。

第二条　中华人民共和国境内的企业和实行企业化管理的事业单位（以下统称用人单位）与本单位职工之间进行集体协商，签订集体合同，适用本规定。

第三条　本规定所称集体合同，是指用人单位与本单位职工根据法律、法规、规章的规定，就劳动报酬、工作时间、休息休假、劳动安全卫生、职业培训、保险福利等事项，通过集体协商签订的书面协议；所称专项集体合同，是指用人单位与本单位职工根据法律、法规、规章的规定，就集体协商的某项内容签订的专项书面协议。

第四条　用人单位与本单位职工签订集体合同或专项集体合同，以及确定相关事宜，应当采取集体协商的方式。集体协商主要采取协商会议的形式。

第五条　进行集体协商，签订集体合同或专项集体合同，应当遵循下列原则：

（一）遵守法律、法规、规章及国家有关规定；

（二）相互尊重，平等协商；

（三）诚实守信，公平合作；

（四）兼顾双方合法权益；

（五）不得采取过激行为。

第六条　符合本规定的集体合同或专项集体合同，对用人单位和本单位的全体职工具有法律约束力。

用人单位与职工个人签订的劳动合同约定的劳动条件和劳动报酬等标准，不得低于集体合同或专项集体合同的规定。

第七条　县级以上劳动保障行政部门对本行政区域内用人单位与本单位职工开展集体协商、签订、履行集体合同的情况进行监督，并负责审查集体合同或专项集体合同。

第二章　集体协商内容

第八条　集体协商双方可以就下列多项或某项内容进行集体协商,签订集体合同或专项集体合同:

(一)劳动报酬;

(二)工作时间;

(三)休息休假;

(四)劳动安全与卫生;

(五)补充保险和福利;

(六)女职工和未成年工特殊保护;

(七)职业技能培训;

(八)劳动合同管理;

(九)奖惩;

(十)裁员;

(十一)集体合同期限;

(十二)变更、解除集体合同的程序;

(十三)履行集体合同发生争议时的协商处理办法;

(十四)违反集体合同的责任;

(十五)双方认为应当协商的其他内容。

第九条　劳动报酬主要包括:

(一)用人单位工资水平、工资分配制度、工资标准和工资分配形式;

(二)工资支付办法;

(三)加班、加点工资及津贴、补贴标准和奖金分配办法;

(四)工资调整办法;

(五)试用期及病、事假等期间的工资待遇;

(六)特殊情况下职工工资(生活费)支付办法;

(七)其他劳动报酬分配办法。

第十条　工作时间主要包括:

(一)工时制度;

(二)加班加点办法;

(三)特殊工种的工作时间;

(四)劳动定额标准。

第十一条　休息休假主要包括:

(一)日休息时间、周休息日安排、年休假办法;

（二）不能实行标准工时职工的休息休假；

（三）其他假期。

第十二条 劳动安全卫生主要包括：

（一）劳动安全卫生责任制；

（二）劳动条件和安全技术措施；

（三）安全操作规程；

（四）劳保用品发放标准；

（五）定期健康检查和职业健康体检。

第十三条 补充保险和福利主要包括：

（一）补充保险的种类、范围；

（二）基本福利制度和福利设施；

（三）医疗期延长及其待遇；

（四）职工亲属福利制度。

第十四条 女职工和未成年工的特殊保护主要包括：

（一）女职工和未成年工禁忌从事的劳动；

（二）女职工的经期、孕期、产期和哺乳期的劳动保护；

（三）女职工、未成年工定期健康检查；

（四）未成年工的使用和登记制度。

第十五条 职业技能培训主要包括：

（一）职业技能培训项目规划及年度计划；

（二）职业技能培训费用的提取和使用；

（三）保障和改善职业技能培训的措施。

第十六条 劳动合同管理主要包括：

（一）劳动合同签订时间；

（二）确定劳动合同期限的条件；

（三）劳动合同变更、解除、续订的一般原则及无固定期限劳动合同的终止条件；

（四）试用期的条件和期限。

第十七条 奖惩主要包括：

（一）劳动纪律；

（二）考核奖惩制度；

（三）奖惩程序。

第十八条 裁员主要包括：

（一）裁员的方案；

（二）裁员的程序；

（三）裁员的实施办法和补偿标准。

第三章　集体协商代表

第十九条　本规定所称集体协商代表（以下统称协商代表），是指按照法定程序产生并有权代表本方利益进行集体协商的人员。

集体协商双方的代表人数应当对等，每方至少3人，并各确定1名首席代表。

第二十条　职工一方的协商代表由本单位工会选派。未建立工会的，由本单位职工民主推荐，并经本单位半数以上职工同意。

职工一方的首席代表由本单位工会主席担任。工会主席可以书面委托其他协商代表代理首席代表。工会主席空缺的，首席代表由工会主要负责人担任。未建立工会的，职工一方的首席代表从协商代表中民主推举产生。

第二十一条　用人单位一方的协商代表，由用人单位法定代表人指派，首席代表由单位法定代表人担任或由其书面委托的其他管理人员担任。

第二十二条　协商代表履行职责的期限由被代表方确定。

第二十三条　集体协商双方首席代表可以书面委托本单位以外的专业人员作为本方协商代表。委托人数不得超过本方代表的三分之一。

首席代表不得由非本单位人员代理。

第二十四条　用人单位协商代表与职工协商代表不得相互兼任。

第二十五条　协商代表应履行下列职责：

（一）参加集体协商；

（二）接受本方人员质询，及时向本方人员公布协商情况并征求意见；

（三）提供与集体协商有关的情况和资料；

（四）代表本方参加集体协商争议的处理；

（五）监督集体合同或专项集体合同的履行；

（六）法律、法规和规章规定的其他职责。

第二十六条　协商代表应当维护本单位正常的生产、工作秩序，不得采取威胁、收买、欺骗等行为。

协商代表应当保守在集体协商过程中知悉的用人单位的商业秘密。

第二十七条　企业内部的协商代表参加集体协商视为提供了正常劳动。

第二十八条　职工一方协商代表在其履行协商代表职责期间劳动合同期满的，劳动合同期限自动延长至完成履行协商代表职责之时，除出现下列情形之一的，用人单位不得与其解除劳动合同：

（一）严重违反劳动纪律或用人单位依法制定的规章制度的；

（二）严重失职、营私舞弊，对用人单位利益造成重大损害的；

（三）被依法追究刑事责任的。

职工一方协商代表履行协商代表职责期间,用人单位无正当理由不得调整其工作岗位。

第二十九条 职工一方协商代表就本规定第二十七条、第二十八条的规定与用人单位发生争议的,可以向当地劳动争议仲裁委员会申请仲裁。

第三十条 工会可以更换职工一方协商代表;未建立工会的,经本单位半数以上职工同意可以更换职工一方协商代表。

用人单位法定代表人可以更换用人单位一方协商代表。

第三十一条 协商代表因更换、辞任或遇有不可抗力等情形造成空缺的,应在空缺之日起15日内按照本规定产生新的代表。

第四章 集体协商程序

第三十二条 集体协商任何一方均可就签订集体合同或专项集体合同以及相关事宜,以书面形式向对方提出进行集体协商的要求。

一方提出进行集体协商要求的,另一方应当在收到集体协商要求之日起20日内以书面形式给以回应,无正当理由不得拒绝进行集体协商。

第三十三条 协商代表在协商前应进行下列准备工作:

(一)熟悉与集体协商内容有关的法律、法规、规章和制度;

(二)了解与集体协商内容有关的情况和资料,收集用人单位和职工对协商意向所持的意见;

(三)拟定集体协商议题,集体协商议题可由提出协商一方起草,也可由双方指派代表共同起草;

(四)确定集体协商的时间、地点等事项;

(五)共同确定一名非协商代表担任集体协商记录员。记录员应保持中立、公正,并为集体协商双方保密。

第三十四条 集体协商会议由双方首席代表轮流主持,并按下列程序进行:

(一)宣布议程和会议纪律;

(二)一方首席代表提出协商的具体内容和要求,另一方首席代表就对方的要求作出回应;

(三)协商双方就商谈事项发表各自意见,开展充分讨论;

(四)双方首席代表归纳意见。达成一致的,应当形成集体合同草案或专项集体合同草案,由双方首席代表签字。

第三十五条 集体协商未达成一致意见或出现事先未预料的问题时,经双方协商,可以中止协商。中止期限及下次协商时间、地点、内容由双方商定。

第五章　集体合同的订立、变更、解除和终止

第三十六条　经双方协商代表协商一致的集体合同草案或专项集体合同草案应当提交职工代表大会或者全体职工讨论。

职工代表大会或者全体职工讨论集体合同草案或专项集体合同草案,应当有三分之二以上职工代表或者职工出席,且须经全体职工代表半数以上或者全体职工半数以上同意,集体合同草案或专项集体合同草案方获通过。

第三十七条　集体合同草案或专项集体合同草案经职工代表大会或者职工大会通过后,由集体协商双方首席代表签字。

第三十八条　集体合同或专项集体合同期限一般为 1 至 3 年,期满或双方约定的终止条件出现,即行终止。

集体合同或专项集体合同期满前 3 个月内,任何一方均可向对方提出重新签订或续订的要求。

第三十九条　双方协商代表协商一致,可以变更或解除集体合同或专项集体合同。

第四十条　有下列情形之一的,可以变更或解除集体合同或专项集体合同:

(一)用人单位因被兼并、解散、破产等原因,致使集体合同或专项集体合同无法履行的;

(二)因不可抗力等原因致使集体合同或专项集体合同无法履行或部分无法履行的;

(三)集体合同或专项集体合同约定的变更或解除条件出现的;

(四)法律、法规、规章规定的其他情形。

第四十一条　变更或解除集体合同或专项集体合同适用本规定的集体协商程序。

第六章　集体合同审查

第四十二条　集体合同或专项集体合同签订或变更后,应当自双方首席代表签字之日起 10 日内,由用人单位一方将文本一式三份报送劳动保障行政部门审查。

劳动保障行政部门对报送的集体合同或专项集体合同应当办理登记手续。

第四十三条　集体合同或专项集体合同审查实行属地管辖,具体管辖范围由省级劳动保障行政部门规定。

中央管辖的企业以及跨省、自治区、直辖市的用人单位的集体合同应当报送劳动保障部或劳动保障部指定的省级劳动保障行政部门。

第四十四条　劳动保障行政部门应当对报送的集体合同或专项集体合同的下列

事项进行合法性审查：

（一）集体协商双方的主体资格是否符合法律、法规和规章规定；

（二）集体协商程序是否违反法律、法规、规章规定；

（三）集体合同或专项集体合同内容是否与国家规定相抵触。

第四十五条 劳动保障行政部门对集体合同或专项集体合同有异议的，应当自收到文本之日起 15 日内将《审查意见书》送达双方协商代表。《审查意见书》应当载明以下内容：

（一）集体合同或专项集体合同当事人双方的名称、地址；

（二）劳动保障行政部门收到集体合同或专项集体合同的时间；

（三）审查意见；

（四）作出审查意见的时间。

《审查意见书》应当加盖劳动保障行政部门印章。

第四十六条 用人单位与本单位职工就劳动保障行政部门提出异议的事项经集体协商重新签订集体合同或专项集体合同的，用人单位一方应当根据本规定第四十二条的规定将文本报送劳动保障行政部门审查。

第四十七条 劳动保障行政部门自收到文本之日起 15 日内未提出异议的，集体合同或专项集体合同即行生效。

第四十八条 生效的集体合同或专项集体合同，应当自其生效之日起由协商代表及时以适当的形式向本方全体人员公布。

第七章 集体协商争议的协调处理

第四十九条 集体协商过程中发生争议，双方当事人不能协商解决的，当事人一方或双方可以书面向劳动保障行政部门提出协调处理申请；未提出申请的，劳动保障行政部门认为必要时也可以进行协调处理。

第五十条 劳动保障行政部门应当组织同级工会和企业组织等三方面的人员，共同协调处理集体协商争议。

第五十一条 集体协商争议处理实行属地管辖，具体管辖范围由省级劳动保障行政部门规定。

中央管辖的企业以及跨省、自治区、直辖市用人单位因集体协商发生的争议，由劳动保障部指定的省级劳动保障行政部门组织同级工会和企业组织等三方面的人员协调处理，必要时，劳动保障部也可以组织有关方面协调处理。

第五十二条 协调处理集体协商争议，应当自受理协调处理申请之日起 30 日内结束协调处理工作。期满未结束的，可以适当延长协调期限，但延长期限不得超过 15 日。

第五十三条 协调处理集体协商争议应当按照以下程序进行：

（一）受理协调处理申请；

（二）调查了解争议的情况；

（三）研究制定协调处理争议的方案；

（四）对争议进行协调处理；

（五）制作《协调处理协议书》。

第五十四条 《协调处理协议书》应当载明协调处理申请、争议的事实和协调结果，双方当事人就某些协商事项不能达成一致的，应将继续协商的有关事项予以载明。《协调处理协议书》由集体协商争议协调处理人员和争议双方首席代表签字盖章后生效。争议双方均应遵守生效后的《协调处理协议书》。

第八章　附　则

第五十五条 因履行集体合同发生的争议，当事人协商解决不成的，可以依法向劳动争议仲裁委员会申请仲裁。

第五十六条 用人单位无正当理由拒绝工会或职工代表提出的集体协商要求的，按照《工会法》及有关法律、法规的规定处理。

第五十七条 本规定于 2004 年 5 月 1 日起实施。原劳动部 1994 年 12 月 5 日颁布的《集体合同规定》同时废止。

劳动和社会保障部关于确立劳动关系
有关事项的通知

发文机关：劳动和社会保障部 　　　　　文号：劳社部发〔2005〕12号
发文日期：2005年5月25日 　　　　　　生效日期：2005年5月25日

各省、自治区、直辖市劳动和社会保障厅(局)：

近一个时期，一些地方反映部分用人单位招用劳动者不签订劳动合同，发生劳动争议时因双方劳动关系难以确定，致使劳动者合法权益难以维护，对劳动关系的和谐稳定带来不利影响。为规范用人单位用工行为，保护劳动者合法权益，促进社会稳定，现就用人单位与劳动者确立劳动关系的有关事项通知如下：

一、用人单位招用劳动者未订立书面劳动合同，但同时具备下列情形的，劳动关系成立。

(一)用人单位和劳动者符合法律、法规规定的主体资格；

(二)用人单位依法制定的各项劳动规章制度适用于劳动者，劳动者受用人单位的劳动管理，从事用人单位安排的有报酬的劳动；

(三)劳动者提供的劳动是用人单位业务的组成部分。

二、用人单位未与劳动者签订劳动合同，认定双方存在劳动关系时可参照下列凭证：

(一)工资支付凭证或记录(职工工资发放花名册)、缴纳各项社会保险费的记录；

(二)用人单位向劳动者发放的"工作证"、"服务证"等能够证明身份的证件；

(三)劳动者填写的用人单位招工招聘"登记表"、"报名表"等招用记录；

(四)考勤记录；

(五)其他劳动者的证言等。

其中，(一)、(三)、(四)项的有关凭证由用人单位负举证责任。

三、用人单位招用劳动者符合第一条规定的情形的，用人单位应当与劳动者补签劳动合同，劳动合同期限由双方协商确定。协商不一致的，任何一方均可提出终止劳动关系，但对符合签订无固定期限劳动合同条件的劳动者，如果劳动者提出订立无固定期限劳动合同，用人单位应当订立。

用人单位提出终止劳动关系的，应当按照劳动者在本单位工作年限每满一年支付一个月工资的经济补偿金。

四、建筑施工、矿山企业等用人单位将工程(业务)或经营权发包给不具备用工主体资格的组织或自然人,对该组织或自然人招用的劳动者,由具备用工主体资格的发包方承担用工主体责任。

五、劳动者与用人单位就是否存在劳动关系引发争议的,可以向有管辖权的劳动争议仲裁委员会申请仲裁。

劳动和社会保障部关于非全日制用工
若干问题的意见

发文机关：劳动和社会保障部　　　　　文号：劳社部发〔2003〕12号

发文日期：2003年5月30日　　　　　　生效日期：2003年5月30日

各省、自治区、直辖市劳动和社会保障厅（局）：

近年来，以小时工为主要形式的非全日制用工发展较快。这一用工形式突破了传统的全日制用工模式，适应了用人单位灵活用工和劳动者自主择业的需要，已成为促进就业的重要途径。为规范用人单位非全日制用工行为，保障劳动者的合法权益，促进非全日制就业健康发展，根据《中共中央国务院关于进一步做好下岗失业人员再就业工作的通知》（中发〔2002〕12号）精神，对非全日制用工劳动关系等问题，提出以下意见：

一、关于非全日制用工的劳动关系

1.非全日制用工是指以小时计酬、劳动者在同一用人单位平均每日工作时间不超过5小时累计每周工作时间不超过30小时的用工形式。

从事非全日制工作的劳动者，可以与一个或一个以上用人单位建立劳动关系。用人单位与非全日制劳动者建立劳动关系，应当订立劳动合同。劳动合同一般以书面形式订立。劳动合同期限在一个月以下的，经双方协商同意，可以订立口头劳动合同。但劳动者提出订立书面劳动合同的，应当以书面形式订立。

2.劳动者通过依法成立的劳务派遣组织为其他单位、家庭或个人提供非全日制劳动的，由劳务派遣组织与非全日制劳动者签订劳动合同。

3.非全日制劳动合同的内容由双方协商确定，应当包括工作时间和期限、工作内容、劳动报酬、劳动保护和劳动条件五项必备条款，但不得约定试用期。

4.非全日制劳动合同的终止条件，按照双方的约定办理。劳动合同中，当事人未约定终止劳动合同提前通知期的，任何一方均可以随时通知对方终止劳动合同；双方约定了违约责任的，按照约定承担赔偿责任。

5.用人单位招用劳动者从事非全日制工作，应当在录用后到当地劳动保障行政部门办理录用备案手续。

6.从事非全日制工作的劳动者档案可由本人户口所在地劳动保障部门的公共职业介绍机构代管。

二、关于非全日制用工的工资支付

7.用人单位应当按时足额支付非全日制劳动者的工资。用人单位支付非全日制劳动者的小时工资不得低于当地政府颁布的小时最低工资标准。

8.非全日制用工的小时最低工资标准由省、自治区、直辖市规定,并报劳动保障部备案。确定和调整小时最低工资标准应当综合参考以下因素:当地政府颁布的月最低工资标准;单位应缴纳的基本养老保险费和基本医疗保险费(当地政府颁布的月最低工资标准未包含个人缴纳社会保险费因素的,还应考虑个人应缴纳的社会保险费);非全日制劳动者在工作稳定性、劳动条件和劳动强度、福利等方面与全日制就业人员之间的差异。小时最低工资标准的测算方法为:

小时最低工资标准＝[(月最低工资标准÷20.92÷8)×(1＋单位应当缴纳的基本养老保险费和基本医疗保险费比例之和)]×(1＋浮动系数)

9.非全日制用工的工资支付可以按小时、日、周或月为单位结算。

三、关于非全日制用工的社会保险

10.从事非全日制工作的劳动者应当参加基本养老保险,原则上参照个体工商户的参保办法执行。对于已参加过基本养老保险和建立个人账户的人员,前后缴费年限合并计算,跨统筹地区转移的,应办理基本养老保险关系和个人账户的转移、接续手续。符合退休条件时,按国家规定计发基本养老金。

11.从事非全日制工作的劳动者可以以个人身份参加基本医疗保险,并按照待遇水平与缴费水平相挂钩的原则,享受相应的基本医疗保险待遇。参加基本医疗保险的具体办法由各地劳动保障部门研究制定。

12.用人单位应当按照国家有关规定为建立劳动关系的非全日制劳动者缴纳工伤保险费。从事非全日制工作的劳动者发生工伤,依法享受工伤保险待遇;被鉴定为伤残5—10级的,经劳动者与用人单位协商一致,可以一次性结算伤残待遇及有关费用。

四、关于非全日制用工的劳动争议处理

13.从事非全日制工作的劳动者与用人单位因履行劳动合同引发的劳动争议,按照国家劳动争议处理规定执行。

14.劳动者直接向其他家庭或个人提供非全日制劳动的,当事人双方发生的争议不适用劳动争议处理规定。

五、关于非全日制用工的管理与服务

15.非全日制用工是劳动用工制度的一种重要形式,是灵活就业的主要方式。各级劳动保障部门要高度重视,从有利于维护非全日制劳动者的权益、有利于促进灵活就业、有利于规范非全日制用工的劳动关系出发,结合本地实际,制定相应的政策措施。要在劳动关系建立、工资支付、劳动争议处理等方面为非全日制用工提供政策指导和服务。

16.各级劳动保障部门要切实加强劳动保障监察执法工作,对用人单位不按照本意见要求订立劳动合同、低于最低小时工资标准支付工资以及拖欠克扣工资的行为，应当严肃查处，维护从事非全日制工作劳动者的合法权益。

17.各级社会保险经办机构要为非全日制劳动者参保缴费提供便利条件，开设专门窗口，可以采取按月、季或半年缴费的办法，及时为非全日制劳动者办理社会保险关系及个人账户的接续和转移手续；按规定发放社会保险缴费对账单，及时支付各项社会保险待遇，维护他们的社会保障权益。

18.各级公共职业介绍机构要积极为从事非全日制工作的劳动者提供档案保管、社会保险代理等服务，推动这项工作顺利开展。

浙江省劳动和社会保障厅转发《劳动和社会保障部关于非全日制用工若干问题的意见》的通知

发文机关：浙江省劳动和社会保障厅　　　　文号：浙劳社劳薪〔2003〕155号

发文日期：2003年8月20日　　　　　　　　生效日期：2003年8月20日

各市、县(市、区)劳动(人事劳动)保障局、省级各部门：

现将劳动和社会保障部《关于非全日制用工若干问题的意见》(劳社部发〔2003〕12号)转发给你们，并提出以下补充意见，请一并贯彻执行。

一、从事非全日制工作的劳动者在同一用人单位从事非全日制工作的，平均每日工作时间应在4小时以内，同时为一个以上用人单位提供非全日制工作的，每周累计工作时间不得超过40小时。

二、用人单位招用劳动者从事非全日制工作，双方原则上应签订书面劳动合同。但用工期限在一个月以下的，经双方协商一致，可以订立口头劳动合同。双方需要约定违约赔偿责任的，应当订立书面合同。

三、非全日制劳动合同双方当事人协商一致，可以随时提前解除或终止劳动合同。双方可在劳动合同中约定通知对方提前解除或终止劳动合同的时间，未约定提前通知期的，任何一方都可以随时提前解除或终止劳动合同。劳动合同中有违约赔偿责任约定的，违约方按约定承担赔偿责任；没有约定的，双方均不需支付经济补偿金或违约金。

四、已经从事全日制工作的劳动者，不得再从事非全日制工作。劳动者同时为一个以上用人单位提供非全日制工作的，劳动者必须为相应的用人单位保守其商业秘密，用人单位和劳动者可以在劳动合同中设定保密条款，对用人单位造成直接经济损失的，劳动者要承担相应的赔偿责任。

五、用人单位必须按时足额支付非全日制劳动者的工资。非全日制用工的工资支付可以按小时、日、周、月为单位结算，用人单位不得无故拖欠或者克扣。

六、从事非全日制工作的劳动者应当参加基本养老、医疗保险，原则上由劳动者参照城镇个体工商户或自由职业者的办法参保。用人单位愿意为劳动者办理基本养老、医疗保险的，也可以由用人单位办理。用人单位应当为从事非全日制工作的劳动者缴纳工伤保险费用，并依法享受工伤保险待遇。

七、适合实行全日制用工形式的用人单位,不得无故辞退全日制工作的劳动者,改用非全日制工作的劳动者。用人单位招用非全日制劳动者必须经有管辖权的劳动保障部门备案,在杭省部属单位招用非全日制劳动者,须经省劳动保障厅备案。

各地可结合当地具体情况制定补充规定。

三、工作时间和休息休假

国务院关于职工工作时间的规定

（1995 年修订）

发文机关：国务院　　　　　　　　文号：国务院令第 174 号
发文日期：1995 年 3 月 25 日　　　　生效日期：1995 年 5 月 1 日

第一条　为了合理安排职工的工作和休息时间，维护职工的休息权利，调动职工的积极性，促进社会主义现代化建设事业的发展，根据宪法有关规定，制定本规定。

第二条　本规定适用于在中华人民共和国境内的国家机关、社会团体、企业事业单位以及其他组织的职工。

第三条　职工每日工作 8 小时、每周工作 40 小时。

第四条　在特殊条件下从事劳动和有特殊情况，需要适当缩短工作时间的，按照国家有关规定执行。

第五条　因工作性质或者生产特点的限制，不能实行每日工作 8 小时、每周工作 40 小时标准工时制度的，按照国家有关规定，可以实行其他工作和休息办法。

第六条　任何单位和个人不得擅自延长职工工作时间。因特殊情况和紧急任务确需延长工作时间的，按照国家有关规定执行。

第七条　国家机关、事业单位实行统一的工作时间，星期六和星期日为周休息日。

企业和不能实行前款规定的统一工作时间的事业单位，可以根据实际情况灵活安排周休息日。

第八条　本规定由劳动部、人事部负责解释；实施办法由劳动部、人事部制定。

第九条　本规定自 1995 年 5 月 1 日起施行。1995 年 5 月 1 日施行有困难的企业、事业单位，可以适当延期；但是，事业单位最迟应当自 1996 年 1 月 1 日起施行，企业最迟应当自 1997 年 5 月 1 日起施行。

浙江省劳动厅、人事厅关于贯彻实施
《国务院关于职工工作时间规定》的通知

发文机关:浙江省劳动厅、人事厅

文号:浙劳安〔1995〕56 号、浙人薪〔1995〕56 号

发文日期:1995 年 4 月 14 日　　　　　　生效日期:1995 年 4 月 14 日

各市、地、县劳动局、人事局(劳动人事局),省级各单位,在浙中央部属单位:

　　根据《国务院关于职工工作时间的规定》和劳动部、人事部的实施办法,经省政府同意,对我省职工工作时间作如下通知,请认真贯彻执行。

　　一、各级国家机关、社会团体和事业单位从 1995 年 5 月 1 日起实行每周五天工作制,即职工每日工作 8 小时,每周工作 40 小时。

　　二、国家机关、社会团体实行统一的工作和休息时间,即周一至周五为工作时间,周六、周日为休息日。事业单位原则上执行与机关一样的工作和休息时间,因工作需要执行有困难的,根据实际情况采取轮班制办法,灵活安排周休息日,并报同级人事部门备案。

　　三、各级各类学校均从今年秋季新学年(1995 年 9 月 1 日)开始实行每周五天工作制。其他事业单位 1995 年 5 月 1 日实行新工时制度有困难的,经同级人事部门同意,可以适当推迟,但最迟应当自 1996 年 1 月 1 日起施行。凡推迟实施新工时制期间,仍按现行工时制执行,并积极做好新工时制度施行前的各项准备工作。

　　四、国家机关、社会团体、事业单位根据工作性质和需要,休息日需值班的,应安排值班人员。对那些面向社会、对外服务的单位,尤其是与群众生活密切相关的单位,可采取内部工作人员交叉轮休的办法,确保休息日正常服务,以方便群众。

　　五、企业职工自 1995 年 5 月 1 日起统一实行每日工作 8 小时,每周工作 40 小时制度。对周休息日的确定,企业可根据所在地的供电、供水和交通等实际情况,经与工会和职工协商后灵活安排。从 1995 年 5 月 1 日起执行新工时制度有困难的企业,可延期实行,但最迟应当自 1997 年 5 月 1 日起施行。在推迟期间,应按《劳动法》第三十六条执行。

　　六、企业因工作性质和生产特点的限制,不能实行每日工作 8 小时、每周工作 40 小时标准工时制度的,可以实行不定时工作制或综合计算工时工作制等其他工作和休息办法。但应按照劳动部《关于企业实行不定时工作制和综合计算工时工作制的审批办法》,由企业提出报告,经主管部门审核,报同级劳动行政部门批准;无主管部门的企

业,直接报当地劳动行政部门审批后执行。

七、需要缩短工时的企业,应在保证完成生产和工作任务的前提下,由企业根据实际情况确定,并报主管部门和同级劳动部门备案。在矿山井下或者在接触有毒有害物质的环境中从事劳动的职工,享受特殊劳动保护的女职工,以及在国家规定的其他特殊条件下从事劳动和有特殊情况的职工,按照国务院或国家劳动、人事部门规定已执行缩短工作时间的,可以在平均每周工作 40 小时工时的基础上再缩短工作时间。需要缩短工时的企业,由企业根据实际情况确定,报主管部门和同级劳动行政部门备案。事业单位,由主管部门提出意见,报省人事部门批准后执行。

八、企业、个体经济组织因生产经营需要,经与工会和劳动者协商后可以延长工作时间,但每日一般不得超过 1 小时;因特殊原因需要延长工作时间的,在保障职工身体健康的条件下延长工作时间每日不得超过 3 小时,但每月不得超过 36 小时。

任何单位不得违反职工意愿,强迫职工延长工作时间,不得对不愿延长工作时间的职工进行刁难、打击报复。

任何单位不得安排怀孕 7 个月以上和哺乳未满 1 周岁的婴儿期间的女职工延长工作时间。

九、遇有下列情况之一时,允许不受工作时间的限制:

(一)发生自然灾害、事故或者因其他原因,使人员的安全健康和国家资产遭到严重威胁,需要紧急处理的;

(二)生产设备、交通运输线路、公共设施发生故障,影响生产和公众利益,必须及时抢修的;

(三)必须利用法定节日和公休假日的停产期间进行设备检修、保养的;

(四)为完成国防紧急任务,或者完成上级在国家计划外安排的其他紧急生产任务,以及商业、供销企业在旺季完成收购、运输、加工农副产品紧急任务的。

十、企业、个体经济组织延长职工的工作时间,应当按照《劳动法》第四十四条的规定,给职工支付报酬或安排补休。

国家机关、社会团体、事业单位延长职工工作时间的,应当安排相应的补休。

十一、各地、各部门、各单位要切实加强思想政治工作及内部管理,及时研究解决新工时制实施中出现的问题,保证工作、生产的正常进行和各项任务的完成,保证新工时制度的顺利实施。

劳动和社会保障部关于职工全年月
平均工作时间和工资折算问题的通知

发文机关：劳动和社会保障部　　　　　文号：劳社部发〔2008〕3号
发文日期：2008年1月3日　　　　　　　生效日期：2008年1月3日

各省、自治区、直辖市劳动和社会保障厅（局）：

根据《全国年节及纪念日放假办法》（国务院令第513号）的规定，全体公民的节日假期由原来的10天增设为11天。据此，职工全年月平均制度工作天数和工资折算办法分别调整如下：

一、制度工作时间的计算

年工作日：365天－104天（休息日）－11天（法定节假日）＝250天

季工作日：250天÷4季＝62.5天/季

月工作日：250天÷12月＝20.83天/月

工作小时数的计算：以月、季、年的工作日乘以每日的8小时。

二、日工资、小时工资的折算

按照《劳动法》第五十一条的规定，法定节假日用人单位应当依法支付工资，即折算日工资、小时工资时不剔除国家规定的11天法定节假日。据此，日工资、小时工资的折算为：

日工资：月工资收入÷月计薪天数

小时工资：月工资收入÷（月计薪天数×8小时）。

月计薪天数＝（365天－104天）÷12月＝21.75天

三、2000年3月17日劳动保障部发布的《关于职工全年月平均工作时间和工资折算问题的通知》（劳社部发〔2000〕8号）同时废止。

全国年节及纪念日放假办法

（2013 年修订）

发文机关：国务院 文号：国务院令第 644 号

发文日期：2013 年 12 月 11 日 生效日期：2014 年 1 月 1 日

第一条 为统一全国年节及纪念日的假期，制定本办法。

第二条 全体公民放假的节日：

（一）新年，放假 1 天（1 月 1 日）；

（二）春节，放假 3 天（农历正月初一、初二、初三）；

（三）清明节，放假 1 天（农历清明当日）；

（四）劳动节，放假 1 天（5 月 1 日）；

（五）端午节，放假 1 天（农历端午当日）；

（六）中秋节，放假 1 天（农历中秋当日）；

（七）国庆节，放假 3 天（10 月 1 日、2 日、3 日）。

第三条 部分公民放假的节日及纪念日：

（一）妇女节（3 月 8 日），妇女放假半天；

（二）青年节（5 月 4 日），14 周岁以上的青年放假半天；

（三）儿童节（6 月 1 日），不满 14 周岁的少年儿童放假 1 天；

（四）中国人民解放军建军纪念日（8 月 1 日），现役军人放假半天。

第四条 少数民族习惯的节日，由各少数民族聚居地区的地方人民政府，按照各该民族习惯，规定放假日期。

第五条 二七纪念日、五卅纪念日、七七抗战纪念日、九三抗战胜利纪念日、九一八纪念日、教师节、护士节、记者节、植树节等其他节日、纪念日，均不放假。

第六条 全体公民放假的假日，如果适逢星期六、星期日，应当在工作日补假。部分公民放假的假日，如果适逢星期六、星期日，则不补假。

第七条 本办法自公布之日起施行。

职工带薪年休假条例

发文机关：国务院　　　　　　　　　　文号：国务院令第514号
发文日期：2007年12月14日　　　　　生效日期：2008年1月1日

第一条　为了维护职工休息休假权利，调动职工工作积极性，根据劳动法和公务员法，制定本条例。

第二条　机关、团体、企业、事业单位、民办非企业单位、有雇工的个体工商户等单位的职工连续工作1年以上的，享受带薪年休假（以下简称年休假）。单位应当保证职工享受年休假。职工在年休假期间享受与正常工作期间相同的工资收入。

第三条　职工累计工作已满1年不满10年的，年休假5天；已满10年不满20年的，年休假10天；已满20年的，年休假15天。

国家法定休假日、休息日不计入年休假的假期。

第四条　职工有下列情形之一的，不享受当年的年休假：

（一）职工依法享受寒暑假，其休假天数多于年休假天数的；

（二）职工请事假累计20天以上且单位按照规定不扣工资的；

（三）累计工作满1年不满10年的职工，请病假累计2个月以上的；

（四）累计工作满10年不满20年的职工，请病假累计3个月以上的；

（五）累计工作满20年以上的职工，请病假累计4个月以上的。

第五条　单位根据生产、工作的具体情况，并考虑职工本人意愿，统筹安排职工年休假。

年休假在1个年度内可以集中安排，也可以分段安排，一般不跨年度安排。单位因生产、工作特点确有必要跨年度安排职工年休假的，可以跨1个年度安排。

单位确因工作需要不能安排职工休年休假的，经职工本人同意，可以不安排职工休年休假。对职工应休未休的年休假天数，单位应当按照该职工日工资收入的300%支付年休假工资报酬。

第六条　县级以上地方人民政府人事部门、劳动保障部门应当依据职权对单位执行本条例的情况主动进行监督检查。

工会组织依法维护职工的年休假权利。

第七条　单位不安排职工休年休假又不依照本条例规定给予年休假工资报酬的，由县级以上地方人民政府人事部门或者劳动保障部门依据职权责令限期改正；对逾期不改正的，除责令该单位支付年休假工资报酬外，单位还应当按照年休假工资报酬的数额向职工加付赔偿金;对拒不支付年休假工资报酬、赔偿金的,属于公务员和参照公务员法管理的人员所在单位的,对直接负责的主管人员以及其他直接责任人员依法给予处分;属于其他单位的,由劳动保障部门、人事部门或者职工申请人民法院强制执行。

第八条　职工与单位因年休假发生的争议,依照国家有关法律、行政法规的规定处理。

第九条　国务院人事部门、国务院劳动保障部门依据职权,分别制定本条例的实施办法。

第十条　本条例自 2008 年 1 月 1 日起施行。

企业职工带薪年休假实施办法

发文机关：人力资源和社会保障部　　文号：人力资源和社会保障部令第 1 号

发文日期：2008 年 9 月 18 日　　生效日期：2008 年 9 月 18 日

第一条　为了实施《职工带薪年休假条例》(以下简称条例)，制定本实施办法。

第二条　中华人民共和国境内的企业、民办非企业单位、有雇工的个体工商户等单位(以下称用人单位)和与其建立劳动关系的职工，适用本办法。

第三条　职工连续工作满 12 个月以上的，享受带薪年休假(以下简称年休假)。

第四条　年休假天数根据职工累计工作时间确定。职工在同一或者不同用人单位工作期间，以及依照法律、行政法规或者国务院规定视同工作期间，应当计为累计工作时间。

第五条　职工新进用人单位且符合本办法第三条规定的，当年度年休假天数，按照在本单位剩余日历天数折算确定，折算后不足 1 整天的部分不享受年休假。

前款规定的折算方法为：(当年度在本单位剩余日历天数÷365 天)×职工本人全年应当享受的年休假天数。

第六条　职工依法享受的探亲假、婚丧假、产假等国家规定的假期以及因工伤停工留薪期间不计入年休假假期。

第七条　职工享受寒暑假天数多于其年休假天数的，不享受当年的年休假。确因工作需要，职工享受的寒暑假天数少于其年休假天数的，用人单位应当安排补足年休假天数。

第八条　职工已享受当年的年休假，年度内又出现条例第四条第(二)、(三)、(四)、(五)项规定情形之一的，不享受下一年度的年休假。

第九条　用人单位根据生产、工作的具体情况，并考虑职工本人意愿，统筹安排年休假。用人单位确因工作需要不能安排职工年休假或者跨 1 个年度安排年休假的，应征得职工本人同意。

第十条　用人单位经职工同意不安排年休假或者安排职工年休假天数少于应休年休假天数，应当在本年度内对职工应休未休年休假天数，按照其日工资收入的300％支付未休年休假工资报酬，其中包含用人单位支付职工正常工作期间的工资收入。

用人单位安排职工休年休假，但是职工因本人原因且书面提出不休年休假的，用人单位可以只支付其正常工作期间的工资收入。

第十一条 计算未休年休假工资报酬的日工资收入按照职工本人的月工资除以月计薪天数（21.75 天）进行折算。

前款所称月工资是指职工在用人单位支付其未休年休假工资报酬前 12 个月剔除加班工资后的月平均工资。在本用人单位工作时间不满 12 个月的，按实际月份计算月平均工资。

职工在年休假期间享受与正常工作期间相同的工资收入。实行计件工资、提成工资或者其他绩效工资制的职工，日工资收入的计发办法按照本条第一款、第二款的规定执行。

第十二条 用人单位与职工解除或者终止劳动合同时，当年度未安排职工休满应休年休假天数的，应当按照职工当年已工作时间折算应休未休年休假天数并支付未休年休假工资报酬，但折算后不足 1 整天的部分不支付未休年休假工资报酬。

前款规定的折算方法为：（当年度在本单位已过日历天数÷365 天）×职工本人全年应当享受的年休假天数－当年度已安排年休假天数。

用人单位当年已安排职工年休假的，多于折算应休年休假的天数不再扣回。

第十三条 劳动合同、集体合同约定的或者用人单位规章制度规定的年休假天数、未休年休假工资报酬高于法定标准的，用人单位应当按照有关约定或者规定执行。

第十四条 劳务派遣单位的职工符合本办法第三条规定条件的，享受年休假。

被派遣职工在劳动合同期限内无工作期间由劳务派遣单位依法支付劳动报酬的天数多于其全年应当享受的年休假天数的，不享受当年的年休假；少于其全年应当享受的年休假天数的，劳务派遣单位、用工单位应当协商安排补足被派遣职工年休假天数。

第十五条 县级以上地方人民政府劳动行政部门应当依法监督检查用人单位执行条例及本办法的情况。

用人单位不安排职工休年休假又不依照条例及本办法规定支付未休年休假工资报酬的，由县级以上地方人民政府劳动行政部门依据职权责令限期改正；对逾期不改正的，除责令该用人单位支付未休年休假工资报酬外，用人单位还应当按照未休年休假工资报酬的数额向职工加付赔偿金；对拒不执行支付未休年休假工资报酬、赔偿金行政处理决定的，由劳动行政部门申请人民法院强制执行。

第十六条 职工与用人单位因年休假发生劳动争议的，依照劳动争议处理的规定处理。

第十七条 除法律、行政法规或者国务院另有规定外，机关、事业单位、社会团体和与其建立劳动关系的职工，依照本办法执行。

船员的年休假按《中华人民共和国船员条例》执行。

第十八条 本办法中的"年度"是指公历年度。

第十九条 本办法自发布之日起施行。

浙江省劳动和社会保障厅关于贯彻实施 企业职工带薪年休假制度的若干意见

发文机关：浙江省劳动和社会保障厅 　　　文号：浙劳社劳薪〔2009〕36 号
发文日期：2009 年 3 月 31 日 　　　　　生效日期：2009 年 3 月 31 日

各市、县(市、区)劳动(人事劳动)保障局，省级各有关单位：

　　为更好地贯彻落实企业职工带薪年休假制度，确保职工的休息休假权利，根据国务院《职工带薪年休假条例》和人力资源和社会保障部 1 号令《企业职工带薪年休假实施办法》的精神，结合我省实际提出如下意见，请一并贯彻执行。

　　一、所有用人单位应严格按照国务院《职工带薪年休假条例》和人力资源和社会保障部 1 号令《企业职工带薪年休假实施办法》的有关规定执行职工带薪年休假制度，科学合理安排职工工作时间，确保所有职工都能够享受年休假权利。

　　二、职工的累计工作时间既包括职工在本单位的工作时间，也包括职工在其他用人单位的工作时间。用人单位应根据国家规定和职工本人档案材料准确计算职工的累计工作时间。对缺少档案材料的职工，应由职工提供在其他用人单位工作的有效证明，经用人单位调查核实后确定职工的累计工作时间。

　　三、计算职工累计工作时间的截止日，应以职工正式开始休假的前一日为准。

　　四、连续工作刚满 12 个月的职工，其当年的年休假天数，按以下办法折算确定：

　　该职工本年度可以享受的年休假天数＝该职工符合年休假条件之日起的本年度剩余日历天数÷365 天×5 天

　　折算不足 1 整天的部分不享受年休假。

　　五、用于计算用人单位支付职工未休年休假工资报酬的职工月平均工资，以职工应当休假年度的本人工资(不含加班加点工资)进行计算，在本单位工作不满 12 个月的，按在本单位实际工作时间计算月平均工资。

　　六、用人单位应当建立健全职工信息管理制度，依法建立职工名册、工资表，依法订立劳动合同，妥善保管涉及职工工作年限方面的原始凭证。

　　七、用人单位确因工作需要不能在当年安排职工年休假或者不能全部休完年休假的，经征求职工本人意见后，用人单位可以跨 1 个年度安排职工年休假或者补休未休完的部分年休假。

　　八、用人单位经征求职工本人意见后，不安排职工年休假或者不能全部休完年休假的，除正常工资收入外，应当按照职工应休未休年休假天数，额外支付职工相当于其日工资收入2倍的年休假工资报酬。

九、职工因劳动合同期满或解除劳动关系离开单位时未享受年休假待遇的,用人单位可以将职工的劳动合同顺延至职工休完年休假,待职工休完年休假后再办理劳动合同终止或解除手续。

十、职工在不同单位之间不得重复享受年休假待遇。用人单位在终止、解除职工劳动合同时,应当在劳动合同终止或解除证明书中载明职工享受年休假的情况,并将一份劳动合同终止或解除证明书存入职工档案。

十一、经依法批准实行不定时工作制的职工,不适用未休年休假需支付3倍工资的规定,但用人单位应当根据职工的工作量和工作业绩科学合理地确定职工的劳动报酬。实行年薪制的人员可以由用人单位依法申请实行不定时工作制。

十二、非全日制用工不享受职工带薪年休假待遇。

四、工资与福利

国家统计局关于工资总额组成的规定

发文机关:国家统计局   文号:国家统计局令第 1 号
发文日期:1990 年 1 月 1 日   生效日期:1990 年 1 月 1 日

第一章　总　则

第一条　为了统一工资总额的计算范围,保证国家对工资进行统一的统计核算和会计核算,有利于编制、检查计划和进行工资管理以及正确地反映职工的工资收入,制定本规定。

第二条　全民所有制和集体所有制企业、事业单位,各种合营单位,各级国家机关、政党机关和社会团体,在计划、统计、会计上有关工资总额范围的计算,均应遵守本规定。

第三条　工资总额是指各单位在一定时期内直接支付给本单位全部职工的劳动报酬总额。

工资总额的计算应以直接支付给职工的全部劳动报酬为根据。

第二章　工资总额的组成

第四条　工资总额由下列六个部分组成:

(一)计时工资;

(二)计件工资;

(三)奖金;

(四)津贴和补贴;

(五)加班加点工资;

(六)特殊情况下支付的工资。

第五条　计时工资是指按计时工资标准(包括地区生活费补贴)和工作时间支付

给个人的劳动报酬。包括：

（一）对已做工作按计时工资标准支付的工资；

（二）实行结构工资制的单位支付给职工的基础工资和职务（岗位）工资；

（三）新参加工作职工的见习工资（学徒的生活费）；

（四）运动员体育津贴。

第六条 计件工资是指对已做工作按计件单价支付的劳动报酬。包括：

（一）实行超额累进计件、直接无限计件、限额计件、超定额计件等工资制，按劳动部门或主管部门批准的定额和计件单价支付给个人的工资；

（二）按工作任务包干方法支付给个人的工资；

（三）按营业额提成或利润提成办法支付给个人的工资。

第七条 奖金是指支付给职工的超额劳动报酬和增收节支的劳动报酬。包括：

（一）生产奖；

（二）节约奖；

（三）劳动竞赛奖；

（四）机关、事业单位的奖励工资；

（五）其他奖金。

第八条 津贴和补贴是指为了补偿职工特殊或额外的劳动消耗和因其他特殊原因支付给职工的津贴，以及为了保证职工工资水平不受物价影响支付给职工的物价补贴。

（一）津贴。包括：补偿职工特殊或额外劳动消耗的津贴，保健性津贴，技术性津贴，年功性津贴及其他津贴。

（二）物价补贴。包括：为保证职工工资水平不受物价上涨或变动影响而支付的各种补贴。

第九条 加班加点工资是指按规定支付的加班工资和加点工资。

第十条 特殊情况下支付的工资。包括：

（一）根据国家法律、法规和政策规定，因病、工伤、产假、计划生育假、婚丧假、事假、探亲假、定期休假、停工学习、执行国家或社会义务等原因按计时工资标准或计时工资标准的一定比例支付的工资；

（二）附加工资、保留工资。

第三章 工资总额不包括的项目

第十一条 下列各项不列入工资总额的范围：

（一）根据国务院发布的有关规定颁发的发明创造奖、自然科学奖、科学技术进步奖和支付的合理化建议和技术改进奖以及支付给运动员、教练员的奖金；

（二）有关劳动保险和职工福利方面的各项费用；

（三）有关离休、退休、退职人员待遇的各项支出；

（四）劳动保护的各项支出；

（五）稿费、讲课费及其他专门工作报酬；

（六）出差伙食补助费、误餐补助、调动工作的旅费和安家费；

（七）对自带工具、牲畜来企业工作职工所支付的工具、牲畜等的补偿费用；

（八）实行租赁经营单位的承租人的风险性补偿收入；

（九）对购买本企业股票和债券的职工所支付的股息（包括股金分红）和利息；

（十）劳动合同制职工解除劳动合同时由企业支付的医疗补助费、生活补助费等；

（十一）因录用临时工而在工资以外向提供劳动力单位支付的手续费或管理费；

（十二）支付给家庭工人的加工费和按加工订货办法支付给承包单位的发包费用；

（十三）支付给参加企业劳动的在校学生的补贴；

（十四）计划生育独生子女补贴。

第十二条　前条所列各项按照国家规定另行统计。

第四章　附　则

第十三条　中华人民共和国境内的私营单位、华侨及港、澳、台工商业者经营单位和外商经营单位有关工资总额范围的计算，参照本规定执行。

第十四条　本规定由国家统计局负责解释。

第十五条　各地区、各部门可依据本规定制定有关工资总额组成的具体范围的规定。

第十六条　本规定自发布之日起施行。国务院 1955 年 5 月 21 日批准颁发的《关于工资总额组成的暂行规定》同时废止。

工资支付暂行规定

发文机关:劳动部　　　　　　文号:劳部发〔1994〕489 号
发文日期:1994 年 12 月 6 日　　生效日期:1995 年 1 月 1 日

第一条　为维护劳动者通过劳动获得劳动报酬的权利,规范用人单位的工资支付行为,根据《中华人民共和国劳动法》有关规定,制定本规定。

第二条　本规定适用于在中华人民共和国境内的企业、个体经济组织(以下统称用人单位)和与之形成劳动关系的劳动者。

国家机关、事业组织、社会团体和与之建立劳动合同关系的劳动者,依照本规定执行。

第三条　本规定所称工资是指用人单位依据劳动合同的规定,以各种形式支付给劳动者的工资报酬。

第四条　工资支付主要包括:工资支付项目、工资支付水平、工资支付形式、工资支付对象、工资支付时间以及特殊情况下的工资支付。

第五条　工资应当以法定货币支付。不得以实物及有价证券替代货币支付。

第六条　用人单位应将工资支付给劳动者本人。劳动者本人因故不能领取工资时,可由其亲属或委托他人代领。

用人单位可委托银行代发工资。

用人单位必须书面记录支付劳动者工资的数额、时间、领取者的姓名以及签字,并保存两年以上备查。用人单位在支付工资时应向劳动者提供一份其个人的工资清单。

第七条　工资必须在用人单位与劳动者约定的日期支付。如遇节假日或休息日,则应提前在最近的工作日支付。工资至少每月支付一次,实行周、日、小时工资制的可按周、日、小时支付工资。

第八条　对完成一次性临时劳动或某项具体工作的劳动者,用人单位应按有关协议或合同规定在其完成劳动任务后即支付工资。

第九条　劳动关系双方依法解除或终止劳动合同时,用人单位应在解除或终止劳动合同时一次付清劳动者工资。

第十条　劳动者在法定工作时间内依法参加社会活动期间,用人单位应视同其提供了正常劳动而支付工资。社会活动包括:依法行使选举权或被选举权;当选代表出席乡(镇)、区以上政府、党派、工会、青年团、妇女联合会等组织召开的会议;出任人民法庭证明人;出席劳动模范、先进工作者大会;《工会法》规定的不脱产工会基层委员会委员因工会活动占用的生产或工作时间;其他依法参加的社会活动。

第十一条　劳动者依法享受年休假、探亲假、婚假、丧假期间,用人单位应按劳动合同规定的标准支付劳动者工资。

第十二条　非因劳动者原因造成单位停工、停产在一个工资支付周期内的,用人单位应按劳动合同规定的标准支付劳动者工资。超过一个工资支付周期的,若劳动者提供了正常劳动,则支付给劳动者的劳动报酬不得低于当地的最低工资标准;若劳动者没有提供正常劳动,应按国家有关规定办理。

第十三条　用人单位在劳动者完成劳动定额或规定的工作任务后,根据实际需要安排劳动者在法定标准工作时间以外工作的,应按以下标准支付工资:

(一)用人单位依法安排劳动者在日法定标准工作时间以外延长工作时间的,按照不低于劳动合同规定的劳动者本人小时工资标准的150%支付劳动者工资;

(二)用人单位依法安排劳动者在休息日工作,而又不能安排补休的,按照不低于劳动合同规定的劳动者本人日或小时工资标准的200%支付劳动者工资;

(三)用人单位依法安排劳动者在法定休假节日工作的,按照不低于劳动合同规定的劳动者本人日或小时工资标准的300%支付劳动者工资。

实行计件工资的劳动者,在完成计件定额任务后,由用人单位安排延长工作时间的,应根据上述规定的原则,分别按照不低于其本人法定工作时间计件单价的150%、200%、300%支付其工资。

经劳动行政部门批准实行综合计算工时工作制的,其综合计算工作时间超过法定标准工作时间的部分,应视为延长工作时间,并应按本规定支付劳动者延长工作时间的工资。

实行不定时工时制度的劳动者,不执行上述规定。

第十四条　用人单位依法破产时,劳动者有权获得其工资。在破产清偿中用人单位应按《中华人民共和国企业破产法》规定的清偿顺序,首先支付欠付本单位劳动者的工资。

第十五条　用人单位不得克扣劳动者工资。有下列情况之一的,用人单位可以代扣劳动者工资:

(一)用人单位代扣代缴的个人所得税;

(二)用人单位代扣代缴的应由劳动者个人负担的各项社会保险费用;

(三)法院判决、裁定中要求代扣的抚养费、赡养费;

(四)法律、法规规定可以从劳动者工资中扣除的其他费用。

第十六条　因劳动者本人原因给用人单位造成经济损失的,用人单位可按照劳动合同的约定要求其赔偿经济损失。经济损失的赔偿,可从劳动者本人的工资中扣除。但每月扣除的部分不得超过劳动者当月工资的20%。若扣除后的剩余工资部分低于当地月最低工资标准,则按最低工资标准支付。

第十七条 用人单位应根据本规定,通过与职工大会、职工代表大会或者其他形式协商制定内部的工资支付制度,并告知本单位全体劳动者,同时抄报当地劳动行政部门备案。

第十八条 各级劳动行政部门有权监察用人单位工资支付的情况。用人单位有下列侵害劳动者合法权益行为的,由劳动行政部门责令其支付劳动者工资和经济补偿,并可责令其支付赔偿金:

(一)克扣或者无故拖欠劳动者工资的;

(二)拒不支付劳动者延长工作时间工资的;

(三)低于当地最低工资标准支付劳动者工资的。

经济补偿和赔偿金的标准,按国家有关规定执行。

第十九条 劳动者与用人单位因工资支付发生劳动争议的,当事人可依法向劳动争议仲裁机关申请仲裁。对仲裁裁决不服的,可以向人民法院提起诉讼。

第二十条 本规定自 1995 年 1 月 1 日起施行。

劳动部对《工资支付暂行规定》
有关问题的补充规定

发文机关:劳动部　　　　　　文号:劳部发〔1995〕226 号
发文日期:1995 年 5 月 12 日　　生效日期:1995 年 5 月 12 日

根据《工资支付暂行规定》(劳部发〔1994〕489 号,以下简称《规定》)确定的原则,现就有关问题作出如下补充规定:

一、《规定》第十一条、第十二条、第十三条所称"按劳动合同规定的标准",系指劳动合同规定的劳动者本人所在的岗位(职位)相对应的工资标准。

因劳动合同制度尚处于推进的过程中,按上述条款规定执行确有困难的,地方或行业劳动行政部门可在不违反《规定》所确定的总的原则基础上,制定过渡措施。

二、关于加班加点的工资支付问题

1.《规定》第十三条第(一)、(二)、(三)款规定的在符合法定标准工作时间的制度工时以外延长工作时间及安排休息日和法定休假节日工作应支付的工资,是根据加班加点的多少,以劳动合同确定的正常工作时间工资标准的一定倍数所支付的劳动报酬,即凡是安排劳动者在法定工作日延长工作时间或安排在休息日工作而又不能补休的,均应支付给劳动者不低于劳动合同规定的劳动者本人小时或日工资标准 150%、200%的工资;安排在法定休假节日工作的,应另外支付给劳动者不低于劳动合同规定的劳动者本人小时或日工资标准 300%的工资。

2.关于劳动者日工资的折算。由于劳动定额等劳动标准都与制度工时相联系,因此,劳动者日工资可统一按劳动者本人的月工资标准除以每月制度工作天数进行折算。

根据国家关于职工每日工作 8 小时、每周工作时间 40 小时的规定,每月制度工时天数为 21.5 天。考虑到国家允许施行每周 40 小时工时制度有困难的企业最迟可以延期到 1997 年 5 月 1 日施行,因此,在过渡期内,实行每周 44 小时工时制度的企业,其日工资折算可仍按每月制度工作天数 23.5 天执行。

三、《规定》第十五条中所称"克扣"系指用人单位无正当理由扣减劳动者应得工资(即在劳动者已提供正常劳动的前提下用人单位按劳动合同规定的标准应当支付给劳动者的全部劳动报酬)。不包括以下减发工资的情况:(1)国家的法律、法规中有明确规定的;(2)依法签订的劳动合同中有明确规定的;(3)用人单位依法制定并经职代会批准的厂规、厂纪中有明确规定的;(4)企业工资总额与经济效益相联系,经济效益下浮时,工资必须下浮的(但支付给劳动者工资不得低于当地最低工资标准);(5)因劳动者请事假等相应减发工资等。

四、《规定》第十八条所称"无故拖欠"系指用人单位无正当理由超过规定付薪时间未支付劳动者工资。不包括:(1)用人单位遇到非人力所能抗拒的自然灾害、战争等原因,无法按时支付工资;(2)用人单位确因生产经营困难、资金周转受到影响,在征得本单位工会同意后,可暂时延期支付劳动者工资,延期时间的最长限制可由各省、自治区、直辖市劳动行政部门根据各地情况确定。其他情况下拖欠工资均属无故拖欠。

五、关于特殊人员的工资支付问题

1.劳动者受处分后的工资支付:(1)劳动者受行政处分后仍在原单位工作(如留用察看、降级等)或受刑事处分后重新就业的,应主要由用人单位根据具体情况自主确定其工资报酬;(2)劳动者受刑事处分期间,如收容审查、拘留(羁押)、缓刑、监外执行或劳动教养期间,其待遇按国家有关规定执行。

2.学徒工、熟练工、大中专毕业生在学徒期、熟练期、见习期、试用期及转正定级后的工资待遇由用人单位自主确定。

3.新就业复员军人的工资待遇由用人单位自主确定;分配到企业的军队转业干部的工资待遇,按国家有关规定执行。

最高人民法院关于审理拒不支付劳动报酬 刑事案件适用法律若干问题的解释

发文机关：最高人民法院　　　　　　文号：法释〔2013〕3 号
发文日期：2013 年 1 月 16 日　　　　生效日期：2013 年 1 月 23 日

为依法惩治拒不支付劳动报酬犯罪，维护劳动者的合法权益，根据《中华人民共和国刑法》有关规定，现就办理此类刑事案件适用法律的若干问题解释如下：

第一条　劳动者依照《中华人民共和国劳动法》和《中华人民共和国劳动合同法》等法律的规定应得的劳动报酬，包括工资、奖金、津贴、补贴、延长工作时间的工资报酬及特殊情况下支付的工资等，应当认定为刑法第二百七十六条之一第一款规定的"劳动者的劳动报酬"。

第二条　以逃避支付劳动者的劳动报酬为目的，具有下列情形之一的，应当认定为刑法第二百七十六条之一第一款规定的"以转移财产、逃匿等方法逃避支付劳动者的劳动报酬"：

（一）隐匿财产、恶意清偿、虚构债务、虚假破产、虚假倒闭或者以其他方法转移、处分财产的；

（二）逃跑、藏匿的；

（三）隐匿、销毁或者篡改账目、职工名册、工资支付记录、考勤记录等与劳动报酬相关的材料的；

（四）以其他方法逃避支付劳动报酬的。

第三条　具有下列情形之一的，应当认定为刑法第二百七十六条之一第一款规定的"数额较大"：

（一）拒不支付一名劳动者三个月以上的劳动报酬且数额在五千元至二万元以上的；

（二）拒不支付十名以上劳动者的劳动报酬且数额累计在三万元至十万元以上的。

各省、自治区、直辖市高级人民法院可以根据本地区经济社会发展状况，在前款规定的数额幅度内，研究确定本地区执行的具体数额标准，报最高人民法院备案。

第四条　经人力资源社会保障部门或者政府其他有关部门依法以限期整改指令书、行政处理决定书等文书责令支付劳动者的劳动报酬后，在指定的期限内仍不支付的，应当认定为刑法第二百七十六条之一第一款规定的"经政府有关部门责令支付仍不支付"，但有证据证明行为人有正当理由未知悉责令支付或者未及时支付劳动报酬的除外。

　　行为人逃匿,无法将责令支付文书送交其本人、同住成年家属或者所在单位负责收件的人的,如果有关部门已通过在行为人的住所地、生产经营场所等地张贴责令支付文书等方式责令支付,并采用拍照、录像等方式记录的,应当视为"经政府有关部门责令支付"。

　　第五条　拒不支付劳动者的劳动报酬,符合本解释第三条的规定,并具有下列情形之一的,应当认定为刑法第二百七十六条之一第一款规定的"造成严重后果":

　　(一)造成劳动者或者其被赡养人、被扶养人、被抚养人的基本生活受到严重影响、重大疾病无法及时医治或者失学的;

　　(二)对要求支付劳动报酬的劳动者使用暴力或者进行暴力威胁的;

　　(三)造成其他严重后果的。

　　第六条　拒不支付劳动者的劳动报酬,尚未造成严重后果,在刑事立案前支付劳动者的劳动报酬,并依法承担相应赔偿责任的,可以认定为情节显著轻微危害不大,不认为是犯罪;在提起公诉前支付劳动者的劳动报酬,并依法承担相应赔偿责任的,可以减轻或者免除刑事处罚;在一审宣判前支付劳动者的劳动报酬,并依法承担相应赔偿责任的,可以从轻处罚。

　　对于免除刑事处罚的,可以根据案件的不同情况,予以训诫、责令具结悔过或者赔礼道歉。

　　拒不支付劳动者的劳动报酬,造成严重后果,但在宣判前支付劳动者的劳动报酬,并依法承担相应赔偿责任的,可以酌情从宽处罚。

　　第七条　不具备用工主体资格的单位或者个人,违法用工且拒不支付劳动者的劳动报酬,数额较大,经政府有关部门责令支付仍不支付的,应当依照刑法第二百七十六条之一的规定,以拒不支付劳动报酬罪追究刑事责任。

　　第八条　用人单位的实际控制人实施拒不支付劳动报酬行为,构成犯罪的,应当依照刑法第二百七十六条之一的规定追究刑事责任。

　　第九条　单位拒不支付劳动报酬,构成犯罪的,依照本解释规定的相应个人犯罪的定罪量刑标准,对直接负责的主管人员和其他直接责任人员定罪处罚,并对单位判处罚金。

浙江省企业工资支付管理办法

发文机关:浙江省人民政府　　　　　　文号:浙江省人民政府令第353号

发文日期:2017年3月2日　　　　　　生效日期:2017年5月1日

第一章　总　则

第一条　为了加强对企业支付劳动者工资的监督管理,保护劳动者取得劳动报酬的权益,根据《中华人民共和国劳动法》《中华人民共和国劳动合同法》《浙江省劳动保障监察条例》和其他有关法律、法规,结合本省实际,制定本办法。

第二条　本办法所称工资,是指企业按照劳动合同的约定和国家、省相关规定支付给劳动者的劳动报酬,包括计时或者计件工资以及奖金、津贴、补贴、加班加点工资和特殊情况下支付的工资。本办法所称特殊情况下支付的工资,是指劳动者因患病、工伤、享受有关假期、外派学习和依法参加社会活动等情况,企业按照劳动合同的约定和国家、省相关规定支付给劳动者的工资。

第三条　本省行政区域内企业支付劳动者工资,适用本办法。个体经济组织、民办非企业单位等组织以及国家机关、事业单位、社会团体支付与其建立劳动关系的劳动者工资,依照本办法执行。

第四条　各级人民政府应当加强对企业工资支付监督管理工作的组织和协调,研究解决企业工资支付监督管理工作中的重大问题。县级以上人民政府人力资源和社会保障部门负责本行政区域内企业工资支付监督管理工作。县级以上人民政府发展和改革、财政、住房和城乡建设、交通运输、水利、公安、工商行政管理、税务、国有资产管理等部门应当按照各自职责协助人力资源和社会保障部门做好企业工资支付监督管理工作。

第五条　各级工会依法对企业工资支付行为实施监督,有权制止企业的违法行为。

第二章　工资支付

第六条　企业支付劳动者工资,应当遵守国家、省有关最低工资的规定。

第七条　企业应当依法建立健全集体协商集体合同制度,明确本企业的工资分配办法并向劳动者公示。

第八条　企业与劳动者签订劳动合同,应当明确工资支付的内容,包括工资支付标准、项目、形式、时间以及约定的其他事项。

第九条　工资应当以货币形式支付,不得以实物或者有价证券支付。

第十条　企业应当将工资支付给劳动者本人。劳动者本人因故不能领取工资的,可以由其亲属或者委托他人代领。企业可以委托银行或者第三方支付平台向劳动者发放工资。

第十一条　企业支付工资应当编制工资支付表,并向劳动者提供工资清单。工资支付表应当载明发放对象的姓名、工作天数、加班加点时间、应发和减发的项目与金额以及发放单位、发放时间等事项。企业保存工资支付表时间不得少于2年。

第十二条　企业应当建立劳动考勤制度,书面记录劳动者的出勤情况,每月与劳动者核对、确认。企业保存劳动考勤记录时间不得少于2年。

第十三条　劳动者有权查询和核对本人的工资支付记录和出勤记录。用人单位不得伪造、变造、隐匿、销毁工资支付记录和劳动者出勤记录。

第十四条　工资应当至少每月支付一次,但非全日制用工工资支付周期最长不得超过15日。工资发放日如遇节假日或者休息日的,应当提前支付。

第十五条　劳动者因依法参加社会活动占用工作时间的,企业应当视同劳动者提供正常劳动并支付其工资。

第十六条　劳动者享受法定假的,企业应当按照劳动合同的约定和国家、省相关规定支付法定假期间的工资。劳动者请事假或者无正当理由未提供劳动的,用人单位可以不予支付相关期间的工资。

第十七条　劳动者因患病或者非因工负伤,未付出劳动的,企业应当支付国家规定的医疗期内的病伤假工资。病伤假工资不得低于当地人民政府确定的最低工资标准的80%。

第十八条　劳动者被依法判处管制或者拘役适用缓刑、有期徒刑适用缓刑期间,企业未与其解除劳动合同,且劳动者付出了正常劳动的,企业应当按照劳动合同的约定和国家、省相关规定支付工资。

第十九条　企业与劳动者依法解除、终止劳动合同的,应当自办理解除或者终止劳动合同手续之日起5日内一次性结清工资。

第二十条　企业可以从劳动者工资中依法代扣下列款项:

(一)劳动者的个人所得税;

(二)劳动者个人应当缴纳的社会保险费和住房公积金;

(三)法院判决或者裁定由企业代扣的有关诉讼案件中当事人的抚养费、赡养费、扶养费;

(四)依法由企业代扣的其他款项。

第二十一条　因自然灾害等不可抗力导致企业无法按时足额支付劳动者工资的,

在不可抗力原因消除后应当立即支付。企业确因生产经营困难,经依法集体协商或者经劳动者本人同意,可以延期支付全部或者部分工资,但最长不得超过 30 日。

第二十二条　企业停工、停产、歇业,时间在 1 个工资支付周期内的,企业应当按照劳动合同的约定和国家、省相关规定支付工资。企业停工、停产、歇业时间超过 1 个工资支付周期,劳动者付出了正常劳动的,企业应当按照不低于当地人民政府确定的最低工资标准支付工资;劳动者未付出正常劳动的,企业应当按照不低于当地人民政府确定的最低工资标准的 80% 支付工资。

第二十三条　在工程建设领域推行人工费用与其他工程款分账管理制度,由施工总承包企业在工程项目所在地银行开设工资专用账户,专项用于支付工资。

第二十四条　建设单位或者施工总承包企业未按照合同约定及时划拨工程款,致使施工总承包企业或者分包企业拖欠工资的,由建设单位或者施工总承包企业先行垫付工资,垫付额以未支付的工程款为限。建设单位将工程违法发包,致使拖欠工资的,由建设单位依法承担清偿责任;施工总承包企业将工程转包、违法分包,致使拖欠工资的,由施工总承包企业依法承担清偿责任。建设单位或者施工总承包企业清偿后,有权向相关组织、单位或者个人追偿。

第二十五条　鼓励企业通过办理履约信用保证保险、银行保函等途径,加强工资支付保障。

第三章　监督管理

第二十六条　人力资源和社会保障部门应当加强对企业工资支付行为的监督和检查,依法及时查处拖欠工资等违法行为。

第二十七条　发展和改革部门应当加强对政府投资工程项目资金来源和筹措方式的审查,资金来源不落实的,不得通过审查。

财政部门应当加强对政府投资工程项目建设全过程的资金监管,并按照规定及时拨付财政资金。住房和城乡建设、交通运输、水利等部门应当按照各自职责,加强行业管理,及时查处违法发包、转包以及违法分包等行为。

第二十八条　各级工会发现企业有克扣、拖欠工资等违法行为的,有权要求其改正;企业拒不改正的,工会有权向人力资源和社会保障部门提出处理意见或者处罚建议;人力资源和社会保障部门在接到工会的意见或者建议后,应当依法作出处理或者处罚,并将处理或者处罚结果书面反馈工会。

第二十九条　县级以上人民政府应当建立重大拖欠工资事件联合处置机制。人力资源和社会保障等部门和乡(镇)人民政府、街道办事处等相关单位应当加强协作配合,及时、妥善处理重大拖欠工资事件。

第三十条　对有严重拖欠工资行为的企业,人力资源和社会保障部门可以责令其定期申报工资支付情况;人力资源和社会保障、住房和城乡建设等部门可以在信用浙江网和主要媒体上公示其拖欠工资信息;有关部门在财政资金支持、政府采购、招标投标、资质管理、评优评先等方面,应当将其拖欠工资的负面信用评价作为相关审核工作的重要参考。前款所称严重拖欠工资行为,是指有下列情形之一的行为:

(一)拖欠工资时间达到或者超过2个工资支付周期的;

(二)一次拖欠10人以上工资的;

(三)拖欠工资总额达到或者超过50万元的。

第三十一条 设区的市、县(市、区)人民政府应当依照国家、省相关规定,结合本地建筑业等行业领域拖欠工资风险情况,实施和完善企业工资支付保证金制度。

第四章 法律责任

第三十二条 违反本办法的行为,法律、法规已有法律责任规定的,从其规定。

第三十三条 企业制定的工资支付制度违反法律、法规、规章规定的,由人力资源和社会保障部门责令改正,给予警告。

第三十四条 企业伪造、变造、隐匿、销毁工资支付记录和劳动者出勤记录的,由人力资源和社会保障部门责令其限期改正,并处5000元以上2万元以下的罚款;对其法定代表人或者直接负责的主管人员处1000元以上1万元以下的罚款。

第三十五条 企业未按时足额支付工资或者克扣工资的,由人力资源和社会保障部门责令限期改正,拒不改正的,处1万元以上3万元以下的罚款;造成严重后果,妨害公共安全的,处5万元以上10万元以下的罚款。

第三十六条 有下列行为之一,违反治安管理的,由公安机关依法给予处罚:

(一)企业及其相关人员对要求支付工资的劳动者实施殴打、伤害的;

(二)企业及其相关人员阻碍国家机关工作人员依法执行职务的;

(三)劳动者在追讨工资中,采取扰乱公共秩序、侵犯人身财产权利等非法方式的。

第三十七条 县级以上人民政府人力资源和社会保障部门及其他有关部门、单位有下列行为之一的,由有权机关按照管理权限对直接负责的主管人员和其他直接责任人员依法给予处分:

(一)对侵害劳动者工资权益的举报、投诉不依法受理或者处理,或者故意拖延的;

(二)政府投资工程项目建设单位拖欠工程款,引发群体性事件的;

(三)违法实施行政处罚、行政强制措施的;

(四)其他依法应当给予处分的行为。

第五章 附 则

第三十八条 本办法自2017年5月1日起施行。

浙江省劳动和社会保障厅关于
加强计件工资制度管理的意见

发文机关:浙江省劳动和社会保障厅　　　　文号:浙劳社劳薪〔2004〕74 号
发文日期:2004 年 4 月 20 日　　　　　　生效日期:2004 年 4 月 20 日

各市、县(市、区)劳动(人事劳动)保障局:

近年来,随着我省非公有制企业的快速发展,计件工资制已逐渐成为企业工资支付的重要方式,对调动企业和劳动者的积极性起到一定的作用,但同时也存在一些较为突出的问题,如部分企业和有雇员的个体工商户随意压低计件单价,致使劳动者在提供正常劳动后所得工资低于最低工资标准,超时加班加点的劳动报酬难以兑现,工时制度得不到落实。为了规范计件工资制度,切实保护劳动者的合法权益,根据《劳动法》、《浙江省企业工资支付管理规定》等有关规定,现提出如下意见,请认真贯彻执行。

一、规范计件工资单价的制定

实行计件工资制的企业应通过工资集体协商的方式确定计件单价。企业在生产每一批产品前,应与企业工会或者职工代表民主协商,通过劳动定额的办法合理确定每道工序(或每件产品)的计件单价,在达成一致意见的情况下,企业主与工会或职工代表签订《计件工资单价协议书》。企业在生产该产品前应将签订的"计件工资单价协议书"在企业内予以公布,告知每位职工。公布的计件单价,企业不得随意更改。

区域性经济明显的地方,劳动保障行政部门应组织行业(产业)协会和工会组织,根据劳动特点、劳动强度、劳动环境等多种因素合理地制定生产该类产品的各工种或各道工序的计件单价。制定的计件单价应予公布,以此作为区域内各企业确定计件单价的依据。有条件的市、县应通过劳动标准中介组织,就劳动定员、定额和劳动时间等作出科学的劳动标准。

从 2004 年起,劳动力市场工资指导价位的制定范围扩大到县一级。县(县级市)可根据实际情况,制定当地的劳动力市场工资指导价位。有条件的地方,可同时制定计件单价的市场价位。

二、加强对实行计件工资制企业的工时制度的管理

因生产特点或生产需要,不能按法定标准工作时间来安排工作并实行计件工资制的企业,可实行综合计算工时工作制或不定时工作制,企业应在保障职工身体健康并充分听取职工意见的基础上,采用集中工作、集中休息、轮休调休、弹性工作时间等适当方式,确保职工享有休息休假的权利。各地劳动保障部门要加强对实行计件工资制企业工时制度的管理,指导、督促企业按规定上报工时制度方案,并严格审核。

三、规范实行计件工资制企业加班加点工资的支付

实行全日制计件工资制的企业,劳动者在 8 小时法定标准日工作时间内所得的工资不得低于当地最低月工资标准除以 20.92 天的标准。因生产、经营需要安排劳动者在法定工作时间以外提供劳动的,企业应按《劳动法》的规定支付加班加点工资。

在支付加班加点工资时,应分别按照不低于其标准工作时间计件单价的 150％、200％、300％支付其工资。实行综合计算工时工作制的企业,其综合计算工作时间超过法定标准工作时间的部分,应视为延长工作时间按计件单价的 150％支付工资。法定节假日(元旦、春节、国际劳动节、国庆节)安排劳动者工作的,无论实行何种工时制,都应当按 300％的标准支付其工资。

四、加大行政监督和劳动监察力度

各地要重视加强对企业的监督检查,劳动年检中要将对计件工资的检查作为重点内容之一。对不能按时足额发放工资、严重超时加班加点、不依法发放加班加点工资和法定标准工作时间内的月工资低于最低工资标准的行为,要按《浙江省企业工资支付管理办法》进行处罚,督促实行计件工资制的企业严格依法管理。

附件:计件工资单价协议书

附件:

计件工资单价协议书

为保障用人单位和劳动者双方的合法权益,根据《劳动法》的有关精神,企业方和工会(职工)方就生产产品的生产工序(内容)的单价协议如下:

生产工序(内容):＿＿＿＿＿＿＿＿＿;单价:＿＿＿＿＿＿＿＿＿＿＿＿;

生产工序(内容):＿＿＿＿＿＿＿＿＿;单价:＿＿＿＿＿＿＿＿＿＿＿＿;

生产工序(内容):＿＿＿＿＿＿＿＿＿;单价:＿＿＿＿＿＿＿＿＿＿＿＿;

生产工序(内容):＿＿＿＿＿＿＿＿＿;单价:＿＿＿＿＿＿＿＿＿＿＿＿;

生产工序(内容):＿＿＿＿＿＿＿＿＿;单价:＿＿＿＿＿＿＿＿＿＿＿＿;

生产工序(内容):＿＿＿＿＿＿＿＿＿;单价:＿＿＿＿＿＿＿＿＿＿＿＿;

生产工序(内容):＿＿＿＿＿＿＿＿＿;单价:＿＿＿＿＿＿＿＿＿＿＿＿;

本协议一式三份,签字双方各持一份,另一份作为企业公告。本协议经双方签字盖章之日起生效,企业和职工必须严格执行。

用人单位(法人代表)方签字:

工会(职工代表)方签字:

＿＿＿＿＿年＿＿月＿＿日

劳动和社会保障部办公厅关于部分
公民放假有关工资问题的函

发文机关：劳动和社会保障部 　　　　　文号：劳社厅函〔2000〕18号

发文日期：2000 年 2 月 12 日 　　　　　生效日期：2000 年 2 月 12 日

上海市劳动和社会保障局：

你局《关于部分公民放假有关问题的请示》收悉。经研究，答复如下：

关于部分公民放假的节日期间，用人单位安排职工工作，如何计发职工工资报酬问题。按照国务院《全国年节及纪念日放假办法》（国务院令第 270 号）中关于妇女节、青年节等部分公民放假的规定，在部分公民放假的节日期间，对参加社会或单位组织庆祝活动和照常工作的职工，单位应支付工资报酬，但不支付加班工资。如果该节日恰逢星期六、星期日，单位安排职工加班工作，则应当依法支付休息日的加班工资。

浙江省劳动和社会保障厅关于
企业职工工资支付有关问题的批复

发文机关：浙江省劳动和社会保障厅　　　　文号：浙劳社厅〔2004〕218号
发文日期：2004年9月1日　　　　　　　　　生效日期：2004年9月1日

杭州市劳动和社会保障局：

你局《关于企业职工工资支付有关问题的请示》（杭劳社薪〔2004〕167号）收悉。经研究，现批复如下：

一、关于职工退休当月工资支付问题。职工退休当月，无论哪一天到达法定退休年龄，企业都应支付当月的工资，工资不得低于当地的最低工资标准。内退职工，企业应按退养期间的标准支付当月的基本生活费。

二、关于企业职工享受产假、哺乳假、探亲假、婚丧假、年休假等带薪假期间的工资支付口径问题。职工依法享受产假、哺乳假、探亲假、婚丧假、年休假等国家规定的假期期间，工资应以国家规定和劳动合同中约定的工资标准为基数计发。若劳动合同中没有约定或约定不明确以及实行计件工资的，工资应按企业正常生产期间本人休假前12个月的平均实得工资的70％为基数计发。以上带薪假期间的月工资基数不得低于当地最低月工资标准。

浙江省人力资源和社会保障厅、浙江省财政厅关于企业职工基本养老保险参保人员因病或非因工死亡丧葬补助金和抚恤金有关问题的通知

发文机关：浙江省人力资源和社会保障厅、浙江省财政厅

文号：浙人社发〔2013〕244 号

发文日期：2013 年 12 月 31 日　　　　　　　　生效日期：2014 年 1 月 1 日

各市、县(市、区)人力资源和社会保障局、财政局，嘉兴市社会保障事务局，省级各单位：

按照《中华人民共和国社会保险法》规定，现就参加企业职工基本养老保险的个人，因病或非因工死亡后丧葬补助金、抚恤金有关问题通知如下：

一、自 2011 年 7 月 1 日起，参加企业职工基本养老保险的个人(含未达到法定退休年龄的参保人员和退休、退职人员，以下简称参保人员)因病或非因工死亡后，其遗属可以领取丧葬补助金和抚恤金。

二、丧葬补助金标准统一为 4000 元。抚恤金标准按死亡的参保人员缴费年限(含视同缴费年限)确定，不满 1 年的发给 2000 元；1 年(含)至 15 年(含)的统一为 10000 元；超过 15 年的，在发给 10000 元的基础上，每满 1 年(不满 1 年按 1 年计算)增发 1000 元，最多增发 15000 元。

三、丧葬补助金和抚恤金所需资金，从基本养老保险基金中列支。

四、2011 年 7 月 1 日至 2013 年 12 月 31 日期间因病或非因工死亡的参保人员，其遗属按《浙江省劳动和社会保障厅 浙江省财政厅关于调整企业职工死亡丧葬补助费和遗属生活困难补助费标准的通知》(浙劳社老〔2004〕224 号)、《浙江省劳动和社会保障厅 浙江省财政厅关于调整企业职工和企业退休人员因病或非因工死亡后一次性抚恤费标准的通知》(浙劳社老〔2006〕175 号)规定的标准领取丧葬补助金和抚恤金，所需资金从基本养老保险基金中列支。

五、事业单位转企改制后参加企业职工基本养老保险的，改制前已退休人员(含提前退休人员，下同)因病或非因工死亡后，其遗属按照上述规定领取丧葬补助金和抚恤金，如低于事业单位标准的，其差额部分由改制后企业在原提留的经费中予以补足。

六、本通知自 2014 年 1 月 1 日起执行。国家出台新规定时，按其规定执行。

企业职工患病或非因工负伤医疗期规定

发文机关:劳动部　　　　　　　　　文号:劳部发〔1994〕479 号
发文日期:1994 年 12 月 1 日　　　　生效日期:1995 年 1 月 1 日

第一条　为了保障企业职工在患病或非因工负伤期间的合法权益,根据《中华人民共和国劳动法》第二十六、二十九条规定,制定本规定。

第二条　医疗期是指企业职工因患病或非因工负伤停止工作治病休息不得解除劳动合同的时限。

第三条　企业职工因患病或非因工负伤,需要停止工作医疗时,根据本人实际参加工作年限和在本单位工作年限,给予三个月到二十四个月的医疗期:

(一)实际工作年限十年以下的,在本单位工作年限五年以下的为三个月;五年以上的为六个月。

(二)实际工作年限十年以上的,在本单位工作年限五年以下的为六个月;五年以上十年以下的为九个月;十年以上十五年以下的为十二个月;十五年以上二十年以下的为十八个月;二十年以上的为二十四个月。

第四条　医疗期三个月的按六个月内累计病休时间计算;六个月的按十二个月内累计病休时间计算;九个月的按十五个月内累计病休时间计算;十二个月的按十八个月内累计病休时间计算;十八个月的按二十四个月内累计病休时间计算;二十四个月的按三十个月内累计病休时间计算。

第五条　企业职工在医疗期内,其病假工资、疾病救济费和医疗待遇按照有关规定执行。

第六条　企业职工非因工致残和经医生或医疗机构认定患有难以治疗的疾病,在医疗期内医疗终结,不能从事原工作,也不能从事用人单位另行安排的工作的,应当由劳动鉴定委员会参照工伤与职业病致残程度鉴定标准进行劳动能力的鉴定。被鉴定为一至四级的,应当退出劳动岗位,终止劳动关系,办理退休、退职手续,享受退休、退职待遇;被鉴定为五至十级的,医疗期内不得解除劳动合同。

第七条　企业职工非因工致残和经医生或医疗机构认定患有难以治疗的疾病,医疗期满,应当由劳动鉴定委员会参照工伤与职业病致残程度鉴定标准进行劳动能力的鉴定。被鉴定为一至四级的,应当退出劳动岗位,解除劳动关系,并办理退休、退职手续,享受退休、退职待遇。

第八条　医疗期满尚未痊愈者,被解除劳动合同的经济补偿问题按照有关规定执行。

第九条　本规定自 1995 年 1 月 1 日起施行。

浙江省劳动厅关于转发劳动部《企业职工患病或非因工负伤医疗期规定》的通知

发文机关：浙江省劳动厅　　　　　　　文号：浙劳险〔1995〕231 号

发文日期：1995 年 12 月 5 日　　　　　生效日期：1996 年 1 月 1 日

各市、地、县劳动局(劳动人事局)，省级(直)各单位：

现将劳动部《关于发布〈企业职工患病或非因工负伤医疗期规定〉的通知》(劳部发〔1994〕479 号)、《关于贯彻〈企业职工患病或非因工负伤医疗期规定〉的通知》(劳部发〔1995〕236 号)转发给你们，并结合我省的实际情况，提出如下补充意见，请一并贯彻执行。

一、关于本单位工作年限的确定问题

1.因组织委派的，以及复员退伍军人，军转干部首次与单位建立劳动关系的，在确定医疗期时，按国家规定计算的连续工龄应视作本单位工作年限。

2.因企业合资、合并、兼并或者分立，与职工解除劳动合同并随即与新单位签订劳动合同的，在确定医疗期时，职工在原单位的工龄应视作本单位工作年限。

二、关于病假工资的计发问题

1.职工因病或非因工负伤，病假在六个月以内的，按其连续工龄的长短发给病假工资。其标准为：连续工龄不满十年的，为本人工资(不包括加班加点工资、奖金、津贴、物价生活补贴；下同)的百分之五十；连续工龄满十年不满二十年的，为本人工资的百分之六十；连续工龄满二十年不满三十年的，为本人工资的百分之七十；连续工龄满三十年以上的，为本人工资的百分之八十。

职工因病或非因工负伤，连续病假在六个月以上的，按其连续工龄的长短改发疾病救济费。其标准为：连续工龄不满十年的，为本人工资的百分之四十；连续工龄满十年不满二十年的。为本人工资的百分之五十；连续工龄满二十年不满三十年的，为本人工资的百分之六十；连续工龄满三十年以上的，为本人工资的百分之七十。

2.职工因病或非因工负伤病假期间，物价生活补贴计发问题：

职工因病或非因工负伤，在病假期间，物价补贴照发，如发生职工的病假工资与物价生活补贴之和低于当地最低工资标准百分之八十的，按当地最低工资标准的百分之八十发给。疾病救济费与物价生活补贴之和低于当地城镇企业职工基本生活费标准的，按当地城镇企业职工基本生活费标准发给。

三、关于特殊疾病延长医疗期的审批问题

某些患特殊疾病的职工,医疗期满尚未治愈确需延长医疗期的,凡实行医疗保险制度改革的市、县,由企业提出意见,报社会保险管理机构批准;未实行医疗保险制度改革的市、县,由所在的企业批准。

四、农民合同制工人因病或非因工负伤的医疗期和病假工资按劳动部劳部发〔1994〕479号文和本通知的有关规定执行。其他的保险福利待遇仍按国务院第87号令、省人民政府第48号令执行。

临时工因病或非因工负伤的医疗期以及有关的待遇仍按国务院第41号令、省人民政府第10号令执行。

五、本通知从1996年1月1日起执行。本通知执行时正在医疗期中的劳动合同制工人,已执行的医疗期应与劳动部劳部发〔1994〕479号文件规定的医疗期连续计算。

五、劳动安全卫生与特殊保护

中华人民共和国安全生产法

发文机关:全国人大常委会   文号:主席令第 13 号
发文日期:2014 年 8 月 31 日   生效日期:2014 年 12 月 1 日

第一章 总 则

第一条 为了加强安全生产工作,防止和减少生产安全事故,保障人民群众生命和财产安全,促进经济社会持续健康发展,制定本法。

第二条 在中华人民共和国领域内从事生产经营活动的单位(以下统称生产经营单位)的安全生产,适用本法;有关法律、行政法规对消防安全和道路交通安全、铁路交通安全、水上交通安全、民用航空安全以及核与辐射安全、特种设备安全另有规定的,适用其规定。

第三条 安全生产工作应当以人为本,坚持安全发展,坚持安全第一、预防为主、综合治理的方针,强化和落实生产经营单位的主体责任,建立生产经营单位负责、职工参与、政府监管、行业自律和社会监督的机制。

第四条 生产经营单位必须遵守本法和其他有关安全生产的法律、法规,加强安全生产管理,建立、健全安全生产责任制和安全生产规章制度,改善安全生产条件,推进安全生产标准化建设,提高安全生产水平,确保安全生产。

第五条 生产经营单位的主要负责人对本单位的安全生产工作全面负责。

第六条 生产经营单位的从业人员有依法获得安全生产保障的权利,并应当依法履行安全生产方面的义务。

第七条 工会依法对安全生产工作进行监督。

生产经营单位的工会依法组织职工参加本单位安全生产工作的民主管理和民主监督,维护职工在安全生产方面的合法权益。生产经营单位制定或者修改有关安全生产的规章制度,应当听取工会的意见。

第八条 国务院和县级以上地方各级人民政府应当根据国民经济和社会发展规划制定安全生产规划,并组织实施。安全生产规划应当与城乡规划相衔接。

国务院和县级以上地方各级人民政府应当加强对安全生产工作的领导,支持、督促各有关部门依法履行安全生产监督管理职责,建立健全安全生产工作协调机制,及时协调、解决安全生产监督管理中存在的重大问题。

乡、镇人民政府以及街道办事处、开发区管理机构等地方人民政府的派出机关应当按照职责,加强对本行政区域内生产经营单位安全生产状况的监督检查,协助上级人民政府有关部门依法履行安全生产监督管理职责。

第九条 国务院安全生产监督管理部门依照本法,对全国安全生产工作实施综合监督管理;县级以上地方各级人民政府安全生产监督管理部门依照本法,对本行政区域内安全生产工作实施综合监督管理。

国务院有关部门依照本法和其他有关法律、行政法规的规定,在各自的职责范围内对有关行业、领域的安全生产工作实施监督管理;县级以上地方各级人民政府有关部门依照本法和其他有关法律、法规的规定,在各自的职责范围内对有关行业、领域的安全生产工作实施监督管理。

安全生产监督管理部门和对有关行业、领域的安全生产工作实施监督管理的部门,统称负有安全生产监督管理职责的部门。

第十条 国务院有关部门应当按照保障安全生产的要求,依法及时制定有关的国家标准或者行业标准,并根据科技进步和经济发展适时修订。

生产经营单位必须执行依法制定的保障安全生产的国家标准或者行业标准。

第十一条 各级人民政府及其有关部门应当采取多种形式,加强对有关安全生产的法律、法规和安全生产知识的宣传,增强全社会的安全生产意识。

第十二条 有关协会组织依照法律、行政法规和章程,为生产经营单位提供安全生产方面的信息、培训等服务,发挥自律作用,促进生产经营单位加强安全生产管理。

第十三条 依法设立的为安全生产提供技术、管理服务的机构,依照法律、行政法规和执业准则,接受生产经营单位的委托为其安全生产工作提供技术、管理服务。

生产经营单位委托前款规定的机构提供安全生产技术、管理服务的,保证安全生产的责任仍由本单位负责。

第十四条 国家实行生产安全事故责任追究制度,依照本法和有关法律、法规的规定,追究生产安全事故责任人员的法律责任。

第十五条 国家鼓励和支持安全生产科学技术研究和安全生产先进技术的推广应用,提高安全生产水平。

第十六条 国家对在改善安全生产条件、防止生产安全事故、参加抢险救护等方面取得显著成绩的单位和个人,给予奖励。

第二章　生产经营单位的安全生产保障

第十七条　生产经营单位应当具备本法和有关法律、行政法规和国家标准或者行业标准规定的安全生产条件；不具备安全生产条件的，不得从事生产经营活动。

第十八条　生产经营单位的主要负责人对本单位安全生产工作负有下列职责：

（一）建立、健全本单位安全生产责任制；

（二）组织制定本单位安全生产规章制度和操作规程；

（三）组织制定并实施本单位安全生产教育和培训计划；

（四）保证本单位安全生产投入的有效实施；

（五）督促、检查本单位的安全生产工作，及时消除生产安全事故隐患；

（六）组织制定并实施本单位的生产安全事故应急救援预案；

（七）及时、如实报告生产安全事故。

第十九条　生产经营单位的安全生产责任制应当明确各岗位的责任人员、责任范围和考核标准等内容。

生产经营单位应当建立相应的机制，加强对安全生产责任制落实情况的监督考核，保证安全生产责任制的落实。

第二十条　生产经营单位应当具备的安全生产条件所必需的资金投入，由生产经营单位的决策机构、主要负责人或者个人经营的投资人予以保证，并对由于安全生产所必需的资金投入不足导致的后果承担责任。

有关生产经营单位应当按照规定提取和使用安全生产费用，专门用于改善安全生产条件。安全生产费用在成本中据实列支。安全生产费用提取、使用和监督管理的具体办法由国务院财政部门会同国务院安全生产监督管理部门征求国务院有关部门意见后制定。

第二十一条　矿山、金属冶炼、建筑施工、道路运输单位和危险物品的生产、经营、储存单位，应当设置安全生产管理机构或者配备专职安全生产管理人员。

前款规定以外的其他生产经营单位，从业人员超过一百人的，应当设置安全生产管理机构或者配备专职安全生产管理人员；从业人员在一百人以下的，应当配备专职或者兼职的安全生产管理人员。

第二十二条　生产经营单位的安全生产管理机构以及安全生产管理人员履行下列职责：

（一）组织或者参与拟订本单位安全生产规章制度、操作规程和生产安全事故应急救援预案；

（二）组织或者参与本单位安全生产教育和培训，如实记录安全生产教育和培训情况；

(三)督促落实本单位重大危险源的安全管理措施；

(四)组织或者参与本单位应急救援演练；

(五)检查本单位的安全生产状况，及时排查生产安全事故隐患，提出改进安全生产管理的建议；

(六)制止和纠正违章指挥、强令冒险作业、违反操作规程的行为；

(七)督促落实本单位安全生产整改措施。

第二十三条 生产经营单位的安全生产管理机构以及安全生产管理人员应当恪尽职守，依法履行职责。

生产经营单位作出涉及安全生产的经营决策，应当听取安全生产管理机构以及安全生产管理人员的意见。

生产经营单位不得因安全生产管理人员依法履行职责而降低其工资、福利等待遇或者解除与其订立的劳动合同。

危险物品的生产、储存单位以及矿山、金属冶炼单位的安全生产管理人员的任免，应当告知主管的负有安全生产监督管理职责的部门。

第二十四条 生产经营单位的主要负责人和安全生产管理人员必须具备与本单位所从事的生产经营活动相应的安全生产知识和管理能力。

危险物品的生产、经营、储存单位以及矿山、金属冶炼、建筑施工、道路运输单位的主要负责人和安全生产管理人员，应当由主管的负有安全生产监督管理职责的部门对其安全生产知识和管理能力考核合格。考核不得收费。

危险物品的生产、储存单位以及矿山、金属冶炼单位应当有注册安全工程师从事安全生产管理工作。鼓励其他生产经营单位聘用注册安全工程师从事安全生产管理工作。注册安全工程师按专业分类管理，具体办法由国务院人力资源和社会保障部门、国务院安全生产监督管理部门会同国务院有关部门制定。

第二十五条 生产经营单位应当对从业人员进行安全生产教育和培训，保证从业人员具备必要的安全生产知识，熟悉有关的安全生产规章制度和安全操作规程，掌握本岗位的安全操作技能，了解事故应急处理措施，知悉自身在安全生产方面的权利和义务。未经安全生产教育和培训合格的从业人员，不得上岗作业。

生产经营单位使用被派遣劳动者的，应当将被派遣劳动者纳入本单位从业人员统一管理，对被派遣劳动者进行岗位安全操作规程和安全操作技能的教育和培训。劳务派遣单位应当对被派遣劳动者进行必要的安全生产教育和培训。

生产经营单位接收中等职业学校、高等学校学生实习的，应当对实习学生进行相应的安全生产教育和培训，提供必要的劳动防护用品。学校应当协助生产经营单位对实习学生进行安全生产教育和培训。

生产经营单位应当建立安全生产教育和培训档案，如实记录安全生产教育和培训的时间、内容、参加人员以及考核结果等情况。

第二十六条　生产经营单位采用新工艺、新技术、新材料或者使用新设备,必须了解、掌握其安全技术特性,采取有效的安全防护措施,并对从业人员进行专门的安全生产教育和培训。

第二十七条　生产经营单位的特种作业人员必须按照国家有关规定经专门的安全作业培训,取得相应资格,方可上岗作业。

特种作业人员的范围由国务院安全生产监督管理部门会同国务院有关部门确定。

第二十八条　生产经营单位新建、改建、扩建工程项目(以下统称建设项目)的安全设施,必须与主体工程同时设计、同时施工、同时投入生产和使用。安全设施投资应当纳入建设项目概算。

第二十九条　矿山、金属冶炼建设项目和用于生产、储存、装卸危险物品的建设项目,应当按照国家有关规定进行安全评价。

第三十条　建设项目安全设施的设计人、设计单位应当对安全设施设计负责。

矿山、金属冶炼建设项目和用于生产、储存、装卸危险物品的建设项目的安全设施设计应当按照国家有关规定报经有关部门审查,审查部门及其负责审查的人员对审查结果负责。

第三十一条　矿山、金属冶炼建设项目和用于生产、储存、装卸危险物品的建设项目的施工单位必须按照批准的安全设施设计施工,并对安全设施的工程质量负责。

矿山、金属冶炼建设项目和用于生产、储存危险物品的建设项目竣工投入生产或者使用前,应当由建设单位负责组织对安全设施进行验收;验收合格后,方可投入生产和使用。安全生产监督管理部门应当加强对建设单位验收活动和验收结果的监督核查。

第三十二条　生产经营单位应当在有较大危险因素的生产经营场所和有关设施、设备上,设置明显的安全警示标志。

第三十三条　安全设备的设计、制造、安装、使用、检测、维修、改造和报废,应当符合国家标准或者行业标准。

生产经营单位必须对安全设备进行经常性维护、保养,并定期检测,保证正常运转。维护、保养、检测应当做好记录,并由有关人员签字。

第三十四条　生产经营单位使用的危险物品的容器、运输工具,以及涉及人身安全、危险性较大的海洋石油开采特种设备和矿山井下特种设备,必须按照国家有关规定,由专业生产单位生产,并经具有专业资质的检测、检验机构检测、检验合格,取得安全使用证或者安全标志,方可投入使用。检测、检验机构对检测、检验结果负责。

第三十五条　国家对严重危及生产安全的工艺、设备实行淘汰制度,具体目录由国务院安全生产监督管理部门会同国务院有关部门制定并公布。法律、行政法规对目录的制定另有规定的,适用其规定。

省、自治区、直辖市人民政府可以根据本地区实际情况制定并公布具体目录,对前款规定以外的危及生产安全的工艺、设备予以淘汰。

生产经营单位不得使用应当淘汰的危及生产安全的工艺、设备。

第三十六条 生产、经营、运输、储存、使用危险物品或者处置废弃危险物品的,由有关主管部门依照有关法律、法规的规定和国家标准或者行业标准审批并实施监督管理。

生产经营单位生产、经营、运输、储存、使用危险物品或者处置废弃危险物品,必须执行有关法律、法规和国家标准或者行业标准,建立专门的安全管理制度,采取可靠的安全措施,接受有关主管部门依法实施的监督管理。

第三十七条 生产经营单位对重大危险源应当登记建档,进行定期检测、评估、监控,并制定应急预案,告知从业人员和相关人员在紧急情况下应当采取的应急措施。

生产经营单位应当按照国家有关规定将本单位重大危险源及有关安全措施、应急措施报有关地方人民政府安全生产监督管理部门和有关部门备案。

第三十八条 生产经营单位应当建立健全生产安全事故隐患排查治理制度,采取技术、管理措施,及时发现并消除事故隐患。事故隐患排查治理情况应当如实记录,并向从业人员通报。

县级以上地方各级人民政府负有安全生产监督管理职责的部门应当建立健全重大事故隐患治理督办制度,督促生产经营单位消除重大事故隐患。

第三十九条 生产、经营、储存、使用危险物品的车间、商店、仓库不得与员工宿舍在同一座建筑物内,并应当与员工宿舍保持安全距离。

生产经营场所和员工宿舍应当设有符合紧急疏散要求、标志明显、保持畅通的出口。禁止锁闭、封堵生产经营场所或者员工宿舍的出口。

第四十条 生产经营单位进行爆破、吊装以及国务院安全生产监督管理部门会同国务院有关部门规定的其他危险作业,应当安排专门人员进行现场安全管理,确保操作规程的遵守和安全措施的落实。

第四十一条 生产经营单位应当教育和督促从业人员严格执行本单位的安全生产规章制度和安全操作规程;并向从业人员如实告知作业场所和工作岗位存在的危险因素、防范措施以及事故应急措施。

第四十二条 生产经营单位必须为从业人员提供符合国家标准或者行业标准的劳动防护用品,并监督、教育从业人员按照使用规则佩戴、使用。

第四十三条 生产经营单位的安全生产管理人员应当根据本单位的生产经营特点,对安全生产状况进行经常性检查;对检查中发现的安全问题,应当立即处理;不能处理的,应当及时报告本单位有关负责人,有关负责人应当及时处理。检查及处理情况应当如实记录在案。

生产经营单位的安全生产管理人员在检查中发现重大事故隐患,依照前款规定向本单位有关负责人报告,有关负责人不及时处理的,安全生产管理人员可以向主管的负有安全生产监督管理职责的部门报告,接到报告的部门应当依法及时处理。

第四十四条 生产经营单位应当安排用于配备劳动防护用品、进行安全生产培训的经费。

第四十五条 两个以上生产经营单位在同一作业区域内进行生产经营活动,可能危及对方生产安全的,应当签订安全生产管理协议,明确各自的安全生产管理职责和应当采取的安全措施,并指定专职安全生产管理人员进行安全检查与协调。

第四十六条 生产经营单位不得将生产经营项目、场所、设备发包或者出租给不具备安全生产条件或者相应资质的单位或者个人。

生产经营项目、场所发包或者出租给其他单位的,生产经营单位应当与承包单位、承租单位签订专门的安全生产管理协议,或者在承包合同、租赁合同中约定各自的安全生产管理职责;生产经营单位对承包单位、承租单位的安全生产工作统一协调、管理,定期进行安全检查,发现安全问题的,应当及时督促整改。

第四十七条 生产经营单位发生生产安全事故时,单位的主要负责人应当立即组织抢救,并不得在事故调查处理期间擅离职守。

第四十八条 生产经营单位必须依法参加工伤保险,为从业人员缴纳保险费。

国家鼓励生产经营单位投保安全生产责任保险。

第三章 从业人员的安全生产权利义务

第四十九条 生产经营单位与从业人员订立的劳动合同,应当载明有关保障从业人员劳动安全、防止职业危害的事项,以及依法为从业人员办理工伤保险的事项。

生产经营单位不得以任何形式与从业人员订立协议,免除或者减轻其对从业人员因生产安全事故伤亡依法应承担的责任。

第五十条 生产经营单位的从业人员有权了解其作业场所和工作岗位存在的危险因素、防范措施及事故应急措施,有权对本单位的安全生产工作提出建议。

第五十一条 从业人员有权对本单位安全生产工作中存在的问题提出批评、检举、控告;有权拒绝违章指挥和强令冒险作业。

生产经营单位不得因从业人员对本单位安全生产工作提出批评、检举、控告或者拒绝违章指挥、强令冒险作业而降低其工资、福利等待遇或者解除与其订立的劳动合同。

第五十二条 从业人员发现直接危及人身安全的紧急情况时,有权停止作业或者在采取可能的应急措施后撤离作业场所。

生产经营单位不得因从业人员在前款紧急情况下停止作业或者采取紧急撤离措施而降低其工资、福利等待遇或者解除与其订立的劳动合同。

第五十三条 因生产安全事故受到损害的从业人员,除依法享有工伤保险外,依照有关民事法律尚有获得赔偿的权利的,有权向本单位提出赔偿要求。

第五十四条 从业人员在作业过程中,应当严格遵守本单位的安全生产规章制度和操作规程,服从管理,正确佩戴和使用劳动防护用品。

第五十五条 从业人员应当接受安全生产教育和培训,掌握本职工作所需的安全生产知识,提高安全生产技能,增强事故预防和应急处理能力。

第五十六条 从业人员发现事故隐患或者其他不安全因素,应当立即向现场安全生产管理人员或者本单位负责人报告;接到报告的人员应当及时予以处理。

第五十七条 工会有权对建设项目的安全设施与主体工程同时设计、同时施工、同时投入生产和使用进行监督,提出意见。

工会对生产经营单位违反安全生产法律、法规,侵犯从业人员合法权益的行为,有权要求纠正;发现生产经营单位违章指挥、强令冒险作业或者发现事故隐患时,有权提出解决的建议,生产经营单位应当及时研究答复;发现危及从业人员生命安全的情况时,有权向生产经营单位建议组织从业人员撤离危险场所,生产经营单位必须立即作出处理。

工会有权依法参加事故调查,向有关部门提出处理意见,并要求追究有关人员的责任。

第五十八条 生产经营单位使用被派遣劳动者的,被派遣劳动者享有本法规定的从业人员的权利,并应当履行本法规定的从业人员的义务。

第四章　安全生产的监督管理

第五十九条 县级以上地方各级人民政府应当根据本行政区域内的安全生产状况,组织有关部门按照职责分工,对本行政区域内容易发生重大生产安全事故的生产经营单位进行严格检查。

安全生产监督管理部门应当按照分类分级监督管理的要求,制定安全生产年度监督检查计划,并按照年度监督检查计划进行监督检查,发现事故隐患,应当及时处理。

第六十条 负有安全生产监督管理职责的部门依照有关法律、法规的规定,对涉及安全生产的事项需要审查批准(包括批准、核准、许可、注册、认证、颁发证照等,下同)或者验收的,必须严格依照有关法律、法规和国家标准或者行业标准规定的安全生产条件和程序进行审查;不符合有关法律、法规和国家标准或者行业标准规定的安全生产条件的,不得批准或者验收通过。对未依法取得批准或者验收合格的单位擅自从事有关活动的,负责行政审批的部门发现或者接到举报后应当立即予以取缔,并依法予以处理。对已经依法取得批准的单位,负责行政审批的部门发现其不再具备安全生产条件的,应当撤销原批准。

第六十一条 负有安全生产监督管理职责的部门对涉及安全生产的事项进行审

查、验收，不得收取费用；不得要求接受审查、验收的单位购买其指定品牌或者指定生产、销售单位的安全设备、器材或者其他产品。

第六十二条　安全生产监督管理部门和其他负有安全生产监督管理职责的部门依法开展安全生产行政执法工作，对生产经营单位执行有关安全生产的法律、法规和国家标准或者行业标准的情况进行监督检查，行使以下职权：

（一）进入生产经营单位进行检查，调阅有关资料，向有关单位和人员了解情况；

（二）对检查中发现的安全生产违法行为，当场予以纠正或者要求限期改正；对依法应当给予行政处罚的行为，依照本法和其他有关法律、行政法规的规定作出行政处罚决定；

（三）对检查中发现的事故隐患，应当责令立即排除；重大事故隐患排除前或者排除过程中无法保证安全的，应当责令从危险区域内撤出作业人员，责令暂时停产停业或者停止使用相关设施、设备；重大事故隐患排除后，经审查同意，方可恢复生产经营和使用；

（四）对有根据认为不符合保障安全生产的国家标准或者行业标准的设施、设备、器材以及违法生产、储存、使用、经营、运输的危险物品予以查封或者扣押，对违法生产、储存、使用、经营危险物品的作业场所予以查封，并依法作出处理决定。

监督检查不得影响被检查单位的正常生产经营活动。

第六十三条　生产经营单位对负有安全生产监督管理职责的部门的监督检查人员（以下统称安全生产监督检查人员）依法履行监督检查职责，应当予以配合，不得拒绝、阻挠。

第六十四条　安全生产监督检查人员应当忠于职守，坚持原则，秉公执法。

安全生产监督检查人员执行监督检查任务时，必须出示有效的监督执法证件；对涉及被检查单位的技术秘密和业务秘密，应当为其保密。

第六十五条　安全生产监督检查人员应当将检查的时间、地点、内容、发现的问题及其处理情况，作出书面记录，并由检查人员和被检查单位的负责人签字；被检查单位的负责人拒绝签字的，检查人员应当将情况记录在案，并向负有安全生产监督管理职责的部门报告。

第六十六条　负有安全生产监督管理职责的部门在监督检查中，应当互相配合，实行联合检查；确需分别进行检查的，应当互通情况，发现存在的安全问题应当由其他有关部门进行处理的，应当及时移送其他有关部门并形成记录备查，接受移送的部门应当及时进行处理。

第六十七条　负有安全生产监督管理职责的部门依法对存在重大事故隐患的生产经营单位作出停产停业、停止施工、停止使用相关设施或者设备的决定，生产经营单位应当依法执行，及时消除事故隐患。生产经营单位拒不执行，有发生生产安全事故的现实危险的，在保证安全的前提下，经本部门主要负责人批准，负有安全生产监督管理职责的部门可以采取通知有关单位停止供电、停止供应民用爆炸物品等措施,强制生产经营单位履行决定。通知应当采用书面形式,有关单位应当予以配合。

负有安全生产监督管理职责的部门依照前款规定采取停止供电措施,除有危及生产安全的紧急情形外,应当提前二十四小时通知生产经营单位。生产经营单位依法履行行政决定、采取相应措施消除事故隐患的,负有安全生产监督管理职责的部门应当及时解除前款规定的措施。

第六十八条 监察机关依照行政监察法的规定,对负有安全生产监督管理职责的部门及其工作人员履行安全生产监督管理职责实施监察。

第六十九条 承担安全评价、认证、检测、检验的机构应当具备国家规定的资质条件,并对其作出的安全评价、认证、检测、检验的结果负责。

第七十条 负有安全生产监督管理职责的部门应当建立举报制度,公开举报电话、信箱或者电子邮件地址,受理有关安全生产的举报;受理的举报事项经调查核实后,应当形成书面材料;需要落实整改措施的,报经有关负责人签字并督促落实。

第七十一条 任何单位或者个人对事故隐患或者安全生产违法行为,均有权向负有安全生产监督管理职责的部门报告或者举报。

第七十二条 居民委员会、村民委员会发现其所在区域内的生产经营单位存在事故隐患或者安全生产违法行为时,应当向当地人民政府或者有关部门报告。

第七十三条 县级以上各级人民政府及其有关部门对报告重大事故隐患或者举报安全生产违法行为的有功人员,给予奖励。具体奖励办法由国务院安全生产监督管理部门会同国务院财政部门制定。

第七十四条 新闻、出版、广播、电影、电视等单位有进行安全生产公益宣传教育的义务,有对违反安全生产法律、法规的行为进行舆论监督的权利。

第七十五条 负有安全生产监督管理职责的部门应当建立安全生产违法行为信息库,如实记录生产经营单位的安全生产违法行为信息;对违法行为情节严重的生产经营单位,应当向社会公告,并通报行业主管部门、投资主管部门、国土资源主管部门、证券监督管理机构以及有关金融机构。

第五章　生产安全事故的应急救援与调查处理

第七十六条 国家加强生产安全事故应急能力建设,在重点行业、领域建立应急救援基地和应急救援队伍,鼓励生产经营单位和其他社会力量建立应急救援队伍,配备相应的应急救援装备和物资,提高应急救援的专业化水平。

国务院安全生产监督管理部门建立全国统一的生产安全事故应急救援信息系统,国务院有关部门建立健全相关行业、领域的生产安全事故应急救援信息系统。

第七十七条 县级以上地方各级人民政府应当组织有关部门制定本行政区域内

生产安全事故应急救援预案,建立应急救援体系。

第七十八条　生产经营单位应当制定本单位生产安全事故应急救援预案,与所在地县级以上地方人民政府组织制定的生产安全事故应急救援预案相衔接,并定期组织演练。

第七十九条　危险物品的生产、经营、储存单位以及矿山、金属冶炼、城市轨道交通运营、建筑施工单位应当建立应急救援组织;生产经营规模较小的,可以不建立应急救援组织,但应当指定兼职的应急救援人员。

危险物品的生产、经营、储存、运输单位以及矿山、金属冶炼、城市轨道交通运营、建筑施工单位应当配备必要的应急救援器材、设备和物资,并进行经常性维护、保养,保证正常运转。

第八十条　生产经营单位发生生产安全事故后,事故现场有关人员应当立即报告本单位负责人。

单位负责人接到事故报告后,应当迅速采取有效措施,组织抢救,防止事故扩大,减少人员伤亡和财产损失,并按照国家有关规定立即如实报告当地负有安全生产监督管理职责的部门,不得隐瞒不报、谎报或者迟报,不得故意破坏事故现场、毁灭有关证据。

第八十一条　负有安全生产监督管理职责的部门接到事故报告后,应当立即按照国家有关规定上报事故情况。负有安全生产监督管理职责的部门和有关地方人民政府对事故情况不得隐瞒不报、谎报或者迟报。

第八十二条　有关地方人民政府和负有安全生产监督管理职责的部门的负责人接到生产安全事故报告后,应当按照生产安全事故应急救援预案的要求立即赶到事故现场,组织事故抢救。

参与事故抢救的部门和单位应当服从统一指挥,加强协同联动,采取有效的应急救援措施,并根据事故救援的需要采取警戒、疏散等措施,防止事故扩大和次生灾害的发生,减少人员伤亡和财产损失。

事故抢救过程中应当采取必要措施,避免或者减少对环境造成的危害。

任何单位和个人都应当支持、配合事故抢救,并提供一切便利条件。

第八十三条　事故调查处理应当按照科学严谨、依法依规、实事求是、注重实效的原则,及时、准确地查清事故原因,查明事故性质和责任,总结事故教训,提出整改措施,并对事故责任者提出处理意见。事故调查报告应当依法及时向社会公布。事故调查和处理的具体办法由国务院制定。

事故发生单位应当及时全面落实整改措施,负有安全生产监督管理职责的部门应当加强监督检查。

第八十四条　生产经营单位发生生产安全事故,经调查确定为责任事故的,除了应当查明事故单位的责任并依法予以追究外,还应当查明对安全生产的有关事项负有审查批准和监督职责的行政部门的责任,对有失职、渎职行为的,依照本法第八十七条的规定追究法律责任。

第八十五条 任何单位和个人不得阻挠和干涉对事故的依法调查处理。

第八十六条 县级以上地方各级人民政府安全生产监督管理部门应当定期统计分析本行政区域内发生生产安全事故的情况,并定期向社会公布。

第六章 法律责任

第八十七条 负有安全生产监督管理职责的部门的工作人员,有下列行为之一的,给予降级或者撤职的处分;构成犯罪的,依照刑法有关规定追究刑事责任:

(一)对不符合法定安全生产条件的涉及安全生产的事项予以批准或者验收通过的;

(二)发现未依法取得批准、验收的单位擅自从事有关活动或者接到举报后不予取缔或者不依法予以处理的;

(三)对已经依法取得批准的单位不履行监督管理职责,发现其不再具备安全生产条件而不撤销原批准或者发现安全生产违法行为不予查处的;

(四)在监督检查中发现重大事故隐患,不依法及时处理的。

负有安全生产监督管理职责的部门的工作人员有前款规定以外的滥用职权、玩忽职守、徇私舞弊行为的,依法给予处分;构成犯罪的,依照刑法有关规定追究刑事责任。

第八十八条 负有安全生产监督管理职责的部门,要求被审查、验收的单位购买其指定的安全设备、器材或者其他产品的,在对安全生产事项的审查、验收中收取费用的,由其上级机关或者监察机关责令改正,责令退还收取的费用;情节严重的,对直接负责的主管人员和其他直接责任人员依法给予处分。

第八十九条 承担安全评价、认证、检测、检验工作的机构,出具虚假证明的,没收违法所得;违法所得在十万元以上的,并处违法所得二倍以上五倍以下的罚款;没有违法所得或者违法所得不足十万元的,单处或者并处十万元以上二十万元以下的罚款;对其直接负责的主管人员和其他直接责任人员处二万元以上五万元以下的罚款;给他人造成损害的,与生产经营单位承担连带赔偿责任;构成犯罪的,依照刑法有关规定追究刑事责任。

对有前款违法行为的机构,吊销其相应资质。

第九十条 生产经营单位的决策机构、主要负责人或者个人经营的投资人不依照本法规定保证安全生产所必需的资金投入,致使生产经营单位不具备安全生产条件的,责令限期改正,提供必需的资金;逾期未改正的,责令生产经营单位停产停业整顿。

有前款违法行为,导致发生生产安全事故的,对生产经营单位的主要负责人给予撤职处分,对个人经营的投资人处二万元以上二十万元以下的罚款;构成犯罪的,依照刑法有关规定追究刑事责任。

第九十一条 生产经营单位的主要负责人未履行本法规定的安全生产管理职责的,责令限期改正;逾期未改正的,处二万元以上五万元以下的罚款,责令生产经营单位停产停业整顿。

生产经营单位的主要负责人有前款违法行为,导致发生生产安全事故的,给予撤职处分;构成犯罪的,依照刑法有关规定追究刑事责任。

生产经营单位的主要负责人依照前款规定受刑事处罚或者撤职处分的,自刑罚执行完毕或者受处分之日起,五年内不得担任任何生产经营单位的主要负责人;对重大、特别重大生产安全事故负有责任的,终身不得担任本行业生产经营单位的主要负责人。

第九十二条 生产经营单位的主要负责人未履行本法规定的安全生产管理职责,导致发生生产安全事故的,由安全生产监督管理部门依照下列规定处以罚款:

(一)发生一般事故的,处上一年年收入百分之三十的罚款;

(二)发生较大事故的,处上一年年收入百分之四十的罚款;

(三)发生重大事故的,处上一年年收入百分之六十的罚款;

(四)发生特别重大事故的,处上一年年收入百分之八十的罚款。

第九十三条 生产经营单位的安全生产管理人员未履行本法规定的安全生产管理职责的,责令限期改正;导致发生生产安全事故的,暂停或者撤销其与安全生产有关的资格;构成犯罪的,依照刑法有关规定追究刑事责任。

第九十四条 生产经营单位有下列行为之一的,责令限期改正,可以处五万元以下的罚款;逾期未改正的,责令停产停业整顿,并处五万元以上十万元以下的罚款,对其直接负责的主管人员和其他直接责任人员处一万元以上二万元以下的罚款:

(一)未按照规定设置安全生产管理机构或者配备安全生产管理人员的;

(二)危险物品的生产、经营、储存单位以及矿山、金属冶炼、建筑施工、道路运输单位的主要负责人和安全生产管理人员未按照规定经考核合格的;

(三)未按照规定对从业人员、被派遣劳动者、实习学生进行安全生产教育和培训,或者未按照规定如实告知有关的安全生产事项的;

(四)未如实记录安全生产教育和培训情况的;

(五)未将事故隐患排查治理情况如实记录或者未向从业人员通报的;

(六)未按照规定制定生产安全事故应急救援预案或者未定期组织演练的;

(七)特种作业人员未按照规定经专门的安全作业培训并取得相应资格,上岗作业的。

第九十五条 生产经营单位有下列行为之一的,责令停止建设或者停产停业整顿,限期改正;逾期未改正的,处五十万元以上一百万元以下的罚款,对其直接负责的主管人员和其他直接责任人员处二万元以上五万元以下的罚款;构成犯罪的,依照刑法有关规定追究刑事责任：

（一）未按照规定对矿山、金属冶炼建设项目或者用于生产、储存、装卸危险物品的建设项目进行安全评价的；

（二）矿山、金属冶炼建设项目或者用于生产、储存、装卸危险物品的建设项目没有安全设施设计或者安全设施设计未按照规定报经有关部门审查同意的；

（三）矿山、金属冶炼建设项目或者用于生产、储存、装卸危险物品的建设项目的施工单位未按照批准的安全设施设计施工的；

（四）矿山、金属冶炼建设项目或者用于生产、储存危险物品的建设项目竣工投入生产或者使用前，安全设施未经验收合格的。

第九十六条 生产经营单位有下列行为之一的，责令限期改正，可以处五万元以下的罚款；逾期未改正的，处五万元以上二十万元以下的罚款，对其直接负责的主管人员和其他直接责任人员处一万元以上二万元以下的罚款；情节严重的，责令停产停业整顿；构成犯罪的，依照刑法有关规定追究刑事责任：

（一）未在有较大危险因素的生产经营场所和有关设施、设备上设置明显的安全警示标志的；

（二）安全设备的安装、使用、检测、改造和报废不符合国家标准或者行业标准的；

（三）未对安全设备进行经常性维护、保养和定期检测的；

（四）未为从业人员提供符合国家标准或者行业标准的劳动防护用品的；

（五）危险物品的容器、运输工具，以及涉及人身安全、危险性较大的海洋石油开采特种设备和矿山井下特种设备未经具有专业资质的机构检测、检验合格，取得安全使用证或者安全标志，投入使用的；

（六）使用应当淘汰的危及生产安全的工艺、设备的。

第九十七条 未经依法批准，擅自生产、经营、运输、储存、使用危险物品或者处置废弃危险物品的，依照有关危险物品安全管理的法律、行政法规的规定予以处罚；构成犯罪的，依照刑法有关规定追究刑事责任。

第九十八条 生产经营单位有下列行为之一的，责令限期改正，可以处十万元以下的罚款；逾期未改正的，责令停产停业整顿，并处十万元以上二十万元以下的罚款，对其直接负责的主管人员和其他直接责任人员处二万元以上五万元以下的罚款；构成犯罪的，依照刑法有关规定追究刑事责任：

（一）生产、经营、运输、储存、使用危险物品或者处置废弃危险物品，未建立专门安全管理制度、未采取可靠的安全措施的；

（二）对重大危险源未登记建档，或者未进行评估、监控，或者未制定应急预案的；

（三）进行爆破、吊装以及国务院安全生产监督管理部门会同国务院有关部门规定的其他危险作业，未安排专门人员进行现场安全管理的；

（四）未建立事故隐患排查治理制度的。

第九十九条 生产经营单位未采取措施消除事故隐患的,责令立即消除或者限期消除;生产经营单位拒不执行的,责令停产停业整顿,并处十万元以上五十万元以下的罚款,对其直接负责的主管人员和其他直接责任人员处二万元以上五万元以下的罚款。

第一百条 生产经营单位将生产经营项目、场所、设备发包或者出租给不具备安全生产条件或者相应资质的单位或者个人的,责令限期改正,没收违法所得;违法所得十万元以上的,并处违法所得二倍以上五倍以下的罚款;没有违法所得或者违法所得不足十万元的,单处或者并处十万元以上二十万元以下的罚款;对其直接负责的主管人员和其他直接责任人员处一万元以上二万元以下的罚款;导致发生生产安全事故给他人造成损害的,与承包方、承租方承担连带赔偿责任。

生产经营单位未与承包单位、承租单位签订专门的安全生产管理协议或者未在承包合同、租赁合同中明确各自的安全生产管理职责,或者未对承包单位、承租单位的安全生产统一协调、管理的,责令限期改正,可以处五万元以下的罚款,对其直接负责的主管人员和其他直接责任人员可以处一万元以下的罚款;逾期未改正的,责令停产停业整顿。

第一百零一条 两个以上生产经营单位在同一作业区域内进行可能危及对方安全生产的生产经营活动,未签订安全生产管理协议或者未指定专职安全生产管理人员进行安全检查与协调的,责令限期改正,可以处五万元以下的罚款,对其直接负责的主管人员和其他直接责任人员可以处一万元以下的罚款;逾期未改正的,责令停产停业。

第一百零二条 生产经营单位有下列行为之一的,责令限期改正,可以处五万元以下的罚款,对其直接负责的主管人员和其他直接责任人员可以处一万元以下的罚款;逾期未改正的,责令停产停业整顿;构成犯罪的,依照刑法有关规定追究刑事责任:

(一)生产、经营、储存、使用危险物品的车间、商店、仓库与员工宿舍在同一座建筑内,或者与员工宿舍的距离不符合安全要求的;

(二)生产经营场所和员工宿舍未设有符合紧急疏散需要、标志明显、保持畅通的出口,或者锁闭、封堵生产经营场所或者员工宿舍出口的。

第一百零三条 生产经营单位与从业人员订立协议,免除或者减轻其对从业人员因生产安全事故伤亡依法应承担的责任的,该协议无效;对生产经营单位的主要负责人、个人经营的投资人处二万元以上十万元以下的罚款。

第一百零四条 生产经营单位的从业人员不服从管理,违反安全生产规章制度或者操作规程的,由生产经营单位给予批评教育,依照有关规章制度给予处分;构成犯罪的,依照刑法有关规定追究刑事责任。

第一百零五条 违反本法规定,生产经营单位拒绝、阻碍负有安全生产监督管理职责的部门依法实施监督检查的,责令改正;拒不改正的,处二万元以上二十万元以下的罚款;对其直接负责的主管人员和其他直接责任人员处一万元以上二万元以下的罚款;构成犯罪的,依照刑法有关规定追究刑事责任。

第一百零六条 生产经营单位的主要负责人在本单位发生生产安全事故时,不立即组织抢救或者在事故调查处理期间擅离职守或者逃匿的,给予降级、撤职的处分,并由安全生产监督管理部门处上一年年收入百分之六十至百分之一百的罚款;对逃匿的处十五日以下拘留;构成犯罪的,依照刑法有关规定追究刑事责任。

生产经营单位的主要负责人对生产安全事故隐瞒不报、谎报或者迟报的,依照前款规定处罚。

第一百零七条 有关地方人民政府、负有安全生产监督管理职责的部门,对生产安全事故隐瞒不报、谎报或者迟报的,对直接负责的主管人员和其他直接责任人员依法给予处分;构成犯罪的,依照刑法有关规定追究刑事责任。

第一百零八条 生产经营单位不具备本法和其他有关法律、行政法规和国家标准或者行业标准规定的安全生产条件,经停产停业整顿仍不具备安全生产条件的,予以关闭;有关部门应当依法吊销其有关证照。

第一百零九条 发生生产安全事故,对负有责任的生产经营单位除要求其依法承担相应的赔偿等责任外,由安全生产监督管理部门依照下列规定处以罚款:

(一)发生一般事故的,处二十万元以上五十万元以下的罚款;

(二)发生较大事故的,处五十万元以上一百万元以下的罚款;

(三)发生重大事故的,处一百万元以上五百万元以下的罚款;

(四)发生特别重大事故的,处五百万元以上一千万元以下的罚款;情节特别严重的,处一千万元以上二千万元以下的罚款。

第一百一十条 本法规定的行政处罚,由安全生产监督管理部门和其他负有安全生产监督管理职责的部门按照职责分工决定。予以关闭的行政处罚由负有安全生产监督管理职责的部门报请县级以上人民政府按照国务院规定的权限决定;给予拘留的行政处罚由公安机关依照治安管理处罚法的规定决定。

第一百一十一条 生产经营单位发生生产安全事故造成人员伤亡、他人财产损失的,应当依法承担赔偿责任;拒不承担或者其负责人逃匿的,由人民法院依法强制执行。

生产安全事故的责任人未依法承担赔偿责任,经人民法院依法采取执行措施后,仍不能对受害人给予足额赔偿的,应当继续履行赔偿义务;受害人发现责任人有其他财产的,可以随时请求人民法院执行。

第七章　附　则

第一百一十二条 本法下列用语的含义:

危险物品,是指易燃易爆物品、危险化学品、放射性物品等能够危及人身安全和财产安全的物品。

重大危险源,是指长期地或者临时地生产、搬运、使用或者储存危险物品,且危险物品的数量等于或者超过临界量的单元(包括场所和设施)。

第一百一十三条 本法规定的生产安全一般事故、较大事故、重大事故、特别重大事故的划分标准由国务院规定。

国务院安全生产监督管理部门和其他负有安全生产监督管理职责的部门应当根据各自的职责分工,制定相关行业、领域重大事故隐患的判定标准。

第一百一十四条 本法自 2002 年 11 月 1 日起施行。

中华人民共和国职业病防治法

发文机关：全国人大常委会　　　　　　文号：主席令第 81 号

发文日期：2017 年 11 月 4 日　　　　　生效日期：2017 年 11 月 5 日

第一章　总　则

第一条　为了预防、控制和消除职业病危害，防治职业病，保护劳动者健康及其相关权益，促进经济社会发展，根据宪法，制定本法。

第二条　本法适用于中华人民共和国领域内的职业病防治活动。

本法所称职业病，是指企业、事业单位和个体经济组织等用人单位的劳动者在职业活动中，因接触粉尘、放射性物质和其他有毒、有害因素而引起的疾病。

职业病的分类和目录由国务院卫生行政部门会同国务院安全生产监督管理部门、劳动保障行政部门制定、调整并公布。

第三条　职业病防治工作坚持预防为主、防治结合的方针，建立用人单位负责、行政机关监管、行业自律、职工参与和社会监督的机制，实行分类管理、综合治理。

第四条　劳动者依法享有职业卫生保护的权利。

用人单位应当为劳动者创造符合国家职业卫生标准和卫生要求的工作环境和条件，并采取措施保障劳动者获得职业卫生保护。

工会组织依法对职业病防治工作进行监督，维护劳动者的合法权益。用人单位制定或者修改有关职业病防治的规章制度，应当听取工会组织的意见。

第五条　用人单位应当建立、健全职业病防治责任制，加强对职业病防治的管理，提高职业病防治水平，对本单位产生的职业病危害承担责任。

第六条　用人单位的主要负责人对本单位的职业病防治工作全面负责。

第七条　用人单位必须依法参加工伤保险。

国务院和县级以上地方人民政府劳动保障行政部门应当加强对工伤保险的监督管理，确保劳动者依法享受工伤保险待遇。

第八条　国家鼓励和支持研制、开发、推广、应用有利于职业病防治和保护劳动者健康的新技术、新工艺、新设备、新材料，加强对职业病的机理和发生规律的基础研究，提高职业病防治科学技术水平；积极采用有效的职业病防治技术、工艺、设备、材料；限制使用或者淘汰职业病危害严重的技术、工艺、设备、材料。

国家鼓励和支持职业病医疗康复机构的建设。

第九条 国家实行职业卫生监督制度。

国务院安全生产监督管理部门、卫生行政部门、劳动保障行政部门依照本法和国务院确定的职责,负责全国职业病防治的监督管理工作。国务院有关部门在各自的职责范围内负责职业病防治的有关监督管理工作。

县级以上地方人民政府安全生产监督管理部门、卫生行政部门、劳动保障行政部门依据各自职责,负责本行政区域内职业病防治的监督管理工作。县级以上地方人民政府有关部门在各自的职责范围内负责职业病防治的有关监督管理工作。

县级以上人民政府安全生产监督管理部门、卫生行政部门、劳动保障行政部门(以下统称职业卫生监督管理部门)应当加强沟通,密切配合,按照各自职责分工,依法行使职权,承担责任。

第十条 国务院和县级以上地方人民政府应当制定职业病防治规划,将其纳入国民经济和社会发展计划,并组织实施。

县级以上地方人民政府统一负责、领导、组织、协调本行政区域的职业病防治工作,建立健全职业病防治工作体制、机制,统一领导、指挥职业卫生突发事件应对工作;加强职业病防治能力建设和服务体系建设,完善、落实职业病防治工作责任制。

乡、民族乡、镇的人民政府应当认真执行本法,支持职业卫生监督管理部门依法履行职责。

第十一条 县级以上人民政府职业卫生监督管理部门应当加强对职业病防治的宣传教育,普及职业病防治的知识,增强用人单位的职业病防治观念,提高劳动者的职业健康意识、自我保护意识和行使职业卫生保护权利的能力。

第十二条 有关防治职业病的国家职业卫生标准,由国务院卫生行政部门组织制定并公布。

国务院卫生行政部门应当组织开展重点职业病监测和专项调查,对职业健康风险进行评估,为制定职业卫生标准和职业病防治政策提供科学依据。

县级以上地方人民政府卫生行政部门应当定期对本行政区域的职业病防治情况进行统计和调查分析。

第十三条 任何单位和个人有权对违反本法的行为进行检举和控告。有关部门收到相关的检举和控告后,应当及时处理。

对防治职业病成绩显著的单位和个人,给予奖励。

第二章　前期预防

第十四条 用人单位应当依照法律、法规要求,严格遵守国家职业卫生标准,落实职业病预防措施,从源头上控制和消除职业病危害。

第十五条 产生职业病危害的用人单位的设立除应当符合法律、行政法规规定的

设立条件外,其工作场所还应当符合下列职业卫生要求:

(一)职业病危害因素的强度或者浓度符合国家职业卫生标准;

(二)有与职业病危害防护相适应的设施;

(三)生产布局合理,符合有害与无害作业分开的原则;

(四)有配套的更衣间、洗浴间、孕妇休息间等卫生设施;

(五)设备、工具、用具等设施符合保护劳动者生理、心理健康的要求;

(六)法律、行政法规和国务院卫生行政部门、安全生产监督管理部门关于保护劳动者健康的其他要求。

第十六条 国家建立职业病危害项目申报制度。

用人单位工作场所存在职业病目录所列职业病的危害因素的,应当及时、如实向所在地安全生产监督管理部门申报危害项目,接受监督。

职业病危害因素分类目录由国务院卫生行政部门会同国务院安全生产监督管理部门制定、调整并公布。职业病危害项目申报的具体办法由国务院安全生产监督管理部门制定。

第十七条 新建、扩建、改建建设项目和技术改造、技术引进项目(以下统称建设项目)可能产生职业病危害的,建设单位在可行性论证阶段应当进行职业病危害预评价。

医疗机构建设项目可能产生放射性职业病危害的,建设单位应当向卫生行政部门提交放射性职业病危害预评价报告。卫生行政部门应当自收到预评价报告之日起三十日内,作出审核决定并书面通知建设单位。未提交预评价报告或者预评价报告未经卫生行政部门审核同意的,不得开工建设。

职业病危害预评价报告应当对建设项目可能产生的职业病危害因素及其对工作场所和劳动者健康的影响作出评价,确定危害类别和职业病防护措施。

建设项目职业病危害分类管理办法由国务院安全生产监督管理部门制定。

第十八条 建设项目的职业病防护设施所需费用应当纳入建设项目工程预算,并与主体工程同时设计,同时施工,同时投入生产和使用。

建设项目的职业病防护设施设计应当符合国家职业卫生标准和卫生要求;其中,医疗机构放射性职业病危害严重的建设项目的防护设施设计,应当经卫生行政部门审查同意后,方可施工。

建设项目在竣工验收前,建设单位应当进行职业病危害控制效果评价。

医疗机构可能产生放射性职业病危害的建设项目竣工验收时,其放射性职业病防护设施经卫生行政部门验收合格后,方可投入使用;其他建设项目的职业病防护设施应当由建设单位负责依法组织验收,验收合格后,方可投入生产和使用。安全生产监督管理部门应当加强对建设单位组织的验收活动和验收结果的监督核查。

第十九条 国家对从事放射性、高毒、高危粉尘等作业实行特殊管理。具体管理办法由国务院制定。

第三章　劳动过程中的防护与管理

第二十条　用人单位应当采取下列职业病防治管理措施：

（一）设置或者指定职业卫生管理机构或者组织，配备专职或者兼职的职业卫生管理人员，负责本单位的职业病防治工作；

（二）制定职业病防治计划和实施方案；

（三）建立、健全职业卫生管理制度和操作规程；

（四）建立、健全职业卫生档案和劳动者健康监护档案；

（五）建立、健全工作场所职业病危害因素监测及评价制度；

（六）建立、健全职业病危害事故应急救援预案。

第二十一条　用人单位应当保障职业病防治所需的资金投入，不得挤占、挪用，并对因资金投入不足导致的后果承担责任。

第二十二条　用人单位必须采用有效的职业病防护设施，并为劳动者提供个人使用的职业病防护用品。

用人单位为劳动者个人提供的职业病防护用品必须符合防治职业病的要求；不符合要求的，不得使用。

第二十三条　用人单位应当优先采用有利于防治职业病和保护劳动者健康的新技术、新工艺、新设备、新材料，逐步替代职业病危害严重的技术、工艺、设备、材料。

第二十四条　产生职业病危害的用人单位，应当在醒目位置设置公告栏，公布有关职业病防治的规章制度、操作规程、职业病危害事故应急救援措施和工作场所职业病危害因素检测结果。

对产生严重职业病危害的作业岗位，应当在其醒目位置，设置警示标识和中文警示说明。警示说明应当载明产生职业病危害的种类、后果、预防以及应急救治措施等内容。

第二十五条　对可能发生急性职业损伤的有毒、有害工作场所，用人单位应当设置报警装置，配置现场急救用品、冲洗设备、应急撤离通道和必要的泄险区。

对放射工作场所和放射性同位素的运输、贮存，用人单位必须配置防护设备和报警装置，保证接触放射线的工作人员佩戴个人剂量计。

对职业病防护设备、应急救援设施和个人使用的职业病防护用品，用人单位应当进行经常性的维护、检修，定期检测其性能和效果，确保其处于正常状态，不得擅自拆除或者停止使用。

第二十六条　用人单位应当实施由专人负责的职业病危害因素日常监测，并确保监测系统处于正常运行状态。

　　用人单位应当按照国务院安全生产监督管理部门的规定,定期对工作场所进行职业病危害因素检测、评价。检测、评价结果存入用人单位职业卫生档案,定期向所在地安全生产监督管理部门报告并向劳动者公布。

　　职业病危害因素检测、评价由依法设立的取得国务院安全生产监督管理部门或者设区的市级以上地方人民政府安全生产监督管理部门按照职责分工给予资质认可的职业卫生技术服务机构进行。职业卫生技术服务机构所作检测、评价应当客观、真实。

　　发现工作场所职业病危害因素不符合国家职业卫生标准和卫生要求时,用人单位应当立即采取相应治理措施,仍然达不到国家职业卫生标准和卫生要求的,必须停止存在职业病危害因素的作业;职业病危害因素经治理后,符合国家职业卫生标准和卫生要求的,方可重新作业。

　　第二十七条　职业卫生技术服务机构依法从事职业病危害因素检测、评价工作,接受安全生产监督管理部门的监督检查。安全生产监督管理部门应当依法履行监督职责。

　　第二十八条　向用人单位提供可能产生职业病危害的设备的,应当提供中文说明书,并在设备的醒目位置设置警示标识和中文警示说明。警示说明应当载明设备性能、可能产生的职业病危害、安全操作和维护注意事项、职业病防护以及应急救治措施等内容。

　　第二十九条　向用人单位提供可能产生职业病危害的化学品、放射性同位素和含有放射性物质的材料的,应当提供中文说明书。说明书应当载明产品特性、主要成分、存在的有害因素、可能产生的危害后果、安全使用注意事项、职业病防护以及应急救治措施等内容。产品包装应当有醒目的警示标识和中文警示说明。贮存上述材料的场所应当在规定的部位设置危险物品标识或者放射性警示标识。

　　国内首次使用或者首次进口与职业病危害有关的化学材料,使用单位或者进口单位按照国家规定经国务院有关部门批准后,应当向国务院卫生行政部门、安全生产监督管理部门报送该化学材料的毒性鉴定以及经有关部门登记注册或者批准进口的文件等资料。

　　进口放射性同位素、射线装置和含有放射性物质的物品的,按照国家有关规定办理。

　　第三十条　任何单位和个人不得生产、经营、进口和使用国家明令禁止使用的可能产生职业病危害的设备或者材料。

　　第三十一条　任何单位和个人不得将产生职业病危害的作业转移给不具备职业病防护条件的单位和个人。不具备职业病防护条件的单位和个人不得接受产生职业病危害的作业。

　　第三十二条　用人单位对采用的技术、工艺、设备、材料,应当知悉其产生的职业病危害,对有职业病危害的技术、工艺、设备、材料隐瞒其危害而采用的,对所造成的职业病危害后果承担责任。

第三十三条　用人单位与劳动者订立劳动合同(含聘用合同,下同)时,应当将工作过程中可能产生的职业病危害及其后果、职业病防护措施和待遇等如实告知劳动者,并在劳动合同中写明,不得隐瞒或者欺骗。

劳动者在已订立劳动合同期间因工作岗位或者工作内容变更,从事与所订立劳动合同中未告知的存在职业病危害的作业时,用人单位应当依照前款规定,向劳动者履行如实告知的义务,并协商变更原劳动合同相关条款。

用人单位违反前两款规定的,劳动者有权拒绝从事存在职业病危害的作业,用人单位不得因此解除与劳动者所订立的劳动合同。

第三十四条　用人单位的主要负责人和职业卫生管理人员应当接受职业卫生培训,遵守职业病防治法律、法规,依法组织本单位的职业病防治工作。

用人单位应当对劳动者进行上岗前的职业卫生培训和在岗期间的定期职业卫生培训,普及职业卫生知识,督促劳动者遵守职业病防治法律、法规、规章和操作规程,指导劳动者正确使用职业病防护设备和个人使用的职业病防护用品。

劳动者应当学习和掌握相关的职业卫生知识,增强职业病防范意识,遵守职业病防治法律、法规、规章和操作规程,正确使用、维护职业病防护设备和个人使用的职业病防护用品,发现职业病危害事故隐患应当及时报告。

劳动者不履行前款规定义务的,用人单位应当对其进行教育。

第三十五条　对从事接触职业病危害的作业的劳动者,用人单位应当按照国务院安全生产监督管理部门、卫生行政部门的规定组织上岗前、在岗期间和离岗时的职业健康检查,并将检查结果书面告知劳动者。职业健康检查费用由用人单位承担。

用人单位不得安排未经上岗前职业健康检查的劳动者从事接触职业病危害的作业;不得安排有职业禁忌的劳动者从事其所禁忌的作业;对在职业健康检查中发现与所从事的职业相关的健康损害的劳动者,应当调离原工作岗位,并妥善安置;对未进行离岗前职业健康检查的劳动者不得解除或者终止与其订立的劳动合同。

职业健康检查应当由取得《医疗机构执业许可证》的医疗卫生机构承担。卫生行政部门应当加强对职业健康检查工作的规范管理,具体管理办法由国务院卫生行政部门制定。

第三十六条　用人单位应当为劳动者建立职业健康监护档案,并按照规定的期限妥善保存。

职业健康监护档案应当包括劳动者的职业史、职业病危害接触史、职业健康检查结果和职业病诊疗等有关个人健康资料。

劳动者离开用人单位时,有权索取本人职业健康监护档案复印件,用人单位应当如实、无偿提供,并在所提供的复印件上签章。

第三十七条　发生或者可能发生急性职业病危害事故时,用人单位应当立即采取应急救援和控制措施,并及时报告所在地安全生产监督管理部门和有关部门。安全生产监督管理部门接到报告后,应当及时会同有关部门组织调查处理;必要时,可以采取临时控制措施。卫生行政部门应组织做好医疗救治工作。

对遭受或者可能遭受急性职业病危害的劳动者,用人单位应当及时组织救治、进行健康检查和医学观察,所需费用由用人单位承担。

第三十八条 用人单位不得安排未成年工从事接触职业病危害的作业;不得安排孕期、哺乳期的女职工从事对本人和胎儿、婴儿有危害的作业。

第三十九条 劳动者享有下列职业卫生保护权利:

(一)获得职业卫生教育、培训;

(二)获得职业健康检查、职业病诊疗、康复等职业病防治服务;

(三)了解工作场所产生或者可能产生的职业病危害因素、危害后果和应当采取的职业病防护措施;

(四)要求用人单位提供符合防治职业病要求的职业病防护设施和个人使用的职业病防护用品,改善工作条件;

(五)对违反职业病防治法律、法规以及危及生命健康的行为提出批评、检举和控告;

(六)拒绝违章指挥和强令进行没有职业病防护措施的作业;

(七)参与用人单位职业卫生工作的民主管理,对职业病防治工作提出意见和建议。

用人单位应当保障劳动者行使前款所列权利。因劳动者依法行使正当权利而降低其工资、福利等待遇或者解除、终止与其订立的劳动合同的,其行为无效。

第四十条 工会组织应当督促并协助用人单位开展职业卫生宣传教育和培训,有权对用人单位的职业病防治工作提出意见和建议,依法代表劳动者与用人单位签订劳动安全卫生专项集体合同,与用人单位就劳动者反映的有关职业病防治的问题进行协调并督促解决。

工会组织对用人单位违反职业病防治法律、法规,侵犯劳动者合法权益的行为,有权要求纠正;产生严重职业病危害时,有权要求采取防护措施,或者向政府有关部门建议采取强制性措施;发生职业病危害事故时,有权参与事故调查处理;发现危及劳动者生命健康的情形时,有权向用人单位建议组织劳动者撤离危险现场,用人单位应当立即作出处理。

第四十一条 用人单位按照职业病防治要求,用于预防和治理职业病危害、工作场所卫生检测、健康监护和职业卫生培训等费用,按照国家有关规定,在生产成本中据实列支。

第四十二条 职业卫生监督管理部门应当按照职责分工,加强对用人单位落实职业病防护管理措施情况的监督检查,依法行使职权,承担责任。

第四章　职业病诊断与职业病病人保障

第四十三条　医疗卫生机构承担职业病诊断,应当经省、自治区、直辖市人民政府卫生行政部门批准。省、自治区、直辖市人民政府卫生行政部门应当向社会公布本行政区域内承担职业病诊断的医疗卫生机构的名单。

承担职业病诊断的医疗卫生机构应当具备下列条件:

(一)持有《医疗机构执业许可证》;

(二)具有与开展职业病诊断相适应的医疗卫生技术人员;

(三)具有与开展职业病诊断相适应的仪器、设备;

(四)具有健全的职业病诊断质量管理制度。

承担职业病诊断的医疗卫生机构不得拒绝劳动者进行职业病诊断的要求。

第四十四条　劳动者可以在用人单位所在地、本人户籍所在地或者经常居住地依法承担职业病诊断的医疗卫生机构进行职业病诊断。

第四十五条　职业病诊断标准和职业病诊断、鉴定办法由国务院卫生行政部门制定。职业病伤残等级的鉴定办法由国务院劳动保障行政部门会同国务院卫生行政部门制定。

第四十六条　职业病诊断,应当综合分析下列因素:

(一)病人的职业史;

(二)职业病危害接触史和工作场所职业病危害因素情况;

(三)临床表现以及辅助检查结果等。

没有证据否定职业病危害因素与病人临床表现之间的必然联系的,应当诊断为职业病。

职业病诊断证明书应当由参与诊断的取得职业病诊断资格的执业医师签署,并经承担职业病诊断的医疗卫生机构审核盖章。

第四十七条　用人单位应当如实提供职业病诊断、鉴定所需的劳动者职业史和职业病危害接触史、工作场所职业病危害因素检测结果等资料;安全生产监督管理部门应当监督检查和督促用人单位提供上述资料;劳动者和有关机构也应当提供与职业病诊断、鉴定有关的资料。

职业病诊断、鉴定机构需要了解工作场所职业病危害因素情况时,可以对工作场所进行现场调查,也可以向安全生产监督管理部门提出,安全生产监督管理部门应当在十日内组织现场调查。用人单位不得拒绝、阻挠。

第四十八条　职业病诊断、鉴定过程中,用人单位不提供工作场所职业病危害因素检测结果等资料的,诊断、鉴定机构应当结合劳动者的临床表现、辅助检查结果和劳动者的职业史、职业病危害接触史,并参考劳动者的自述、安全生产监督管理部门提供的日常监督检查信息等,作出职业病诊断、鉴定结论。

劳动者对用人单位提供的工作场所职业病危害因素检测结果等资料有异议,或者因劳动者的用人单位解散、破产,无用人单位提供上述资料的,诊断、鉴定机构应当提请安全生产监督管理部门进行调查,安全生产监督管理部门应当自接到申请之日起三十日内对存在异议的资料或者工作场所职业病危害因素情况作出判定;有关部门应当配合。

第四十九条 职业病诊断、鉴定过程中,在确认劳动者职业史、职业病危害接触史时,当事人对劳动关系、工种、工作岗位或者在岗时间有争议的,可以向当地的劳动人事争议仲裁委员会申请仲裁;接到申请的劳动人事争议仲裁委员会应当受理,并在三十日内作出裁决。

当事人在仲裁过程中对自己提出的主张,有责任提供证据。劳动者无法提供由用人单位掌握管理的与仲裁主张有关的证据的,仲裁庭应当要求用人单位在指定期限内提供;用人单位在指定期限内不提供的,应当承担不利后果。

劳动者对仲裁裁决不服的,可以依法向人民法院提起诉讼。

用人单位对仲裁裁决不服的,可以在职业病诊断、鉴定程序结束之日起十五日内依法向人民法院提起诉讼;诉讼期间,劳动者的治疗费用按照职业病待遇规定的途径支付。

第五十条 用人单位和医疗卫生机构发现职业病病人或者疑似职业病病人时,应当及时向所在地卫生行政部门和安全生产监督管理部门报告。确诊为职业病的,用人单位还应当向所在地劳动保障行政部门报告。接到报告的部门应当依法作出处理。

第五十一条 县级以上地方人民政府卫生行政部门负责本行政区域内的职业病统计报告的管理工作,并按照规定上报。

第五十二条 当事人对职业病诊断有异议的,可以向作出诊断的医疗卫生机构所在地地方人民政府卫生行政部门申请鉴定。

职业病诊断争议由设区的市级以上地方人民政府卫生行政部门根据当事人的申请,组织职业病诊断鉴定委员会进行鉴定。

当事人对设区的市级职业病诊断鉴定委员会的鉴定结论不服的,可以向省、自治区、直辖市人民政府卫生行政部门申请再鉴定。

第五十三条 职业病诊断鉴定委员会由相关专业的专家组成。

省、自治区、直辖市人民政府卫生行政部门应当设立相关的专家库,需要对职业病争议作出诊断鉴定时,由当事人或者当事人委托有关卫生行政部门从专家库中以随机抽取的方式确定参加诊断鉴定委员会的专家。

职业病诊断鉴定委员会应当按照国务院卫生行政部门颁布的职业病诊断标准和职业病诊断、鉴定办法进行职业病诊断鉴定,向当事人出具职业病诊断鉴定书。职业病诊断、鉴定费用由用人单位承担。

第五十四条　职业病诊断鉴定委员会组成人员应当遵守职业道德,客观、公正地进行诊断鉴定,并承担相应的责任。职业病诊断鉴定委员会组成人员不得私下接触当事人,不得收受当事人的财物或者其他好处,与当事人有利害关系的,应当回避。

人民法院受理有关案件需要进行职业病鉴定时,应当从省、自治区、直辖市人民政府卫生行政部门依法设立的相关的专家库中选取参加鉴定的专家。

第五十五条　医疗卫生机构发现疑似职业病病人时,应当告知劳动者本人并及时通知用人单位。

用人单位应当及时安排对疑似职业病病人进行诊断;在疑似职业病病人诊断或者医学观察期间,不得解除或者终止与其订立的劳动合同。

疑似职业病病人在诊断、医学观察期间的费用,由用人单位承担。

第五十六条　用人单位应当保障职业病病人依法享受国家规定的职业病待遇。

用人单位应当按照国家有关规定,安排职业病病人进行治疗、康复和定期检查。

用人单位对不适宜继续从事原工作的职业病病人,应当调离原岗位,并妥善安置。

用人单位对从事接触职业病危害的作业的劳动者,应当给予适当岗位津贴。

第五十七条　职业病病人的诊疗、康复费用,伤残以及丧失劳动能力的职业病病人的社会保障,按照国家有关工伤保险的规定执行。

第五十八条　职业病病人除依法享有工伤保险外,依照有关民事法律,尚有获得赔偿的权利的,有权向用人单位提出赔偿要求。

第五十九条　劳动者被诊断患有职业病,但用人单位没有依法参加工伤保险的,其医疗和生活保障由该用人单位承担。

第六十条　职业病病人变动工作单位,其依法享有的待遇不变。

用人单位在发生分立、合并、解散、破产等情形时,应当对从事接触职业病危害的作业的劳动者进行健康检查,并按照国家有关规定妥善安置职业病病人。

第六十一条　用人单位已经不存在或者无法确认劳动关系的职业病病人,可以向地方人民政府民政部门申请医疗救助和生活等方面的救助。

地方各级人民政府应当根据本地区的实际情况,采取其他措施,使前款规定的职业病病人获得医疗救治。

第五章　监督检查

第六十二条　县级以上人民政府职业卫生监督管理部门依照职业病防治法律、法规、国家职业卫生标准和卫生要求,依据职责划分,对职业病防治工作进行监督检查。

第六十三条　安全生产监督管理部门履行监督检查职责时,有权采取下列措施:

(一)进入被检查单位和职业病危害现场,了解情况,调查取证;

(二)查阅或者复制与违反职业病防治法律、法规的行为有关的资料和采集样品;

（三）责令违反职业病防治法律、法规的单位和个人停止违法行为。

第六十四条 发生职业病危害事故或者有证据证明危害状态可能导致职业病危害事故发生时，安全生产监督管理部门可以采取下列临时控制措施：

（一）责令暂停导致职业病危害事故的作业；

（二）封存造成职业病危害事故或者可能导致职业病危害事故发生的材料和设备；

（三）组织控制职业病危害事故现场。

在职业病危害事故或者危害状态得到有效控制后，安全生产监督管理部门应当及时解除控制措施。

第六十五条 职业卫生监督执法人员依法执行职务时，应当出示监督执法证件。

职业卫生监督执法人员应当忠于职守，秉公执法，严格遵守执法规范；涉及用人单位的秘密的，应当为其保密。

第六十六条 职业卫生监督执法人员依法执行职务时，被检查单位应当接受检查并予以支持配合，不得拒绝和阻碍。

第六十七条 卫生行政部门、安全生产监督管理部门及其职业卫生监督执法人员履行职责时，不得有下列行为：

（一）对不符合法定条件的，发给建设项目有关证明文件、资质证明文件或者予以批准；

（二）对已经取得有关证明文件的，不履行监督检查职责；

（三）发现用人单位存在职业病危害的，可能造成职业病危害事故，不及时依法采取控制措施；

（四）其他违反本法的行为。

第六十八条 职业卫生监督执法人员应当依法经过资格认定。

职业卫生监督管理部门应当加强队伍建设，提高职业卫生监督执法人员的政治、业务素质，依照本法和其他有关法律、法规的规定，建立、健全内部监督制度，对其工作人员执行法律、法规和遵守纪律的情况，进行监督检查。

第六章　法律责任

第六十九条 建设单位违反本法规定，有下列行为之一的，由安全生产监督管理部门和卫生行政部门依据职责分工给予警告，责令限期改正；逾期不改正的，处十万元以上五十万元以下的罚款；情节严重的，责令停止产生职业病危害的作业，或者提请有关人民政府按照国务院规定的权限责令停建、关闭：

（一）未按照规定进行职业病危害预评价的；

（二）医疗机构可能产生放射性职业病危害的建设项目未按照规定提交放射性职业病危害预评价报告，或者放射性职业病危害预评价报告未经卫生行政部门审核同

意,开工建设的;

(三)建设项目的职业病防护设施未按照规定与主体工程同时设计、同时施工、同时投入生产和使用的;

(四)建设项目的职业病防护设施设计不符合国家职业卫生标准和卫生要求,或者医疗机构放射性职业病危害严重的建设项目的防护设施设计未经卫生行政部门审查同意擅自施工的;

(五)未按照规定对职业病防护设施进行职业病危害控制效果评价的;

(六)建设项目竣工投入生产和使用前,职业病防护设施未按照规定验收合格的。

第七十条 违反本法规定,有下列行为之一的,由安全生产监督管理部门给予警告,责令限期改正;逾期不改正的,处十万元以下的罚款:

(一)工作场所职业病危害因素检测、评价结果没有存档、上报、公布的;

(二)未采取本法第二十条规定的职业病防治管理措施的;

(三)未按照规定公布有关职业病防治的规章制度、操作规程、职业病危害事故应急救援措施的;

(四)未按照规定组织劳动者进行职业卫生培训,或者未对劳动者个人职业病防护采取指导、督促措施的;

(五)国内首次使用或者首次进口与职业病危害有关的化学材料,未按照规定报送毒性鉴定资料以及经有关部门登记注册或者批准进口的文件的。

第七十一条 用人单位违反本法规定,有下列行为之一的,由安全生产监督管理部门责令限期改正,给予警告,可以并处五万元以上十万元以下的罚款:

(一)未按照规定及时、如实向安全生产监督管理部门申报产生职业病危害的项目的;

(二)未实施由专人负责的职业病危害因素日常监测,或者监测系统不能正常监测的;

(三)订立或者变更劳动合同时,未告知劳动者职业病危害真实情况的;

(四)未按照规定组织职业健康检查、建立职业健康监护档案或者未将检查结果书面告知劳动者的;

(五)未依照本法规定在劳动者离开用人单位时提供职业健康监护档案复印件的。

第七十二条 用人单位违反本法规定,有下列行为之一的,由安全生产监督管理部门给予警告,责令限期改正,逾期不改正的,处五万元以上二十万元以下的罚款;情节严重的,责令停止产生职业病危害的作业,或者提请有关人民政府按照国务院规定的权限责令关闭:

(一)工作场所职业病危害因素的强度或者浓度超过国家职业卫生标准的;

(二)未提供职业病防护设施和个人使用的职业病防护用品,或者提供的职业病防护设施和个人使用的职业病防护用品不符合国家职业卫生标准和卫生要求的;

（三）对职业病防护设备、应急救援设施和个人使用的职业病防护用品未按照规定进行维护、检修、检测，或者不能保持正常运行、使用状态的；

（四）未按照规定对工作场所职业病危害因素进行检测、评价的；

（五）工作场所职业病危害因素经治理仍然达不到国家职业卫生标准和卫生要求时，未停止存在职业病危害因素的作业的；

（六）未按照规定安排职业病病人、疑似职业病病人进行诊治的；

（七）发生或者可能发生急性职业病危害事故时，未立即采取应急救援和控制措施或者未按照规定及时报告的；

（八）未按照规定在产生严重职业病危害的作业岗位醒目位置设置警示标识和中文警示说明的；

（九）拒绝职业卫生监督管理部门监督检查的；

（十）隐瞒、伪造、篡改、毁损职业健康监护档案、工作场所职业病危害因素检测评价结果等相关资料，或者拒不提供职业病诊断、鉴定所需资料的；

（十一）未按照规定承担职业病诊断、鉴定费用和职业病病人的医疗、生活保障费用的。

第七十三条　向用人单位提供可能产生职业病危害的设备、材料，未按照规定提供中文说明书或者设置警示标识和中文警示说明的，由安全生产监督管理部门责令限期改正，给予警告，并处五万元以上二十万元以下的罚款。

第七十四条　用人单位和医疗卫生机构未按照规定报告职业病、疑似职业病的，由有关主管部门依据职责分工责令限期改正，给予警告，可以并处一万元以下的罚款；弄虚作假的，并处二万元以上五万元以下的罚款；对直接负责的主管人员和其他直接责任人员，可以依法给予降级或者撤职的处分。

第七十五条　违反本法规定，有下列情形之一的，由安全生产监督管理部门责令限期治理，并处五万元以上三十万元以下的罚款；情节严重的，责令停止产生职业病危害的作业，或者提请有关人民政府按照国务院规定的权限责令关闭：

（一）隐瞒技术、工艺、设备、材料所产生的职业病危害而采用的；

（二）隐瞒本单位职业卫生真实情况的；

（三）可能发生急性职业损伤的有毒、有害工作场所、放射工作场所或者放射性同位素的运输、贮存不符合本法第二十五条规定的；

（四）使用国家明令禁止使用的可能产生职业病危害的设备或者材料的；

（五）将产生职业病危害的作业转移给没有职业病防护条件的单位和个人，或者没有职业病防护条件的单位和个人接受产生职业病危害的作业的；

（六）擅自拆除、停止使用职业病防护设备或者应急救援设施的；

（七）安排未经职业健康检查的劳动者、有职业禁忌的劳动者、未成年工或者孕期、哺乳期女职工从事接触职业病危害的作业或者禁忌作业的；

（八）违章指挥和强令劳动者进行没有职业病防护措施的作业的。

第七十六条 生产、经营或者进口国家明令禁止使用的可能产生职业病危害的设备或者材料的，依照有关法律、行政法规的规定给予处罚。

第七十七条 用人单位违反本法规定，已经对劳动者生命健康造成严重损害的，由安全生产监督管理部门责令停止产生职业病危害的作业，或者提请有关人民政府按照国务院规定的权限责令关闭，并处十万元以上五十万元以下的罚款。

第七十八条 用人单位违反本法规定，造成重大职业病危害事故或者其他严重后果，构成犯罪的，对直接负责的主管人员和其他直接责任人员，依法追究刑事责任。

第七十九条 未取得职业卫生技术服务资质认可擅自从事职业卫生技术服务的，或者医疗卫生机构未经批准擅自从事职业病诊断的，由安全生产监督管理部门和卫生行政部门依据职责分工责令立即停止违法行为，没收违法所得；违法所得五千元以上的，并处违法所得二倍以上十倍以下的罚款；没有违法所得或者违法所得不足五千元的，并处五千元以上五万元以下的罚款；情节严重的，对直接负责的主管人员和其他直接责任人员，依法给予降级、撤职或者开除的处分。

第八十条 从事职业卫生技术服务的机构和承担职业病诊断的医疗卫生机构违反本法规定，有下列行为之一的，由安全生产监督管理部门和卫生行政部门依据职责分工责令立即停止违法行为，给予警告，没收违法所得；违法所得五千元以上的，并处违法所得二倍以上五倍以下的罚款；没有违法所得或者违法所得不足五千元的，并处五千元以上二万元以下的罚款；情节严重的，由原认可或者批准机关取消其相应的资格；对直接负责的主管人员和其他直接责任人员，依法给予降级、撤职或者开除的处分；构成犯罪的，依法追究刑事责任：

（一）超出资质认可或者批准范围从事职业卫生技术服务或者职业病诊断的；

（二）不按照本法规定履行法定职责的；

（三）出具虚假证明文件的。

第八十一条 职业病诊断鉴定委员会组成人员收受职业病诊断争议当事人的财物或者其他好处的，给予警告，没收收受的财物，可以并处三千元以上五万元以下的罚款，取消其担任职业病诊断鉴定委员会组成人员的资格，并从省、自治区、直辖市人民政府卫生行政部门设立的专家库中予以除名。

第八十二条 卫生行政部门、安全生产监督管理部门不按照规定报告职业病和职业病危害事故的，由上一级行政部门责令改正，通报批评，给予警告；虚报、瞒报的，对单位负责人、直接负责的主管人员和其他直接责任人员依法给予降级、撤职或者开除的处分。

第八十三条 县级以上地方人民政府在职业病防治工作中未依照本法履行职责，本行政区域出现重大职业病危害事故、造成严重社会影响的，依法对直接负责的主管人员和其他直接责任人员给予记大过直至开除的处分。

县级以上人民政府职业卫生监督管理部门不履行本法规定的职责,滥用职权、玩忽职守、徇私舞弊,依法对直接负责的主管人员和其他直接责任人员给予记大过或者降级的处分;造成职业病危害事故或者其他严重后果的,依法给予撤职或者开除的处分。

第八十四条 违反本法规定,构成犯罪的,依法追究刑事责任。

第七章 附 则

第八十五条 本法下列用语的含义:

职业病危害,是指对从事职业活动的劳动者可能导致职业病的各种危害。职业病危害因素包括:职业活动中存在的各种有害的化学、物理、生物因素以及在作业过程中产生的其他职业有害因素。

职业禁忌,是指劳动者从事特定职业或者接触特定职业病危害因素时,比一般职业人群更易于遭受职业病危害和罹患职业病或者可能导致原有自身疾病病情加重,或者在从事作业过程中诱发可能导致对他人生命健康构成危险的疾病的个人特殊生理或者病理状态。

第八十六条 本法第二条规定的用人单位以外的单位,产生职业病危害的,其职业病防治活动可以参照本法执行。

劳务派遣用工单位应当履行本法规定的用人单位的义务。

中国人民解放军参照执行本法的办法,由国务院、中央军事委员会制定。

第八十七条 对医疗机构放射性职业病危害控制的监督管理,由卫生行政部门依照本法的规定实施。

第八十八条 本法自 2002 年 5 月 1 日起施行。

女职工劳动保护特别规定

发文机关：国务院　　　　　　　　文号：国务院令第 619 号
发文日期：2012 年 4 月 28 日　　　实施日期：2012 年 4 月 28 日

第一条　为了减少和解决女职工在劳动中因生理特点造成的特殊困难，保护女职工健康，制定本规定。

第二条　中华人民共和国境内的国家机关、企业、事业单位、社会团体、个体经济组织以及其他社会组织等用人单位及其女职工，适用本规定。

第三条　用人单位应当加强女职工劳动保护，采取措施改善女职工劳动安全卫生条件，对女职工进行劳动安全卫生知识培训。

第四条　用人单位应当遵守女职工禁忌从事的劳动范围的规定。用人单位应当将本单位属于女职工禁忌从事的劳动范围的岗位书面告知女职工。

女职工禁忌从事的劳动范围由本规定附录列示。国务院安全生产监督管理部门会同国务院人力资源社会保障行政部门、国务院卫生行政部门根据经济社会发展情况，对女职工禁忌从事的劳动范围进行调整。

第五条　用人单位不得因女职工怀孕、生育、哺乳降低其工资、予以辞退、与其解除劳动或者聘用合同。

第六条　女职工在孕期不能适应原劳动的，用人单位应当根据医疗机构的证明，予以减轻劳动量或者安排其他能够适应的劳动。

对怀孕 7 个月以上的女职工，用人单位不得延长劳动时间或者安排夜班劳动，并应当在劳动时间内安排一定的休息时间。

怀孕女职工在劳动时间内进行产前检查，所需时间计入劳动时间。

第七条　女职工生育享受 98 天产假，其中产前可以休假 15 天；难产的，增加产假 15 天；生育多胞胎的，每多生育 1 个婴儿，增加产假 15 天。

女职工怀孕未满 4 个月流产的，享受 15 天产假；怀孕满 4 个月流产的，享受 42 天产假。

第八条　女职工产假期间的生育津贴，对已经参加生育保险的，按照用人单位上年度职工月平均工资的标准由生育保险基金支付；对未参加生育保险的，按照女职工产假前工资的标准由用人单位支付。

女职工生育或者流产的医疗费用，按照生育保险规定的项目和标准，对已经参加生育保险的，由生育保险基金支付；对未参加生育保险的，由用人单位支付。

第九条 对哺乳未满 1 周岁婴儿的女职工,用人单位不得延长劳动时间或者安排夜班劳动。

用人单位应当在每天的劳动时间内为哺乳期女职工安排 1 小时哺乳时间;女职工生育多胞胎的,每多哺乳 1 个婴儿每天增加 1 小时哺乳时间。

第十条 女职工比较多的用人单位应当根据女职工的需要,建立女职工卫生室、孕妇休息室、哺乳室等设施,妥善解决女职工在生理卫生、哺乳方面的困难。

第十一条 在劳动场所,用人单位应当预防和制止对女职工的性骚扰。

第十二条 县级以上人民政府人力资源社会保障行政部门、安全生产监督管理部门按照各自职责负责对用人单位遵守本规定的情况进行监督检查。

工会、妇女组织依法对用人单位遵守本规定的情况进行监督。

第十三条 用人单位违反本规定第六条第二款、第七条、第九条第一款规定的,由县级以上人民政府人力资源社会保障行政部门责令限期改正,按照受侵害女职工每人 1000 元以上 5000 元以下的标准计算,处以罚款。

用人单位违反本规定附录第一条、第二条规定的,由县级以上人民政府安全生产监督管理部门责令限期改正,按照受侵害女职工每人 1000 元以上 5000 元以下的标准计算,处以罚款。用人单位违反本规定附录第三条、第四条规定的,由县级以上人民政府安全生产监督管理部门责令限期治理,处 5 万元以上 30 万元以下的罚款;情节严重的,责令停止有关作业,或者提请有关人民政府按照国务院规定的权限责令关闭。

第十四条 用人单位违反本规定,侵害女职工合法权益的,女职工可以依法投诉、举报、申诉,依法向劳动人事争议调解仲裁机构申请调解仲裁,对仲裁裁决不服的,依法向人民法院提起诉讼。

第十五条 用人单位违反本规定,侵害女职工合法权益,造成女职工损害的,依法给予赔偿;用人单位及其直接负责的主管人员和其他直接责任人员构成犯罪的,依法追究刑事责任。

第十六条 本规定自公布之日起施行。1988 年 7 月 21 日国务院发布的《女职工劳动保护规定》同时废止。

附录：

女职工禁忌从事的劳动范围

一、女职工禁忌从事的劳动范围：

（一）矿山井下作业；

（二）体力劳动强度分级标准中规定的第四级体力劳动强度的作业；

（三）每小时负重 6 次以上、每次负重超过 20 公斤的作业，或者间断负重、每次负重超过 25 公斤的作业。

二、女职工在经期禁忌从事的劳动范围：

（一）冷水作业分级标准中规定的第二级、第三级、第四级冷水作业；

（二）低温作业分级标准中规定的第二级、第三级、第四级低温作业；

（三）体力劳动强度分级标准中规定的第三级、第四级体力劳动强度的作业；

（四）高处作业分级标准中规定的第三级、第四级高处作业。

三、女职工在孕期禁忌从事的劳动范围：

（一）作业场所空气中铅及其化合物、汞及其化合物、苯、镉、铍、砷、氰化物、氮氧化物、一氧化碳、二硫化碳、氯、己内酰胺、氯丁二烯、氯乙烯、环氧乙烷、苯胺、甲醛等有毒物质浓度超过国家职业卫生标准的作业；

（二）从事抗癌药物、己烯雌酚生产，接触麻醉剂气体等的作业；

（三）非密封源放射性物质的操作，核事故与放射事故的应急处置；

（四）高处作业分级标准中规定的高处作业；

（五）冷水作业分级标准中规定的冷水作业；

（六）低温作业分级标准中规定的低温作业；

（七）高温作业分级标准中规定的第三级、第四级的作业；

（八）噪声作业分级标准中规定的第三级、第四级的作业；

（九）体力劳动强度分级标准中规定的第三级、第四级体力劳动强度的作业；

（十）在密闭空间、高压室作业或者潜水作业，伴有强烈振动的作业，或者需要频繁弯腰、攀高、下蹲的作业。

四、女职工在哺乳期禁忌从事的劳动范围：

（一）孕期禁忌从事的劳动范围的第一项、第三项、第九项；

（二）作业场所空气中锰、氟、溴、甲醇、有机磷化合物、有机氯化合物等有毒物质浓度超过国家职业卫生标准的作业。

浙江省女职工劳动保护办法

发文机关：浙江省人民政府　　　　　　文号：浙江省人民政府令第 355 号
发文日期：2017 年 4 月 14 日　　　　　　生效日期：2017 年 6 月 1 日

第一条　为了维护女职工的劳动权益，依法保护女职工在劳动时的安全和健康，根据《中华人民共和国劳动法》《中华人民共和国妇女权益保障法》《女职工劳动保护特别规定》等法律、法规，结合本省实际，制定本办法。

第二条　本省行政区域内的国家机关、企业、事业单位、社会团体、个体经济组织以及其他社会组织等用人单位的女职工劳动保护，适用本办法。

第三条　县级以上人民政府应当采取有效措施，保障妇女平等就业，完善和落实生育保险政策，促进用人单位加强女职工劳动保护；支持、督促有关部门依法履行女职工劳动保护监督管理职责。

第四条　县级以上人民政府人力资源和社会保障、安全生产监督管理、卫生和计划生育等有关行政部门应当按照各自职责，做好女职工劳动保护监督管理工作。

第五条　工会、妇女组织依法维护女职工的合法权益；对用人单位遵守女职工劳动保护法律、法规和规章的情况进行监督。用人单位工会组织应当协助和督促本单位做好女职工劳动保护工作。

第六条　用人单位应当建立健全单位内部的女职工劳动保护制度，改善女职工劳动条件，对女职工开展劳动安全卫生知识、职业技能以及劳动保护相关法律知识的教育和培训。鼓励用人单位通过开展心理健康讲座、提供心理咨询服务等方式，做好女职工心理健康的宣传和辅导。

第七条　妇女享有与男子平等的劳动就业权利。在劳动报酬方面，实行男女同工同酬。除法律、法规规定不适合妇女的工种或者岗位外，用人单位在招录人员、安排岗位或者裁减人员时，不得歧视妇女。

第八条　用人单位与劳动者一方订立集体合同或者女职工权益保护专项集体合同的，应当明确女职工劳动保护的内容。参加集体合同或者女职工权益保护专项集体合同协商的劳动者一方代表中，应当有相应比例的女职工代表。劳务派遣单位与用工单位订立劳务派遣协议的，应当明确被派遣女职工劳动保护的内容。

第九条　用人单位不得在劳动合同或者聘用合同中与女职工约定限制结婚、限制生育或者缩减产假等损害女职工合法权益的内容。用人单位不得因女职工结婚、怀孕、生育、哺乳等情形，降低其工资、限制其晋级、予以辞退、单方解除其劳动合同或者聘用合同,法律、法规另有规定的除外。劳动合同或者聘用合同期满而孕期、产期、哺乳期未满的,除女职工提出解除劳动合同或者聘用合同的外,劳动合同或者聘用合同应当顺延至孕期、产期、哺乳期满。

第十条 用人单位应当执行国家有关女职工禁忌从事的劳动范围的规定。

第十一条 经本人提出,用人单位应当给予经期女职工下列保护:

(一)不得安排其从事国家规定的经期禁忌从事的劳动;

(二)经医疗机构证明患有重度痛经或者经量过多的,给予 1 至 2 天的带薪休息。

第十二条 用人单位应当给予孕期女职工下列保护:

(一)在劳动时间内进行产前检查的,所需时间计入其劳动时间;

(二)实行劳动定额的,适当减少其劳动量;

(三)根据医疗机构的证明,对不能适应原劳动的,予以减轻其劳动量或者暂时安排其他能够适应的劳动;

(四)怀孕不满 3 个月且妊娠反应严重,或者怀孕 7 个月以上的,在每天的劳动时间内安排不少于 1 个小时的休息时间,不得延长其劳动时间或者安排其从事夜班劳动;

(五)不得安排其从事国家规定的孕期禁忌从事的劳动。

第十三条 女职工有流产先兆、习惯性流产史或者其他特殊情况,经医疗机构证明,本人提出休息的,用人单位应当予以适当安排。

第十四条 女职工生育享受产假 98 天,符合《浙江省人口与计划生育条例》第三十条规定的,再增加 30 天;难产的,增加产假 15 天;生育多胞胎的,每多生育 1 个婴儿,增加产假 15 天。女职工怀孕不满 4 个月流产的,享受产假 15 天;怀孕满 4 个月流产的,享受产假 42 天。

第十五条 女职工产前检查、生育或者流产产生的医疗费用,按照生育保险规定的项目和标准支付。对已经参加生育保险的,由生育保险基金支付;对未参加生育保险的,由用人单位支付。

第十六条 女职工参加生育保险的,按照本办法规定的产假天数享受产假期间的生育津贴。生育津贴按照用人单位上年度职工月平均工资的标准由生育保险基金支付,用人单位不再支付产假期间工资。生育津贴计发标准高于女职工产假前工资标准的,用人单位不得克扣差额部分;低于女职工产假前工资标准的,有条件的用人单位可以对差额部分予以补足。女职工未参加生育保险的,由用人单位按照女职工产假前工资标准支付其产假期间的工资。

第十七条 失业妇女在领取失业保险金期间符合计划生育规定生育的,可以向设区的市、县(市、区)劳动就业服务机构申请领取相当于本人 3 个月失业保险金的生育补助。未就业妇女的配偶已经参加生育保险的,未就业妇女按照国家规定享受生育医疗费用待遇。

160

第十八条 女职工实施放置（取出）宫内节育器、皮下埋植术、绝育及复通等计划生育手术的，按照有关规定给予一定的假期。计划生育手术的医疗费用及休假期间生育津贴的支付，按照本办法第十五条、第十六条的规定执行。

第十九条 对哺乳未满1周岁婴儿的女职工，用人单位应当给予下列保护：

（一）在每天的劳动时间内安排不少于1个小时的哺乳时间；生育多胞胎的，每多哺乳1个婴儿，增加1个小时的哺乳时间；

（二）不得延长其劳动时间或者安排其从事夜班劳动；

（三）实行劳动定额的，适当减少其劳动量；

（四）不得安排其从事国家规定的哺乳期禁忌从事的劳动。哺乳时间和在本单位内为哺乳往返途中的时间，计入劳动时间。

第二十条 女职工人数较多的用人单位应当根据女职工的需要，设置女职工卫生室、孕妇休息室、哺乳室等设施；女职工人数较多且存在用厕困难的，应当适当增加厕所数量或者提高女厕位的比例。用人单位新建、扩建、改建生产工作用房时，应当按照《工业企业设计卫生标准》的要求，设计、安装女职工劳动保护设施。

第二十一条 用人单位应当每年为女职工安排1次妇科常见病检查；对从事接触职业病危害作业的女职工，还应当定期组织其进行职业健康检查。检查所需费用由用人单位支付，检查所需时间计入劳动时间。

第二十二条 用人单位应当结合本单位劳动生产特点，预防和制止对女职工的性骚扰；在处理女职工性骚扰申诉时，应当依法保护女职工的个人隐私。

第二十三条 用人单位违反本办法规定，法律、法规已有行政处罚规定的，从其规定。用人单位违反本办法规定，侵害女职工合法权益的，女职工可以依法投诉、举报、申诉，依法向劳动人事争议调解仲裁机构申请调解、仲裁，或者依法向人民法院提起诉讼。女职工依法向人力资源和社会保障、安全生产监督管理、卫生和计划生育等行政主管部门以及工会、妇女组织投诉、举报、申诉的，收到投诉、举报、申诉的部门或者组织应当依法及时调查、处理，或者在3个工作日内转送有权处理的部门或者组织。调查、处理的结果应当及时告知女职工。

第二十四条 本办法自2017年6月1日起施行。

浙江省实施《禁止使用童工规定》办法

发文机关：浙江省人民政府　　　　　文号：浙江省人民政府令第 243 号
发文日期：2008 年 6 月 30 日　　　　生效日期：2008 年 8 月 1 日

第一条 为保护未成年人的身心健康，维护未成年人的合法权益，根据《中华人民共和国未成年人权益保护法》、《禁止使用童工规定》及其他法律、法规，结合本省实际，制定本办法。

第二条 在本省行政区域内，禁止任何国家机关、社会团体、企业事业单位、民办非企业单位、个体工商户（以下统称用人单位）和其他组织使用童工。

禁止任何单位、组织和个人介绍不满 16 周岁的未成年人就业。

第三条 县级以上人民政府应当加强对禁止使用童工工作的领导，建立健全禁止使用童工工作的协调机制和责任考核制度，督促落实禁止使用童工的各项措施。

乡（镇）人民政府、街道办事处应当加强对本区域内用人单位和其他组织劳动用工的监督等有关工作；村（居）民委员会应当配合有关行政主管部门做好禁止使用童工的相关工作，发现用人单位和其他组织使用童工的，应当及时报告劳动保障行政部门。

第四条 县级以上人民政府劳动保障行政部门主管本行政区域内禁止使用童工工作。

县级以上人民政府公安、经贸、工商、教育、民政、卫生等行政部门，应当按照各自职责加强对禁止使用童工规定执行情况的监督检查，并配合劳动保障行政部门做好禁止使用童工的相关工作。

工会、共青团、妇联等组织应当加强对禁止使用童工情况的监督，依法维护未成年人的合法权益。

第五条 下列情形属于使用童工：

（一）使用不满 16 周岁的未成年人在生产经营场所从事各种形式劳动，并计付或者变相计付劳动报酬的；

（二）以勤工俭学名义安排不满 16 周岁的未成年人从事生产经营性劳动的；

（三）以实习、教学实践、职业技能培训为名，安排不满 16 周岁的未成年人从事生产经营性劳动或其从事的劳动已超出学习和培训目的、时限、内容，影响其人身安全、身心健康的；

（四）其他违反国家有关规定使用不满 16 周岁的未成年人从事劳动的。

第六条 下列情形不属于使用童工：

（一）文艺、体育等单位根据培养需要，经有关部门、未成年人的父母或者其他监护人的同意，招用不满 16 周岁的专业文艺工作者、运动员的；

（二）组织不满 16 周岁的未成年人参加适合未成年人特点、不影响其人身安全和身心健康的社会公益劳动的；

（三）不满 16 周岁的未成年人在近亲属或者监护人自营的生产经营场所从事力所能及、不影响其人身安全和身心健康的辅助性劳动的；

（四）学校、职业培训机构及其他教育机构按照国家有关规定组织不满 16 周岁的未成年人从事不影响其人身安全和身心健康的实习、教学实践、职业技能培训的；

（五）经有关主管部门认定具有社会影响的特殊专业人才，确因传承技艺需要招收不满 16 周岁的未成年人学艺的。

按照前款规定使用不满 16 周岁的未成年人的，用人单位、组织和个人应当保障未成年人接受义务教育的权利。

第七条 用人单位和其他组织招用人员时，必须核查、登记被招用人员的身份证；对不满 16 周岁的未成年人和疑似不满 16 周岁的未成年人，不得招用。

用人单位和其他组织招用人员，应当制作录用登记、核查材料。录用登记、核查材料应当载明被录用人员的姓名、性别、身份证号码、常住户口所在地住址等基本情况，并留存被录用人员的身份证复印件。

录用登记、核查材料应当建档保存。

第八条 职业介绍机构不得为用工单位介绍童工，不得接受不满 16 周岁的未成年人的求职登记。

第九条 下列材料经查证有不满 16 周岁的未成年人记录的，可以作为认定使用童工的证明：

（一）被录用人员的居民身份证、工作证、服务证、上岗证、出入证及其职业介绍信等；

（二）用人单位和其他组织留存的报名登记、录用登记、核查材料等；

（三）用人单位和其他组织的考勤记录、职工花名册、工资支付凭证等；

（四）现场录制的音像资料；

（五）相关的证人证言；

（六）其他相关证明材料。

第十条 劳动保障行政部门应当加强对个体工商户、中小企业等用人单位和其他组织的劳动用工情况及职业介绍机构的用工介绍情况的监察，依法及时查处使用童工违法行为。

用人单位和其他组织应当配合劳动保障行政部门依法履行监察职责，接受调查和询问，如实提供相关情况和用工资料。

第十一条 劳动保障行政部门在查处用人单位和其他组织使用童工违法行为过

程中,确需了解或者确认被查处用人单位和其他组织的登记、注册、备案及用工等相关情况的,可以要求工商、教育、民政、卫生等行政部门予以协助和提供相关材料;有关部门应当予以协助,并提供相关材料。

第十二条 公安部门应当协助劳动保障行政部门做好对疑似童工人员身份的核查等工作。

劳动保障行政部门在检查时,对疑似童工人员的身份证件难以鉴别真伪,需要公安机关协助核实的,公安机关应当自收到劳动保障行政部门送交的材料之日起 30 日内提出书面核实意见。

第十三条 任何单位和个人都有权举报使用童工的行为。有关部门接到举报后,应当依法及时作出处理。

举报情况经查证属实的,由负责查处违法行为的劳动保障行政部门对举报者予以奖励。

有关部门及其工作人员应当为举报者保密,不得以任何方式泄露举报者的姓名、单位、住址等情况。

第十四条 用人单位和其他组织使用童工的,由劳动保障行政部门按照每使用 1 名童工每月处以 5000 元罚款的标准给予处罚;使用童工不满 15 日的,每使用 1 名童工处以 2500 元的罚款;超过 15 日不满 1 个月的,按 1 个月的罚款标准计罚。

用人单位和其他组织在使用有毒物品的作业场所使用童工的,按照《使用有毒物品作业场所劳动保护条例》规定的罚款幅度,或者按照每使用 1 名童工每月处以 5000 元罚款的标准,从重处罚。

用人单位和其他组织确因当事人提供虚假身份证明或者其他欺骗手段而导致使用童工,违法行为轻微并及时纠正的,劳动保障行政部门可以视其情节依法给予减轻处罚。

第十五条 单位、组织或者个人为不满 16 周岁的未成年人介绍就业的,由劳动保障行政部门按照每介绍 1 人处以 5000 元罚款的标准给予处罚;职业中介机构为不满 16 周岁的未成年人介绍就业的,并由劳动保障行政部门吊销其职业介绍许可证。

第十六条 用人单位和其他组织未按本办法第七条规定保存录用登记、核查材料,或者伪造录用登记、核查材料的,由劳动保障行政部门处以 1 万元的罚款。

第十七条 劳动保障行政部门在查处使用童工违法行为时,应当责令使用童工的用人单位和其他组织限期将童工送回原居住地交其父母或者其他监护人,所需交通和食宿费用全部由该童工的使用者承担。

用人单位和其他组织经劳动保障行政部门依照前款规定责令限期改正,逾期仍不将童工送交其父母或者其他监护人的,从责令限期改正之日起,由劳动保障行政部门按照每使用 1 名童工每月处以 1 万元罚款的标准给予处罚,并由工商行政管理部门吊销其营业执照或者由民政部门撤销其民办非企业单位登记;用人单位是国家机关、事业单位的,由有关单位依法对直接负责的主管人员和其他直接责任人员给予降级或者撤职的行政处分或者纪律处分。

使用童工的用人单位和其他组织在清退童工时,应当按照约定并不低于当地最低工资标准支付童工的劳动报酬。

第十八条 无营业执照、被依法吊销营业执照以及未依法登记、备案的用人单位和其他组织使用童工或者介绍童工就业的,由劳动保障行政部门对其负责人或者出资人,按照本办法第十四条、第十五条、第十六条和第十七条第二款规定标准的2倍处以罚款,该非法单位或者组织由有关行政部门予以取缔。

第十九条 用人单位和其他组织使用童工的行为涉嫌犯罪的,劳动保障行政部门应当依法移送司法机关追究刑事责任。

第二十条 有关行政部门工作人员有下列行为之一的,依法给予记大过或者降级的行政处分;情节严重的,依法给予撤职或者开除的行政处分;构成犯罪的,由司法机关依法追究刑事责任:

(一)劳动保障等有关行政部门工作人员在禁止使用童工的监督检查工作中发现使用童工的情况,不予制止、纠正、查处的;

(二)公安部门的人民警察违反规定发放身份证或者在身份证上登录虚假出生年月的;

(三)工商行政管理部门工作人员发现申请人是不满16周岁的未成年人,仍然为其从事个体经营发放营业执照的。

第二十一条 本办法自2008年8月1日起施行。1994年1月10日省人民政府发布的《浙江省禁止使用童工规定实施细则》同时废止。

六、社会保险

中华人民共和国社会保险法

发文机关:全国人大常委会　　　　　　　文号:主席令第 35 号
发文日期:2010 年 10 月 28 日　　　　　　生效日期:2011 年 7 月 1 日

第一章　总　则

第一条　为了规范社会保险关系,维护公民参加社会保险和享受社会保险待遇的合法权益,使公民共享发展成果,促进社会和谐稳定,根据宪法,制定本法。

第二条　国家建立基本养老保险、基本医疗保险、工伤保险、失业保险、生育保险等社会保险制度,保障公民在年老、疾病、工伤、失业、生育等情况下依法从国家和社会获得物质帮助的权利。

第三条　社会保险制度坚持广覆盖、保基本、多层次、可持续的方针,社会保险水平应当与经济社会发展水平相适应。

第四条　中华人民共和国境内的用人单位和个人依法缴纳社会保险费,有权查询缴费记录、个人权益记录,要求社会保险经办机构提供社会保险咨询等相关服务。

个人依法享受社会保险待遇,有权监督本单位为其缴费情况。

第五条　县级以上人民政府将社会保险事业纳入国民经济和社会发展规划。

国家多渠道筹集社会保险资金。县级以上人民政府对社会保险事业给予必要的经费支持。

国家通过税收优惠政策支持社会保险事业。

第六条　国家对社会保险基金实行严格监管。

国务院和省、自治区、直辖市人民政府建立健全社会保险基金监督管理制度,保障社会保险基金安全、有效运行。

县级以上人民政府采取措施,鼓励和支持社会各方面参与社会保险基金的监督。

第七条　国务院社会保险行政部门负责全国的社会保险管理工作,国务院其他有关部门在各自的职责范围内负责有关的社会保险工作。

县级以上地方人民政府社会保险行政部门负责本行政区域的社会保险管理工作，县级以上地方人民政府其他有关部门在各自的职责范围内负责有关的社会保险工作。

第八条 社会保险经办机构提供社会保险服务，负责社会保险登记、个人权益记录、社会保险待遇支付等工作。

第九条 工会依法维护职工的合法权益，有权参与社会保险重大事项的研究，参加社会保险监督委员会，对与职工社会保险权益有关的事项进行监督。

第二章　基本养老保险

第十条 职工应当参加基本养老保险，由用人单位和职工共同缴纳基本养老保险费。

无雇工的个体工商户、未在用人单位参加基本养老保险的非全日制从业人员以及其他灵活就业人员可以参加基本养老保险，由个人缴纳基本养老保险费。

公务员和参照公务员法管理的工作人员养老保险的办法由国务院规定。

第十一条 基本养老保险实行社会统筹与个人账户相结合。

基本养老保险基金由用人单位和个人缴费以及政府补贴等组成。

第十二条 用人单位应当按照国家规定的本单位职工工资总额的比例缴纳基本养老保险费，记入基本养老保险统筹基金。

职工应当按照国家规定的本人工资的比例缴纳基本养老保险费，记入个人账户。

无雇工的个体工商户、未在用人单位参加基本养老保险的非全日制从业人员以及其他灵活就业人员参加基本养老保险的，应当按照国家规定缴纳基本养老保险费，分别记入基本养老保险统筹基金和个人账户。

第十三条 国有企业、事业单位职工参加基本养老保险前，视同缴费年限期间应当缴纳的基本养老保险费由政府承担。

基本养老保险基金出现支付不足时，政府给予补贴。

第十四条 个人账户不得提前支取，记账利率不得低于银行定期存款利率，免征利息税。个人死亡的，个人账户余额可以继承。

第十五条 基本养老金由统筹养老金和个人账户养老金组成。

基本养老金根据个人累计缴费年限、缴费工资、当地职工平均工资、个人账户金额、城镇人口平均预期寿命等因素确定。

第十六条 参加基本养老保险的个人，达到法定退休年龄时累计缴费满十五年的，按月领取基本养老金。

参加基本养老保险的个人，达到法定退休年龄时累计缴费不足十五年的，可以缴费至满十五年，按月领取基本养老金；也可以转入新型农村社会养老保险或者城镇居民社会养老保险,按照国务院规定享受相应的养老保险待遇。

第十七条　参加基本养老保险的个人,因病或者非因工死亡的,其遗属可以领取丧葬补助金和抚恤金;在未达到法定退休年龄时因病或者非因工致残完全丧失劳动能力的,可以领取病残津贴。所需资金从基本养老保险基金中支付。

第十八条　国家建立基本养老金正常调整机制。根据职工平均工资增长、物价上涨情况,适时提高基本养老保险待遇水平。

第十九条　个人跨统筹地区就业的,其基本养老保险关系随本人转移,缴费年限累计计算。个人达到法定退休年龄时,基本养老金分段计算、统一支付。具体办法由国务院规定。

第二十条　国家建立和完善新型农村社会养老保险制度。

新型农村社会养老保险实行个人缴费、集体补助和政府补贴相结合。

第二十一条　新型农村社会养老保险待遇由基础养老金和个人账户养老金组成。

参加新型农村社会养老保险的农村居民,符合国家规定条件的,按月领取新型农村社会养老保险待遇。

第二十二条　国家建立和完善城镇居民社会养老保险制度。

省、自治区、直辖市人民政府根据实际情况,可以将城镇居民社会养老保险和新型农村社会养老保险合并实施。

第三章　基本医疗保险

第二十三条　职工应当参加职工基本医疗保险,由用人单位和职工按照国家规定共同缴纳基本医疗保险费。

无雇工的个体工商户、未在用人单位参加职工基本医疗保险的非全日制从业人员以及其他灵活就业人员可以参加职工基本医疗保险,由个人按照国家规定缴纳基本医疗保险费。

第二十四条　国家建立和完善新型农村合作医疗制度。

新型农村合作医疗的管理办法,由国务院规定。

第二十五条　国家建立和完善城镇居民基本医疗保险制度。

城镇居民基本医疗保险实行个人缴费和政府补贴相结合。

享受最低生活保障的人、丧失劳动能力的残疾人、低收入家庭六十周岁以上的老年人和未成年人等所需个人缴费部分,由政府给予补贴。

第二十六条　职工基本医疗保险、新型农村合作医疗和城镇居民基本医疗保险的待遇标准按照国家规定执行。

第二十七条　参加职工基本医疗保险的个人,达到法定退休年龄时累计缴费达到国家规定年限的,退休后不再缴纳基本医疗保险费,按照国家规定享受基本医疗保险待遇;未达到国家规定年限的,可以缴费至国家规定年限。

第二十八条　符合基本医疗保险药品目录、诊疗项目、医疗服务设施标准以及急诊、抢救的医疗费用,按照国家规定从基本医疗保险基金中支付。

第二十九条　参保人员医疗费用中应当由基本医疗保险基金支付的部分,由社会保险经办机构与医疗机构、药品经营单位直接结算。

社会保险行政部门和卫生行政部门应当建立异地就医医疗费用结算制度,方便参保人员享受基本医疗保险待遇。

第三十条　下列医疗费用不纳入基本医疗保险基金支付范围:

(一)应当从工伤保险基金中支付的;

(二)应当由第三人负担的;

(三)应当由公共卫生负担的;

(四)在境外就医的。

医疗费用依法应当由第三人负担,第三人不支付或者无法确定第三人的,由基本医疗保险基金先行支付。基本医疗保险基金先行支付后,有权向第三人追偿。

第三十一条　社会保险经办机构根据管理服务的需要,可以与医疗机构、药品经营单位签订服务协议,规范医疗服务行为。

医疗机构应当为参保人员提供合理、必要的医疗服务。

第三十二条　个人跨统筹地区就业的,其基本医疗保险关系随本人转移,缴费年限累计计算。

第四章　工伤保险

第三十三条　职工应当参加工伤保险,由用人单位缴纳工伤保险费,职工不缴纳工伤保险费。

第三十四条　国家根据不同行业的工伤风险程度确定行业的差别费率,并根据使用工伤保险基金、工伤发生率等情况在每个行业内确定费率档次。行业差别费率和行业内费率档次由国务院社会保险行政部门制定,报国务院批准后公布施行。

社会保险经办机构根据用人单位使用工伤保险基金、工伤发生率和所属行业费率档次等情况,确定用人单位缴费费率。

第三十五条　用人单位应当按照本单位职工工资总额,根据社会保险经办机构确定的费率缴纳工伤保险费。

第三十六条　职工因工作原因受到事故伤害或者患职业病,且经工伤认定的,享受工伤保险待遇;其中,经劳动能力鉴定丧失劳动能力的,享受伤残待遇。

工伤认定和劳动能力鉴定应当简捷、方便。

第三十七条　职工因下列情形之一导致本人在工作中伤亡的,不认定为工伤:

（一）故意犯罪；

（二）醉酒或者吸毒；

（三）自残或者自杀；

（四）法律、行政法规规定的其他情形。

第三十八条　因工伤发生的下列费用，按照国家规定从工伤保险基金中支付：

（一）治疗工伤的医疗费用和康复费用；

（二）住院伙食补助费；

（三）到统筹地区以外就医的交通食宿费；

（四）安装配置伤残辅助器具所需费用；

（五）生活不能自理的，经劳动能力鉴定委员会确认的生活护理费；

（六）一次性伤残补助金和一至四级伤残职工按月领取的伤残津贴；

（七）终止或者解除劳动合同时，应当享受的一次性医疗补助金；

（八）因工死亡的，其遗属领取的丧葬补助金、供养亲属抚恤金和因工死亡补助金；

（九）劳动能力鉴定费。

第三十九条　因工伤发生的下列费用，按照国家规定由用人单位支付：

（一）治疗工伤期间的工资福利；

（二）五级、六级伤残职工按月领取的伤残津贴；

（三）终止或者解除劳动合同时，应当享受的一次性伤残就业补助金。

第四十条　工伤职工符合领取基本养老金条件的，停发伤残津贴，享受基本养老保险待遇。基本养老保险待遇低于伤残津贴的，从工伤保险基金中补足差额。

第四十一条　职工所在用人单位未依法缴纳工伤保险费，发生工伤事故的，由用人单位支付工伤保险待遇。用人单位不支付的，从工伤保险基金中先行支付。

从工伤保险基金中先行支付的工伤保险待遇应当由用人单位偿还。用人单位不偿还的，社会保险经办机构可以依照本法第六十三条的规定追偿。

第四十二条　由于第三人的原因造成工伤，第三人不支付工伤医疗费用或者无法确定第三人的，由工伤保险基金先行支付。工伤保险基金先行支付后，有权向第三人追偿。

第四十三条　工伤职工有下列情形之一的，停止享受工伤保险待遇：

（一）丧失享受待遇条件的；

（二）拒不接受劳动能力鉴定的；

（三）拒绝治疗的。

第五章　失业保险

第四十四条　职工应当参加失业保险，由用人单位和职工按照国家规定共同缴纳失业保险费。

第四十五条　失业人员符合下列条件的,从失业保险基金中领取失业保险金:

(一)失业前用人单位和本人已经缴纳失业保险费满一年的;

(二)非因本人意愿中断就业的;

(三)已经进行失业登记,并有求职要求的。

第四十六条　失业人员失业前用人单位和本人累计缴费满一年不足五年的,领取失业保险金的期限最长为十二个月;累计缴费满五年不足十年的,领取失业保险金的期限最长为十八个月;累计缴费十年以上的,领取失业保险金的期限最长为二十四个月。重新就业后,再次失业的,缴费时间重新计算,领取失业保险金的期限与前次失业应当领取而尚未领取的失业保险金的期限合并计算,最长不超过二十四个月。

第四十七条　失业保险金的标准,由省、自治区、直辖市人民政府确定,不得低于城市居民最低生活保障标准。

第四十八条　失业人员在领取失业保险金期间,参加职工基本医疗保险,享受基本医疗保险待遇。

失业人员应当缴纳的基本医疗保险费从失业保险基金中支付,个人不缴纳基本医疗保险费。

第四十九条　失业人员在领取失业保险金期间死亡的,参照当地对在职职工死亡的规定,向其遗属发给一次性丧葬补助金和抚恤金。所需资金从失业保险基金中支付。

个人死亡同时符合领取基本养老保险丧葬补助金、工伤保险丧葬补助金和失业保险丧葬补助金条件的,其遗属只能选择领取其中的一项。

第五十条　用人单位应当及时为失业人员出具终止或者解除劳动关系的证明,并将失业人员的名单自终止或者解除劳动关系之日起十五日内告知社会保险经办机构。

失业人员应当持本单位为其出具的终止或者解除劳动关系的证明,及时到指定的公共就业服务机构办理失业登记。

失业人员凭失业登记证明和个人身份证明,到社会保险经办机构办理领取失业保险金的手续。失业保险金领取期限自办理失业登记之日起计算。

第五十一条　失业人员在领取失业保险金期间有下列情形之一的,停止领取失业保险金,并同时停止享受其他失业保险待遇:

(一)重新就业的;

(二)应征服兵役的;

(三)移居境外的;

(四)享受基本养老保险待遇的;

(五)无正当理由,拒不接受当地人民政府指定部门或者机构介绍的适当工作或者提供的培训的。

第五十二条 职工跨统筹地区就业的,其失业保险关系随本人转移,缴费年限累计计算。

第六章 生育保险

第五十三条 职工应当参加生育保险,由用人单位按照国家规定缴纳生育保险费,职工不缴纳生育保险费。

第五十四条 用人单位已经缴纳生育保险费的,其职工享受生育保险待遇;职工未就业配偶按照国家规定享受生育医疗费用待遇。所需资金从生育保险基金中支付。

生育保险待遇包括生育医疗费用和生育津贴。

第五十五条 生育医疗费用包括下列各项:

(一)生育的医疗费用;

(二)计划生育的医疗费用;

(三)法律、法规规定的其他项目费用。

第五十六条 职工有下列情形之一的,可以按照国家规定享受生育津贴:

(一)女职工生育享受产假;

(二)享受计划生育手术休假;

(三)法律、法规规定的其他情形。

生育津贴按照职工所在用人单位上年度职工月平均工资计发。

第七章 社会保险费征缴

第五十七条 用人单位应当自成立之日起三十日内凭营业执照、登记证书或者单位印章,向当地社会保险经办机构申请办理社会保险登记。社会保险经办机构应当自收到申请之日起十五日内予以审核,发给社会保险登记证件。

用人单位的社会保险登记事项发生变更或者用人单位依法终止的,应当自变更或者终止之日起三十日内,到社会保险经办机构办理变更或者注销社会保险登记。

工商行政管理部门、民政部门和机构编制管理机关应当及时向社会保险经办机构通报用人单位的成立、终止情况,公安机关应当及时向社会保险经办机构通报个人的出生、死亡以及户口登记、迁移、注销等情况。

第五十八条 用人单位应当自用工之日起三十日内为其职工向社会保险经办机构申请办理社会保险登记。未办理社会保险登记的,由社会保险经办机构核定其应当缴纳的社会保险费。

自愿参加社会保险的无雇工的个体工商户、未在用人单位参加社会保险的非全日制从业人员以及其他灵活就业人员,应当向社会保险经办机构申请办理社会保登记。

国家建立全国统一的个人社会保障号码。个人社会保障号码为公民身份号码。

第五十九条 县级以上人民政府加强社会保险费的征收工作。

社会保险费实行统一征收,实施步骤和具体办法由国务院规定。

第六十条 用人单位应当自行申报、按时足额缴纳社会保险费,非因不可抗力等法定事由不得缓缴、减免。职工应当缴纳的社会保险费由用人单位代扣代缴,用人单位应当按月将缴纳社会保险费的明细情况告知本人。

无雇工的个体工商户、未在用人单位参加社会保险的非全日制从业人员以及其他灵活就业人员,可以直接向社会保险费征收机构缴纳社会保险费。

第六十一条 社会保险费征收机构应当依法按时足额征收社会保险费,并将缴费情况定期告知用人单位和个人。

第六十二条 用人单位未按规定申报应当缴纳的社会保险费数额的,按照该单位上月缴费额的百分之一百一十确定应当缴纳数额;缴费单位补办申报手续后,由社会保险费征收机构按照规定结算。

第六十三条 用人单位未按时足额缴纳社会保险费的,由社会保险费征收机构责令其限期缴纳或者补足。

用人单位逾期仍未缴纳或者补足社会保险费的,社会保险费征收机构可以向银行和其他金融机构查询其存款账户;并可以申请县级以上有关行政部门作出划拨社会保险费的决定,书面通知其开户银行或者其他金融机构划拨社会保险费。用人单位账户余额少于应当缴纳的社会保险费的,社会保险费征收机构可以要求该用人单位提供担保,签订延期缴费协议。

用人单位未足额缴纳社会保险费且未提供担保的,社会保险费征收机构可以申请人民法院扣押、查封、拍卖其价值相当于应当缴纳社会保险费的财产,以拍卖所得抵缴社会保险费。

第八章　社会保险基金

第六十四条 社会保险基金包括基本养老保险基金、基本医疗保险基金、工伤保险基金、失业保险基金和生育保险基金。各项社会保险基金按照社会保险险种分别建账,分账核算,执行国家统一的会计制度。

社会保险基金专款专用,任何组织和个人不得侵占或者挪用。

基本养老保险基金逐步实行全国统筹,其他社会保险基金逐步实行省级统筹,具体时间、步骤由国务院规定。

第六十五条 社会保险基金通过预算实现收支平衡。

县级以上人民政府在社会保险基金出现支付不足时,给予补贴。

第六十六条　社会保险基金按照统筹层次设立预算。社会保险基金预算按照社会保险项目分别编制。

第六十七条　社会保险基金预算、决算草案的编制、审核和批准，依照法律和国务院规定执行。

第六十八条　社会保险基金存入财政专户，具体管理办法由国务院规定。

第六十九条　社会保险基金在保证安全的前提下，按照国务院规定投资运营实现保值增值。

社会保险基金不得违规投资运营，不得用于平衡其他政府预算，不得用于兴建、改建办公场所和支付人员经费、运行费用、管理费用，或者违反法律、行政法规规定挪作其他用途。

第七十条　社会保险经办机构应当定期向社会公布参加社会保险情况以及社会保险基金的收入、支出、结余和收益情况。

第七十一条　国家设立全国社会保障基金，由中央财政预算拨款以及国务院批准的其他方式筹集的资金构成，用于社会保障支出的补充、调剂。全国社会保障基金由全国社会保障基金管理运营机构负责管理运营，在保证安全的前提下实现保值增值。

全国社会保障基金应当定期向社会公布收支、管理和投资运营的情况。国务院财政部门、社会保险行政部门、审计机关对全国社会保障基金的收支、管理和投资运营情况实施监督。

第九章　社会保险经办

第七十二条　统筹地区设立社会保险经办机构。社会保险经办机构根据工作需要，经所在地的社会保险行政部门和机构编制管理机关批准，可以在本统筹地区设立分支机构和服务网点。

社会保险经办机构的人员经费和经办社会保险发生的基本运行费用、管理费用，由同级财政按照国家规定予以保障。

第七十三条　社会保险经办机构应当建立健全业务、财务、安全和风险管理制度。

社会保险经办机构应当按时足额支付社会保险待遇。

第七十四条　社会保险经办机构通过业务经办、统计、调查获取社会保险工作所需的数据，有关单位和个人应当及时、如实提供。

社会保险经办机构应当及时为用人单位建立档案，完整、准确地记录参加社会保险的人员、缴费等社会保险数据，妥善保管登记、申报的原始凭证和支付结算的会计凭证。

社会保险经办机构应当及时、完整、准确地记录参加社会保险的个人缴费和用人单位为其缴费，以及享受社会保险待遇等个人权益记录，定期将个人权益记录单免费寄送本人。

用人单位和个人可以免费向社会保险经办机构查询、核对其缴费和享受社会保险待遇记录，要求社会保险经办机构提供社会保险咨询等相关服务。

第七十五条 全国社会保险信息系统按照国家统一规划，由县级以上人民政府按照分级负责的原则共同建设。

第十章　社会保险监督

第七十六条 各级人民代表大会常务委员会听取和审议本级人民政府对社会保险基金的收支、管理、投资运营以及监督检查情况的专项工作报告，组织对本法实施情况的执法检查等，依法行使监督职权。

第七十七条 县级以上人民政府社会保险行政部门应当加强对用人单位和个人遵守社会保险法律、法规情况的监督检查。

社会保险行政部门实施监督检查时，被检查的用人单位和个人应当如实提供与社会保险有关的资料，不得拒绝检查或者谎报、瞒报。

第七十八条 财政部门、审计机关按照各自职责，对社会保险基金的收支、管理和投资运营情况实施监督。

第七十九条 社会保险行政部门对社会保险基金的收支、管理和投资运营情况进行监督检查，发现存在问题的，应当提出整改建议，依法作出处理决定或者向有关行政部门提出处理建议。社会保险基金检查结果应当定期向社会公布。

社会保险行政部门对社会保险基金实施监督检查，有权采取下列措施：

（一）查阅、记录、复制与社会保险基金收支、管理和投资运营相关的资料，对可能被转移、隐匿或者灭失的资料予以封存；

（二）询问与调查事项有关的单位和个人，要求其对与调查事项有关的问题作出说明、提供有关证明材料；

（三）对隐匿、转移、侵占、挪用社会保险基金的行为予以制止并责令改正。

第八十条 统筹地区人民政府成立由用人单位代表、参保人员代表，以及工会代表、专家等组成的社会保险监督委员会，掌握、分析社会保险基金的收支、管理和投资运营情况，对社会保险工作提出咨询意见和建议，实施社会监督。

社会保险经办机构应当定期向社会保险监督委员会汇报社会保险基金的收支、管理和投资运营情况。社会保险监督委员会可以聘请会计师事务所对社会保险基金的收支、管理和投资运营情况进行年度审计和专项审计。审计结果应当向社会公开。

社会保险监督委员会发现社会保险基金收支、管理和投资运营中存在问题的，有权提出改正建议；对社会保险经办机构及其工作人员的违法行为，有权向有关部门提出依法处理建议。

第八十一条　社会保险行政部门和其他有关行政部门、社会保险经办机构、社会保险费征收机构及其工作人员,应当依法为用人单位和个人的信息保密,不得以任何形式泄露。

第八十二条　任何组织或者个人有权对违反社会保险法律、法规的行为进行举报、投诉。

社会保险行政部门、卫生行政部门、社会保险经办机构、社会保险费征收机构和财政部门、审计机关对属于本部门、本机构职责范围的举报、投诉,应当依法处理;对不属于本部门、本机构职责范围的,应当书面通知并移交有权处理的部门、机构处理。有权处理的部门、机构应当及时处理,不得推诿。

第八十三条　用人单位或者个人认为社会保险费征收机构的行为侵害自己合法权益的,可以依法申请行政复议或者提起行政诉讼。

用人单位或者个人对社会保险经办机构不依法办理社会保险登记、核定社会保险费、支付社会保险待遇、办理社会保险转移接续手续或者侵害其他社会保险权益的行为,可以依法申请行政复议或者提起行政诉讼。

个人与所在用人单位发生社会保险争议的,可以依法申请调解、仲裁,提起诉讼。用人单位侵害个人社会保险权益的,个人也可以要求社会保险行政部门或者社会保险费征收机构依法处理。

第十一章　法律责任

第八十四条　用人单位不办理社会保险登记的,由社会保险行政部门责令限期改正;逾期不改正的,对用人单位处应缴社会保险费数额一倍以上三倍以下的罚款,对其直接负责的主管人员和其他直接责任人员处五百元以上三千元以下的罚款。

第八十五条　用人单位拒不出具终止或者解除劳动关系证明的,依照《中华人民共和国劳动合同法》的规定处理。

第八十六条　用人单位未按时足额缴纳社会保险费的,由社会保险费征收机构责令限期缴纳或者补足,并自欠缴之日起,按日加收万分之五的滞纳金;逾期仍不缴纳的,由有关行政部门处欠缴数额一倍以上三倍以下的罚款。

第八十七条　社会保险经办机构以及医疗机构、药品经营单位等社会保险服务机构以欺诈、伪造证明材料或者其他手段骗取社会保险基金支出的,由社会保险行政部门责令退回骗取的社会保险金,处骗取金额二倍以上五倍以下的罚款;属于社会保险服务机构的,解除服务协议;直接负责的主管人员和其他直接责任人员有执业资格的,依法吊销其执业资格。

第八十八条　以欺诈、伪造证明材料或者其他手段骗取社会保险待遇的,由社会保险行政部门责令退回骗取的社会保险金,处骗取金额二倍以上五倍以下的罚款。

第八十九条 社会保险经办机构及其工作人员有下列行为之一的,由社会保险行政部门责令改正;给社会保险基金、用人单位或者个人造成损失的,依法承担赔偿责任;对直接负责的主管人员和其他直接责任人员依法给予处分:

(一)未履行社会保险法定职责的;

(二)未将社会保险基金存入财政专户的;

(三)克扣或者拒不按时支付社会保险待遇的;

(四)丢失或者篡改缴费记录、享受社会保险待遇记录等社会保险数据、个人权益记录的;

(五)有违反社会保险法律、法规的其他行为的。

第九十条 社会保险费征收机构擅自更改社会保险费缴费基数、费率,导致少收或者多收社会保险费的,由有关行政部门责令其追缴应当缴纳的社会保险费或者退还不应当缴纳的社会保险费;对直接负责的主管人员和其他直接责任人员依法给予处分。

第九十一条 违反本法规定,隐匿、转移、侵占、挪用社会保险基金或者违规投资运营的,由社会保险行政部门、财政部门、审计机关责令追回;有违法所得的,没收违法所得;对直接负责的主管人员和其他直接责任人员依法给予处分。

第九十二条 社会保险行政部门和其他有关行政部门、社会保险经办机构、社会保险费征收机构及其工作人员泄露用人单位和个人信息的,对直接负责的主管人员和其他直接责任人员依法给予处分;给用人单位或者个人造成损失的,应当承担赔偿责任。

第九十三条 国家工作人员在社会保险管理、监督工作中滥用职权、玩忽职守、徇私舞弊的,依法给予处分。

第九十四条 违反本法规定,构成犯罪的,依法追究刑事责任。

第十二章 附 则

第九十五条 进城务工的农村居民依照本法规定参加社会保险。

第九十六条 征收农村集体所有的土地,应当足额安排被征地农民的社会保险费,按照国务院规定将被征地农民纳入相应的社会保险制度。

第九十七条 外国人在中国境内就业的,参照本法规定参加社会保险。

第九十八条 本法自 2011 年 7 月 1 日起施行。

实施《中华人民共和国社会保险法》若干规定

发文机关:人力资源和社会保障部　　文号:人力资源和社会保障部令第 13 号
发文日期:2011 年 6 月 29 日　　　　生效日期:2011 年 7 月 1 日

为了实施《中华人民共和国社会保险法》(以下简称社会保险法),制定本规定。

第一章　关于基本养老保险

第一条　社会保险法第十五条规定的统筹养老金,按照国务院规定的基础养老金计发办法计发。

第二条　参加职工基本养老保险的个人达到法定退休年龄时,累计缴费不足十五年的,可以延长缴费至满十五年。社会保险法实施前参保、延长缴费五年后仍不足十五年的,可以一次性缴费至满十五年。

第三条　参加职工基本养老保险的个人达到法定退休年龄后,累计缴费不足十五年(含依照第二条规定延长缴费)的,可以申请转入户籍所在地新型农村社会养老保险或者城镇居民社会养老保险,享受相应的养老保险待遇。

参加职工基本养老保险的个人达到法定退休年龄后,累计缴费不足十五年(含依照第二条规定延长缴费),且未转入新型农村社会养老保险或者城镇居民社会养老保险的,个人可以书面申请终止职工基本养老保险关系。社会保险经办机构收到申请后,应当书面告知其转入新型农村社会养老保险或者城镇居民社会养老保险的权利以及终止职工基本养老保险关系的后果,经本人书面确认后,终止其职工基本养老保险关系,并将个人账户储存额一次性支付给本人。

第四条　参加职工基本养老保险的个人跨省流动就业,达到法定退休年龄时累计缴费不足十五年的,按照《国务院办公厅关于转发人力资源社会保障部财政部城镇企业职工基本养老保险关系转移接续暂行办法的通知》(国办发〔2009〕66 号)有关待遇领取地的规定确定继续缴费地后,按照本规定第二条办理。

第五条　参加职工基本养老保险的个人跨省流动就业,符合按月领取基本养老金条件时,基本养老金分段计算、统一支付的具体办法,按照《国务院办公厅关于转发人力资源社会保障部财政部城镇企业职工基本养老保险关系转移接续暂行办法的通知》(国办发〔2009〕66 号)执行。

第六条　职工基本养老保险个人账户不得提前支取。个人在达到法定的领取基本养老金条件前离境定居的,其个人账户予以保留,达到法定领取条件时,按照国家规定享受相应的养老保险待遇。其中,丧失中华人民共和国国籍的,可以在其离境时或者离境后书面申请终止职工基本养老保险关系。社会保险经办机构收到申请后,应当书面告知其保留个人账户的权利以及终止职工基本养老保险关系的后果,经本人书面确认后,终止其职工基本养老保险关系,并将个人账户储存额一次性支付给本人。

参加职工基本养老保险的个人死亡后,其个人账户中的余额可以全部依法继承。

第二章　关于基本医疗保险

第七条　社会保险法第二十七条规定的退休人员享受基本医疗保险待遇的缴费年限按照各地规定执行。

参加职工基本医疗保险的个人,基本医疗保险关系转移接续时,基本医疗保险缴费年限累计计算。

第八条　参保人员在协议医疗机构发生的医疗费用,符合基本医疗保险药品目录、诊疗项目、医疗服务设施标准的,按照国家规定从基本医疗保险基金中支付。

参保人员确需急诊、抢救的,可以在非协议医疗机构就医;因抢救必须使用的药品可以适当放宽范围。参保人员急诊、抢救的医疗服务具体管理办法由统筹地区根据当地实际情况制定。

第三章　关于工伤保险

第九条　职工(包括非全日制从业人员)在两个或者两个以上用人单位同时就业的,各用人单位应当分别为职工缴纳工伤保险费。职工发生工伤,由职工受到伤害时工作的单位依法承担工伤保险责任。

第十条　社会保险法第三十七条第二项中的醉酒标准,按照《车辆驾驶人员血液、呼气酒精含量阈值与检验》(GB19522－2004)执行。公安机关交通管理部门、医疗机构等有关单位依法出具的检测结论、诊断证明等材料,可以作为认定醉酒的依据。

第十一条　社会保险法第三十八条第八项中的因工死亡补助金是指《工伤保险条例》第三十九条的一次性工亡补助金,标准为工伤发生时上一年度全国城镇居民人均可支配收入的20倍。

上一年度全国城镇居民人均可支配收入以国家统计局公布的数据为准。

第十二条　社会保险法第三十九条第一项治疗工伤期间的工资福利,按照《工伤保险条例》第三十三条有关职工在停工留薪期内应当享受的工资福利和护理等待遇的规定执行。

第四章　　关于失业保险

第十三条　失业人员符合社会保险法第四十五条规定条件的,可以申请领取失业保险金并享受其他失业保险待遇。其中,非因本人意愿中断就业包括下列情形:

(一)依照劳动合同法第四十四条第一项、第四项、第五项规定终止劳动合同的;

(二)由用人单位依照劳动合同法第三十九条、第四十条、第四十一条规定解除劳动合同的;

(三)用人单位依照劳动合同法第三十六条规定向劳动者提出解除劳动合同并与劳动者协商一致解除劳动合同的;

(四)由用人单位提出解除聘用合同或者被用人单位辞退、除名、开除的;

(五)劳动者本人依照劳动合同法第三十八条规定解除劳动合同的;

(六)法律、法规、规章规定的其他情形。

第十四条　失业人员领取失业保险金后重新就业的,再次失业时,缴费时间重新计算。失业人员因当期不符合失业保险金领取条件的,原有缴费时间予以保留,重新就业并参保的,缴费时间累计计算。

第十五条　失业人员在领取失业保险金期间,应当积极求职,接受职业介绍和职业培训。失业人员接受职业介绍、职业培训的补贴由失业保险基金按照规定支付。

第五章　　关于基金管理和经办服务

第十六条　社会保险基金预算、决算草案的编制、审核和批准,依照《国务院关于试行社会保险基金预算的意见》(国发〔2010〕2号)的规定执行。

第十七条　社会保险经办机构应当每年至少一次将参保人员个人权益记录单通过邮寄方式寄送本人。同时,社会保险经办机构可以通过手机短信或者电子邮件等方式向参保人员发送个人权益记录。

第十八条　社会保险行政部门、社会保险经办机构及其工作人员应当依法为用人单位和个人的信息保密,不得违法向他人泄露下列信息:

(一)涉及用人单位商业秘密或者公开后可能损害用人单位合法利益的信息;

(二)涉及个人权益的信息。

第六章　　关于法律责任

第十九条　用人单位在终止或者解除劳动合同时拒不向职工出具终止或者解除劳动关系证明,导致职工无法享受社会保险待遇的,用人单位应当依法承担赔偿责任。

第二十条　职工应当缴纳的社会保险费由用人单位代扣代缴。用人单位未依法代扣代缴的,由社会保险费征收机构责令用人单位限期代缴,并自欠缴之日起向用人单位按日加收万分之五的滞纳金。用人单位不得要求职工承担滞纳金。

第二十一条　用人单位因不可抗力造成生产经营出现严重困难的,经省级人民政府社会保险行政部门批准后,可以暂缓缴纳一定期限的社会保险费,期限一般不超过一年。暂缓缴费期间,免收滞纳金。到期后,用人单位应当缴纳相应的社会保险费。

第二十二条　用人单位按照社会保险法第六十三条的规定,提供担保并与社会保险费征收机构签订缓缴协议的,免收缓缴期间的滞纳金。

第二十三条　用人单位按照本规定第二十一条、第二十二条缓缴社会保险费期间,不影响其职工依法享受社会保险待遇。

第二十四条　用人单位未按月将缴纳社会保险费的明细情况告知职工本人的,由社会保险行政部门责令改正;逾期不改的,按照《劳动保障监察条例》第三十条的规定处理。

第二十五条　医疗机构、药品经营单位等社会保险服务机构以欺诈、伪造证明材料或者其他手段骗取社会保险基金支出的,由社会保险行政部门责令退回骗取的社会保险金,处骗取金额二倍以上五倍以下的罚款。对与社会保险经办机构签订服务协议的医疗机构、药品经营单位,由社会保险经办机构按照协议追究责任,情节严重的,可以解除与其签订的服务协议。对有执业资格的直接负责的主管人员和其他直接责任人员,由社会保险行政部门建议授予其执业资格的有关主管部门依法吊销其执业资格。

第二十六条　社会保险经办机构、社会保险费征收机构、社会保险基金投资运营机构、开设社会保险基金专户的机构和专户管理银行及其工作人员有下列违法情形的,由社会保险行政部门按照社会保险法第九十一条的规定查处:

(一)将应征和已征的社会保险基金,采取隐藏、非法放置等手段,未按规定征缴、入账的;

(二)违规将社会保险基金转入社会保险基金专户以外的账户的;

(三)侵吞社会保险基金的;

(四)将各项社会保险基金互相挤占或者其他社会保障基金挤占社会保险基金的;

(五)将社会保险基金用于平衡财政预算,兴建、改建办公场所和支付人员经费、运行费用、管理费用的;

(六)违反国家规定的投资运营政策的。

第七章　其　他

第二十七条　职工与所在用人单位发生社会保险争议的,可以依照《中华人民共和国劳动争议调解仲裁法》、《劳动人事争议仲裁办案规则》的规定,申请调解、仲裁,提起诉讼。

职工认为用人单位有未按时足额为其缴纳社会保险费等侵害其社会保险权益行为的,也可以要求社会保险行政部门或者社会保险费征收机构依法处理。社会保险行政部门或者社会保险费征收机构应当按照社会保险法和《劳动保障监察条例》等相关规定处理。在处理过程中,用人单位对双方的劳动关系提出异议的,社会保险行政部门应当依法查明相关事实后继续处理。

第二十八条 在社会保险经办机构征收社会保险费的地区,社会保险行政部门应当依法履行社会保险法第六十三条所规定的有关行政部门的职责。

第二十九条 2011 年 7 月 1 日后对用人单位未按时足额缴纳社会保险费的处理,按照社会保险法和本规定执行;对 2011 年 7 月 1 日前发生的用人单位未按时足额缴纳社会保险费的行为,按照国家和地方人民政府的有关规定执行。

第三十条 本规定自 2011 年 7 月 1 日起施行。

浙江省失业保险条例

发文机关：浙江省人大常委会　　文号：浙江省第十届人大常委会公告第3号

发文日期：2003年9月4日　　生效日期：2004年1月1日

第一章　总　则

第一条　为了保障失业人员失业期间的基本生活，促进其再就业，根据《中华人民共和国劳动法》、《失业保险条例》、《社会保险费征缴暂行条例》等有关法律、法规的规定，结合本省实际，制定本条例。

第二条　在本省行政区域内的所有企业、事业单位、社会团体、民办非企业单位、有雇工的城镇个体工商户及与其形成劳动关系的职工、雇工，应当依照本条例规定参加失业保险。

国家机关及与其形成劳动关系的合同制职工依照本条例规定参加失业保险。

第三条　县级以上地方各级人民政府应当加强对失业保险工作的领导，保证失业保险基金的征集和失业保险待遇的给付，把失业保险事业纳入本地区国民经济与社会发展计划。

第四条　县级以上人民政府劳动和社会保障行政部门（以下称劳动保障行政部门）主管本行政区域内的失业保险工作。劳动保障行政部门按照国家规定设立的失业保险经办机构（以下称经办机构）具体承办失业保险工作。

政府其他有关职能部门和工会等组织应当按照各自职责，共同做好失业保险工作。

第五条　失业保险费由地方税务部门依法征缴。

第二章　失业保险基金

第六条　失业保险基金由下列各项组成：

（一）企业、国家机关、事业单位、社会团体、民办非企业单位、有雇工的城镇个体工商户（以下统称用人单位）和职工、雇工（以下统称职工）缴纳的失业保险费；

（二）失业保险基金的利息等增值收入；

（三）财政补贴；

（四）失业保险费的滞纳金；

（五）社会捐赠；

（六）依法纳入失业保险基金的其他资金。

第七条 失业保险基金由设区的市本级、县（市）分别统筹。

设区的市人民政府可以决定实行全市一级统筹。

第八条 建立省级失业保险调剂金制度。省级失业保险调剂金按照统筹地区依法应当征收的失业保险费为基数，按照规定比例筹集，由各级国库划解省级失业保险调剂金财政专户。

统筹地区的失业保险基金收不抵支时，收不抵支的差额部分由省级失业保险调剂金和统筹地区财政按照规定比例予以调剂和补贴。

省级失业保险调剂金筹集、管理和使用的具体办法，由省人民政府规定。

第九条 失业保险基金用于下列支出：

（一）失业保险金；

（二）领取失业保险金期间的医疗补助金；

（三）领取失业保险金期间死亡的失业人员的丧葬补助金和由其供养的配偶、直系亲属的抚恤金；

（四）职业培训、职业介绍等促进再就业的补贴；

（五）国家规定可以开支的其他费用。

用于前款第（四）项促进再就业补贴的经费不超过当年筹集的失业保险基金总额的百分之二十，具体使用办法由省人民政府规定。

第十条 失业保险基金必须存入财政部门开设的社会保障基金财政专户，实行收支两条线管理，由财政部门依法进行监督。

存入银行和按国家规定购买国债的失业保险基金，分别按照不低于城乡居民同期存款利率和国债利息计息，利息并入失业保险基金。

失业保险基金专款专用，任何单位和个人不得挪作他用，不得用于平衡财政收支。

第十一条 失业保险基金免征税、费。

第三章 失业保险费征缴

第十二条 用人单位应当按照《社会保险费征缴暂行条例》的规定，向经办机构办理失业保险登记。

用人单位在办理税务登记的同时，向地方税务部门办理失业保险缴费登记手续。

用人单位的失业保险登记事项发生变更或者用人单位依法终止的，应当按照规定到经办机构办理变更或者注销登记。

经办机构应当将登记、变更、注销登记的情况及时告知地方税务部门。

第十三条 企业、事业单位、社会团体、民办非企业单位、城镇个体工商户，按照本单位全部职工工资总额的百分之二缴纳失业保险费;国家机关按照本单位劳动合同制职工工资总额的百分之二缴纳失业保险费。

职工个人按照本人工资的百分之一缴纳失业保险费,其中农民合同制职工本人不缴纳失业保险费。

省人民政府根据本省失业保险基金收支情况及社会基本生活费用水平等因素,经国务院批准,可以适当调整失业保险费的费率。

第十四条 用人单位必须按月向经办机构和地方税务部门申报应缴纳的失业保险费数额,经经办机构会同地方税务部门核定后,在规定的期限内向地方税务部门缴纳失业保险费。

职工个人缴纳的失业保险费,由用人单位从职工工资中代为扣缴。

第十五条 用人单位缴纳的失业保险费,列入管理费用。

职工个人缴纳的失业保险费不计入个人所得税的应纳税所得额。

第十六条 用人单位伪造、变造、故意毁灭账册、材料,或者不设账册,致使应当缴纳的失业保险费无法确定的,地方税务部门按照该单位上月缴费数额的百分之一百一十确定。没有上月缴费数额的,根据该单位的相应行业、职工人数等有关情况,按照规定确定应缴数额。

第十七条 失业保险费应当以货币形式全额缴纳,不得减免,不得以实物或者其他形式抵缴。

第十八条 用人单位分立、合并的,由分立、合并后的用人单位继续缴纳失业保险费。

第十九条 用人单位依法破产、解散或者被撤销的,清算组织或者主管机关应当通知用人单位所在地经办机构和地方税务部门。用人单位欠缴的失业保险费及其利息、滞纳金,按照第一顺序清偿。

第二十条 用人单位应当每年向职工公布本单位及职工个人失业保险费缴纳情况,并向职工本人出具缴费证明,接受职工查询和监督。

职工与用人单位解除或者终止劳动关系的,用人单位应当同时向职工出具单位及本人缴费证明。

职工有权到经办机构查询用人单位及本人失业保险费缴纳情况,经办机构应当及时提供。

第四章 失业保险待遇

第二十一条 同时具备下列条件的失业人员,按照本条例规定领取失业保险金,并享受其他失业保险待遇:

(一)用人单位和本人已按照规定履行缴费义务满一年的;

（二）非因本人意愿中断就业的；

（三）已依法定程序办理失业登记的；

（四）有求职要求，愿意接受职业培训、职业介绍的。

第二十二条 失业人员每月领取失业保险金的标准，由设区的市根据省人民政府确定的企业最低工资的百分之七十至百分之八十确定。

第二十三条 失业人员享受失业保险待遇的期限（以下称享受待遇期限），根据本人及其失业前所在单位累计缴纳失业保险费的时间（以下称缴费时间）确定：

（一）缴费时间不满一年的，不领取失业保险金；

（二）缴费时间满一年的，领取二个月失业保险金；

（三）缴费时间一年以上的，一年以上的部分，每满八个月增发一个月失业保险金，余数超过四个月不满八个月的，按照八个月计算，但享受待遇期限最长不超过二十四个月。

第二十四条 失业人员在享受待遇期限内，参加基本医疗保险或者大病医疗保险的，可以向经办机构提出补助申请，经核实，按照其每个月失业保险金的百分之十享受失业人员医疗补助金，补助金随失业保险金按月发放。

失业人员在享受待遇期限内，未参加基本医疗保险或者大病医疗保险的，按照本人每个月失业保险金的百分之五享受失业人员医疗补助金，补助金随失业保险金按月发放。失业人员因患病住院，负担医疗费确有困难的，本人或者其亲属可以向经办机构提出补助申请，经核实，给予一次性的医疗费补助，补助的最高限额不超过其医疗费的百分之五十，具体标准由当地人民政府规定。

符合计划生育规定，在享受待遇期限内或者享受待遇期满后的失业期间生育子女的，可以一次性领取相当于本人三个月失业保险金的补助，在医疗补助金中列支。

第二十五条 失业人员在享受待遇期限内死亡的，参照当地在职职工丧葬补助抚恤标准，对其家属一次性发给丧葬补助金和抚恤金，其当月未领取的失业保险金由其家属领取。

第二十六条 失业人员在享受待遇期限内，免费享受公益性职业介绍机构、人才交流服务机构提供的求职登记、职业咨询、职业介绍、档案保管等服务，并可以按规定参加减免费的职业培训。

职业介绍或者培训机构、人才市场中介组织为失业人员免费提供服务的，经办机构给予适当补贴。具体补贴办法由统筹地区人民政府规定。

第二十七条 农民合同制职工连续工作满一年，其用人单位已按照规定缴纳失业保险费，劳动合同期满未续订或者提前解除劳动合同的，由经办机构对其支付一次性生活补助。一次性生活补助按照不低于相同缴费时间的城镇职工可以享受失业保险金总额的百分之四十确定。补助的具体办法和标准，由统筹地区人民政府规定。

第二十八条 失业保险金计入失业人员的家庭收入。失业人员的家庭人均收入低于当地最低生活保障标准的,可以申请享受最低生活保障待遇。

第五章　申领和发放

第二十九条　用人单位应当及时为失业人员出具终止或者解除劳动关系的证明,告知其按照规定享受失业保险待遇的权利,并将失业人员的名单、档案等资料自终止或者解除劳动关系之日起七日内报送当地经办机构。

失业人员档案由公益性职业介绍机构、人才交流服务机构代管的,代管机构应当自收到用人单位出具的终止或者解除劳动关系证明之日起七日内,将失业人员的有关证明材料报送当地经办机构。

第三十条　失业人员应当自终止或者解除劳动关系之日起六十日内,持用人单位出具的终止或者解除劳动关系的证明,到当地经办机构办理失业登记,经办机构应当在七日内予以审核,并从核准的次月起开始发放失业保险金。

失业人员办理失业登记后,应当参加职业培训,开展求职活动,并按月到经办机构接受失业状态确认和就业指导。

第三十一条　失业人员领取失业保险金,须凭经办机构开具的单证,到指定银行按月领取,但其享受待遇期限不超过二个月的,可以一次性领取。

第三十二条　失业人员原用人单位与户籍不在同一统筹地区的,可以选择在原用人单位所在地或者户籍所在地享受失业保险待遇。选择在户籍所在地享受失业保险待遇的,经办机构应当按照规定办理失业保险关系转移手续。失业保险待遇按照户籍所在地的标准执行,由户籍所在地经办机构按照规定发放。

第三十三条　失业人员再次就业后,缴费时间重新计算。失业人员前次失业的享受待遇期限有剩余的,应当与重新就业、缴费后的享受待遇期限合并计算。合并后的享受待遇期限不得超过二十四个月。

失业人员在享受待遇期限内重新就业的,应当在就业之日起十五日内,到原经办机构办理停止享受失业保险待遇手续。

第三十四条　失业人员失业前三年内,在同一统筹地区有二次以上短期就业,每次就业缴费时间不满一年,但累计后满一年的,应当予以累计,并根据累计后的缴费时间按照本条例第二十三条规定确定其享受待遇期限。

第三十五条　失业人员在享受待遇期限内,有下列情形之一的,停止享受失业保险待遇:

(一)享受基本养老保险待遇的;

(二)重新就业的;

(三)应征服兵役的;

(四)移居境外的;

（五）被判刑收监执行或者被劳动教养的；

（六）有法律、行政法规规定的其他情形的。

前款规定的有关情形消除后，本人处于失业状态，且符合本条例规定条件的，可以申请享受失业保险待遇，但法律、法规另有规定的除外。

第三十六条 失业人员在享受待遇期限内，无正当理由，累计三次拒不接受经办机构或者公益性职业介绍机构介绍工作的，停止享受失业保险待遇。其剩余的享受待遇期限应当按照本条例第三十三条规定与重新就业、缴费后的享受待遇期限合并计算。

第六章　管理和监督

第三十七条 劳动保障行政部门履行下列职责：

（一）贯彻实施有关失业保险的法律、法规和政策；

（二）拟定失业保险事业发展规划；

（三）拟定失业保险基金预算、决算草案；

（四）指导经办机构开展失业保险业务；

（五）对失业保险基金的筹集、使用和管理依法进行监督检查；

（六）对失业保险基金承受能力进行风险预测；

（七）法律、法规和省人民政府规定的其他职责。

第三十八条 经办机构具体办理失业保险事务，履行下列职责：

（一）负责办理失业保险登记；

（二）会同地方税务部门核定用人单位和职工应缴纳的失业保险费；

（三）负责用人单位和职工个人缴费档案的建立、管理和缴费记录工作；

（四）审核参保人员享受失业保险待遇的资格，审定并支付失业保险待遇；

（五）开展对失业人员的求职指导、职业技能培训、职业介绍等促进再就业工作；

（六）开展失业保险调查、宣传和咨询服务工作；

（七）法律、法规和省人民政府规定的其他职责。

第三十九条 地方税务部门依法对用人单位缴费情况进行检查。被检查单位应当如实提供职工名册、工资发放表、财务会计账册等有关资料，不得拒绝、隐瞒。

第四十条 县级以上审计部门依法对失业保险基金的筹集、管理和使用情况进行审计监督。

第四十一条 各级工会组织有权监督用人单位按照规定缴纳失业保险费，对失业保险基金的收支、管理、使用情况提出意见和建议。

第四十二条 区、镇、乡人民政府、街道办事处，受经办机构委托，可以按照本条例的规定办理有关失业保险事务。

第四十三条　经办机构开展失业保险和促进就业工作所需经费及地方税务部门征收失业保险费所需经费列入预算,由同级财政拨付。

第七章　法律责任

第四十四条　违反本条例规定,用人单位有下列行为之一的,由劳动保障行政部门责令限期改正;逾期未改正的,处一千元以下的罚款:

(一)未按照规定向职工出具单位及本人缴费证明的;

(二)未按照规定出具解除、终止劳动关系证明的;

(三)拒绝职工查询失业保险费缴纳情况的。

用人单位因前款规定情形,造成失业人员失业保险待遇损失的,应当承担赔偿责任。

第四十五条　违反本条例规定,用人单位未依法办理失业保险登记、变更登记或者注销登记的,或者未按照规定期限申报应缴纳的失业保险费的,由地方税务部门或者劳动保障行政部门责令限期改正;情节严重的,对直接负责的主管人员和其他直接责任人员可以处一千元以上五千元以下的罚款;情节特别严重的,对直接负责的主管人员和其他直接责任人员可以处五千元以上一万元以下的罚款。

第四十六条　用人单位迟延缴纳失业保险费的,由地方税务部门或者劳动保障行政部门责令限期缴纳,按日加收欠缴费额千分之二的滞纳金,并对直接负责的主管人员和其他直接责任人员处五千元以上二万元以下的罚款;逾期拒不缴纳的,地方税务部门可以依法采取保全措施或者强制征收措施,对用人单位处不缴或者欠缴费额百分之五十以上二倍以下的罚款。

第四十七条　因用人单位不按照规定参加失业保险、不按照规定缴纳失业保险费等原因,造成失业人员不能按照规定享受失业保险待遇、农民合同制职工不能按照规定享受一次性生活补助的,用人单位应当按照其失业保险待遇损失或者一次性生活补助损失总额的二倍给予赔偿。

第四十八条　不符合享受条件而享受失业保险待遇、一次性生活补助的,由经办机构责令退还;以欺骗手段获取失业保险待遇、一次性生活补助的,由劳动保障行政部门责令限期退还,并处骗取金额一倍以上三倍以下的罚款。

第四十九条　劳动保障、财政、地方税务部门、经办机构或者其他依法办理失业保险事务机构及其工作人员,有下列行为之一的,由同级人民政府或者有关部门责令改正;造成失业保险基金损失的,责令追回;构成犯罪的,依法追究刑事责任;尚不构成犯罪的,对直接负责的主管人员和其他直接责任人员给予行政处分:

(一)未按照规定筹集、使用和管理失业保险基金的;

(二)挪用、截留、侵占失业保险基金的;

（三）擅自减免或者增加用人单位及职工的失业保险费征缴数额的；

（四）擅自拖欠、减发或者增发失业保险金及其他失业保险待遇的；

（五）其他违反本条例规定的行为。

第五十条　职工与用人单位或者失业人员与原用人单位因失业保险事项发生争议的，按劳动争议处理。

第八章　附　则

第五十一条　本条例自 2004 年 1 月 1 日起施行。1995 年 8 月 19 日浙江省第八届人民代表大会常务委员会第二十一次会议通过的《浙江省职工失业保险条例》同时废止。

关于《浙江省失业保险条例》
实施中若干具体操作问题的通知

发文机关：浙江省劳动和社会保障厅、浙江省财政厅、浙江省人事厅、浙江省民政厅

文号：浙劳社就〔2003〕243 号

发文日期：2003 年 12 月 31 日　　　　生效日期：2004 年 1 月 1 日

各市、县（市、区）人民政府，省直各有关单位：

经省政府同意，现就《浙江省失业保险条例》（以下简称《条例》）实施中若干具体操作问题通知如下：

一、关于非因本人意愿中断就业界定问题

劳动者非因本人意愿中断就业具体包括下列情形：

（一）终止劳动合同的；

（二）被用人单位解除劳动合同的；

（三）因用人单位不按规定提供劳动条件，提出解除劳动合同的；

（四）因用人单位以暴力、胁迫或者限制人身自由等手段强迫劳动，提出解除劳动合同的；

（五）因用人单位克扣、拖欠工资，或者不按规定支付延长工作时间劳动报酬，提出解除劳动合同的；

（六）因用人单位低于当地最低工资标准或者集体合同约定的工资标准支付工资，提出解除劳动合同的；

（七）因用人单位扣押身份、资质、资历等证件，提出解除劳动合同的；

（八）因用人单位未依法缴纳社会保险费，提出解除劳动合同的；

（九）法律、法规另有规定的。

二、关于失业保险待遇享受期限问题

缴费时间 1 年以上的，1 年以上的部分，每满 8 个月增发 1 个月失业保险金，余数超过 4 个月（含 4 个月）不满 8 个月的，按照 8 个月计算。

三、关于视作缴费年限的计算问题

（一）事业单位（参照、依照国家公务员制度管理和企业化管理的事业单位除外）及其固定职工从 1999 年 1 月 1 日起参加失业保险，并按时足额缴纳失业保险费的，其固定职工参保前符合国家和省规定的工龄，视同缴费年限。

（二）转业军官（含自谋职业未发月退役金的）、退役士兵就业后，按时足额缴纳失

业保险费满 1 年以上的,凭人事或者民政部门的相关证明,其军龄(含国家规定待分配时间)视同缴费年限。

四、关于医疗补助金问题

(一)失业人员参加基本医疗保险或者大病医疗保险的,不再享受住院医疗费补助。

(二)符合计划生育规定,在享受待遇期限内或者享受待遇期满后的失业期间生育子女的,夫妻双方有一方失业的,失业一方可以领取相当于本人 3 个月失业保险金的补助;夫妻双方均失业的,可以同时领取相当于本人 3 个月失业保险金的补助。

失业人员应当在孩子出生之日起 3 个月内,持本人身份证、失业证及计划生育证明、子女出生证明等材料,到当地失业保险经办机构办理申领手续。

五、关于农民合同制职工一次性生活补助问题

(一)农民合同制职工一次性生活补助的标准,由统筹地区人民政府按照不低于相同缴费时间的城镇职工可以享受失业保险金(不包括医疗等补助金)总额的 40% 确定,并报省劳动保障厅备案。

(二)农民合同制职工户籍转为城镇后失业的,其享受待遇期限应分段计算并相加。即其户籍转为城镇前,按不低于相同缴费时间的城镇职工可以享受失业保险待遇期限的 40% 计算,余数不满 1 个月的,按照 1 个月计算;户籍转为城镇后,从本人缴纳失业保险费之月起,按城镇职工规定计算。合并后的享受期限最长为 24 个月。

(三)农民合同制职工户籍转为城镇后失业的,应按照城镇失业人员进行日常管理。其失业保险金按月发放,并可享受其他失业保险待遇和促进再就业服务。

六、关于失业保险金申领发放问题

(一)对超出《条例》第三十条规定期限登记的失业人员,按下列规定处理:

1.无正当理由的,视同已重新就业;

2.失业人员与用人单位因终止或者解除劳动关系、参加社会保险等产生劳动争议,在申请劳动争议仲裁或者提起诉讼期间,暂缓办理失业登记或者领取失业保险金。待劳动仲裁裁决或者法院审理终结后 60 日内,按规定办理失业登记或者申请领取失业保险金。对超出期限登记的人员,视同已重新就业;

3.因被判刑收监执行或者被劳动教养,而被用人单位解除劳动合同的失业人员,可以在其刑满、假释、劳动教养期满或者解除劳动教养之日起 60 日内,申请领取失业保险金。因被判刑收监执行或者被劳动教养而停止领取失业保险金的,可以在其刑满、假释、劳动教养期满或者解除劳动教养之日起 60 日内申请恢复领取失业保险金。对超出期限登记的人员,视同已重新就业。

(二)2003 年 12 月 31 日前办理失业登记的,其享受失业保险待遇的期限仍按原规定确定;2004 年 1 月 1 日后办理失业登记的,其享受失业保险待遇的期限按照《条例》规定确定。

（三）失业人员无正当理由，连续 2 个月不到经办机构接受失业状态确认和就业指导的，视同已重新就业。

七、关于失业保险关系转迁问题

（一）用人单位成建制跨统筹地区转迁或职工在职期间跨统筹地区转换工作单位的，失业保险关系应随之转迁。其在转出前用人单位和职工个人缴纳的失业保险费不转移。

（二）失业人员失业后需要跨统筹地区转迁失业保险关系的，经办机构应将其享受剩余失业保险待遇所需资金同失业保险关系一并划转至迁入地，并及时通知失业人员到迁入地继续享受失业保险待遇。省内跨统筹地区转迁的，全额划转失业人员应继续享受失业保险金。跨省、自治区、直辖市转迁的，按失业人员应继续享受的失业保险金总额的 150% 划转。

工伤保险条例

发文机关：国务院　　　　　　　文号：国务院令第 586 号
发文日期：2010 年 12 月 20 日　　　生效日期：2011 年 1 月 1 日

第一章　总　则

第一条　为了保障因工作遭受事故伤害或者患职业病的职工获得医疗救治和经济补偿,促进工伤预防和职业康复,分散用人单位的工伤风险,制定本条例。

第二条　中华人民共和国境内的企业、事业单位、社会团体、民办非企业单位、基金会、律师事务所、会计师事务所等组织和有雇工的个体工商户(以下称用人单位)应当依照本条例规定参加工伤保险,为本单位全部职工或者雇工(以下称职工)缴纳工伤保险费。

中华人民共和国境内的企业、事业单位、社会团体、民办非企业单位、基金会、律师事务所、会计师事务所等组织的职工和个体工商户的雇工,均有依照本条例的规定享受工伤保险待遇的权利。

第三条　工伤保险费的征缴按照《社会保险费征缴暂行条例》关于基本养老保险费、基本医疗保险费、失业保险费的征缴规定执行。

第四条　用人单位应当将参加工伤保险的有关情况在本单位内公示。

用人单位和职工应当遵守有关安全生产和职业病防治的法律法规,执行安全卫生规程和标准,预防工伤事故发生,避免和减少职业病危害。

职工发生工伤时,用人单位应当采取措施使工伤职工得到及时救治。

第五条　国务院社会保险行政部门负责全国的工伤保险工作。

县级以上地方各级人民政府社会保险行政部门负责本行政区域内的工伤保险工作。

社会保险行政部门按照国务院有关规定设立的社会保险经办机构(以下称经办机构)具体承办工伤保险事务。

第六条　社会保险行政部门等部门制定工伤保险的政策、标准,应当征求工会组织、用人单位代表的意见。

第二章　工伤保险基金

第七条　工伤保险基金由用人单位缴纳的工伤保险费、工伤保险基金的利息和依法纳入工伤保险基金的其他资金构成。

第八条　工伤保险费根据以支定收、收支平衡的原则,确定费率。

国家根据不同行业的工伤风险程度确定行业的差别费率,并根据工伤保险费使用、工伤发生率等情况在每个行业内确定若干费率档次。行业差别费率及行业内费率档次由国务院社会保险行政部门制定,报国务院批准后公布施行。

统筹地区经办机构根据用人单位工伤保险费使用、工伤发生率等情况,适用所属行业内相应的费率档次确定单位缴费费率。

第九条　国务院社会保险行政部门应当定期了解全国各统筹地区工伤保险基金收支情况,及时提出调整行业差别费率及行业内费率档次的方案,报国务院批准后公布施行。

第十条　用人单位应当按时缴纳工伤保险费。职工个人不缴纳工伤保险费。

用人单位缴纳工伤保险费的数额为本单位职工工资总额乘以单位缴费费率之积。

对难以按照工资总额缴纳工伤保险费的行业,其缴纳工伤保险费的具体方式,由国务院社会保险行政部门规定。

第十一条　工伤保险基金逐步实行省级统筹。

跨地区、生产流动性较大的行业,可以采取相对集中的方式异地参加统筹地区的工伤保险。具体办法由国务院社会保险行政部门会同有关行业的主管部门制定。

第十二条　工伤保险基金存入社会保障基金财政专户,用于本条例规定的工伤保险待遇,劳动能力鉴定,工伤预防的宣传、培训等费用,以及法律、法规规定的用于工伤保险的其他费用的支付。

工伤预防费用的提取比例、使用和管理的具体办法,由国务院社会保险行政部门会同国务院财政、卫生行政、安全生产监督管理等部门规定。

任何单位或者个人不得将工伤保险基金用于投资运营、兴建或者改建办公场所、发放奖金,或者挪作其他用途。

第十三条　工伤保险基金应当留有一定比例的储备金,用于统筹地区重大事故的工伤保险待遇支付;储备金不足支付的,由统筹地区的人民政府垫付。储备金占基金总额的具体比例和储备金的使用办法,由省、自治区、直辖市人民政府规定。

第三章　工伤认定

第十四条　职工有下列情形之一的,应当认定为工伤:

（一）在工作时间和工作场所内,因工作原因受到事故伤害的;

（二）工作时间前后在工作场所内,从事与工作有关的预备性或者收尾性工作受到事故伤害的;

（三）在工作时间和工作场所内,因履行工作职责受到暴力等意外伤害的;

（四）患职业病的;

（五）因工外出期间,由于工作原因受到伤害或者发生事故下落不明的;

（六）在上下班途中,受到非本人主要责任的交通事故或者城市轨道交通、客运轮渡、火车事故伤害的;

（七）法律、行政法规规定应当认定为工伤的其他情形。

第十五条 职工有下列情形之一的,视同工伤:

（一）在工作时间和工作岗位,突发疾病死亡或者在 48 小时之内经抢救无效死亡的;

（二）在抢险救灾等维护国家利益、公共利益活动中受到伤害的;

（三）职工原在军队服役,因战、因公负伤致残,已取得革命伤残军人证,到用人单位后旧伤复发的。

职工有前款第（一）项、第（二）项情形的,按照本条例的有关规定享受工伤保险待遇;职工有前款第（三）项情形的,按照本条例的有关规定享受除一次性伤残补助金以外的工伤保险待遇。

第十六条 职工符合本条例第十四条、第十五条的规定,但是有下列情形之一的,不得认定为工伤或者视同工伤:

（一）故意犯罪的;

（二）醉酒或者吸毒的;

（三）自残或者自杀的。

第十七条 职工发生事故伤害或者按照职业病防治法规定被诊断、鉴定为职业病,所在单位应当自事故伤害发生之日或者被诊断、鉴定为职业病之日起 30 日内,向统筹地区社会保险行政部门提出工伤认定申请。遇有特殊情况,经报社会保险行政部门同意,申请时限可以适当延长。

用人单位未按前款规定提出工伤认定申请的,工伤职工或者其近亲属、工会组织在事故伤害发生之日或者被诊断、鉴定为职业病之日起 1 年内,可以直接向用人单位所在地统筹地区社会保险行政部门提出工伤认定申请。

按照本条第一款规定应当由省级社会保险行政部门进行工伤认定的事项,根据属地原则由用人单位所在地的设区的市级社会保险行政部门办理。

用人单位未在本条第一款规定的时限内提交工伤认定申请,在此期间发生符合本条例规定的工伤待遇等有关费用由该用人单位负担。

第十八条 提出工伤认定申请应当提交下列材料:

（一）工伤认定申请表；

（二）与用人单位存在劳动关系（包括事实劳动关系）的证明材料；

（三）医疗诊断证明或者职业病诊断证明书（或者职业病诊断鉴定书）。

工伤认定申请表应当包括事故发生的时间、地点、原因以及职工伤害程度等基本情况。

工伤认定申请人提供材料不完整的，社会保险行政部门应当一次性书面告知工伤认定申请人需要补正的全部材料。申请人按照书面告知要求补正材料后，社会保险行政部门应当受理。

第十九条 社会保险行政部门受理工伤认定申请后，根据审核需要可以对事故伤害进行调查核实，用人单位、职工、工会组织、医疗机构以及有关部门应当予以协助。职业病诊断和诊断争议的鉴定，依照职业病防治法的有关规定执行。对依法取得职业病诊断证明书或者职业病诊断鉴定书的，社会保险行政部门不再进行调查核实。

职工或者其近亲属认为是工伤，用人单位不认为是工伤的，由用人单位承担举证责任。

第二十条 社会保险行政部门应当自受理工伤认定申请之日起 60 日内作出工伤认定的决定，并书面通知申请工伤认定的职工或者其近亲属和该职工所在单位。

社会保险行政部门对受理的事实清楚、权利义务明确的工伤认定申请，应当在 15 日内作出工伤认定的决定。

作出工伤认定决定需要以司法机关或者有关行政主管部门的结论为依据的，在司法机关或者有关行政主管部门尚未作出结论期间，作出工伤认定决定的时限中止。

社会保险行政部门工作人员与工伤认定申请人有利害关系的，应当回避。

第四章　劳动能力鉴定

第二十一条 职工发生工伤，经治疗伤情相对稳定后存在残疾、影响劳动能力的，应当进行劳动能力鉴定。

第二十二条 劳动能力鉴定是指劳动功能障碍程度和生活自理障碍程度的等级鉴定。

劳动功能障碍分为十个伤残等级，最重的为一级，最轻的为十级。

生活自理障碍分为三个等级：生活完全不能自理、生活大部分不能自理和生活部分不能自理。

劳动能力鉴定标准由国务院社会保险行政部门会同国务院卫生行政部门等部门制定。

第二十三条 劳动能力鉴定由用人单位、工伤职工或者其近亲属向设区的市级劳动能力鉴定委员会提出申请，并提供工伤认定决定和职工工伤医疗的有关资料。

第二十四条　省、自治区、直辖市劳动能力鉴定委员会和设区的市级劳动能力鉴定委员会分别由省、自治区、直辖市和设区的市级社会保险行政部门、卫生行政部门、工会组织、经办机构代表以及用人单位代表组成。

劳动能力鉴定委员会建立医疗卫生专家库。列入专家库的医疗卫生专业技术人员应当具备下列条件：

（一）具有医疗卫生高级专业技术职务任职资格；

（二）掌握劳动能力鉴定的相关知识；

（三）具有良好的职业品德。

第二十五条　设区的市级劳动能力鉴定委员会收到劳动能力鉴定申请后，应当从其建立的医疗卫生专家库中随机抽取 3 名或者 5 名相关专家组成专家组，由专家组提出鉴定意见。设区的市级劳动能力鉴定委员会根据专家组的鉴定意见作出工伤职工劳动能力鉴定结论；必要时，可以委托具备资格的医疗机构协助进行有关的诊断。

设区的市级劳动能力鉴定委员会应当自收到劳动能力鉴定申请之日起 60 日内作出劳动能力鉴定结论，必要时，作出劳动能力鉴定结论的期限可以延长 30 日。劳动能力鉴定结论应当及时送达申请鉴定的单位和个人。

第二十六条　申请鉴定的单位或者个人对设区的市级劳动能力鉴定委员会作出的鉴定结论不服的，可以在收到该鉴定结论之日起 15 日内向省、自治区、直辖市劳动能力鉴定委员会提出再次鉴定申请。省、自治区、直辖市劳动能力鉴定委员会作出的劳动能力鉴定结论为最终结论。

第二十七条　劳动能力鉴定工作应当客观、公正。劳动能力鉴定委员会组成人员或者参加鉴定的专家与当事人有利害关系的，应当回避。

第二十八条　自劳动能力鉴定结论作出之日起 1 年后，工伤职工或者其近亲属、所在单位或者经办机构认为伤残情况发生变化的，可以申请劳动能力复查鉴定。

第二十九条　劳动能力鉴定委员会依照本条例第二十六条和第二十八条的规定进行再次鉴定和复查鉴定的期限，依照本条例第二十五条第二款的规定执行。

第五章　工伤保险待遇

第三十条　职工因工作遭受事故伤害或者患职业病进行治疗，享受工伤医疗待遇。

职工治疗工伤应当在签订服务协议的医疗机构就医，情况紧急时可以先到就近的医疗机构急救。

治疗工伤所需费用符合工伤保险诊疗项目目录、工伤保险药品目录、工伤保险住院服务标准的，从工伤保险基金支付。工伤保险诊疗项目目录、工伤保险药品目录、工伤保险住院服务标准，由国务院社会保险行政部门会同国务院卫生行政部门、食品药品监督管理部门等部门规定。

职工住院治疗工伤的伙食补助费,以及经医疗机构出具证明,报经办机构同意,工伤职工到统筹地区以外就医所需的交通、食宿费用从工伤保险基金支付,基金支付的具体标准由统筹地区人民政府规定。

工伤职工治疗非工伤引发的疾病,不享受工伤医疗待遇,按照基本医疗保险办法处理。

工伤职工到签订服务协议的医疗机构进行工伤康复的费用,符合规定的,从工伤保险基金支付。

第三十一条 社会保险行政部门作出认定为工伤的决定后发生行政复议、行政诉讼的,行政复议和行政诉讼期间不停止支付工伤职工治疗工伤的医疗费用。

第三十二条 工伤职工因日常生活或者就业需要,经劳动能力鉴定委员会确认,可以安装假肢、矫形器、假眼、假牙和配置轮椅等辅助器具,所需费用按照国家规定的标准从工伤保险基金支付。

第三十三条 职工因工作遭受事故伤害或者患职业病需要暂停工作接受工伤医疗的,在停工留薪期内,原工资福利待遇不变,由所在单位按月支付。

停工留薪期一般不超过 12 个月。伤情严重或者情况特殊,经设区的市级劳动能力鉴定委员会确认,可以适当延长,但延长不得超过 12 个月。工伤职工评定伤残等级后,停发原待遇,按照本章的有关规定享受伤残待遇。工伤职工在停工留薪期满后仍需治疗的,继续享受工伤医疗待遇。

生活不能自理的工伤职工在停工留薪期需要护理的,由所在单位负责。

第三十四条 工伤职工已经评定伤残等级并经劳动能力鉴定委员会确认需要生活护理的,从工伤保险基金按月支付生活护理费。

生活护理费按照生活完全不能自理、生活大部分不能自理或者生活部分不能自理 3 个不同等级支付,其标准分别为统筹地区上年度职工月平均工资的 50%、40% 或者 30%。

第三十五条 职工因工致残被鉴定为一级至四级伤残的,保留劳动关系,退出工作岗位,享受以下待遇:

(一)从工伤保险基金按伤残等级支付一次性伤残补助金,标准为:一级伤残为 27 个月的本人工资,二级伤残为 25 个月的本人工资,三级伤残为 23 个月的本人工资,四级伤残为 21 个月的本人工资;

(二)从工伤保险基金按月支付伤残津贴,标准为:一级伤残为本人工资的 90%,二级伤残为本人工资的 85%,三级伤残为本人工资的 80%,四级伤残为本人工资的 75%。伤残津贴实际金额低于当地最低工资标准的,由工伤保险基金补足差额;

(三)工伤职工达到退休年龄并办理退休手续后,停发伤残津贴,按照国家有关规定享受基本养老保险待遇。基本养老保险待遇低于伤残津贴的,由工伤保险基金补足差额。

职工因工致残被鉴定为一级至四级伤残的,由用人单位和职工个人以伤残津贴为基数,缴纳基本医疗保险费。

第三十六条 职工因工致残被鉴定为五级、六级伤残的,享受以下待遇:

(一)从工伤保险基金按伤残等级支付一次性伤残补助金,标准为:五级伤残为18个月的本人工资,六级伤残为16个月的本人工资;

(二)保留与用人单位的劳动关系,由用人单位安排适当工作。难以安排工作的,由用人单位按月发给伤残津贴,标准为:五级伤残为本人工资的70%,六级伤残为本人工资的60%,并由用人单位按照规定为其缴纳应缴纳的各项社会保险费。伤残津贴实际金额低于当地最低工资标准的,由用人单位补足差额。

经工伤职工本人提出,该职工可以与用人单位解除或者终止劳动关系,由工伤保险基金支付一次性工伤医疗补助金,由用人单位支付一次性伤残就业补助金。一次性工伤医疗补助金和一次性伤残就业补助金的具体标准由省、自治区、直辖市人民政府规定。

第三十七条 职工因工致残被鉴定为七级至十级伤残的,享受以下待遇:

(一)从工伤保险基金按伤残等级支付一次性伤残补助金,标准为:七级伤残为13个月的本人工资,八级伤残为11个月的本人工资,九级伤残为9个月的本人工资,十级伤残为7个月的本人工资;

(二)劳动、聘用合同期满终止,或者职工本人提出解除劳动、聘用合同的,由工伤保险基金支付一次性工伤医疗补助金,由用人单位支付一次性伤残就业补助金。一次性工伤医疗补助金和一次性伤残就业补助金的具体标准由省、自治区、直辖市人民政府规定。

第三十八条 工伤职工工伤复发,确认需要治疗的,享受本条例第三十条、第三十二条和第三十三条规定的工伤待遇。

第三十九条 职工因工死亡,其近亲属按照下列规定从工伤保险基金领取丧葬补助金、供养亲属抚恤金和一次性工亡补助金:

(一)丧葬补助金为6个月的统筹地区上年度职工月平均工资;

(二)供养亲属抚恤金按照职工本人工资的一定比例发给由因工死亡职工生前提供主要生活来源、无劳动能力的亲属。标准为:配偶每月40%,其他亲属每人每月30%,孤寡老人或者孤儿每人每月在上述标准的基础上增加10%。核定的各供养亲属的抚恤金之和不应高于因工死亡职工生前的工资。供养亲属的具体范围由国务院社会保险行政部门规定;

(三)一次性工亡补助金标准为上一年度全国城镇居民人均可支配收入的20倍。

伤残职工在停工留薪期内因工伤导致死亡的,其近亲属享受本条第一款规定的待遇。

一级至四级伤残职工在停工留薪期满后死亡的,其近亲属可以享受本条第一款第 (一)项、第(二)项规定的待遇。

第四十条 伤残津贴、供养亲属抚恤金、生活护理费由统筹地区社会保险行政部门根据职工平均工资和生活费用变化等情况适时调整。调整办法由省、自治区、直辖市人民政府规定。

第四十一条 职工因工外出期间发生事故或者在抢险救灾中下落不明的,从事故发生当月起 3 个月内照发工资,从第 4 个月起停发工资,由工伤保险基金向其供养亲属按月支付供养亲属抚恤金。生活有困难的,可以预支一次性工亡补助金的 50%。职工被人民法院宣告死亡的,按照本条例第三十九条职工因工死亡的规定处理。

第四十二条 工伤职工有下列情形之一的,停止享受工伤保险待遇:

(一)丧失享受待遇条件的;

(二)拒不接受劳动能力鉴定的;

(三)拒绝治疗的。

第四十三条 用人单位分立、合并、转让的,承继单位应当承担原用人单位的工伤保险责任;原用人单位已经参加工伤保险的,承继单位应当到当地经办机构办理工伤保险变更登记。

用人单位实行承包经营的,工伤保险责任由职工劳动关系所在单位承担。

职工被借调期间受到工伤事故伤害的,由原用人单位承担工伤保险责任,但原用人单位与借调单位可以约定补偿办法。

企业破产的,在破产清算时依法拨付应当由单位支付的工伤保险待遇费用。

第四十四条 职工被派遣出境工作,依据前往国家或者地区的法律应当参加当地工伤保险的,参加当地工伤保险,其国内工伤保险关系中止;不能参加当地工伤保险的,其国内工伤保险关系不中止。

第四十五条 职工再次发生工伤,根据规定应当享受伤残津贴的,按照新认定的伤残等级享受伤残津贴待遇。

第六章 监督管理

第四十六条 经办机构具体承办工伤保险事务,履行下列职责:

(一)根据省、自治区、直辖市人民政府规定,征收工伤保险费;

(二)核查用人单位的工资总额和职工人数,办理工伤保险登记,并负责保存用人单位缴费和职工享受工伤保险待遇情况的记录;

(三)进行工伤保险的调查、统计;

(四)按照规定管理工伤保险基金的支出;

(五)按照规定核定工伤保险待遇;

（六）为工伤职工或者其近亲属免费提供咨询服务。

第四十七条 经办机构与医疗机构、辅助器具配置机构在平等协商的基础上签订服务协议，并公布签订服务协议的医疗机构、辅助器具配置机构的名单。具体办法由国务院社会保险行政部门分别会同国务院卫生行政部门、民政部门等部门制定。

第四十八条 经办机构按照协议和国家有关目录、标准对工伤职工医疗费用、康复费用、辅助器具费用的使用情况进行核查，并按时足额结算费用。

第四十九条 经办机构应当定期公布工伤保险基金的收支情况，及时向社会保险行政部门提出调整费率的建议。

第五十条 社会保险行政部门、经办机构应当定期听取工伤职工、医疗机构、辅助器具配置机构以及社会各界对改进工伤保险工作的意见。

第五十一条 社会保险行政部门依法对工伤保险费的征缴和工伤保险基金的支付情况进行监督检查。

财政部门和审计机关依法对工伤保险基金的收支、管理情况进行监督。

第五十二条 任何组织和个人对有关工伤保险的违法行为，有权举报。社会保险行政部门对举报应当及时调查，按照规定处理，并为举报人保密。

第五十三条 工会组织依法维护工伤职工的合法权益，对用人单位的工伤保险工作实行监督。

第五十四条 职工与用人单位发生工伤待遇方面的争议，按照处理劳动争议的有关规定处理。

第五十五条 有下列情形之一的，有关单位或者个人可以依法申请行政复议，也可以依法向人民法院提起行政诉讼：

（一）申请工伤认定的职工或者其近亲属、该职工所在单位对工伤认定申请不予受理的决定不服的；

（二）申请工伤认定的职工或者其近亲属、该职工所在单位对工伤认定结论不服的；

（三）用人单位对经办机构确定的单位缴费费率不服的；

（四）签订服务协议的医疗机构、辅助器具配置机构认为经办机构未履行有关协议或者规定的；

（五）工伤职工或者其近亲属对经办机构核定的工伤保险待遇有异议的。

第七章　法律责任

第五十六条 单位或者个人违反本条例第十二条规定挪用工伤保险基金，构成犯罪的，依法追究刑事责任；尚不构成犯罪的，依法给予处分或者纪律处分。被挪用的基金由社会保险行政部门追回，并入工伤保险基金；没收的违法所得依法上缴国库。

第五十七条　社会保险行政部门工作人员有下列情形之一的,依法给予处分;情节严重,构成犯罪的,依法追究刑事责任:

(一)无正当理由不受理工伤认定申请,或者弄虚作假将不符合工伤条件的人员认定为工伤职工的;

(二)未妥善保管申请工伤认定的证据材料,致使有关证据灭失的;

(三)收受当事人财物的。

第五十八条　经办机构有下列行为之一的,由社会保险行政部门责令改正,对直接负责的主管人员和其他责任人员依法给予纪律处分;情节严重,构成犯罪的,依法追究刑事责任;造成当事人经济损失的,由经办机构依法承担赔偿责任:

(一)未按规定保存用人单位缴费和职工享受工伤保险待遇情况记录的;

(二)不按规定核定工伤保险待遇的;

(三)收受当事人财物的。

第五十九条　医疗机构、辅助器具配置机构不按服务协议提供服务的,经办机构可以解除服务协议。

经办机构不按时足额结算费用的,由社会保险行政部门责令改正;医疗机构、辅助器具配置机构可以解除服务协议。

第六十条　用人单位、工伤职工或者其近亲属骗取工伤保险待遇,医疗机构、辅助器具配置机构骗取工伤保险基金支出的,由社会保险行政部门责令退还,处骗取金额2倍以上5倍以下的罚款;情节严重,构成犯罪的,依法追究刑事责任。

第六十一条　从事劳动能力鉴定的组织或者个人有下列情形之一的,由社会保险行政部门责令改正,处2000元以上1万元以下的罚款;情节严重,构成犯罪的,依法追究刑事责任:

(一)提供虚假鉴定意见的;

(二)提供虚假诊断证明的;

(三)收受当事人财物的。

第六十二条　用人单位依照本条例规定应当参加工伤保险而未参加的,由社会保险行政部门责令限期参加,补缴应当缴纳的工伤保险费,并自欠缴之日起,按日加收万分之五的滞纳金;逾期仍不缴纳的,处欠缴数额1倍以上3倍以下的罚款。

依照本条例规定应当参加工伤保险而未参加工伤保险的用人单位职工发生工伤的,由该用人单位按照本条例规定的工伤保险待遇项目和标准支付费用。

用人单位参加工伤保险并补缴应当缴纳的工伤保险费、滞纳金后,由工伤保险基金和用人单位依照本条例的规定支付新发生的费用。

第六十三条　用人单位违反本条例第十九条的规定,拒不协助社会保险行政部门对事故进行调查核实的,由社会保险行政部门责令改正,处2000元以上2万元以下的罚款。

第八章　附　则

第六十四条　本条例所称工资总额,是指用人单位直接支付给本单位全部职工的劳动报酬总额。

本条例所称本人工资,是指工伤职工因工作遭受事故伤害或者患职业病前 12 个月平均月缴费工资。本人工资高于统筹地区职工平均工资 300% 的,按照统筹地区职工平均工资的 300% 计算;本人工资低于统筹地区职工平均工资 60% 的,按照统筹地区职工平均工资的 60% 计算。

第六十五条　公务员和参照公务员法管理的事业单位、社会团体的工作人员因工作遭受事故伤害或者患职业病的,由所在单位支付费用。具体办法由国务院社会保险行政部门会同国务院财政部门规定。

第六十六条　无营业执照或者未经依法登记、备案的单位以及被依法吊销营业执照或者撤销登记、备案的单位的职工受到事故伤害或者患职业病的,由该单位向伤残职工或者死亡职工的近亲属给予一次性赔偿,赔偿标准不得低于本条例规定的工伤保险待遇;用人单位不得使用童工,用人单位使用童工造成童工伤残、死亡的,由该单位向童工或者童工的近亲属给予一次性赔偿,赔偿标准不得低于本条例规定的工伤保险待遇。具体办法由国务院社会保险行政部门规定。

前款规定的伤残职工或者死亡职工的近亲属就赔偿数额与单位发生争议的,以及前款规定的童工或者童工的近亲属就赔偿数额与单位发生争议的,按照处理劳动争议的有关规定处理。

第六十七条　本条例自 2004 年 1 月 1 日起施行。本条例施行前已受到事故伤害或者患职业病的职工尚未完成工伤认定的,按照本条例的规定执行。

劳动和社会保障部关于实施
《工伤保险条例》若干问题的意见

发文机关：劳动和社会保障部 　　　文号：劳社部函〔2004〕256 号
发文日期：2004 年 11 月 1 日 　　　生效日期：2004 年 11 月 1 日

各省、自治区、直辖市劳动和社会保障厅（局）：

《工伤保险条例》（以下简称条例）已于 2004 年 1 月 1 日起施行，现就条例实施中的有关问题提出如下意见。

一、职工在两个或两个以上用人单位同时就业的，各用人单位应当分别为职工缴纳工伤保险费。职工发生工伤，由职工受到伤害时其工作的单位依法承担工伤保险责任。

二、条例第十四条规定"上下班途中，受到机动车事故伤害的，应当认定为工伤"。这里"上下班途中"既包括职工正常工作的上下班途中，也包括职工加班加点的上下班途中。"受到机动车事故伤害的"既可以是职工驾驶或乘坐的机动车发生事故造成的，也可以是职工因其他机动车事故造成的。

三、条例第十五条规定"职工在工作时间和工作岗位，突发疾病死亡或者在 48 小时之内经抢救无效死亡的，视同工伤"。这里"突发疾病"包括各类疾病。"48 小时"的起算时间，以医疗机构的初次诊断时间作为突发疾病的起算时间。

四、条例第十七条第二款规定的有权申请工伤认定的"工会组织"包括职工所在用人单位的工会组织以及符合《中华人民共和国工会法》规定的各级工会组织。

五、用人单位未按规定为职工提出工伤认定申请，受到事故伤害或者患职业病的职工或者其直系亲属、工会组织提出工伤认定申请，职工所在单位是否同意（签字、盖章），不是必经程序。

六、条例第十七条第四款规定"用人单位未在本条第一款规定的时限内提交工伤认定申请的，在此期间发生符合本条例规定的工伤待遇等有关费用由该用人单位负担"。这里用人单位承担工伤待遇等有关费用的期间是指从事故伤害发生之日或职业病确诊之日起到劳动保障行政部门受理工伤认定申请之日止。

七、条例第三十六条规定的工伤职工旧伤复发，是否需要治疗应由治疗工伤职工的协议医疗机构提出意见，有争议的由劳动能力鉴定委员会确认。

八、职工因工死亡，其供养亲属享受抚恤金待遇的资格，按职工因工死亡时的条件核定。

人力资源和社会保障部关于执行
《工伤保险条例》若干问题的意见

发文机关:人力资源和社会保障部　　　　文号:人社部发〔2013〕34号
发文日期:2013年4月25日　　　　　　　生效日期:2013年4月25日

各省、自治区、直辖市及新疆生产建设兵团人力资源社会保障厅(局):

《国务院关于修改〈工伤保险条例〉的决定》(国务院令第586号)已经于2011年1月1日实施。为贯彻执行新修订的《工伤保险条例》,妥善解决实际工作中的问题,更好地保障职工和用人单位的合法权益,现提出如下意见。

一、《工伤保险条例》(以下简称《条例》)第十四条第(五)项规定的"因工外出期间"的认定,应当考虑职工外出是否属于用人单位指派的因工作外出,遭受的事故伤害是否因工作原因所致。

二、《条例》第十四条第(六)项规定的"非本人主要责任"的认定,应当以有关机关出具的法律文书或者人民法院的生效裁决为依据。

三、《条例》第十六条第(一)项"故意犯罪"的认定,应当以司法机关的生效法律文书或者结论性意见为依据。

四、《条例》第十六条第(二)项"醉酒或者吸毒"的认定,应当以有关机关出具的法律文书或者人民法院的生效裁决为依据。无法获得上述证据的,可以结合相关证据认定。

五、社会保险行政部门受理工伤认定申请后,发现劳动关系存在争议且无法确认的,应告知当事人可以向劳动人事争议仲裁委员会申请仲裁。在此期间,作出工伤认定决定的时限中止,并书面通知申请工伤认定的当事人。劳动关系依法确认后,当事人应将有关法律文书送交受理工伤认定申请的社会保险行政部门,该部门自收到生效法律文书之日起恢复工伤认定程序。

六、符合《条例》第十五条第(一)项情形的,职工所在用人单位原则上应自职工死亡之日起5个工作日内向用人单位所在统筹地区社会保险行政部门报告。

七、具备用工主体资格的承包单位违反法律、法规规定,将承包业务转包、分包给不具备用工主体资格的组织或者自然人,该组织或者自然人招用的劳动者从事承包业务时因工伤亡的,由该具备用工主体资格的承包单位承担用人单位依法应承担的工伤保险责任。

八、曾经从事接触职业病危害作业、当时没有发现罹患职业病、离开工作岗位后被

诊断或鉴定为职业病的符合下列条件的人员,可以自诊断、鉴定为职业病之日起一年内申请工伤认定,社会保险行政部门应当受理:

(一)办理退休手续后,未再从事接触职业病危害作业的退休人员;

(二)劳动或聘用合同期满后或者本人提出而解除劳动或聘用合同后,未再从事接触职业病危害作业的人员。

经工伤认定和劳动能力鉴定,前款第(一)项人员符合领取一次性伤残补助金条件的,按就高原则以本人退休前 12 个月平均月缴费工资或者确诊职业病前 12 个月的月平均养老金为基数计发。前款第(二)项人员被鉴定为一级至十级伤残、按《条例》规定应以本人工资作为基数享受相关待遇的,按本人终止或者解除劳动、聘用合同前 12 个月平均月缴费工资计发。

九、按照本意见第八条规定被认定为工伤的职业病人员,职业病诊断证明书(或职业病诊断鉴定书)中明确的用人单位,在该职工从业期间依法为其缴纳工伤保险费的,按《条例》的规定,分别由工伤保险基金和用人单位支付工伤保险待遇;未依法为该职工缴纳工伤保险费的,由用人单位按照《条例》规定的相关项目和标准支付待遇。

十、职工在同一用人单位连续工作期间多次发生工伤的,符合《条例》第三十六、第三十七条规定领取相关待遇时,按照其在同一用人单位发生工伤的最高伤残级别,计发一次性伤残就业补助金和一次性工伤医疗补助金。

十一、依据《条例》第四十二条的规定停止支付工伤保险待遇的,在停止支付待遇的情形消失后,自下月起恢复工伤保险待遇,停止支付的工伤保险待遇不予补发。

十二、《条例》第六十二条第三款规定的"新发生的费用",是指用人单位职工参加工伤保险前发生工伤的,在参加工伤保险后新发生的费用。

十三、由工伤保险基金支付的各项待遇应按《条例》相关规定支付,不得采取将长期待遇改为一次性支付的办法。

十四、核定工伤职工工伤保险待遇时,若上一年度相关数据尚未公布,可暂按前一年度的全国城镇居民人均可支配收入、统筹地区职工月平均工资核定和计发,待相关数据公布后再重新核定,社会保险经办机构或者用人单位予以补发差额部分。

本意见自发文之日起执行,此前有关规定与本意见不一致的,按本意见执行。执行中有重大问题,请及时报告我部。

人力资源和社会保障部关于执行
《工伤保险条例》若干问题的意见(二)

发文机关:人力资源和社会保障部　　　文号:人社部发〔2016〕29 号
发文日期:2016 年 3 月 28 日　　　　　生效日期:2016 年 3 月 28 日

各省、自治区、直辖市及新疆生产建设兵团人力资源社会保障厅(局):

为更好地贯彻执行新修订的《工伤保险条例》,提高依法行政能力和水平,妥善解决实际工作中的问题,保障职工和用人单位合法权益,现提出如下意见:

一、一级至四级工伤职工死亡,其近亲属同时符合领取工伤保险丧葬补助金、供养亲属抚恤金待遇和职工基本养老保险丧葬补助金、抚恤金待遇条件的,由其近亲属选择领取工伤保险或职工基本养老保险其中一种。

二、达到或超过法定退休年龄,但未办理退休手续或者未依法享受城镇职工基本养老保险待遇,继续在原用人单位工作期间受到事故伤害或患职业病的,用人单位依法承担工伤保险责任。

用人单位招用已经达到、超过法定退休年龄或已经领取城镇职工基本养老保险待遇的人员,在用工期间因工作原因受到事故伤害或患职业病的,如招用单位已按项目参保等方式为其缴纳工伤保险费的,应适用《工伤保险条例》。

三、《工伤保险条例》第六十二条规定的"新发生的费用",是指用人单位参加工伤保险前发生工伤的职工,在参加工伤保险后新发生的费用。其中由工伤保险基金支付的费用,按不同情况予以处理:

(一)因工受伤的,支付参保后新发生的工伤医疗费、工伤康复费、住院伙食补助费、统筹地区以外就医交通食宿费、辅助器具配置费、生活护理费、一级至四级伤残职工伤残津贴,以及参保后解除劳动合同时的一次性工伤医疗补助金;

(二)因工死亡的,支付参保后新发生的符合条件的供养亲属抚恤金。

四、职工在参加用人单位组织或者受用人单位指派参加其他单位组织的活动中受到事故伤害的,应当视为工作原因,但参加与工作无关的活动除外。

五、职工因工作原因驻外,有固定的住所、有明确的作息时间,工伤认定时按照在驻在地当地正常工作的情形处理。

六、职工以上下班为目的、在合理时间内往返于工作单位和居住地之间的合理路线,视为上下班途中。

七、用人单位注册地与生产经营地不在同一统筹地区的,原则上应在注册地为职工参加工伤保险；未在注册地参加工伤保险的职工，可由用人单位在生产经营地为其参加工伤保险。

劳务派遣单位跨地区派遣劳动者，应根据《劳务派遣暂行规定》参加工伤保险。建筑施工企业按项目参保的，应在施工项目所在地参加工伤保险。

职工受到事故伤害或者患职业病后，在参保地进行工伤认定、劳动能力鉴定，并按照参保地的规定依法享受工伤保险待遇；未参加工伤保险的职工，应当在生产经营地进行工伤认定、劳动能力鉴定，并按照生产经营地的规定依法由用人单位支付工伤保险待遇。

八、有下列情形之一的，被延误的时间不计算在工伤认定申请时限内。

（一）受不可抗力影响的；

（二）职工由于被国家机关依法采取强制措施等人身自由受到限制不能申请工伤认定的；

（三）申请人正式提交了工伤认定申请，但因社会保险机构未登记或者材料遗失等原因造成申请超时限的；

（四）当事人就确认劳动关系申请劳动仲裁或提起民事诉讼的；

（五）其他符合法律法规规定的情形。

九、《工伤保险条例》第六十七条规定的"尚未完成工伤认定的"，是指在《工伤保险条例》施行前遭受事故伤害或被诊断鉴定为职业病，且在工伤认定申请法定时限内（从《工伤保险条例》施行之日起算）提出工伤认定申请，尚未做出工伤认定的情形。

十、因工伤认定申请人或者用人单位隐瞒有关情况或者提供虚假材料，导致工伤认定决定错误的，社会保险行政部门发现后，应当及时予以更正。

本意见自发文之日起执行，此前有关规定与本意见不一致的，按本意见执行。执行中有重大问题，请及时报告我部。

关于贯彻落实国务院修改后
《工伤保险条例》若干问题的通知

发文机关:浙江省人力资源和社会保障厅　　文号:浙人社发〔2011〕253号
发文日期:2011年8月17日　　　　　　　　生效日期:2011年8月17日

各市、县(市、区)人力资源和社会保障局(人事局、劳动保障局)、财政局:

国务院修改后的《工伤保险条例》(以下简称《条例》)已于2011年1月1日起施行。为进一步做好《条例》的贯彻实施工作,妥善衔接《条例》修改前后的相关政策规定,切实维护广大职工和用人单位的合法权益,结合本省实际,经省政府同意,现就有关问题通知如下,请遵照执行。

一、适用范围。我省境内的企业、事业单位、社会团体、民办非企业单位、基金会、律师事务所、会计师事务所等组织和有雇工的个体工商户(以下称用人单位)应当依照《条例》规定参加工伤保险,为本单位全部职工或者雇工(以下简称职工)缴纳工伤保险费。公务员和参照公务员法管理的工作人员因工作遭受事故伤害或者患职业病已经参加工伤保险的,其工伤认定、劳动能力鉴定、工伤待遇等具体事项按《条例》及相关配套法规政策规定执行。

二、统筹层次。各地要积极推进工伤保险市级统筹工作,统一参保对象和范围、统一费率政策、统一基金管理、统一工伤认定和劳动能力鉴定办法、统一待遇政策、统一经办流程和信息系统,建立工伤保险调剂金制度,必须在2011年年底前实行工伤保险市级统筹。

电力、铁路、电信、邮政、金融、石油、交通、民航等行业的用人单位参加省本级工伤保险。在杭中央部属、省属事业单位、社会团体参加省本级工伤保险;其他中央部属、省属事业单位、社会团体以及民办非企业单位、基金会、律师事务所、会计师事务所,按照属地管理原则,参加用人单位所在地的工伤保险。

三、储备金制度。各统筹地要建立工伤保险储备金制度,提高工伤保险基金抗风险能力。各统筹地从每月工伤保险基金收入中按5%的比例提取作为储备金,储备金历年滚存总额达到当年工伤保险基金应征总额的30%时不再提取储备金。各统筹地发生重大、特大事故,当年工伤保险基金入不敷出,累计结余不足支付时,应当动用储备金。工伤保险储备金应纳入社会保障基金财政专户,实行收支两条线管理。

四、一级至四级工伤职工工伤待遇处理办法。一级至四级工伤职工已经参加工伤保险或者一级至四级工伤职工工伤发生时尚未参加工伤保险但已纳入工伤保险统筹管理的,应当按月享受工伤待遇;未参加工伤保险且未纳入工伤保险统筹管理的,可以按月享受工伤待遇,也可以要求一次性领取工伤待遇。

五、五级至十级工伤职工工伤待遇处理办法。五级、六级工伤职工,经本人书面要求,可以与用人单位解除或者终止劳动关系,由工伤保险基金支付一次性工伤医疗补助金(含辅助器具费,下同),由用人单位支付一次性伤残就业补助金。

七级至十级工伤职工,劳动、聘用合同期满终止,或者职工本人书面要求解除劳动、聘用合同的,由工伤保险基金支付一次性工伤医疗补助金,由用人单位支付一次性伤残就业补助金。

一次性工伤医疗补助金标准为:五级 30 个月,六级 25 个月,七级 10 个月,八级 7 个月,九级 4 个月,十级 2 个月。一次性伤残就业补助金标准为:五级 30 个月,六级 25 个月,七级 10 个月,八级 7 个月,九级 4 个月,十级 2 个月。

一次性工伤医疗补助金和一次性伤残就业补助金按劳动关系(劳动、聘用合同)解除或者终止时上年度全省在岗职工月平均工资计发。2011 年 1 月 1 日前按工伤保险法规政策规定完成工伤认定、2011 年 1 月 1 日后解除或者终止劳动关系的,一次性工伤医疗补助金由工伤保险基金支付。

已经依法参加基本养老保险的工伤职工距按月享受基本养老金年龄不足 5 年的,一次性工伤医疗补助金全额支付,一次性伤残就业补助金每满一周年递减 20%;工伤职工办理退休手续且按月享受基本养老金的,不享受一次性工伤医疗补助金和一次性伤残就业补助金。

六、因工死亡职工供养亲属待遇处理办法。职工因工死亡时已经参加工伤保险或者职工因工死亡时尚未参加工伤保险但其供养亲属已纳入工伤保险统筹管理的,其供养亲属应当按月领取供养亲属抚恤金;职工因工死亡时未参加工伤保险且其供养亲属未纳入工伤保险统筹管理的,其供养亲属可以按月领取供养亲属抚恤金,也可以要求一次性领取供养亲属抚恤金。

一次性领取供养亲属抚恤金的计算办法:因工死亡职工供养亲属不满 18 周岁的,计算到 18 周岁;其他供养亲属计算 20 周年,但 55 周岁以上的,年龄每增加 1 岁减少 1 年,70 周岁以上的按 5 年计算。

一次性领取供养亲属抚恤金的计算基数为职工因工死亡时初次确定的供养亲属抚恤金标准。

职工因工死亡时未参加工伤保险且其供养亲属未纳入工伤保险统筹管理的,其供养亲属可以在原来按月领取供养亲属抚恤金的情况下,要求一次性领取供养亲属抚恤金。其一次性领取供养亲属抚恤金的额度为一次性领取供养亲属抚恤金的总额扣除已经领取的供养亲属抚恤金的余额。

七、因第三人侵权认定为工伤的待遇处理办法。在遭遇交通事故或其他事故伤害的情形下,职工因劳动关系以外的第三人侵权造成人身损害,同时构成工伤的,依法享受工伤保险待遇。如职工获得侵权赔偿,其享受待遇的相对应项目中应当扣除第三人支付的下列五项费用:医疗费、残疾辅助器具费、工伤职工在停工留薪期间发生的护理费、交通费、住院伙食补助费。

八、伙食补助费和交通、食宿费标准。职工住院治疗工伤期间的伙食补助费标准原则上按当地最低工资标准的 35% 确定。经医疗机构出具证明,报工伤保险经办机构同意,工伤职工到统筹地以外就医所需的交通、食宿费原则上参照用人单位工伤保险统筹地机关事业单位工作人员差旅费开支规定执行。上述待遇的具体标准由统筹地区人民政府规定。

九、相关待遇调整。一级至四级工伤职工享受的伤残津贴的调整办法,参照职工基本养老金调整办法执行。五级、六级工伤职工不能被安排工作由用人单位按月发给伤残津贴的,其伤残津贴由用人单位按照不低于本单位职工平均工资增幅的水平同步进行调整;用人单位职工平均工资水平下降的不作调整。

生活护理费自统筹地区上年度在岗职工月平均工资发布次月起调整。

供养亲属抚恤金由省人力社保部门会同财政部门根据职工平均工资和生活费用变化等情况,适时提出调整方案,报省政府批准后执行。

各地要按照国家和省统一部署,加强领导和组织协调,完善工伤保险制度,推进我省工伤保险事业的全面协调和持续发展。要加强宣传工作,营造良好氛围,确保《条例》的顺利实施。各级人力社保、财政、卫生、民政、安全生产主管部门和工会组织,要密切配合,相互协作,增强服务意识,提升业务水平,妥善处理工伤事故,及时化解劳资矛盾,构建和谐劳动关系,促进社会经济发展。

本通知中的各项规定自下发之日起施行。原有规定与本通知不一致的,按本通知规定执行。2011 年 1 月 1 日以后至本通知下发前发生的与本通知内容有关的事项,参照本通知规定执行。

浙江省工伤保险条例

发文机关:浙江省人大常委会　　　　文号:浙江省人大常委会公告第 64 号
发文日期:2017 年 9 月 30 日　　　　生效日期:2018 年 1 月 1 日

第一章　总　则

第一条　为了保障因工作遭受事故伤害或者患职业病的职工获得医疗救治和经济补偿,促进工伤预防和职业康复,分散用人单位的工伤风险,促进社会和谐稳定,根据《中华人民共和国社会保险法》《工伤保险条例》等有关法律、行政法规,结合本省实际,制定本条例。

第二条　本省行政区域内的国家机关、企业、事业单位、社会团体、民办非企业单位(包括律师事务所、会计师事务所)、基金会等组织和有雇工的个体工商户(以下统称用人单位)参加工伤保险,用人单位工作人员、职工、雇工(以下统称职工)享受工伤保险待遇,适用本条例。

第三条　县级以上人民政府社会保险行政部门负责本行政区域内的工伤保险工作。社会保险经办机构具体承办工伤保险事务。县级以上人民政府卫生和计划生育、安全生产监督管理、财政、税务、公安、城乡建设、交通运输、经济和信息、民政等部门应当按照各自职责,做好工伤保险相关工作。工会组织依法维护工伤职工的合法权益,对用人单位的工伤保险工作实行监督。

第四条　县级以上人民政府应当组织社会保险、卫生和计划生育、安全生产监督管理、财政等部门和工会等组织建立工伤保险协调机制,建设信息共享平台,加强对策研究,协调解决相关重大事项,提高工伤保险水平。

第二章　工伤预防

第五条　县级以上人民政府社会保险行政部门应当会同卫生和计划生育、安全生产监督管理、财政等部门,根据当地工伤事故高发的行业、工种和岗位,统筹确定工伤预防的重点领域,建立工伤隐患排查机制和预警机制,依法开展工伤预防宣传、培训。负责安全生产监督管理的部门应当加强对用人单位安全生产的监督检查,督促、指导用人单位做好工伤预防工作。

第六条　用人单位和职工应当遵守安全生产和职业病防治法律、法规,执行安全卫生规程和标准。用人单位应当落实工伤预防的主体责任,健全、落实安全生产规章制度,加强安全防护措施,加强职工的安全生产教育和管理,通过技术进步、工艺改进等方式预防、减少工伤事故。

第七条 工伤保险预防费依法在工伤保险基金中列支,实行预算管理。其提取比例、使用和管理,按照国家相关规定执行。

第三章 工伤保险基金

第八条 建立工伤保险基金省级调剂金,用于调剂全省市、县工伤保险基金收支缺口的支出。省级调剂金的提取比例和使用、管理办法,由省人民政府规定。

第九条 市、县社会保险行政部门根据国家规定的行业差别费率及行业内费率档次,确定行业基准费率,并报本级人民政府批准后实施。市、县社会保险经办机构根据用人单位工伤保险费使用、工伤发生率、职业病危害程度、安全生产信用等级、安全生产标准化达标等级等情况,按照规定确定并调整用人单位的具体缴费费率。

第十条 用人单位应当以全部职工工资总额为缴费基数,按时足额缴纳工伤保险费。职工个人不缴纳工伤保险费。难以按照工资总额缴纳工伤保险费的建筑施工等行业的用人单位,其缴纳工伤保险费的具体方式,按照国家和省有关规定执行。职工在两个或者两个以上用人单位同时就业的,各用人单位应当分别为职工缴纳工伤保险费。

第十一条 用人单位参加工伤保险,应当按照规范要求及时向市、县社会保险经办机构报送本单位参保职工名册、参保职工增减表;参保职工符合条件的,其工伤保险自社会保险经办机构收到参保职工名册或者参保职工增减表次日起生效。市、县社会保险经办机构不得限定用人单位报送参保职工名册、参保职工增减表的具体时间,不得增设用人单位报送参保职工名册、参保职工增减表的条件。用人单位应当自参保缴费后三十日内或者参保缴费情况变更后十五日内,将参加工伤保险的人员名单、参保时间、缴费等有关情况在本单位内公示。

第四章 工伤认定

第十二条 用人单位应当自职工发生事故伤害或者被诊断、鉴定为职业病之日起三十日内,以及因特殊情况经市、县社会保险行政部门同意延长的时限内提出工伤认定申请。受伤职工或者其近亲属、工会组织可以在发生事故伤害或者被诊断、鉴定为职业病之日起一年内提出工伤认定申请。用人单位在法定申请时限内提出工伤认定申请,受伤职工或者其近亲属、工会组织也在此时限内提出的,由最先提出申请的一方作为工伤认定申请人。

第十三条　用人单位或者受伤职工及其近亲属、工会组织在用人单位的法定申请时限内提出工伤认定申请的，提出申请前已发生的符合规定的工伤保险待遇等有关费用，由工伤保险基金负担。用人单位或者受伤职工及其近亲属、工会组织均未在用人单位的法定申请时限内提出工伤认定申请的，提出申请前发生的符合规定的工伤保险待遇等有关费用，由用人单位负担。

第十四条　受伤职工已参加工伤保险的，用人单位、受伤职工或者其近亲属、工会组织应当向市、县社会保险行政部门提出工伤认定申请。受伤职工未参加工伤保险的，用人单位、受伤职工或者其近亲属、工会组织应当向用人单位生产经营地的县级社会保险行政部门提出工伤认定申请。

第十五条　提出工伤认定申请，申请人应当按照规定提交下列材料：

（一）工伤认定申请表；

（二）与用人单位存在劳动人事关系（包括事实劳动人事关系）的证明材料；

（三）医疗诊断证明（包括初诊诊断证明书）或者职业病诊断证明书（职业病诊断鉴定书）。工伤认定申请表应当包括事故发生的时间、地点、原因、职工伤害程度等基本情况以及申请人能够提供的相关证明材料。

第十六条　市、县社会保险行政部门收到工伤认定申请后，当场或者在五个工作日内根据不同情形作出以下处理：

（一）申请事项属于本部门管辖权限范围，申请材料完整的，决定受理并出具受理通知书；

（二）申请事项不属于本部门管辖权限范围的，或者申请人、申请时限等不符合法定要求的，决定不予受理，出具不予受理通知书并书面说明理由；

（三）申请材料不完整的，应当以书面形式一次性告知申请人在合理期限内提交需要补正的全部材料。申请人逾期不补正或者补正后仍不符合要求的，应当在逾期之日起三日内或者收到补正材料的三日内，决定不予受理，出具不予受理通知书并书面说明理由。申请事项因提交材料不完整未被受理的，在申请材料完整以后，申请人可以在申请时限内再提出申请。

第十七条　市、县社会保险行政部门受理工伤认定申请后，应当根据审核需要对劳动人事关系、事故伤害情况进行调查核实。用人单位、工会组织、医疗机构以及有关部门应当负责安排相关人员配合工作，据实提供情况和证明材料。市、县社会保险行政部门经调查核实，认为劳动人事关系无法确认的，经社会保险行政部门负责人同意，书面告知当事人先向劳动人事争议仲裁委员会就是否存在劳动人事关系申请仲裁。自确认劳动人事关系法律文书生效之日起，恢复工伤认定程序。

第十八条　市、县社会保险行政部门对受理的工伤认定申请，应当依照《工伤保险条例》规定在法定期限内及时作出是否属于工伤的认定决定。职工有下列情形之一的，视为《工伤保险条例》规定的因工作原因所受的伤害，但职工因故意犯罪、醉酒或者吸毒、自残或者自杀所受的伤害除外：

（一）在工作时间和驾驶公共交通工具等特殊工作岗位，突发疾病后因岗位特殊导致救治延误病情加重，经抢救无效死亡或者抢救后完全丧失劳动能力的；

（二）在连续工作过程中和工作场所内，因就餐、工间休息、如厕等必要的生活、生理活动时所受的伤害；

（三）因参加用人单位统一组织或者安排的学习教育、培训、文体活动所受的伤害；

（四）因参加各级工会或者县级以上组织人事部门按照规定统一组织的疗休养所受的伤害，但单位承担费用由职工自行安排的疗休养除外。

第五章　劳动能力鉴定

第十九条　省和设区的市劳动能力鉴定委员会依法履行下列劳动能力和与劳动能力相关事项的鉴定职责：

（一）劳动功能障碍程度等级鉴定；

（二）生活自理障碍程度等级鉴定；

（三）停工留薪期延长确认；

（四）工伤康复确认；

（五）辅助器具配置确认；

（六）旧伤复发确认；

（七）供养亲属丧失劳动能力程度鉴定；

（八）法律、法规、规章规定的其他劳动能力鉴定事项。设区的市劳动能力鉴定委员会根据工作需要，可以委托县级社会保险行政部门组织开展劳动能力和与劳动能力相关事项鉴定工作。

第二十条　劳动能力鉴定委员会下设的办事机构，承办下列具体事务：

（一）受理劳动能力鉴定申请；

（二）组织劳动能力和与劳动能力相关事项的鉴定；

（三）保管劳动能力鉴定档案；

（四）调查、统计劳动能力鉴定情况；

（五）提供免费咨询服务；

（六）其他事务性工作。

第二十一条　设区的市劳动能力鉴定委员会负责本辖区内的劳动能力初次鉴定、复查鉴定。省劳动能力鉴定委员会负责对初次鉴定或者复查鉴定结论不服提出的再次鉴定。劳动能力鉴定的具体程序和要求，按照《工伤保险条例》规定执行。

第二十二条　工伤职工有下列情形之一的，工伤保险关系终止，劳动能力鉴定委员会不再受理复查鉴定申请：

（一）一级至四级工伤职工，按照规定已经一次性领取工伤保险长期待遇的；

（二）五级至十级工伤职工，依法与用人单位解除或者终止劳动关系，且按照规定已经享受工伤保险待遇的；

（三）未构成伤残等级，依法与用人单位解除或者终止劳动关系的。

第六章　工伤保险待遇

第二十三条　工伤职工进行治疗和康复，按照国家和省的有关规定享受工伤医疗和工伤康复待遇。

第二十四条　工伤职工住院进行治疗或者康复期间的伙食补助费，按照当地最低工资百分之三十五的标准，根据住院期间的实际天数计算确定。经医疗机构出具证明，报市、县社会保险经办机构同意，工伤职工到本市、县以外地区进行治疗或者康复的，其所需的交通、食宿费，按照当地机关单位一般工作人员差旅费标准执行。

第二十五条　生活不能自理的工伤职工在停工留薪期内需要护理的，由用人单位负责；其近亲属同意护理的，月护理费由用人单位按照不低于上年度全省职工月平均工资的标准支付。

第二十六条　一级至四级工伤职工保留劳动关系，退出工作岗位，按照《工伤保险条例》规定享受相关待遇。在劳动关系存续期间，用人单位和工伤职工个人以伤残津贴为基数，按照规定缴纳基本养老保险费、基本医疗保险费。工伤职工本人要求退出工作岗位、终止劳动关系的，办理伤残退休手续，其伤残津贴高于按照规定计发的基本养老金的，按照伤残津贴标准计发基本养老金，并继续享受工伤保险的医疗待遇。

一级至四级工伤职工达到法定退休年龄，不符合按月领取基本养老保险待遇条件的，由工伤保险基金继续按月发放伤残津贴，职工个人养老金账户金额按照规定计发标准按月冲抵到伤残津贴。工伤职工死亡时其个人养老金账户有余额的，余额由其近亲属依法继承。

一级至四级工伤职工达到法定退休年龄，不符合继续享受基本医疗保险待遇条件的，由用人单位和工伤职工个人以伤残津贴为基数，分别按照规定比例一次性缴纳基本医疗保险费至符合条件后，工伤职工继续享受基本医疗保险待遇。

第二十七条　五级至十级工伤职工，保留劳动关系的，按照《工伤保险条例》规定享受相关待遇；工伤职工按月享受基本养老保险待遇后，继续保留工伤医疗保险待遇。

五级至十级工伤职工，解除或者终止劳动关系的，其一次性工伤医疗补助金和一次性伤残就业补助金，均以解除或者终止劳动关系时上年度全省职工月平均工资为基数，分别按照下列标准计发：五级伤残为三十个月，六级伤残为二十五个月，七级伤残为十个月，八级伤残为七个月，九级伤残为四个月，十级伤残为两个月。但职工离法定退休年龄不足五年的，一次性伤残就业补助金按照职工每增加一周岁递减百分之二十的标准支付。

第二十八条　职工在同一用人单位连续工作期间多次发生工伤,符合规定享受一次性伤残补助金、一次性工伤医疗补助金和一次性伤残就业补助金的,一次性伤残补助金按照规定分别计发,一次性工伤医疗补助金和一次性伤残就业补助金按照最高伤残等级计发。

第二十九条　用人单位实行承包经营的,由职工劳动关系所在单位承担工伤保险责任。具备用工主体资格的承包单位违反法律法规规定,将业务转包、分包给不具备用工主体资格的组织或者自然人,该组织或者自然人招用的劳动者从事承包业务时遭受事故伤害或者患职业病的,由该具备用工主体资格的承包单位承担工伤保险责任。职工在两个或者两个以上用人单位同时就业,发生工伤的,由其受到伤害时工作的单位承担工伤保险责任。用人单位破产的,破产财产依法清偿的职工工伤保险待遇,应当包括为一级至四级工伤职工一次性缴纳至其退休后有权享受基本医疗保险待遇所需年限的医疗保险费。

第三十条　劳务派遣单位应当按照规定参加工伤保险,为被派遣劳动者缴纳工伤保险费。被派遣劳动者在用工单位因工作遭受事故伤害或者患职业病的,由劳务派遣单位承担工伤保险责任。劳务派遣单位跨地区派遣劳动者的,应当在用工单位所在地为被派遣劳动者参加工伤保险。

第三十一条　工伤保险基金支付的工伤职工的工伤保险待遇,由市、县社会保险经办机构直接发放给工伤职工,其中用人单位先行垫付的部分,由社会保险经办机构直接发还用人单位。

第三十二条　因第三人的原因造成工伤,工伤职工可以先向第三人要求赔偿,也可以直接向工伤保险基金或者用人单位要求支付工伤保险待遇。工伤职工先向第三人要求赔偿后,赔偿数额低于其依法应当享受的工伤保险待遇的,可以就差额部分要求工伤保险基金或者用人单位支付。工伤职工直接向工伤保险基金或者用人单位要求支付工伤保险待遇的,工伤保险基金或者用人单位有权在其支付的工伤保险待遇范围内向第三人追偿,工伤职工应当配合追偿。法律、行政法规对因第三人原因造成工伤的赔偿作出明确规定的,依照法律、行政法规规定执行。

第三十三条　用人单位未依法参加工伤保险或者未足额缴纳工伤保险费,其职工发生工伤的,由用人单位按照国家和省规定的工伤保险待遇项目和标准支付费用或者支付差额部分费用。

第三十四条　未参加工伤保险的一级至四级工伤职工,其按照规定应当享受的工伤保险待遇,由用人单位按月或者一次性支付。

一次性支付的工伤保险待遇,以工伤发生时上一年度全省职工年平均工资为基数,按照下列标准计发:一级伤残为十六倍,二级伤残为十四倍,三级伤残为十二倍,四级伤残为十倍。一级至四级工伤职工一次性领取工伤保险待遇前的工资福利、医疗费、护理费、住院治疗期间的伙食补助费及所需的交通费等费用,按照规定支付。

一级至四级工伤职工按月领取工伤保险待遇后,要求变更为一次性领取的,其待遇额度为一次性待遇总额扣除已经领取的一次性伤残补助金、伤残津贴后的余额。

第三十五条　未参加工伤保险的因工死亡职工,其供养亲属按照规定应当享受的工伤保险待遇,由用人单位按月或者一次性支付。

一次性支付工伤保险待遇的,以初次核定的供养亲属抚恤金为基数,按照下列期限核发:供养亲属未满十八周岁的,计算到十八周岁;供养亲属无劳动能力又无其他生活来源的按照二十周年计算,但超过六十周岁的,年龄每增加一周岁减少一年,七十五周岁以上的按照五年计算。因工死亡职工供养亲属按月领取工伤保险待遇后,要求变更为一次性领取的,其待遇额度为一次性待遇总额扣除已经领取的供养亲属抚恤金后的余额。

第三十六条　用人单位因破产等原因,无法按月支付一级至四级工伤职工、因工死亡职工供养亲属的工伤保险待遇,但工伤职工、供养亲属仍要求按月支付的,由用人单位向市、县社会保险经办机构一次性缴纳相当于尚未支付待遇总额的工伤保险费,_____工伤保险基金按月支付。

_____至四级工伤职工伤残津贴的调整,参照基本养老保险待遇的调整办法执行。

五级、六级工伤职工难以被安排工作,由用人单位发给伤残津贴的,其伤残津贴由用人单位按照本单位职工平均工资增幅的水平同步进行调整。生活护理费自上年度职工月平均工资发布次月起调整。供养亲属抚恤金根据职工平均工资和生活费用变化等情况,由省社会保险行政部门会同财政部门适时提出调整方案,经省人民政府批准后执行。

第七章　附　则

第三十八条　按照规定参加省本级工伤保险统筹的省属单位,其工伤保险管理由省社会保险行政部门按照本条例规定执行;但职工发生人身伤害或者死亡的工伤认定、劳动能力和与劳动能力相关事项的鉴定,由省属单位所在地设区的市社会保险行政部门负责。

第三十九条　经省社会保险行政部门批准,市、县可以试行职业技工等学校的学生在实习期间和已超过法定退休年龄人员在继续就业期间参加工伤保险。省社会保险行政部门应当加强指导。

第四十条　本条例自 2018 年 1 月 1 日起施行。

关于贯彻实施《浙江省工伤保险条例》
有关问题的通知

发文机关:杭州市人力资源和社会保障局　　　文号:杭人社发〔2018〕187号
发文日期:2018年8月28日　　　　　　　　　生效日期:2018年10月1日

各区、县(市)人力社保局,杭州经济技术开发区、西湖风景名胜区、大江东产业集聚区人力社保局,市级有关部门:

《浙江省工伤保险条例》(以下简称《省条例》)已于2018年1月1日起施行,为抓好《省条例》的贯彻实施,结合我市实际,现就贯彻实施《省条例》有关问题通知如下:

一、关于同时与两个及以上用人单位建立劳动关系职工在上下班途中发生交通事故的工伤保险责任问题

职工同时与两个及以上用人单位建立劳动关系,在一个月一个用人单位上班途中发生非本人主要责任的交通事故或者城市轨道车事故伤害的,按上班途中事故伤害处理,由职工前往上班的用人单位承担工伤保险责任。

二、关于建筑施工企业按项目参保人员工伤待遇计发基数问题

建筑施工企业按项目参加工伤保险人员,在计发工伤待遇中难以按本人工资作为计发基数的,统一按照工伤发生时上年度全省在岗职工平均工资作为计发基数。

三、关于符合《省条例》第十八条第二款第(一)项情形的工伤认定申请受理处置问题

社会保险行政部门受理符合该项情形的工伤认定申请后,除经抢救无效死亡的,应在受理工伤认定申请同时,书面告知申请人工伤认定程序中止,待病人病情相对稳定并完成劳动能力鉴定后,重新恢复工伤认定程序。

四、关于用人单位已超过法定退休年龄人员参加工伤保险试行问题

根据《浙江省工伤保险条例》规定及《浙江省人力资源和社会保障厅等3部门关于试行职业技工等学校学生在实习期间和已超过法定退休年龄人员在继续就业期间参加工伤保险工作的指导意见》(浙人社发〔2018〕85号)要求,我市试行已超过法定退休年龄人员(以下简称"超龄人员")参加工伤保险,有关事项明确如下:

1.参保范围、对象。已参加杭州市基本养老、医疗等社会保险的用人单位,职工在该单位就业期间达到法定退休年龄,基本养老保险待遇领取地确定为本统筹地但基本养老保险缴费未达到按月领取基本养老金规定年限,用人单位继续聘用的,可单独参加工伤保险。

2. 缴费标准。超龄人员工伤保险费率按聘用单位费率标准执行,缴费基数按本人工资标准确定,本人工资标准低于全省上年度在岗职工月平均工资 60％的,缴费基数按全省上年度月平均工资 60％确定,高于上年度全省在岗职工月平均工资 300％的,按 300％确定。

3. 工伤认定。参加工伤保险的超龄人员发生工伤,申请工伤认定时应提供与聘用单位的聘用关系证明材料,其他申请工伤认定所需材料按《工伤保险条例》及有关规定要求提供。工伤认定申请按照我市工伤认定管辖划分,由管辖地社会保险行政部门负责受理。

4. 工伤待遇。参加工伤保险的超龄人员发生工伤,工伤保险基金按《工伤保险条例》、《浙江省工伤保险条例》规定支付相应待遇。停工留薪期内用人单位按《工伤保险条例》规定落实相关待遇。

鉴定为一至四级伤残的,由工伤保险基金按规定标准一次性支付伤残补助金,按月发放伤残津贴。工伤人员基本养老、医疗保险参保缴费未达到按月领取基本养老金和享受退休人员基本医疗保险待遇规定年限的,领取伤残津贴同时,继续以灵活就业人员缴费办法,按月缴纳职工基本养老保险和医疗保险费至符合按月领取基本养老金规定年限,基本医疗保险未达到享受退休人员基本医疗保险待遇规定年限的可一次性补足。工伤人员在继续缴纳职工基本养老和医疗保险费期间,用人单位根据工伤职工参保缴费证明或银行扣款凭证,以伤残津贴为基数,按单位缴费比例标准计算给予补贴。工伤职工达到按月领取基本养老金条件的,办理按月领取基本养老金手续,基本养老待遇低于伤残津贴的,由工伤保险基金予以补足,同时继续享受工伤医疗待遇。

鉴定为五级至十级伤残,终止或解除聘用关系的,由工伤保险基金按规定标准支付一次性伤残补助金和工伤医疗补助金;由用人单位支付一次性补助金。用人单位一次性补助金,以终止或解除聘用关系时上年度全省在岗职工月平均工资为基数,按下列标准支付给工伤职工:五级伤残的为三十个月,六级伤残的为二十五个月,七级伤残的为十个月,八级伤残的为七个月,九级伤残的为四个月,十级伤残的为两个月。但工伤职工基本养老保险缴费年限距按月领取职工基本养老金规定年限不足 5 年的,用人单位一次性补助金按每减少一年递减百分之二十的标准支付。

参保超龄人员因工死亡的,其近亲属按《工伤保险条例》第三十九条规定享受待遇。

建筑施工企业超龄人员按项目参加工伤保险,按省相关规定执行。

本通知自 2018 年 10 月 1 日起执行,原相关规定与本通知不一致的,以本通知为准。各县(市)参照执行。各区、县(市)在执行中遇到的问题,请及时向市人力社保局反映。

工伤认定办法
（2010 年修订）

发文机关：人力资源和社会保障部　　　文号：人力资源和社会保障部令第 8 号
发文日期：2010 年 12 月 31 日　　　　生效日期：2011 年 1 月 1 日

第一条　为规范工伤认定程序，依法进行工伤认定，维护当事人的合法权益，根据《工伤保险条例》的有关规定，制定本办法。

第二条　社会保险行政部门进行工伤认定按照本办法执行。

第三条　工伤认定应当客观公正、简捷方便，认定程序应当向社会公开。

第四条　职工发生事故伤害或者按照职业病防治法规定被诊断、鉴定为职业病，所在单位应当自事故伤害发生之日或者被诊断、鉴定为职业病之日起 30 日内，向统筹地区社会保险行政部门提出工伤认定申请。遇有特殊情况，经报社会保险行政部门同意，申请时限可以适当延长。

按照前款规定应当向省级社会保险行政部门提出工伤认定申请的，根据属地原则应当向用人单位所在地设区的市级社会保险行政部门提出。

第五条　用人单位未在规定的时限内提出工伤认定申请的，受伤害职工或者其近亲属、工会组织在事故伤害发生之日或者被诊断、鉴定为职业病之日起 1 年内，可以直接按照本办法第四条规定提出工伤认定申请。

第六条　提出工伤认定申请应当填写《工伤认定申请表》，并提交下列材料：

（一）劳动、聘用合同文本复印件或者与用人单位存在劳动关系（包括事实劳动关系）、人事关系的其他证明材料；

（二）医疗机构出具的受伤后诊断证明书或者职业病诊断证明书（或者职业病诊断鉴定书）。

第七条　工伤认定申请人提交的申请材料符合要求，属于社会保险行政部门管辖范围且在受理时限内的，社会保险行政部门应当受理。

第八条　社会保险行政部门收到工伤认定申请后，应当在 15 日内对申请人提交的材料进行审核，材料完整的，作出受理或者不予受理的决定；材料不完整的，应当以书面形式一次性告知申请人需要补正的全部材料。社会保险行政部门收到申请人提交的全部补正材料后，应当在 15 日内作出受理或者不予受理的决定。

社会保险行政部门决定受理的，应当出具《工伤认定申请受理决定书》；决定不予受理的，应当出具《工伤认定申请不予受理决定书》。

第九条　社会保险行政部门受理工伤认定申请后，可以根据需要对申请人提供的证据进行调查核实。

第十条 社会保险行政部门进行调查核实,应当由两名以上工作人员共同进行,并出示执行公务的证件。

第十一条 社会保险行政部门工作人员在工伤认定中,可以进行以下调查核实工作:

(一)根据工作需要,进入有关单位和事故现场;

(二)依法查阅与工伤认定有关的资料,询问有关人员并作出调查笔录;

(三)记录、录音、录像和复制与工伤认定有关的资料。

调查核实工作的证据收集参照行政诉讼证据收集的有关规定执行。

第十二条 社会保险行政部门工作人员进行调查核实时,有关单位和个人应当予以协助。用人单位、工会组织、医疗机构以及有关部门应当负责安排相关人员配合工作,据实提供情况和证明材料。

第十三条 社会保险行政部门在进行工伤认定时,对申请人提供的符合国家有关规定的职业病诊断证明书或者职业病诊断鉴定书,不再进行调查核实。职业病诊断证明书或者职业病诊断鉴定书不符合国家规定的要求和格式的,社会保险行政部门可以要求出具证据部门重新提供。

第十四条 社会保险行政部门受理工伤认定申请后,可以根据工作需要,委托其他统筹地区的社会保险行政部门或者相关部门进行调查核实。

第十五条 社会保险行政部门工作人员进行调查核实时,应当履行下列义务:

(一)保守有关单位商业秘密以及个人隐私;

(二)为提供情况的有关人员保密。

第十六条 社会保险行政部门工作人员与工伤认定申请人有利害关系的,应当回避。

第十七条 职工或者其近亲属认为是工伤,用人单位不认为是工伤的,由该用人单位承担举证责任。用人单位拒不举证的,社会保险行政部门可以根据受伤害职工提供的证据或者调查取得的证据,依法作出工伤认定决定。

第十八条 社会保险行政部门应当自受理工伤认定申请之日起 60 日内作出工伤认定决定,出具《认定工伤决定书》或者《不予认定工伤决定书》。

第十九条 《认定工伤决定书》应当载明下列事项:

(一)用人单位全称;

(二)职工的姓名、性别、年龄、职业、身份证号码;

(三)受伤害部位、事故时间和诊断时间或职业病名称、受伤害经过和核实情况、医疗救治的基本情况和诊断结论;

(四)认定工伤或者视同工伤的依据;

(五)不服认定决定申请行政复议或者提起行政诉讼的部门和时限;

（六）作出认定工伤或者视同工伤决定的时间。

《不予认定工伤决定书》应当载明下列事项：

（一）用人单位全称；

（二）职工的姓名、性别、年龄、职业、身份证号码；

（三）不予认定工伤或者不视同工伤的依据；

（四）不服认定决定申请行政复议或者提起行政诉讼的部门和时限；

（五）作出不予认定工伤或者不视同工伤决定的时间。

《认定工伤决定书》和《不予认定工伤决定书》应当加盖社会保险行政部门工伤认定专用印章。

第二十条　社会保险行政部门受理工伤认定申请后，作出工伤认定决定需要以司法机关或者有关行政主管部门的结论为依据的，在司法机关或者有关行政主管部门尚未作出结论期间，作出工伤认定决定的时限中止，并书面通知申请人。

第二十一条　社会保险行政部门对于事实清楚、权利义务明确的工伤认定申请，应当自受理工伤认定申请之日起 15 日内作出工伤认定决定。

第二十二条　社会保险行政部门应当自工伤认定决定作出之日起 20 日内，将《认定工伤决定书》或者《不予认定工伤决定书》送达受伤害职工（或者其近亲属）和用人单位，并抄送社会保险经办机构。

《认定工伤决定书》和《不予认定工伤决定书》的送达参照民事法律有关送达的规定执行。

第二十三条　职工或者其近亲属、用人单位对不予受理决定不服或者对工伤认定决定不服的，可以依法申请行政复议或者提起行政诉讼。

第二十四条　工伤认定结束后，社会保险行政部门应当将工伤认定的有关资料保存 50 年。

第二十五条　用人单位拒不协助社会保险行政部门对事故伤害进行调查核实的，由社会保险行政部门责令改正，处 2000 元以上 2 万元以下的罚款。

第二十六条　本办法中的《工伤认定申请表》、《工伤认定申请受理决定书》、《工伤认定申请不予受理决定书》、《认定工伤决定书》、《不予认定工伤决定书》的样式由国务院社会保险行政部门统一制定。

第二十七条　本办法自 2011 年 1 月 1 日起施行。劳动和社会保障部 2003 年 9 月 23 日颁布的《工伤认定办法》同时废止。

非法用工单位伤亡人员一次性赔偿办法

发文机关：人力资源和社会保障部　　文号：人力资源和社会保障部令第 9 号

发文日期：2010 年 12 月 31 日　　　生效日期：2011 年 1 月 1 日

第一条　根据《工伤保险条例》第六十六条第一款的授权，制定本办法。

第二条　本办法所称非法用工单位伤亡人员，是指无营业执照或者未经依法登记、备案的单位以及被依法吊销营业执照或者撤销登记、备案的单位受到事故伤害或者患职业病的职工，或者用人单位使用童工造成的伤残、死亡童工。

前款所列单位必须按照本办法的规定向伤残职工或者死亡职工的近亲属、伤残童工或者死亡童工的近亲属给予一次性赔偿。

第三条　一次性赔偿包括受到事故伤害或者患职业病的职工或童工在治疗期间的费用和一次性赔偿金。一次性赔偿金数额应当在受到事故伤害或者患职业病的职工或童工死亡或者经劳动能力鉴定后确定。

劳动能力鉴定按照属地原则由单位所在地设区的市级劳动能力鉴定委员会办理。劳动能力鉴定费用由伤亡职工或童工所在单位支付。

第四条　职工或童工受到事故伤害或者患职业病，在劳动能力鉴定之前进行治疗期间的生活费按照统筹地区上年度职工月平均工资标准确定，医疗费、护理费、住院期间的伙食补助费以及所需的交通费等费用按照《工伤保险条例》规定的标准和范围确定，并全部由伤残职工或童工所在单位支付。

第五条　一次性赔偿金按照以下标准支付：

一级伤残的为赔偿基数的 16 倍，二级伤残的为赔偿基数的 14 倍，三级伤残的为赔偿基数的 12 倍，四级伤残的为赔偿基数的 10 倍，五级伤残的为赔偿基数的 8 倍，六级伤残的为赔偿基数的 6 倍，七级伤残的为赔偿基数的 4 倍，八级伤残的为赔偿基数的 3 倍，九级伤残的为赔偿基数的 2 倍，十级伤残的为赔偿基数的 1 倍。

前款所称赔偿基数，是指单位所在工伤保险统筹地区上年度职工年平均工资。

第六条　受到事故伤害或者患职业病造成死亡的，按照上一年度全国城镇居民人均可支配收入的 20 倍支付一次性赔偿金，并按照上一年度全国城镇居民人均可支配收入的 10 倍一次性支付丧葬补助等其他赔偿金。

第七条　单位拒不支付一次性赔偿的，伤残职工或者死亡职工的近亲属、伤残童工或者死亡童工的近亲属可以向人力资源和社会保障行政部门举报。经查证属实的，人力资源和社会保障行政部门应当责令该单位限期改正。

第八条 伤残职工或者死亡职工的近亲属、伤残童工或者死亡童工的近亲属就赔偿数额与单位发生争议的,按照劳动争议处理的有关规定处理。

第九条 本办法自 2011 年 1 月 1 日起施行。劳动和社会保障部 2003 年 9 月 23 日颁布的《非法用工单位伤亡人员一次性赔偿办法》同时废止。

因工死亡职工供养亲属范围规定

发文机关：劳动和社会保障部　　　文号：劳动和社会保障部令第 18 号
发文日期：2003 年 9 月 23 日　　　生效日期：2004 年 1 月 1 日

第一条　为明确因工死亡职工供养亲属范围,根据《工伤保险条例》第三十七条第一款第二项的授权,制定本规定。

第二条　本规定所称因工死亡职工供养亲属,是指该职工的配偶、子女、父母、祖父母、外祖父母、孙子女、外孙子女、兄弟姐妹。

本规定所称子女,包括婚生子女、非婚生子女、养子女和有抚养关系的继子女,其中,婚生子女、非婚生子女包括遗腹子女;

本规定所称父母,包括生父母、养父母和有抚养关系的继父母;

本规定所称兄弟姐妹,包括同父母的兄弟姐妹、同父异母或者同母异父的兄弟姐妹、养兄弟姐妹、有抚养关系的继兄弟姐妹。

第三条　上条规定的人员,依靠因工死亡职工生前提供主要生活来源,并有下列情形之一的,可按规定申请供养亲属抚恤金:

（一）完全丧失劳动能力的;

（二）工亡职工配偶男年满 60 周岁、女年满 55 周岁的;

（三）工亡职工父母男年满 60 周岁、女年满 55 周岁的;

（四）工亡职工子女未满 18 周岁的;

（五）工亡职工父母均已死亡,其祖父、外祖父年满 60 周岁,祖母、外祖母年满 55 周岁的;

（六）工亡职工子女已经死亡或完全丧失劳动能力,其孙子女、外孙子女未满 18 周岁的;

（七）工亡职工父母均已死亡或完全丧失劳动能力,其兄弟姐妹未满 18 周岁的。

第四条　领取抚恤金人员有下列情形之一的,停止享受抚恤金待遇:

（一）年满 18 周岁且未完全丧失劳动能力的;

（二）就业或参军的;

（三）工亡职工配偶再婚的;

（四）被他人或组织收养的;

（五）死亡的。

第五条　领取抚恤金的人员,在被判刑收监执行期间,停止享受抚恤金待遇。刑满释放仍符合领取抚恤金资格的,按规定的标准享受抚恤金。

　　第六条　因工死亡职工供养亲属享受抚恤金待遇的资格,由统筹地区社会保险经办机构核定。

　　因工死亡职工供养亲属的劳动能力鉴定,由因工死亡职工生前单位所在地设区的市级劳动能力鉴定委员会负责。

　　第七条　本办法自 2004 年 1 月 1 日起施行。

劳动能力鉴定
——职工工伤与职业病致残等级
（GB/T 16180—2014）

发文机关：中国国家质量监督检验检疫总局、中国国家标准化管理委员会
文号：GB/T 16180—2014
发文日期：2014 年 9 月 3 日　　　　　　　生效日期：2015 年 1 月 1 日

前　言

本标准按照 GB/T 1.1—2009 给出的规则起草。

本标准代替 GB/T 16180—2006《劳动能力鉴定　职工工伤与职业病致残等级》，与 GB/T 16180—2006 相比，主要技术变化如下：

——将总则中的分级原则写入相应等级标准头条；

——对总则中 4.1.4 护理依赖的分级进一步予以明确；

——删除总则 4.1.5 心理障碍的描述；

——将附录中有明确定义的内容直接写进标准条款；

——在具体条款中取消年龄和是否生育的表述；

——附录 B 中增加手、足功能缺损评估参考图表；

——附录 A 中增加视力减弱补偿率的使用说明；

——对附录中外伤性椎间盘突出症的诊断要求做了调整；

——完善了对癫痫和智能障碍的综合评判要求；

——归并胸、腹腔脏器损伤部分条款；

——增加系统治疗的界定；

——增加四肢长管状骨的界定；

——增加了脊椎骨折的分型界定；

——增加了关节功能障碍的量化判定基准；

——增加"髌骨、跟骨、距骨、下颌骨或骨盆骨折内固定术后"条款；

——增加"四肢长管状骨骨折内固定术或外固定支架术后"条款；

——增加"四肢大关节肌腱及韧带撕裂伤术后遗留轻度功能障碍"条款；

——完善、调整或删除了部分不规范、不合理甚至矛盾的条款；

——取消了部分条款后缀中易造成歧义的"无功能障碍"表述；

——伤残条目由 572 条调整为 530 条。

本标准由中华人民共和国人力资源和社会保障部提出。

本标准由中华人民共和国人力资源和社会保障部归口。

本标准起草单位:上海市劳动能力鉴定中心。

本标准主要起草人:陈道莅、张岩、杨庆铭、廖镇江、曹贵松、眭述平、叶纹、周泽深、陶明毅、王国民、程瑜、周安寿、左峰、林景荣、姚树源、王沛、孔翔飞、徐新荣、杨小锋、姜节凯、方晓松、刘声明、章艾武、李怀侠、姚凰。

本标准所代替标准的历次版本发布情况为:

——GB/T 16180-1996、GB/T 16180-2006。

劳动能力鉴定 职工工伤与职业病致残等级

1 范 围

本标准规定了职工工伤与职业病致残劳动能力鉴定原则和分级标准。

本标准适用于职工在职业活动中因工负伤和因职业病致残程度的鉴定。

2 规范性引用文件

下列文件对于本文件的应用是必不可少的。凡是注日期的引用文件,仅注日期的版本适用于本文件。凡是不注日期的引用文件,其最新版本(包括所有的修改单)适用于本文件。

GB/T 4854(所有部分)声学 校准测听设备的基准零级

GB/T 7341(所有部分)听力计

GB/T 7582-2004 声学 听阈与年龄关系的统计分布

GB/T 7583 声学 纯音气导听阈测定 保护听力用

GB 11533 标准对数视力表

GBZ 4 职业性慢性二硫化碳中毒诊断标准

GBZ 5 职业性氟及无机化合物中毒的诊断

GBZ 7 职业性手臂振动病诊断标准

GBZ 9 职业性急性电光性眼炎(紫外线角膜结膜炎)诊断标准

GBZ 12 职业性铬鼻病诊断标准

GBZ 24 职业性减压病诊断标准

GBZ 35 职业性白内障诊断标准

GBZ 45 职业性三硝基甲苯白内障诊断标准

GBZ 49 职业性噪声聋诊断标准

GBZ 54 职业性化学性眼灼伤诊断标准

GBZ 57 职业性哮喘诊断标准

GBZ 60 职业性过敏性肺炎诊断标准

GBZ 61 职业性牙酸蚀病诊断标准

GBZ 70 尘肺病诊断标准

GBZ 81 职业性磷中毒诊断标准

GBZ 82 职业性煤矿井下工人滑囊炎诊断标准

GBZ 83 职业性砷中毒的诊断

GBZ 94 职业性肿瘤诊断标准

GBZ 95 放射性白内障诊断标准

GBZ 96 内照射放射病诊断标准

GBZ 97 放射性肿瘤诊断标准

GBZ 101 放射性甲状腺疾病诊断标准

GBZ 104 外照射急性放射病诊断标准

GBZ 105 外照射慢性放射病诊断标准

GBZ 106 放射性皮肤疾病诊断标准

GBZ 107 放射性性腺疾病的诊断

GBZ 109 放射性膀胱疾病诊断标准

GBZ 110 急性放射性肺炎诊断标准

GBZ/T 238 职业性爆震聋的诊断

3 术语和定义

下列术语和定义适用于本文件。

3.1 劳动能力鉴定 identify work ability

法定机构对劳动者在职业活动中因工负伤或患职业病后,根据国家工伤保险法规规定,在评定伤残等级时通过医学检查对劳动功能障碍程度(伤残程度)和生活自理障碍程度做出的技术性鉴定结论。

3.2 医疗依赖 medical dependence

工伤致残于评定伤残等级技术鉴定后仍不能脱离治疗。

3.3 生活自理障碍 ability of living independence

工伤致残者因生活不能自理,需依赖他人护理。

4 总 则

4.1 判断依据

4.1.1 综合判定

依据工伤致残者于评定伤残等级技术鉴定时的器官损伤、功能障碍及其对医疗与日常生活护理的依赖程度,适当考虑由于伤残引起的社会心理因素影响,对伤残程度进行综合判定分级。

附录 A 为各门类工伤、职业病致残分级判定基准。

附录 B 为正确使用本标准的说明。

4.1.2 器官损伤

器官损伤是工伤的直接后果,但职业病不一定有器官缺损。

4.1.3 功能障碍

工伤后功能障碍的程度与器官缺损的部位及严重程度有关,职业病所致的器官功能障碍与疾病的严重程度相关。对功能障碍的判定,应以评定伤残等级技术鉴定时的医疗检查结果为依据,根据评残对象逐个确定。

4.1.4 医疗依赖

医疗依赖判定分级:

a)特殊医疗依赖:工伤致残后必须终身接受特殊药物、特殊医疗设备或装置进行治疗;

b)一般医疗依赖:工伤致残后仍需接受长期或终身药物治疗。

4.1.5 生活自理障碍

生活自理范围主要包括下列五项:

a)进食:完全不能自主进食,需依赖他人帮助;

b)翻身:不能自主翻身;

c)大、小便:不能自主行动,排大、小便需依靠他人帮助;

d)穿衣、洗漱:不能自己穿衣、洗漱,完全依赖他人帮助;

e)自主行动:不能自主走动。

生活自理障碍程度分三级:

a)完全生活自理障碍:生活完全不能自理,上述五项均需护理;

b)大部分生活自理障碍:生活大部分不能自理,上述五项中三项或四项需要护理;

c)部分生活自理障碍:生活部分不能自理,上述五项中一项或两项需要护理。

4.2 晋级原则

对于同一器官或者系统多处损伤,或一个以上器官不同部位同时受到损伤者,应先对单项伤残程度进行鉴定。如果几项伤残等级不同,以重者定级;如果两项及以上等级相同,最多晋升一级。

4.3 对原有伤残及合并症的处理

在劳动能力鉴定过程中,工伤或职业病后出现合并症,其致残等级的评定以鉴定时实际的致残结局为依据。

如受工伤损害的器官原有伤残或疾病史,即:单个或双器官(如双眼、四肢、肾脏)或系统损伤,本次鉴定时应检查本次伤情是否加重原有伤残,若加重原有伤残,鉴定时按实际的致残结局为依据;若本次伤情轻于原有伤残,鉴定时则按本次工伤伤情致残结局为依据。

对原有伤残的处理适用于初次或再次鉴定,复查鉴定不适用本规则。

4.4 门类划分

按照临床医学分科和各学科间相互关联的原则,对残情的判定划分为 5 个门类:

a) 神经内科、神经外科、精神科门。

b) 骨科、整形外科、烧伤科门。

c) 眼科、耳鼻喉科、口腔科门。

d) 普外科、胸外科、泌尿生殖科门。

e) 职业病内科门。

4.5 条目划分

按照 4.4 中的 5 个门类,以附录 C 中表 C.1~C.5 及一至十级分级系列,根据伤残的类别和残情的程度划分伤残条目,共列出残情 530 条。

4.6 等级划分

根据条目划分原则以及工伤致残程度,综合考虑各门类间的平衡,将残情级别分为一至十级。最重为第一级,最轻为第十级。对未列出的个别伤残情况,参照本标准中相应定级原则进行等级评定。

5 职工工伤与职业病致残等级分级

5.1 一级

5.1.1 定级原则

器官缺失或功能完全丧失,其他器官不能代偿,存在特殊医疗依赖,或完全或大部分或部分生活自理障碍。

5.1.2 一级条款系列

凡符合 5.1.1 或下列条款之一者均为工伤一级。

1) 极重度智能损伤;

2) 四肢瘫肌力≤3 级或三肢瘫肌力≤2 级;

3) 重度非肢体瘫运动障碍;

4) 面部重度毁容,同时伴有表 C.2 中二级伤残之一者;

5) 全身重度瘢痕形成,占体表面积≥90%,伴有脊柱及四肢大关节活动功能基本丧失;

6) 双肘关节以上缺失或功能完全丧失;

7) 双下肢膝上缺失及一上肢肘上缺失;

8) 双下肢及一上肢瘢痕畸形,功能完全丧失;

9) 双眼无光感或仅有光感但光定位不准者;

10) 肺功能重度损伤和呼吸困难 IV 级,需终生依赖机械通气;

11) 双肺或心肺联合移植术;

12) 小肠切除≥90%;

13) 肝切除后原位肝移植;

14)胆道损伤原位肝移植；

15)全胰切除；

16)双侧肾切除或孤肾切除术后,用透析维持或同种肾移植术后肾功能不全尿毒症期；

17)尘肺叁期伴肺功能重度损伤及（或）重度低氧血症〔$PO_2 < 5.3kPa$（$< 40mmHg$)〕；

18)其他职业性肺部疾患,伴肺功能重度损伤及（或）重度低氧血症〔$PO_2 < 5.3kPa$（$< 40mmHg$)〕；

19)放射性肺炎后,两叶以上肺纤维化伴重度低氧血症〔$PO_2 < 5.3kPa$（$< 40mmHg$)〕；

20)职业性肺癌伴肺功能重度损伤；

21)职业性肝血管肉瘤,重度肝功能损害；

22)肝硬化伴食道静脉破裂出血,肝功能重度损害；

23)肾功能不全尿毒症期,内生肌酐清除率持续$< 10mL/min$,或血浆肌酐水平持续$> 707\mu mol/L$（$8mg/dL$)。

5.2　二级

5.2.1　定级原则

器官严重缺损或畸形,有严重功能障碍或并发症,存在特殊医疗依赖,或大部分或部分生活自理障碍。

5.2.2　二级条款系列

凡符合 5.2.1 或下列条款之一者均为工伤二级。

1)重度智能损伤；

2)三肢瘫肌力 3 级；

3)偏瘫肌力$\leq$2 级；

4)截瘫肌力$\leq$2 级；

5)双手全肌瘫肌力$\leq$2 级；

6)完全感觉性或混合性失语；

7)全身重度瘢痕形成,占体表面积$\geq$80％,伴有四肢大关节中 3 个以上活动功能受限；

8)全面部瘢痕或植皮伴有重度毁容；

9)双侧前臂缺失或双手功能完全丧失；

10)双下肢瘢痕畸形,功能完全丧失；

11)双膝以上缺失；

12)双膝、双踝关节功能完全丧失；

13)同侧上、下肢缺失或功能完全丧失；

14)四肢大关节(肩、髋、膝、肘)中4个及以上关节功能完全丧失者；

15)一眼有或无光感,另眼矫正视力≤0.02,或视野≤8%(或半径≤5°)；

16)无吞咽功能,完全依赖胃管进食；

17)双侧上颌骨或双侧下颌骨完全缺损；

18)一侧上颌骨及对侧下颌骨完全缺损,并伴有颜面软组织损伤>30cm²；

19)一侧全肺切除并胸廓成形术,呼吸困难Ⅲ级；

20)心功能不全三级；

21)食管闭锁或损伤后无法行食管重建术,依赖胃造瘘或空肠造瘘进食；

22)小肠切除3/4,合并短肠综合症；

23)肝切除3/4,合并肝功能重度损害；

24)肝外伤后发生门脉高压三联症或发生Budd-chiari综合征；

25)胆道损伤致肝功能重度损害；

26)胰次全切除,胰腺移植术后；

27)孤肾部分切除后,肾功能不全失代偿期；

28)肺功能重度损伤及(或)重度低氧血症；

29)尘肺叁期伴肺功能中度损伤及(或)中度低氧血症；

30)尘肺贰期伴肺功能重度损伤及(或)重度低氧血症〔PO_2<5.3kPa(40mmHg)〕；

31)尘肺叁期伴活动性肺结核；

32)职业性肺癌或胸膜间皮瘤；

33)职业性急性白血病；

34)急性重型再生障碍性贫血；

35)慢性重度中毒性肝病；

36)肝血管肉瘤；

37)肾功能不全尿毒症期,内生肌酐清除率持续<25mL/min,或血浆肌酐水平持续>450μmol/L(5mg/dL)；

38)职业性膀胱癌；

39)放射性肿瘤。

5.3 三级

5.3.1 定级原则

器官严重缺损或畸形,有严重功能障碍或并发症,存在特殊医疗依赖,或部分生活自理障碍。

5.3.2 三级条款系列

凡符合5.3.1或下列条款之一者均为工伤三级。

1)精神病性症状,经系统治疗1年后仍表现为危险或冲动行为者；

2)精神病性症状,经系统治疗1年后仍缺乏生活自理能力者；

3)偏瘫肌力 3 级;

4)截瘫肌力 3 级;

5)双足全肌瘫肌力≤2 级;

6)中度非肢体瘫运动障碍;

7)完全性失用、失写、失读、失认等具有两项及两项以上者;

8)全身重度瘢痕形成,占体表面积≥70%,伴有四肢大关节中 2 个以上活动功能受限;

9)面部瘢痕或植皮≥2/3 并有中度毁容;

10)一手缺失,另一手拇指缺失;

11)双手拇、食指缺失或功能完全丧失;

12)一手功能完全丧失,另一手拇指功能完全丧失;

13)双髋、双膝关节中,有一个关节缺失或功能完全丧失及另一关节重度功能障碍;

14)双膝以下缺失或功能完全丧失;

15)一侧髋、膝关节畸形,功能完全丧失;

16)非同侧腕上、踝上缺失;

17)非同侧上、下肢瘢痕畸形,功能完全丧失;

18)一眼有或无光感,另眼矫正视力≤0.05 或视野≤16%(半径≤10°);

19)双眼矫正视力<0.05 或视野≤16%(半径≤10°);

20)一侧眼球摘除或眼内容物剜出,另眼矫正视力<0.1 或视野≤24%(或半径≤15°);

21)呼吸完全依赖气管套管或造口;

22)喉或气管损伤导致静止状态下或仅轻微活动即有呼吸困难;

23)同侧上、下颌骨完全缺损;

24)一侧上颌骨或下颌骨完全缺损,伴颜面部软组织损伤>30cm²;

25)舌缺损>全舌的 2/3;

26)一侧全肺切除并胸廓成形术;

27)一侧胸廓成形术,肋骨切除 6 根以上;

28)一侧全肺切除并隆凸切除成形术;

29)一侧全肺切除并大血管重建术;

30)Ⅲ度房室传导阻滞;

31)肝切除 2/3,并肝功能中度损害;

32)胰次全切除,胰岛素依赖;

33)一侧肾切除,对侧肾功能不全失代偿期;

34)双侧输尿管狭窄,肾功能不全失代偿期;

35)永久性输尿管腹壁造瘘;

36)膀胱全切除;

37)尘肺叁期;

38)尘肺贰期伴肺功能中度损伤及(或)中度低氧血症;

39)尘肺贰期合并活动性肺结核;

40)放射性肺炎后两叶肺纤维化,伴肺功能中度损伤及(或)中度低氧血症;

41)粒细胞缺乏症;

42)再生障碍性贫血;

43)职业性慢性白血病;

44)中毒性血液病,骨髓增生异常综合征;

45)中毒性血液病,严重出血或血小板含量$\leqslant 2\times 10^{10}/L$;

46)砷性皮肤癌;

47)放射性皮肤癌。

5.4 四级

5.4.1 定级原则

器官严重缺损或畸形,有严重功能障碍或并发症,存在特殊医疗依赖,或部分生活自理障碍或无生活自理障碍。

5.4.2 四级条款系列

凡符合 5.4.1 或下列条款之一者均为工伤四级。

1)中度智能损伤;

2)重度癫痫;

3)精神病性症状,经系统治疗 1 年后仍缺乏社交能力者;

4)单肢瘫肌力$\leqslant 2$级;

5)双手部分肌瘫肌力$\leqslant 2$级;

6)脑脊液漏伴有颅底骨缺损不能修复或反复手术失败;

7)面部中度毁容;

8)全身瘢痕面积$\geqslant 60\%$,四肢大关节中 1 个关节活动功能受限;

9)面部瘢痕或植皮$\geqslant 1/2$并有轻度毁容;

10)双拇指完全缺失或功能完全丧失;

11)一侧手功能完全丧失,另一手部分功能丧失;

12)一侧肘上缺失;

13)一侧膝以下缺失,另一侧前足缺失;

14)一侧膝以上缺失;

15)一侧踝以下缺失,另一足畸形行走困难;

16)一眼有或无光感,另眼矫正视力<0.2或视野$\leqslant 32\%$(或半径$\leqslant 20°$);

17)一眼矫正视力<0.05,另眼矫正视力≤0.1;

18)双眼矫正视力<0.1或视野≤32％(或半径≤20°);

19)双耳听力损失≥91dB;

20)牙关紧闭或因食管狭窄只能进流食;

21)一侧上颌骨缺损1/2,伴颜面部软组织损伤>20cm^2;

22)下颌骨缺损长6cm以上的区段,伴口腔、颜面软组织损伤>20cm^2;

23)双侧颞下颌关节骨性强直,完全不能张口;

24)面颊部洞穿性缺损>20cm^2;

25)双侧完全性面瘫;

26)一侧全肺切除术;

27)双侧肺叶切除术;

28)肺叶切除后并胸廓成形术后;

29)肺叶切除并隆凸切除成形术后;

30)一侧肺移植术;

31)心瓣膜置换术后;

32)心功能不全二级;

33)食管重建术后吻合口狭窄,仅能进流食者;

34)全胃切除;

35)胰头、十二指肠切除;

36)小肠切除3/4;

37)小肠切除2/3,包括回盲部切除;

38)全结肠、直肠、肛门切除,回肠造瘘;

39)外伤后肛门排便重度障碍或失禁;

40)肝切除2/3;

41)肝切除1/2,肝功能轻度损害;

42)胆道损伤致肝功能中度损害;

43)甲状旁腺功能重度损害;

44)肾修补术后,肾功能不全失代偿期;

45)输尿管修补术后,肾功能不全失代偿期;

46)永久性膀胱造瘘;

47)重度排尿障碍;

48)神经源性膀胱,残余尿≥50mL;

49)双侧肾上腺缺损;

50)尘肺贰期;

51)尘肺壹期伴肺功能中度损伤及(或)中度低氧血症;

52) 尘肺壹期伴活动性肺结核;

53) 病态窦房结综合征(需安装起搏器者);

54) 放射性损伤致肾上腺皮质功能明显减退;

55) 放射性损伤致免疫功能明显减退。

5.5 五级

5.5.1 定级原则

器官大部缺损或明显畸形,有较重功能障碍或并发症,存在一般医疗依赖,无生活自理障碍。

5.5.2 五级条款系列

凡符合 5.5.1 或下列条款之一者均为工伤五级。

1) 四肢瘫肌力 4 级;

2) 单肢瘫肌力 3 级;

3) 双手部分肌瘫肌力 3 级;

4) 一手全肌瘫肌力≤2 级;

5) 双足全肌瘫肌力 3 级;

6) 完全运动性失语;

7) 完全性失用、失写、失读、失认等具有一项者;

8) 不完全性失用、失写、失读、失认等具有多项者;

9) 全身瘢痕占体表面积≥50%,并有关节活动功能受限;

10) 面部瘢痕或植皮≥1/3 并有毁容标准中的一项;

11) 脊柱骨折后遗 30°以上侧弯或后凸畸形,伴严重根性神经痛;

12) 一侧前臂缺失;

13) 一手功能完全丧失;

14) 肩、肘关节之一功能完全丧失;

15) 一手拇指缺失,另一手除拇指外三指缺失;

16) 一手拇指功能完全丧失,另一手除拇指外三指功能完全丧失;

17) 双前足缺失或双前足瘢痕畸形,功能完全丧失;

18) 双跟骨足底软组织缺损瘢痕形成,反复破溃;

19) 一髋(或一膝)功能完全丧失;

20) 四肢大关节之一人工关节术后遗留重度功能障碍;

21) 一侧膝以下缺失;

22) 第Ⅲ对脑神经麻痹;

23) 双眼外伤性青光眼术后,需用药物控制眼压者;

24) 一眼有或无光感,另眼矫正视力≤0.3 或视野≤40%(或半径≤25°);

25) 一眼矫正视力<0.05,另眼矫正视力≤0.2;

26)一眼矫正视力＜0.1,另眼矫正视力等于0.1;

27)双眼视野≤40%(或半径≤25°);

28)双耳听力损失≥81dB;

29)喉或气管损伤导致一般活动及轻工作时有呼吸困难;

30)吞咽困难,仅能进半流食;

31)双侧喉返神经损伤,喉保护功能丧失致饮食呛咳、误吸;

32)一侧上颌骨缺损＞1/4,但＜1/2,伴软组织损伤＞10cm²,但＜20cm²;

33)下颌骨缺损长4cm以上的区段,伴口腔、颜面软组织损伤＞10cm²;

34)一侧完全面瘫,另一侧不完全面瘫;

35)双肺叶切除术;

36)肺叶切除术并大血管重建术;

37)隆凸切除成形术;

38)食管重建术后吻合口狭窄,仅能进半流食者;

39)食管气管或支气管瘘;

40)食管胸膜瘘;

41)胃切除3/4;

42)小肠切除2/3,包括回肠大部分;

43)肛门、直肠、结肠部分切除,结肠造瘘;

44)肝切除1/2;

45)胰切除2/3;

46)甲状腺功能重度损害;

47)一侧肾切除,对侧肾功能不全代偿期;

48)一侧输尿管狭窄,肾功能不全代偿期;

49)尿道瘘不能修复者;

50)两侧睾丸、附睾缺损;

51)放射性损伤致生殖功能重度损伤;

52)阴茎全缺损;

53)双侧卵巢切除;

54)阴道闭锁;

55)会阴部瘢痕挛缩伴有阴道或尿道或肛门狭窄;

56)肺功能中度损伤或中度低氧血症;

57)莫氏Ⅱ型Ⅱ度房室传导阻滞;

58)病态窦房结综合征(不需安起搏器者);

59)中毒性血液病,血小板减少(≤4×10¹⁰/L)并有出血倾向;

60)中毒性血液病,白细胞含量持续＜3×10⁹/L(＜3000/mm³)或粒细胞含量＜

$1.5 \times 10^9/L(1500/mm^3)$;

61)慢性中度中毒性肝病;

62)肾功能不全失代偿期,内生肌酐清除率持续<50mL/min,或血浆肌酐水平持续>177μmol/L(2mg/dL);

63)放射性损伤致睾丸萎缩;

64)慢性重度磷中毒;

65)重度手臂振动病。

5.6 六级

5.6.1 定级原则

器官大部缺损或明显畸形,有中等功能障碍或并发症,存在一般医疗依赖,无生活自理障碍。

5.6.2 六级条款系列

凡符合5.6.1或下列条款之一者均为工伤六级。

1)癫痫中度;

2)轻度智能损伤;

3)精神病性症状,经系统治疗1年后仍影响职业劳动能力者;

4)三肢瘫肌力4级;

5)截瘫双下肢肌力4级伴轻度排尿障碍;

6)双手全肌瘫肌力4级;

7)一手全肌瘫肌力3级;

8)双足部分肌瘫肌力≤2级;

9)单足全肌瘫肌力≤2级;

10)轻度非肢体瘫运动障碍;

11)不完全性感觉性失语;

12)面部重度异物色素沉着或脱失;

13)面部瘢痕或植皮≥1/3;

14)全身瘢痕面积≥40%;

15)撕脱伤后头皮缺损1/5以上;

16)一手一拇指完全缺失,连同另一手非拇指二指缺失;

17)一拇指功能完全丧失,另一手除拇指外有二指功能完全丧失;

18)一手三指(含拇指)缺失;

19)除拇指外其余四指缺失或功能完全丧失;

20)一侧踝以下缺失;或踝关节畸形,功能完全丧失;

21)下肢骨折成角畸形>15°,并有肢体短缩4cm以上;

22)一前足缺失,另一足仅残留拇趾;

23)一前足缺失,另一足除拇趾外,2~5趾畸形,功能完全丧失;

24)一足功能完全丧失,另一足部分功能丧失;

25)一髋或一膝关节功能重度障碍;

26)单侧跟骨足底软组织缺损瘢痕形成,反复破溃;

27)一侧眼球摘除;或一侧眼球明显萎缩,无光感;

28)一眼有或无光感,另一眼矫正视力≥0.4;

29)一眼矫正视力≤0.05,另一眼矫正视力≥0.3;

30)一眼矫正视力≤0.1,另一眼矫正视力≥0.2;

31)双眼矫正视力≤0.2或视野≤48%(或半径≤30°);

32)第Ⅳ或第Ⅵ对脑神经麻痹,或眼外肌损伤致复视的;

33)双耳听力损失≥71dB;

34)双侧前庭功能丧失,睁眼行走困难,不能并足站立;

35)单侧或双侧颞下颌关节强直,张口困难Ⅲ度;

36)一侧上颌骨缺损1/4,伴口腔颜面软组织损伤>10cm²;

37)面部软组织缺损>20cm²,伴发涎瘘;

38)舌缺损>舌的1/3,但<舌的2/3;

39)双侧颧骨并颧弓骨折,伴有开口困难Ⅱ度以上及颜面部畸形经手术复位者;

40)双侧下颌骨髁状突颈部骨折,伴有开口困难Ⅱ度以上及咬合关系改变,经手术治疗者;

41)一侧完全性面瘫;

42)肺叶切除并肺段或楔形切除术;

43)肺叶切除并支气管成形术后;

44)支气管(或气管)胸膜瘘;

45)冠状动脉旁路移植术;

46)大血管重建术;

47)胃切除2/3;

48)小肠切除1/2,包括回盲部;

49)肛门外伤后排便轻度障碍或失禁;

50)肝切除1/3;

51)胆道损伤致肝功能轻度损伤;

52)腹壁缺损面积≥腹壁的1/4;

53)胰切除1/2;

54)甲状腺功能中度损害;

55)甲状旁腺功能中度损害;

56)肾损伤性高血压;

57)尿道狭窄经系统治疗 1 年后仍需定期行扩张术;

58)膀胱部分切除合并轻度排尿障碍;

59)两侧睾丸创伤后萎缩,血睾酮低于正常值;

60)放射性损伤致生殖功能轻度损伤;

61)双侧输精管缺损,不能修复;

62)阴茎部分缺损;

63)女性双侧乳房切除或严重瘢痕畸形;

64)子宫切除;

65)双侧输卵管切除;

66)尘肺壹期伴肺功能轻度损伤及(或)轻度低氧血症;

67)放射性肺炎后肺纤维化(<两叶),伴肺功能轻度损伤及(或)轻度低氧血症;

68)其他职业性肺部疾患,伴肺功能轻度损伤;

69)白血病完全缓解;

70)中毒性肾病,持续性低分子蛋白尿伴白蛋白尿;

71)中毒性肾病,肾小管浓缩功能减退;

72)放射性损伤致肾上腺皮质功能轻度减退;

73)放射性损伤致甲状腺功能低下;

74)减压性骨坏死Ⅲ期;

75)中度手臂振动病;

76)氟及其无机化合物中毒慢性重度中毒。

5.7　七级

5.7.1　定级原则

器官大部缺损或畸形,有轻度功能障碍或并发症,存在一般医疗依赖,无生活自理障碍。

5.7.2　七级条款系列

凡符合 5.7.1 或下列条款之一者均为工伤七级。

1)偏瘫肌力 4 级;

2)截瘫肌力 4 级;

3)单手部分肌瘫肌力 3 级;

4)双足部分肌瘫肌力 3 级;

5)单足全肌瘫肌力 3 级;

6)中毒性周围神经病致深感觉障碍;

7)人格改变或边缘智能,经系统治疗 1 年后仍存在明显社会功能受损者;

8)不完全性运动性失语;

9)不完全性失用、失写、失读和失认等具有一项者;

10)符合重度毁容标准中的两项者；

11)烧伤后颅骨全层缺损≥30cm²，或在硬脑膜上植皮面积≥10cm²；

12)颈部瘢痕挛缩，影响颈部活动；

13)全身瘢痕面积≥30%；

14)面部瘢痕、异物或植皮伴色素改变占面部的10%以上；

15)骨盆骨折内固定术后，骨盆环不稳定，骶髂关节分离；

16)一手除拇指外，其他2～3指(含食指)近侧指间关节离断；

17)一手除拇指外，其他2～3指(含食指)近侧指间关节功能完全丧失；

18)肩、肘关节之一损伤后遗留关节重度功能障碍；

19)一腕关节功能完全丧失；

20)一足1～5趾缺失；

21)一前足缺失；

22)四肢大关节之一人工关节术后，基本能生活自理；

23)四肢大关节之一关节内骨折导致创伤性关节炎，遗留中重度功能障碍；

24)下肢伤后短缩＞2cm，但≤4cm者；

25)膝关节韧带损伤术后关节不稳定，伸屈功能正常者；

26)一眼有或无光感，另眼矫正视力≥0.8；

27)一眼有或无光感，另一眼各种客观检查正常；

28)一眼矫正视力≤0.05，另眼矫正视力≥0.6；

29)一眼矫正视力≤0.1，另眼矫正视力≥0.4；

30)双眼矫正视力≤0.3或视野≤64%(或半径≤40°)；

31)单眼外伤性青光眼术后，需用药物控制眼压者；

32)双耳听力损失≥56dB；

33)咽成形术后，咽下运动不正常；

34)牙槽骨损伤长度≥8cm，牙齿脱落10个及以上；

35)单侧颧骨并颧弓骨折，伴有开口困难Ⅱ度以上及颜面部畸形经手术复位者；

36)双侧不完全性面瘫；

37)肺叶切除术；

38)限局性脓胸行部分胸廓成形术；

39)气管部分切除术；

40)食管重建术后伴反流性食管炎；

41)食管外伤或成形术后咽下运动不正常；

42)胃切除1/2；

43)小肠切除1/2；

44)结肠大部分切除；

45）肝切除 1/4；

46）胆道损伤，胆肠吻合术后；

47）脾切除；

48）胰切除 1/3；

49）女性两侧乳房部分缺损；

50）一侧肾切除；

51）膀胱部分切除；

52）轻度排尿障碍；

53）阴道狭窄；

54）尘肺壹期，肺功能正常；

55）放射性肺炎后肺纤维化（＜两叶），肺功能正常；

56）轻度低氧血症；

57）心功能不全一级；

58）再生障碍性贫血完全缓解；

59）白细胞减少症，含量持续＜4×10^9/L（4000/mm³）；

60）中性粒细胞减少症，含量持续＜2×10^9/L（2000/mm³）；

61）慢性轻度中毒性肝病；

62）肾功能不全代偿期，内生肌酐清除率＜70mL/min；

63）三度牙酸蚀病。

5.8　八级

5.8.1　定级原则

器官部分缺损，形态异常，轻度功能障碍，存在一般医疗依赖，无生活自理障碍。

5.8.2　八级条款系列

凡符合 5.8.1 或下列条款之一者均为工伤八级。

1）单肢体瘫肌力 4 级；

2）单手全肌瘫肌力 4 级；

3）双手部分肌瘫肌力 4 级；

4）双足部分肌瘫肌力 4 级；

5）单足部分肌瘫肌力≤3 级；

6）脑叶部分切除术后；

7）符合重度毁容标准中的一项者；

8）面部烧伤植皮≥1/5；

9）面部轻度异物沉着或色素脱失；

10）双侧耳廓部分或一侧耳廓大部分缺损；

11）全身瘢痕面积≥20%；

12)一侧或双侧眼睑明显缺损;

13)脊椎压缩性骨折,椎体前缘高度减少 1/2 以上者或脊椎不稳定性骨折;

14)3 个及以上节段脊柱内固定术;

15)一手除拇、食指外,有两指近侧指间关节离断;

16)一手除拇、食指外,有两指近侧指间关节功能完全丧失;

17)一拇指指间关节离断;

18)一拇指指间关节畸形,功能完全丧失;

19)一足拇趾缺失,另一足非拇趾一趾缺失;

20)一足拇趾畸形,功能完全丧失,另一足非拇趾一趾畸形;

21)一足除拇趾外,其他三趾缺失;

22)一足除拇趾外,其他四趾瘢痕畸形,功能完全丧失;

23)因开放骨折感染形成慢性骨髓炎,反复发作者;

24)四肢大关节之一关节内骨折导致创伤性关节炎,遗留轻度功能障碍;

25)急性放射皮肤损伤Ⅳ度及慢性放射性皮肤损伤手术治疗后影响肢体功能;

26)放射性皮肤溃疡经久不愈者;

27)一眼矫正视力≤0.2,另眼矫正视力≥0.5;

28)双眼矫正视力等于 0.4;

29)双眼视野≤80%(或半径≤50°);

30)一侧或双侧睑外翻或睑闭合不全者;

31)上睑下垂盖及瞳孔 1/3 者;

32)睑球粘连影响眼球转动者;

33)外伤性青光眼行抗青光眼手术后眼压控制正常者;

34)双耳听力损失≥41dB 或一耳≥91dB;

35)喉或气管损伤导致体力劳动时有呼吸困难;

36)喉源性损伤导致发声及言语困难;

37)牙槽骨损伤长度≥6cm,牙齿脱落 8 个及以上者;

38)舌缺损<舌的 1/3;

39)双侧鼻腔或鼻咽部闭锁;

40)双侧颞下颌关节强直,张口困难Ⅱ度;

41)上、下颌骨骨折,经牵引、固定治疗后有功能障碍者;

42)双侧颧骨并颧弓骨折,无开口困难,颜面部凹陷畸形不明显,不需手术复位;

43)肺段切除术;

44)支气管成形术;

45)双侧≥3 根肋骨骨折致胸廓畸形;

46)膈肌破裂修补术后,伴膈神经麻痹;

47）心脏、大血管修补术；

48）心脏异物滞留或异物摘除术；

49）肺功能轻度损伤；

50）食管重建术后，进食正常者；

51）胃部分切除；

52）小肠部分切除；

53）结肠部分切除；

54）肝部分切除；

55）腹壁缺损面积＜腹壁的1/4；

56）脾部分切除；

57）胰部分切除；

58）甲状腺功能轻度损害；

59）甲状旁腺功能轻度损害；

60）尿道修补术；

61）一侧睾丸、附睾切除；

62）一侧输精管缺损，不能修复；

63）脊髓神经周围神经损伤，或盆腔、会阴手术后遗留性功能障碍；

64）一侧肾上腺缺损；

65）单侧输卵管切除；

66）单侧卵巢切除；

67）女性单侧乳房切除或严重瘢痕畸形；

68）其他职业性肺疾患，肺功能正常；

69）中毒性肾病，持续低分子蛋白尿；

70）慢性中度磷中毒；

71）氟及其无机化合物中毒慢性中度中毒；

72）减压性骨坏死Ⅱ期；

73）轻度手臂振动病；

74）二度牙酸蚀。

5.9 九级

5.9.1 定级原则

器官部分缺损，形态异常，轻度功能障碍，无医疗依赖或者存在一般医疗依赖，无生活自理障碍。

5.9.2 九级条款系列

凡符合5.9.1或下列条款之一者均为工伤九级。

1）癫痫轻度；

2)中毒性周围神经病致浅感觉障碍;

3)脑挫裂伤无功能障碍;

4)开颅手术后无功能障碍;

5)颅内异物无功能障碍;

6)颈部外伤致颈总、颈内动脉狭窄,支架置入或血管搭桥手术后无功能障碍;

7)符合中度毁容标准中的两项或轻度毁容者;

8)发际边缘瘢痕性秃发或其他部位秃发,需戴假发者;

9)全身瘢痕占体表面积≥5%;

10)面部有≥8cm² 或 3 处以上≥1cm² 的瘢痕;

11)两个以上横突骨折;

12)脊椎压缩骨折,椎体前缘高度减少小于1/2 者;

13)椎间盘髓核切除术后;

14)1～2 节脊柱内固定术;

15)一拇指末节部分 1/2 缺失;

16)一手食指 2～3 节缺失;

17)一拇指指间关节僵直于功能位;

18)除拇指外,余 3～4 指末节缺失;

19)一足拇趾末节缺失;

20)除拇趾外其他二趾缺失或瘢痕畸形,功能不全;

21)跖骨或跗骨骨折影响足弓者;

22)外伤后膝关节半月板切除、髌骨切除、膝关节交叉韧带修补术后;

23)四肢长管状骨骨折内固定或外固定支架术后;

24)髌骨、跟骨、距骨、下颌骨或骨盆骨折内固定术后;

25)第 V 对脑神经眼支麻痹;

26)眶壁骨折致眼球内陷、两眼球突出度相差>2mm 或错位变形影响外观者;

27)一眼矫正视力≤0.3,另眼矫正视力>0.6;

28)双眼矫正视力等于 0.5;

29)泪器损伤,手术无法改进溢泪者;

30)双耳听力损失≥31dB 或一耳损失≥71dB;

31)喉源性损伤导致发声及言语不畅;

32)铬鼻病有医疗依赖;

33)牙槽骨损伤长度>4cm,牙脱落 4 个及以上;

34)上、下颌骨骨折,经牵引、固定治疗后无功能障碍者;

35)一侧下颌骨髁状突颈部骨折;

36)一侧颧骨并颧弓骨折;

37) 肺内异物滞留或异物摘除术;

38) 限局性脓胸行胸膜剥脱术;

39) 胆囊切除;

40) 一侧卵巢部分切除;

41) 乳腺成形术;

42) 胸、腹腔脏器探查术或修补术后。

5.10 十级

5.10.1 定级原则

器官部分缺损,形态异常,无功能障碍或轻度功能障碍,无医疗依赖或者存在一般医疗依赖,无生活自理障碍。

5.10.2 十级条款系列

凡符合 5.10.1 或下列条款之一者均为工伤十级。

1) 符合中度毁容标准中的一项者;

2) 面部有瘢痕,植皮,异物色素沉着或脱失>2cm²;

3) 全身瘢痕面积<5%,但≥1%;

4) 急性外伤导致椎间盘髓核突出,并伴神经刺激征者;

5) 一手指除拇指外,任何一指远侧指间关节离断或功能丧失;

6) 指端植皮术后(增生性瘢痕 1cm² 以上);

7) 手背植皮面积>50cm²,并有明显瘢痕;

8) 手掌、足掌植皮面积>30%者;

9) 除拇趾外,任何一趾末节缺失;

10) 足背植皮面积>100cm²;

11) 膝关节半月板损伤、膝关节交叉韧带损伤未做手术者;

12) 身体各部位骨折愈合后无功能障碍或轻度功能障碍;

13) 四肢大关节肌腱及韧带撕裂伤术后遗留轻度功能障碍;

14) 一手或两手慢性放射性皮肤损伤 II 度及 II 度以上者;

15) 一眼矫正视力≤0.5,另一眼矫正视力≥0.8;

16) 双眼矫正视力≤0.8;

17) 一侧或双侧睑外翻或睑闭合不全行成形手术后矫正者;

18) 上睑下垂盖及瞳孔 1/3 行成形手术后矫正者;

19) 睑球粘连影响眼球转动行成形手术后矫正者;

20) 职业性及外伤性白内障术后人工晶状体眼,矫正视力正常者;

21) 职业性及外伤性白内障 I 度~II 度(或轻度、中度),矫正视力正常者;

22) 晶状体部分脱位;

23) 眶内异物未取出者;

24)眼球内异物未取出者;

25)外伤性瞳孔放大;

26)角巩膜穿通伤治愈者;

27)双耳听力损失≥26dB,或一耳≥56dB;

28)双侧前庭功能丧失,闭眼不能并足站立;

29)铬鼻病(无症状者);

30)嗅觉丧失;

31)牙齿除智齿以外,切牙脱落1个以上或其他牙脱落2个以上;

32)一侧颞下颌关节强直,张口困难Ⅰ度;

33)鼻窦或面颊部有异物未取出;

34)单侧鼻腔或鼻孔闭锁;

35)鼻中隔穿孔;

36)一侧不完全性面瘫;

37)血、气胸行单纯闭式引流术后,胸膜粘连增厚;

38)腹腔脏器挫裂伤保守治疗后;

39)乳腺修补术后;

40)放射性损伤致免疫功能轻度减退;

41)慢性轻度磷中毒;

42)氟及其无机化合物中毒慢性轻度中毒;

43)井下工人滑囊炎;

44)减压性骨坏死Ⅰ期;

45)一度牙酸蚀病;

46)职业性皮肤病久治不愈。

浙江省人口与计划生育条例

发布机关：浙江省人大常委会

文号：浙江省人民代表大会常务委员会公告第 38 号

发文日期：2016 年 1 月 14 日　　　　　生效日期：2016 年 1 月 14 日

第一章　总　则

第一条　根据《中华人民共和国人口与计划生育法》和其他有关法律、法规，结合本省实际，制定本条例。

第二条　本条例适用于具有本省户籍或者在本省行政区域内居住的公民。

第三条　实行计划生育是基本国策。

各级人民政府应当采取宣传教育、技术服务、建立健全奖励和社会保障制度等综合措施，控制人口数量，提高人口素质，实现人口与经济、社会、资源、环境的协调发展。

第四条　各级人民政府领导本行政区域内的人口与计划生育工作。

县级以上人民政府卫生和计划生育部门负责本行政区域内的计划生育工作和与计划生育有关的人口工作。

发展和改革、财政、民政、公安、工商行政管理、人力资源和社会保障、教育、食品药品监督管理、统计等部门在各自的职责范围内，做好人口与计划生育有关工作。

第五条　各级卫生和计划生育、教育、科技、文化、民政、新闻出版广电等部门应当组织开展人口与计划生育宣传教育，引导公民树立科学、文明的生育观念，自觉实行计划生育。

第六条　一切机关、团体、企业、事业单位和其他组织都应当执行本条例，并实行计划生育工作法定代表人或者主要负责人负责制。

第二章　综合管理

第七条　县级以上人民政府应当根据上一级人民政府制定的人口发展规划，结合当地人口发展状况，制定本行政区域的人口发展规划，并将其纳入国民经济和社会发展计划。

第八条　各级人民政府应当采取切实措施，落实人口与计划生育工作目标管理责任制，逐级签订目标管理责任书，定期进行考核，并将结果作为考核政府主要负责人政绩的重要依据。

各级人民政府应当协调有关部门共同做好人口与计划生育工作,建立部门工作责任制,并进行考核奖惩。

第九条 各级人民政府应当保障人口与计划生育工作必要的经费。

各级财政应当安排必要经费对贫困地区、海岛、少数民族地区开展人口与计划生育工作给予重点扶持。

第十条 流动人口的计划生育工作由其户籍所在地和现居住地的人民政府共同负责管理,以现居住地为主,纳入现居住地的日常管理。

公安、工商行政管理、人力资源和社会保障、卫生和计划生育、住房和城乡建设、交通运输等部门应当在各自的职责范围内,做好流动人口计划生育管理和服务工作。

流动人口计划生育工作的具体管理,按照国家和省的有关规定执行。

第十一条 乡(镇)人民政府和街道办事处应当设立人口与计划生育管理机构,配备专职工作人员,具体负责本管辖区域内的人口与计划生育工作。

机关、团体、企业、事业单位和其他组织应当做好本单位的人口与计划生育工作,执行本条例规定的计划生育奖励和社会保障措施,并根据需要设立计划生育管理机构或者配备专(兼)职计划生育工作人员,安排必要经费用于人口与计划生育工作。

第十二条 省、市、县(市、区)和乡(镇)、街道、社区、村(居)民委员会以及企业、事业单位可以成立计划生育协会,协助做好人口与计划生育工作。

第十三条 村(居)民委员会应当依法制定计划生育自治章程,实行村(居)民计划生育自我教育、自我管理、自我服务。

村(居)民委员会设立计划生育委员会,配备计划生育服务员,具体负责计划生育工作。

第十四条 乡(镇)人民政府、街道办事处、村(居)民委员会、有关单位在人口与计划生育工作中可以采用村规民约、合同、协议等方式进行管理。

第十五条 人口与计划生育管理工作应当实行政务公开,安排再生育前应当公示,接受群众评议、监督。

第十六条 各级人民政府应当加强计划生育工作队伍建设,保障计划生育工作人员的合法权益,对在人口与计划生育工作中作出显著成绩的单位和个人给予表彰。

第三章　生育调节

第十七条 提倡一对夫妻生育两个子女。

第十八条 符合下列情形之一的夫妻,经批准,可以再生育一胎:

(一)再婚前各生育过一个子女的;

(二)再婚前一方生育过一个子女,另一方未生育过,再婚后已生育一个子女的;

（三）再婚前一方未生育过，另一方生育过两个子女的；

（四）已合法生育的子女中，有经病残儿童鉴定机构确诊为非遗传性残疾、不能成长为正常劳动力的，或者确诊为遗传性残疾、不能成长为正常劳动力，夫妻通过产前诊断和筛选可以再生育的；

（五）其他可以再生育的情形。

前款第五项具体情形，由省卫生和计划生育部门提出，报省人民政府批准并公布。

因子女死亡无子女或者只有一个子女的，可以按照本条例第十七条规定自主安排生育。

第十九条 公民依法收养的，不影响其按照本条例规定生育。

公民不得以送养子女为理由再生育。

第二十条 夫妻一方为外国人、香港、澳门、台湾同胞的生育以及华侨、归国华侨、出国留学人员的生育，按照国家有关规定执行。

第二十一条 对按照本条例规定生育的，实行生育登记服务制度。登记服务的具体办法由省卫生和计划生育部门根据国家相关规定制定。

第二十二条 符合本条例第十八条再生育情形的夫妻，可以向双方所在单位或者村（居）民委员会领取《申请再生育表》，经生育管理所在地乡（镇）人民政府或者街道办事处审核后，报县（市、区）卫生和计划生育部门批准。县（市、区）卫生和计划生育部门应当在收到《申请再生育表》之日起三十日内作出是否批准的决定；批准的，发给再生育证明，不批准的，应当书面说明理由。

第二十三条 生育管理所在地一般为女方户籍所在地。夫妻双方均为农村居民的，生育管理所在地为男方户籍地。

女方离开户籍地，在现居住地连续居住时间在半年以上的，经女方户籍地向现居住地履行委托手续后，可由现居住地进行生育管理。

第二十四条 严禁弃婴、溺婴、非法收养。弃婴、溺婴、非法收养的，不予批准再生育。

第四章　技术服务

第二十五条 各级人民政府应当结合本地实际，建立、健全计划生育技术服务制度，提高计划生育技术服务水平。

第二十六条 各级人民政府应当积极创造条件，保障公民享有计划生育技术服务，保障公民知情选择安全、有效、适宜的避孕节育措施。

第二十七条 各级妇幼保健计划生育技术服务机构应当建立生殖健康服务制度，定期为育龄夫妻免费提供避孕节育等国家规定的计划生育技术和保健服务。

第二十八条 对接受节育手术的机关、团体、企业、事业单位和其他组织职工，在国家规定的假期内,工资、奖金照发。

机关、团体、企业、事业单位和其他组织职工因配偶接受绝育手术需要照顾的,经手术单位证明,所在单位可以给予七天的假期,工资照发。对接受节育手术的农村居民,应当给予适当照顾,具体办法由县(市、区)人民政府规定。

第二十九条　实施避孕节育手术,应当保证受术者的安全。

经县(市、区)以上计划生育手术并发症鉴定组织确诊为计划生育手术并发症的,给予免费治疗,治疗费用由县(市、区)卫生和计划生育部门予以保证。经治疗仍不能从事重体力劳动的,所在单位或者乡(镇)人民政府、街道办事处应当妥善安排,在工作和生活上给予照顾。对丧失劳动能力,生活确有困难的,民政部门和乡(镇)人民政府、街道办事处应当给予社会救助。

第五章　奖励与保障

第三十条　2016 年 1 月 1 日以后符合法律、法规规定生育子女的夫妻,可以获得下列福利待遇:

(一)女方法定产假期满后,享受三十天的奖励假,不影响晋级、调整工资,并计算工龄;用人单位根据具体情况,可以给予其他优惠待遇;

(二)男方享受十五天护理假,工资、奖金和其他福利待遇照发。

第三十一条　在国家提倡一对夫妻生育一个子女期间,自愿终身只生育一个子女的夫妻,经申请,由生育管理所在地的乡(镇)人民政府或者街道办事处发给《独生子女父母光荣证》。

第三十二条　机关、团体、企业、事业单位和其他组织职工已持有《独生子女父母光荣证》的,可以享受下列一项待遇:

(一)领取每年不低于一百元的独生子女父母奖励费,从领取《独生子女父母光荣证》当年起至子女十四周岁止。女方产假期满后抚育婴儿有困难的,经本人申请,所在单位可以给予六个月的哺乳假,工资按照不低于本人工资的百分之八十发给,不影响晋级、调整工资,并计算工龄;

(二)有条件的单位,可以给予女方产后一年假期(含法定产假),工资照发,不影响晋级、调整工资,并计算工龄。

第三十三条　独生子女父母奖励费由夫妻双方所在单位各发百分之五十。夫妻一方是农村居民或者夫妻一方亡故的,独生子女父母奖励费由另一方所在单位全数发给。

第三十四条　生育双胞胎或者多胞胎的,不享受独生子女家庭待遇。

第三十五条　有条件的地方,可以将独生子女父母奖励费改为独生子女父母养老保障金。

第三十六条　农村居民持有《独生子女父母光荣证》的,在审批宅基地、村级集体经济收益分红等利益分配时,独生子女按照两人计算。农村承包土地和山林等,在同等条件下,优先照顾独生子女家庭。农村扶贫应当把贫困的独生子女户和女儿户作为重点对象。

第三十七条　农村居民、失业人员持有《独生子女父母光荣证》的,应当给予奖励和照顾。具体办法由县(市、区)人民政府规定。

第三十八条　县级以上人民政府可以设立计划生育公益金。

计划生育公益金由社会资助、财政投入等方面组成。计划生育公益金主要用于独生子女发生意外伤残或者死亡,夫妻不再生育等对象和对其他特殊情况进行扶持。具体办法由省人民政府规定。

第三十九条　获得《独生子女父母光荣证》的夫妻再生育子女的,应当收回《独生子女父母光荣证》,不再享受独生子女父母奖励优惠。

第六章　法律责任

第四十条　公民、法人或者其他组织违反本条例规定的行为,《中华人民共和国人口与计划生育法》等法律、行政法规已有处罚规定的,从其规定。

第四十一条　违反本条例规定生育的,对男女双方分别按照统计部门公布的当地县(市、区)上一年城镇居民人均可支配收入或者农村居民人均可支配收入的下列倍数征收社会抚养费:

(一)多生一胎的,按照二倍至四倍征收;

(二)多生二胎以上的,按照前一胎的征收标准加倍征收;

(三)符合再生育条件但未经批准生育的,按照零点五倍至一倍征收;

(四)已满法定婚龄未办理结婚登记而生育第一胎,满六个月后仍未办理结婚登记的,按照零点五倍征收;生育第二胎的,按照一倍征收;

(五)未满法定婚龄生育的,按照一点五倍至二点五倍征收;

(六)有配偶的一方与他人非婚生育的,按照第一项、第二项规定的标准加倍征收;

(七)民政部门、卫生和计划生育部门、乡(镇)人民政府、街道办事处发现收养子女不符合《中华人民共和国收养法》规定的,应当责令当事人在五个月内改正;当事人未在五个月内改正的,按照第一项、第二项规定的标准征收。

个人年实际收入高于当地城镇居民人均可支配收入或者农村居民人均可支配收入的,还应当按照其超过部分的一倍至二倍加收社会抚养费。

第四十二条　社会抚养费的征收,由县级人民政府卫生和计划生育部门作出书面征收决定;县级人民政府卫生和计划生育部门也可以委托乡(镇)人民政府或者街道办事处作出书面征收决定。

第四十三条 当事人未在规定的期限内缴纳社会抚养费的,自欠缴之日起每月加收欠缴社会抚养费的千分之二的滞纳金;仍不缴纳的,由作出征收决定的卫生和计划生育部门依法申请人民法院强制执行。

第四十四条 不符合法定条件多生育的,除按照本条例规定缴纳社会抚养费外,产假期间不发工资,妊娠、分娩等一切费用自理,取消其他生育福利待遇,男女双方各处降级以上的处分,直至开除公职。县(市、区)人民政府可以在其职权范围内规定其他限制措施。

第四十五条 介绍、参与非法鉴定胎儿性别的,由县(市、区)卫生和计划生育部门责令改正,处两千元以上五千元以下罚款。

第四十六条 机关、团体、企业、事业单位和其他组织的职工不符合法定条件多生育的,所在单位当年不得评为文明单位、先进单位,不得授予荣誉称号。

第四十七条 有关单位不履行本条例规定做好本单位人口与计划生育工作的,由卫生和计划生育部门责令其改正。

第四十八条 公民、法人或者其他组织认为行政机关在实施人口与计划生育管理过程中侵犯其合法权益的,可以依法申请行政复议或者提起行政诉讼。

第七章 附 则

第四十九条 本条例自公布之日起施行。1989 年 12 月 29 日浙江省第七届人民代表大会常务委员会第十三次会议通过的《浙江省计划生育条例》和 1990 年 9 月 10 日浙江省第七届人民代表大会常务委员会第十八次会议通过的《浙江省少数民族计划生育的规定》同时废止。

杭州市生育保险办法

发文机关:杭州市政府 　　　　　文号:杭政办〔2011〕22号
发文日期:2011 年 11 月 15 日 　　生效日期:2011 年 7 月 1 日

　　为保障女职工生育期间的基本生活和基本医疗,均衡用人单位女职工的生育费用负担,根据《中华人民共和国社会保险法》、《中华人民共和国妇女权益保障法》等有关法律法规的规定,结合我市实际,特制定本办法。

　　一、杭州市行政区域内的企业、事业单位、社会团体、民办非企业单位、基金会、律师事务所、会计师事务所等组织和有雇工的个体工商户(以下称用人单位)应当依照本办法规定参加生育保险,为本单位全部职工或雇工(以下称职工)缴纳生育保险费。

　　二、市人力资源和社会保障行政部门主管全市的生育保险工作。各区、县(市)人力资源和社会保障行政部门按照职能规定负责所辖行政区域内的生育保险工作。市、区县(市)社会保险经办机构负责办理生育保险具体业务。

　　各级卫生、财政、税务、人口和计划生育等部门及工会、妇联等组织按照各自职责,协同做好生育保险工作。

　　三、生育保险基金实行市区和县(市)分别统筹。萧山区、余杭区仍作为统筹地区维持不变。

　　四、生育保险基金由下列项目构成:

　　(一)用人单位缴纳的生育保险费;

　　(二)生育保险基金的利息;

　　(三)生育保险费滞纳金;

　　(四)依法纳入生育保险基金的其他资金。

　　五、生育保险基金按照"以支定收,收支平衡"的原则筹集,实行收支两条线和财政专户管理,专款专用,任何单位和个人均不得挪作他用,不得用于平衡财政预算。

　　六、生育保险费由地方税务部门征收,由用人单位缴纳,职工个人不缴纳生育保险费。

　　七、用人单位应当自单位建立之日起 30 日内向社会保险经办机构申请办理生育保险参保登记手续。

　　八、用人单位依法终止或生育保险登记事项发生变更,应当自终止或变更之日起30 日内到社会保险经办机构办理注销或变更手续。

　　九、生育保险费的缴费基数和比例。

（一）企业以当月全部职工工资总额作为基数缴纳生育保险费。

其他用人单位以职工个人上年度月平均工资之和作为基数缴纳生育保险费。当年新成立用人单位的职工或用人单位当年新增职工,用人单位以职工第一个月工资作为基数为其缴纳生育保险费。

（二）职工工资总额按照国家统计局规定的统计口径计算。计算缴费基数时,职工个人当年月平均工资或上一年度月平均工资或当年第一个月工资低于上一年度浙江省职工平均工资 60％的,按上一年度浙江省职工平均工资的 60％确定;高于上一年度浙江省职工平均工资 300％的,按上一年度浙江省职工平均工资的 300％确定。

（三）杭州市区生育保险缴费比例为 1.2％。萧山区、余杭区和各县（市）的生育保险缴费比例由统筹地政府确定。

各统筹地区人力资源和社会保障行政部门可根据生育保险基金收支情况,会同同级财政部门研究,报经同级政府同意后,对生育保险费率适时进行调整。

十、生育保险基金用于下列支出:

（一）生育的医疗费用;

（二）计划生育的医疗费用;

（三）女职工生育享受产假期间的生育津贴;

（四）职工享受计划生育手术休假期间的计划生育手术津贴;

（五）法律、法规规定的其他项目费用。

十一、职工享受生育保险待遇,应符合下列条件之一:

（一）职工在生育时,用人单位已按规定为其办理参保登记手续,连续缴纳生育保险费 12 个月,符合国家、省、市规定条件生育的。

（二）职工在实施计划生育手术时,用人单位已按规定为其办理生育保险参保登记手续的。

十二、生育保险待遇包括以下项目:

（一）生育津贴;

（二）计划生育手术津贴;

（三）生育医疗费用;

（四）计划生育医疗费用。

十三、女职工符合本办法第十一条（一）项规定条件的,在国家统一规定的产假期限内享受生育津贴（即产假工资）。生育津贴按照产假期限和生育时职工所在用人单位上年度职工月平均工资计发。

计发生育津贴的产假期限如下:

（一）妊娠 7 个月以上（含）生产或早产的,按 3 个月计发;分娩时遇有难产实施剖宫产、助娩产手术的,增加 0.5 个月;多胞胎生产的,每多生产一个婴儿,增加 0.5 个月。

（二）妊娠 3 个月以上（含）、7 个月以下流产、引产的，按 1.7 个月计发。

（三）妊娠不满 3 个月流产（含自然流产、人工流产）的，按 1 个月计发。

十四、职工符合本办法第十一条（二）项规定条件的，在国家统一规定的计划生育手术休假期限内享受计划生育手术津贴（即计划生育手术休假工资）。计划生育手术津贴按照计划生育手术休假期限和计划生育手术时职工所在用人单位上年度职工月平均工资计发。

计发计划生育手术津贴的计划生育手术休假期限如下：

（一）放置宫内节育器按 2 天计发。

（二）取宫内节育器按 1 天计发。

（三）输精管结扎按 7 天计发。

（四）单纯输卵管结扎按 21 天计发。

（五）产后结扎输卵管按 14 天计发。

（六）人工流产按 14 天计发；人工流产同时放置宫内节育器按 16 天计发；人工流产同时结扎输卵管按 30 天计发。

（七）中期终止妊娠按 30 天计发；中期终止妊娠同时结扎输卵管按 40 天计发。

国家调整计划生育休假期限的，以上计发天数随之调整。

十五、女职工在妊娠期、分娩期、产褥期发生的生育医疗费，符合生育保险开支范围的按规定支付。

女职工在本市基本医疗保险定点医疗机构生育的，按职工基本医疗保险规定结算生育医疗费；女职工在外地生育的，其在生育地基本医疗保险定点医疗机构发生的生育医疗费，由个人全额支付后，到统筹地医疗保险经办机构按职工基本医疗保险规定结算。

女职工符合本办法第十一条（一）项规定生育的，由社会保险经办机构另行支付生育医疗补贴费，剖宫产 2000 元、助娩产 1500 元、正常产（含顺产、流产、引产）1000 元。

十六、职工未就业配偶按照国家规定享受生育医疗费用待遇，即职工未就业配偶按照国家规定在户籍所在地参加基本医疗保险（包括职工基本医疗保险、城镇居民基本医疗保险、新型农村合作医疗）的，其符合规定的生育医疗费用纳入基本医疗保险基金支付范围。

十七、职工在本市基本医疗保险定点医疗机构实施计划生育发生的计划生育医疗费，符合职工基本医疗保险开支范围的，按照职工基本医疗保险有关规定结算。

十八、职工基本医疗保险基金支付的生育医疗费和计划生育医疗费，定期从生育保险基金中划入职工基本医疗保险基金。

十九、生育保险待遇由用人单位在职工产后或手术后 18 个月内，向社会保险经办机构申请办理，申办时应填报《杭州市职工生育待遇申领表》，并提供以下资料：

（一）计划生育行政部门核发的生育证明；

（二）生育医疗证明、门诊病历、出院小结、计划生育手术记录等原始材料；

（三）婴儿出生证。

二十、社会保险经办机构应当自受理申请之日起 15 个工作日内对用人单位提供的资料进行审核，审核完成后将生育保险费用拨付给职工所在用人单位，并由用人单位按照本办法规定的生育保险待遇项目和标准发给职工。

二十一、用人单位未按规定为职工办理生育保险参保手续的，职工发生的生育保险费用，由用人单位按照本办法规定的生育保险待遇项目和标准支付。

二十二、用人单位、社会保险经办机构及其工作人员、人力资源和社会保障行政部门及其工作人员、生育保险服务提供者及其工作人员、参加生育保险的个人等生育保险参与者违反本办法规定的，按《中华人民共和国社会保险法》的规定承担相应的法律责任。

二十三、本办法中的用人单位上年度职工月平均工资，由社会保险经办机构根据用人单位上年度 12 月份参保职工的年度月平均工资总额除以对应人数确定；当年新成立的用人单位上年度职工月平均工资，由社会保险经办机构按用人单位参保职工第一个月工资平均数口径计算。以天为单位计发生育保险待遇的，按用人单位上年度职工月平均工资除以 30 天计算。

二十四、萧山区、余杭区和各县（市）可根据本办法，结合当地实际制定实施办法。

二十五、本办法自 2011 年 7 月 1 日起施行，由市人力社保局负责牵头组织实施。

关于杭州市职工生育医疗费、
计划生育手术费支付标准的通知

发文机关：杭州市劳动和社会保障局、杭州市财政局、杭州市卫生局

文号：杭劳社工伤〔2006〕290 号、杭财社〔2006〕1222 号、杭卫发〔2006〕333 号

发文日期：2006 年 12 月 11 日　　　　　生效日期：2006 年 12 月 11 日

各区、县(市)劳动和社会保障局、卫生局(社发局)、财政局、各有关单位：

根据《杭州市人民政府关于印发杭州市职工生育保险办法的通知》(杭政〔2006〕12号)精神及近年来我市生育医疗费、计划生育手术费的平均水平,确定我市生育保险基金支付的职工生育医疗费、计划生育手术费支付标准如下：

(一)生育医疗费支付标准：

顺产(含 7 个月以上引产)每人次 2400 元；

助娩产每人次 2800 元；

剖腹产每人次 5000 元；

7 个月以下引产每人次 1600 元；

流产每人次 1000 元。

(二)计划生育手术费支付标准：

放置宫内节育环 130 元

取出宫内节育环 130 元

取残环、嵌顿环 200 元

皮下埋植术 150 元

取出皮下埋植术 100 元

门诊人工流产术 200 元

住院流产术引产术 800 元

药物流产 300 元

输卵管结扎术 1000 元

输精管结扎术 500 元

输卵管吻合术 4800 元

输精管吻合术 3000 元

本支付标准从发文之日起执行。原政策规定与之不符的,以本支付标准为准。

七、劳动争议处理

中华人民共和国劳动争议调解仲裁法

发文机关:全国人大常委会　　　　　　文号:主席令第 80 号
发文日期:2007 年 12 月 29 日　　　　生效日期:2008 年 5 月 1 日

第一章　总　则

第一条　为了公正及时解决劳动争议,保护当事人合法权益,促进劳动关系和谐稳定,制定本法。

第二条　中华人民共和国境内的用人单位与劳动者发生的下列劳动争议,适用本法:

(一)因确认劳动关系发生的争议;

(二)因订立、履行、变更、解除和终止劳动合同发生的争议;

(三)因除名、辞退和辞职、离职发生的争议;

(四)因工作时间、休息休假、社会保险、福利、培训以及劳动保护发生的争议;

(五)因劳动报酬、工伤医疗费、经济补偿或者赔偿金等发生的争议;

(六)法律、法规规定的其他劳动争议。

第三条　解决劳动争议,应当根据事实,遵循合法、公正、及时、着重调解的原则,依法保护当事人的合法权益。

第四条　发生劳动争议,劳动者可以与用人单位协商,也可以请工会或者第三方共同与用人单位协商,达成和解协议。

第五条　发生劳动争议,当事人不愿协商、协商不成或者达成和解协议后不履行的,可以向调解组织申请调解;不愿调解、调解不成或者达成调解协议后不履行的,可以向劳动争议仲裁委员会申请仲裁;对仲裁裁决不服的,除本法另有规定的外,可以向人民法院提起诉讼。

第六条　发生劳动争议,当事人对自己提出的主张,有责任提供证据。与争议事项有关的证据属于用人单位掌握管理的,用人单位应当提供;用人单位不提供的,应当承担不利后果。

第七条 发生劳动争议的劳动者一方在十人以上，并有共同请求的，可以推举代表参加调解、仲裁或者诉讼活动。

第八条 县级以上人民政府劳动行政部门会同工会和企业方面代表建立协调劳动关系三方机制，共同研究解决劳动争议的重大问题。

第九条 用人单位违反国家规定，拖欠或者未足额支付劳动报酬，或者拖欠工伤医疗费、经济补偿或者赔偿金的，劳动者可以向劳动行政部门投诉，劳动行政部门应当依法处理。

第二章 调 解

第十条 发生劳动争议，当事人可以到下列调解组织申请调解：

（一）企业劳动争议调解委员会；

（二）依法设立的基层人民调解组织；

（三）在乡镇、街道设立的具有劳动争议调解职能的组织。

企业劳动争议调解委员会由职工代表和企业代表组成。职工代表由工会成员担任或者由全体职工推举产生，企业代表由企业负责人指定。企业劳动争议调解委员会主任由工会成员或者双方推举的人员担任。

第十一条 劳动争议调解组织的调解员应当由公道正派、联系群众、热心调解工作，并具有一定法律知识、政策水平和文化水平的成年公民担任。

第十二条 当事人申请劳动争议调解可以书面申请，也可以口头申请。口头申请的，调解组织应当当场记录申请人基本情况、申请调解的争议事项、理由和时间。

第十三条 调解劳动争议，应当充分听取双方当事人对事实和理由的陈述，耐心疏导，帮助其达成协议。

第十四条 经调解达成协议的，应当制作调解协议书。

调解协议书由双方当事人签名或者盖章，经调解员签名并加盖调解组织印章后生效，对双方当事人具有约束力，当事人应当履行。

自劳动争议调解组织收到调解申请之日起十五日内未达成调解协议的，当事人可以依法申请仲裁。

第十五条 达成调解协议后，一方当事人在协议约定期限内不履行调解协议的，另一方当事人可以依法申请仲裁。

第十六条 因支付拖欠劳动报酬、工伤医疗费、经济补偿或者赔偿金事项达成调解协议，用人单位在协议约定期限内不履行的，劳动者可以持调解协议书依法向人民法院申请支付令。人民法院应当依法发出支付令。

第三章　仲　裁

第一节　一般规定

第十七条　劳动争议仲裁委员会按照统筹规划、合理布局和适应实际需要的原则设立。省、自治区人民政府可以决定在市、县设立；直辖市人民政府可以决定在区、县设立。直辖市、设区的市也可以设立一个或者若干个劳动争议仲裁委员会。劳动争议仲裁委员会不按行政区划层层设立。

第十八条　国务院劳动行政部门依照本法有关规定制定仲裁规则。省、自治区、直辖市人民政府劳动行政部门对本行政区域的劳动争议仲裁工作进行指导。

第十九条　劳动争议仲裁委员会由劳动行政部门代表、工会代表和企业方面代表组成。劳动争议仲裁委员会组成人员应当是单数。

劳动争议仲裁委员会依法履行下列职责：

（一）聘任、解聘专职或者兼职仲裁员；

（二）受理劳动争议案件；

（三）讨论重大或者疑难的劳动争议案件；

（四）对仲裁活动进行监督。

劳动争议仲裁委员会下设办事机构，负责办理劳动争议仲裁委员会的日常工作。

第二十条　劳动争议仲裁委员会应当设仲裁员名册。

仲裁员应当公道正派并符合下列条件之一：

（一）曾任审判员的；

（二）从事法律研究、教学工作并具有中级以上职称的；

（三）具有法律知识、从事人力资源管理或者工会等专业工作满五年的；

（四）律师执业满三年的。

第二十一条　劳动争议仲裁委员会负责管辖本区域内发生的劳动争议。

劳动争议由劳动合同履行地或者用人单位所在地的劳动争议仲裁委员会管辖。双方当事人分别向劳动合同履行地和用人单位所在地的劳动争议仲裁委员会申请仲裁的，由劳动合同履行地的劳动争议仲裁委员会管辖。

第二十二条　发生劳动争议的劳动者和用人单位为劳动争议仲裁案件的双方当事人。

劳务派遣单位或者用工单位与劳动者发生劳动争议的，劳务派遣单位和用工单位为共同当事人。

第二十三条　与劳动争议案件的处理结果有利害关系的第三人，可以申请参加仲裁活动或者由劳动争议仲裁委员会通知其参加仲裁活动。

第二十四条　当事人可以委托代理人参加仲裁活动。委托他人参加仲裁活动，应当向劳动争议仲裁委员会提交有委托人签名或者盖章的委托书,委托书应当载明委托事项和权限。

第二十五条 丧失或者部分丧失民事行为能力的劳动者,由其法定代理人代为参加仲裁活动;无法定代理人的,由劳动争议仲裁委员会为其指定代理人。劳动者死亡的,由其近亲属或者代理人参加仲裁活动。

第二十六条 劳动争议仲裁公开进行,但当事人协议不公开进行或者涉及国家秘密、商业秘密和个人隐私的除外。

第二节　申请和受理

第二十七条 劳动争议申请仲裁的时效期间为一年。仲裁时效期间从当事人知道或者应当知道其权利被侵害之日起计算。

前款规定的仲裁时效,因当事人一方向对方当事人主张权利,或者向有关部门请求权利救济,或者对方当事人同意履行义务而中断。从中断时起,仲裁时效期间重新计算。

因不可抗力或者有其他正当理由,当事人不能在本条第一款规定的仲裁时效期间申请仲裁的,仲裁时效中止。从中止时效的原因消除之日起,仲裁时效期间继续计算。

劳动关系存续期间因拖欠劳动报酬发生争议的,劳动者申请仲裁不受本条第一款规定的仲裁时效期间的限制;但是,劳动关系终止的,应当自劳动关系终止之日起一年内提出。

第二十八条 申请人申请仲裁应当提交书面仲裁申请,并按照被申请人人数提交副本。

仲裁申请书应当载明下列事项:

(一)劳动者的姓名、性别、年龄、职业、工作单位和住所,用人单位的名称、住所和法定代表人或者主要负责人的姓名、职务;

(二)仲裁请求和所根据的事实、理由;

(三)证据和证据来源、证人姓名和住所。

书写仲裁申请确有困难的,可以口头申请,由劳动争议仲裁委员会记入笔录,并告知对方当事人。

第二十九条 劳动争议仲裁委员会收到仲裁申请之日起五日内,认为符合受理条件的,应当受理,并通知申请人;认为不符合受理条件的,应当书面通知申请人不予受理,并说明理由。对劳动争议仲裁委员会不予受理或者逾期未作出决定的,申请人可以就该劳动争议事项向人民法院提起诉讼。

第三十条 劳动争议仲裁委员会受理仲裁申请后,应当在五日内将仲裁申请书副本送达被申请人。

被申请人收到仲裁申请书副本后,应当在十日内向劳动争议仲裁委员会提交答辩书。劳动争议仲裁委员会收到答辩书后,应当在五日内将答辩书副本送达申请人。被申请人未提交答辩书的,不影响仲裁程序的进行。

第三节　开庭和裁决

第三十一条　劳动争议仲裁委员会裁决劳动争议案件实行仲裁庭制。仲裁庭由三名仲裁员组成,设首席仲裁员。简单劳动争议案件可以由一名仲裁员独任仲裁。

第三十二条　劳动争议仲裁委员会应当在受理仲裁申请之日起五日内将仲裁庭的组成情况书面通知当事人。

第三十三条　仲裁员有下列情形之一,应当回避,当事人也有权以口头或者书面方式提出回避申请:

(一)是本案当事人或者当事人、代理人的近亲属的;

(二)与本案有利害关系的;

(三)与本案当事人、代理人有其他关系,可能影响公正裁决的;

(四)私自会见当事人、代理人,或者接受当事人、代理人的请客送礼的。

劳动争议仲裁委员会对回避申请应当及时作出决定,并以口头或者书面方式通知当事人。

第三十四条　仲裁员有本法第三十三条第四项规定情形,或者有索贿受贿、徇私舞弊、枉法裁决行为的,应当依法承担法律责任。劳动争议仲裁委员会应当将其解聘。

第三十五条　仲裁庭应当在开庭五日前,将开庭日期、地点书面通知双方当事人。当事人有正当理由的,可以在开庭三日前请求延期开庭。是否延期,由劳动争议仲裁委员会决定。

第三十六条　申请人收到书面通知,无正当理由拒不到庭或者未经仲裁庭同意中途退庭的,可以视为撤回仲裁申请。

被申请人收到书面通知,无正当理由拒不到庭或者未经仲裁庭同意中途退庭的,可以缺席裁决。

第三十七条　仲裁庭对专门性问题认为需要鉴定的,可以交由当事人约定的鉴定机构鉴定;当事人没有约定或者无法达成约定的,由仲裁庭指定的鉴定机构鉴定。

根据当事人的请求或者仲裁庭的要求,鉴定机构应当派鉴定人参加开庭。当事人经仲裁庭许可,可以向鉴定人提问。

第三十八条　当事人在仲裁过程中有权进行质证和辩论。质证和辩论终结时,首席仲裁员或者独任仲裁员应当征询当事人的最后意见。

第三十九条　当事人提供的证据经查证属实的,仲裁庭应当将其作为认定事实的根据。

劳动者无法提供由用人单位掌握管理的与仲裁请求有关的证据,仲裁庭可以要求用人单位在指定期限内提供。用人单位在指定期限内不提供的,应当承担不利后果。

第四十条 仲裁庭应当将开庭情况记入笔录。当事人和其他仲裁参加人认为对自己陈述的记录有遗漏或者差错的,有权申请补正。如果不予补正,应当记录该申请。

笔录由仲裁员、记录人员、当事人和其他仲裁参加人签名或者盖章。

第四十一条 当事人申请劳动争议仲裁后,可以自行和解。达成和解协议的,可以撤回仲裁申请。

第四十二条 仲裁庭在作出裁决前,应当先行调解。

调解达成协议的,仲裁庭应当制作调解书。

调解书应当写明仲裁请求和当事人协议的结果。调解书由仲裁员签名,加盖劳动争议仲裁委员会印章,送达双方当事人。调解书经双方当事人签收后,发生法律效力。

调解不成或者调解书送达前,一方当事人反悔的,仲裁庭应当及时作出裁决。

第四十三条 仲裁庭裁决劳动争议案件,应当自劳动争议仲裁委员会受理仲裁申请之日起四十五日内结束。案情复杂需要延期的,经劳动争议仲裁委员会主任批准,可以延期并书面通知当事人,但是延长期限不得超过十五日。逾期未作出仲裁裁决的,当事人可以就该劳动争议事项向人民法院提起诉讼。

仲裁庭裁决劳动争议案件时,其中一部分事实已经清楚,可以就该部分先行裁决。

第四十四条 仲裁庭对追索劳动报酬、工伤医疗费、经济补偿或者赔偿金的案件,根据当事人的申请,可以裁决先予执行,移送人民法院执行。

仲裁庭裁决先予执行的,应当符合下列条件:

(一)当事人之间权利义务关系明确;

(二)不先予执行将严重影响申请人的生活。

劳动者申请先予执行的,可以不提供担保。

第四十五条 裁决应当按照多数仲裁员的意见作出,少数仲裁员的不同意见应当记入笔录。仲裁庭不能形成多数意见时,裁决应当按照首席仲裁员的意见作出。

第四十六条 裁决书应当载明仲裁请求、争议事实、裁决理由、裁决结果和裁决日期。裁决书由仲裁员签名,加盖劳动争议仲裁委员会印章。对裁决持不同意见的仲裁员,可以签名,也可以不签名。

第四十七条 下列劳动争议,除本法另有规定的外,仲裁裁决为终局裁决,裁决书自作出之日起发生法律效力:

(一)追索劳动报酬、工伤医疗费、经济补偿或者赔偿金,不超过当地月最低工资标准十二个月金额的争议;

(二)因执行国家的劳动标准在工作时间、休息休假、社会保险等方面发生的争议。

第四十八条 劳动者对本法第四十七条规定的仲裁裁决不服的,可以自收到仲裁裁决书之日起十五日内向人民法院提起诉讼。

第四十九条 用人单位有证据证明本法第四十七条规定的仲裁裁决有下列情形之一,可以自收到仲裁裁决书之日起三十日内向劳动争议仲裁委员会所在地的中级人民法院申请撤销裁决：

（一）适用法律、法规确有错误的；

（二）劳动争议仲裁委员会无管辖权的；

（三）违反法定程序的；

（四）裁决所根据的证据是伪造的；

（五）对方当事人隐瞒了足以影响公正裁决的证据的；

（六）仲裁员在仲裁该案时有索贿受贿、徇私舞弊、枉法裁决行为的。

人民法院经组成合议庭审查核实裁决有前款规定情形之一的，应当裁定撤销。

仲裁裁决被人民法院裁定撤销的，当事人可以自收到裁定书之日起十五日内就该劳动争议事项向人民法院提起诉讼。

第五十条 当事人对本法第四十七条规定以外的其他劳动争议案件的仲裁裁决不服的，可以自收到仲裁裁决书之日起十五日内向人民法院提起诉讼；期满不起诉的，裁决书发生法律效力。

第五十一条 当事人对发生法律效力的调解书、裁决书，应当依照规定的期限履行。一方当事人逾期不履行的，另一方当事人可以依照民事诉讼法的有关规定向人民法院申请执行。受理申请的人民法院应当依法执行。

第四章　附　则

第五十二条 事业单位实行聘用制的工作人员与本单位发生劳动争议的，依照本法执行；法律、行政法规或者国务院另有规定的，依照其规定。

第五十三条 劳动争议仲裁不收费。劳动争议仲裁委员会的经费由财政予以保障。

第五十四条 本法自 2008 年 5 月 1 日起施行。

最高人民法院关于审理劳动争议案件
适用法律若干问题的解释

发文机关:最高人民法院　　　　　　文号:法释〔2001〕14 号
发文日期:2001 年 4 月 16 日　　　　生效日期:2001 年 4 月 30 日

为正确审理劳动争议案件,根据《中华人民共和国劳动法》(以下简称《劳动法》)和《中华人民共和国民事诉讼法》(以下简称《民事诉讼法》)等相关法律之规定,就适用法律的若干问题,作如下解释。

第一条　劳动者与用人单位之间发生的下列纠纷,属于《劳动法》第二条规定的劳动争议,当事人不服劳动争议仲裁委员会作出的裁决,依法向人民法院起诉的,人民法院应当受理:

(一)劳动者与用人单位在履行劳动合同过程中发生的纠纷;

(二)劳动者与用人单位之间没有订立书面劳动合同,但已形成劳动关系后发生的纠纷;

(三)劳动者退休后,与尚未参加社会保险统筹的原用人单位因追索养老金、医疗费、工伤保险待遇和其他社会保险费而发生的纠纷。

第二条　劳动争议仲裁委员会以当事人申请仲裁的事项不属于劳动争议为由,作出不予受理的书面裁决、决定或者通知,当事人不服,依法向人民法院起诉的,人民法院应当分别情况予以处理:

(一)属于劳动争议案件的,应当受理;

(二)虽不属于劳动争议案件,但属于人民法院主管的其他案件,应当依法受理。

第三条　劳动争议仲裁委员会根据《劳动法》第八十二条之规定,以当事人的仲裁申请超过六十日期限为由,作出不予受理的书面裁决、决定或者通知,当事人不服,依法向人民法院起诉的,人民法院应当受理;对确已超过仲裁申请期限,又无不可抗力或者其他正当理由的,依法驳回其诉讼请求。

第四条　劳动争议仲裁委员会以申请仲裁的主体不适格为由,作出不予受理的书面裁决、决定或者通知,当事人不服,依法向人民法院起诉的,经审查,确属主体不适格的,裁定不予受理或者驳回起诉。

第五条　劳动争议仲裁委员会为纠正原仲裁裁决错误重新作出裁决,当事人不服,依法向人民法院起诉的,人民法院应当受理。

第六条　人民法院受理劳动争议案件后,当事人增加诉讼请求的,如该诉讼请求与讼争的劳动争议具有不可分性,应当合并审理;如属独立的劳动争议,应当告知当事人向劳动争议仲裁委员会申请仲裁。

第七条 劳动争议仲裁委员会仲裁的事项不属于人民法院受理的案件范围,当事人不服,依法向人民法院起诉的,裁定不予受理或者驳回起诉。

第八条 劳动争议案件由用人单位所在地或者劳动合同履行地的基层人民法院管辖。

劳动合同履行地不明确的,由用人单位所在地的基层人民法院管辖。

第九条 当事人双方不服劳动争议仲裁委员会作出的同一仲裁裁决,均向同一人民法院起诉的,先起诉的一方当事人为原告,但对双方的诉讼请求,人民法院应当一并作出裁决。

当事人双方就同一仲裁裁决分别向有管辖权的人民法院起诉的,后受理的人民法院应当将案件移送给先受理的人民法院。

第十条 用人单位与其他单位合并的,合并前发生的劳动争议,由合并后的单位为当事人;用人单位分立为若干单位的,其分立前发生的劳动争议,由分立后的实际用人单位为当事人。

用人单位分立为若干单位后,对承受劳动权利义务的单位不明确的,分立后的单位均为当事人。

第十一条 用人单位招用尚未解除劳动合同的劳动者,原用人单位与劳动者发生的劳动争议,可以列新的用人单位为第三人。

原用人单位以新的用人单位侵权为由向人民法院起诉的,可以列劳动者为第三人。

原用人单位以新的用人单位和劳动者共同侵权为由向人民法院起诉的,新的用人单位和劳动者列为共同被告。

第十二条 劳动者在用人单位与其他平等主体之间的承包经营期间,与发包方和承包方双方或者一方发生劳动争议,依法向人民法院起诉的,应当将承包方和发包方作为当事人。

第十三条 因用人单位作出的开除、除名、辞退、解除劳动合同、减少劳动报酬、计算劳动者工作年限等决定而发生的劳动争议,用人单位负举证责任。

第十四条 劳动合同被确认为无效后,用人单位对劳动者付出的劳动,一般可参照本单位同期、同工种、同岗位的工资标准支付劳动报酬。

根据《劳动法》第九十七条之规定,由于用人单位的原因订立的无效合同,给劳动者造成损害的,应当比照违反和解除劳动合同经济补偿金的支付标准,赔偿劳动者因合同无效所造成的经济损失。

第十五条 用人单位有下列情形之一,迫使劳动者提出解除劳动合同的,用人单位应当支付劳动者的劳动报酬和经济补偿,并可支付赔偿金:

(一)以暴力、威胁或者非法限制人身自由的手段强迫劳动的;

(二)未按照劳动合同约定支付劳动报酬或者提供劳动条件的;

（三）克扣或者无故拖欠劳动者工资的；

（四）拒不支付劳动者延长工作时间工资报酬的；

（五）低于当地最低工资标准支付劳动者工资的。

第十六条　劳动合同期满后，劳动者仍在原用人单位工作，原用人单位未表示异议的，视为双方同意以原条件继续履行劳动合同。一方提出终止劳动关系的，人民法院应当支持。

根据《劳动法》第二十条之规定，用人单位应当与劳动者签订无固定期限劳动合同而未签订的，人民法院可以视为双方之间存在无固定期限劳动合同关系，并以原劳动合同确定双方的权利义务关系。

第十七条　劳动争议仲裁委员会作出仲裁裁决后，当事人对裁决中的部分事项不服，依法向人民法院起诉的，劳动争议仲裁裁决不发生法律效力。

第十八条　劳动争议仲裁委员会对多个劳动者的劳动争议作出仲裁裁决后，部分劳动者对仲裁裁决不服，依法向人民法院起诉的，仲裁裁决对提出起诉的劳动者不发生法律效力；对未提出起诉的部分劳动者，发生法律效力，如其申请执行的，人民法院应当受理。

第十九条　用人单位根据《劳动法》第四条之规定，通过民主程序制定的规章制度，不违反国家法律、行政法规及政策规定，并已向劳动者公示的，可以作为人民法院审理劳动争议案件的依据。

第二十条　用人单位对劳动者作出的开除、除名、辞退等处理，或者因其他原因解除劳动合同确有错误的，人民法院可以依法判决予以撤销。

对于追索劳动报酬、养老金、医疗费以及工伤保险待遇、经济补偿金、培训费及其他相关费用等案件，给付数额不当的，人民法院可以予以变更。

第二十一条　当事人申请人民法院执行劳动争议仲裁机构作出的发生法律效力的裁决书、调解书，被申请人提出证据证明劳动争议仲裁裁决书、调解书有下列情形之一，并经审查核实的，人民法院可以根据《民事诉讼法》第二百一十七条之规定，裁定不予执行：

（一）裁决的事项不属于劳动争议仲裁范围，或者劳动争议仲裁机构无权仲裁的；

（二）适用法律确有错误的；

（三）仲裁员仲裁该案时，有徇私舞弊、枉法裁决行为的；

（四）人民法院认定执行该劳动争议仲裁裁决违背社会公共利益的。

人民法院在不予执行的裁定书中，应当告知当事人在收到裁定书之次日起三十日内，可以就该劳动争议事项向人民法院起诉。

最高人民法院关于审理劳动争议案件
适用法律若干问题的解释(二)

发文机关:最高人民法院   文号:法释〔2006〕6 号
发文日期:2006 年 8 月 14 日   生效日期:2006 年 10 月 1 日

为正确审理劳动争议案件,根据《中华人民共和国劳动法》、《中华人民共和国民事诉讼法》等相关法律规定,结合民事审判实践,对人民法院审理劳动争议案件适用法律的若干问题补充解释如下:

第一条 人民法院审理劳动争议案件,对下列情形,视为劳动法第八十二条规定的"劳动争议发生之日":

(一)在劳动关系存续期间产生的支付工资争议,用人单位能够证明已经书面通知劳动者拒付工资的,书面通知送达之日为劳动争议发生之日。用人单位不能证明的,劳动者主张权利之日为劳动争议发生之日。

(二)因解除或者终止劳动关系产生的争议,用人单位不能证明劳动者收到解除或者终止劳动关系书面通知时间的,劳动者主张权利之日为劳动争议发生之日。

(三)劳动关系解除或者终止后产生的支付工资、经济补偿金、福利待遇等争议,劳动者能够证明用人单位承诺支付的时间为解除或者终止劳动关系后的具体日期的,用人单位承诺支付之日为劳动争议发生之日。劳动者不能证明的,解除或者终止劳动关系之日为劳动争议发生之日。

第二条 拖欠工资争议,劳动者申请仲裁时劳动关系仍然存续,用人单位以劳动者申请仲裁超过六十日为由主张不再支付的,人民法院不予支持。但用人单位能够证明劳动者已经收到拒付工资的书面通知的除外。

第三条 劳动者以用人单位的工资欠条为证据直接向人民法院起诉,诉讼请求不涉及劳动关系其他争议的,视为拖欠劳动报酬争议,按照普通民事纠纷受理。

第四条 用人单位和劳动者因劳动关系是否已经解除或者终止,以及应否支付解除或终止劳动关系经济补偿金产生的争议,经劳动争议仲裁委员会仲裁后,当事人依法起诉的,人民法院应予受理。

第五条 劳动者与用人单位解除或者终止劳动关系后,请求用人单位返还其收取的劳动合同定金、保证金、抵押金、抵押物产生的争议,或者办理劳动者的人事档案、社会保险关系等移转手续产生的争议,经劳动争议仲裁委员会仲裁后,当事人依法起诉的,人民法院应予受理。

第六条 劳动者因为工伤、职业病,请求用人单位依法承担给予工伤保险待遇的争议,经劳动争议仲裁委员会仲裁后,当事人依法起诉的,人民法院应予受理。

第七条 下列纠纷不属于劳动争议:

(一)劳动者请求社会保险经办机构发放社会保险金的纠纷;

(二)劳动者与用人单位因住房制度改革产生的公有住房转让纠纷;

(三)劳动者对劳动能力鉴定委员会的伤残等级鉴定结论或者对职业病诊断鉴定委员会的职业病诊断鉴定结论的异议纠纷;

(四)家庭或者个人与家政服务人员之间的纠纷;

(五)个体工匠与帮工、学徒之间的纠纷;

(六)农村承包经营户与受雇人之间的纠纷。

第八条 当事人不服劳动争议仲裁委员会作出的预先支付劳动者部分工资或者医疗费用的裁决,向人民法院起诉的,人民法院不予受理。

用人单位不履行上述裁决中的给付义务,劳动者依法向人民法院申请强制执行的,人民法院应予受理。

第九条 劳动者与起有字号的个体工商户产生的劳动争议诉讼,人民法院应当以营业执照上登记的字号为当事人,但应同时注明该字号业主的自然情况。

第十条 劳动者因履行劳动力派遣合同产生劳动争议而起诉,以派遣单位为被告;争议内容涉及接受单位的,以派遣单位和接受单位为共同被告。

第十一条 劳动者和用人单位均不服劳动争议仲裁委员会的同一裁决,向同一人民法院起诉的,人民法院应当并案审理,双方当事人互为原告和被告。在诉讼过程中,一方当事人撤诉的,人民法院应当根据另一方当事人的诉讼请求继续审理。

第十二条 当事人能够证明在申请仲裁期间内因不可抗力或者其他客观原因无法申请仲裁的,人民法院应当认定申请仲裁期间中止,从中止的原因消灭之次日起,申请仲裁期间连续计算。

第十三条 当事人能够证明在申请仲裁期间内具有下列情形之一的,人民法院应当认定申请仲裁期间中断:

(一)向对方当事人主张权利;

(二)向有关部门请求权利救济;

(三)对方当事人同意履行义务。

申请仲裁期间中断的,从对方当事人明确拒绝履行义务,或者有关部门作出处理决定或明确表示不予处理时起,申请仲裁期间重新计算。

第十四条 在诉讼过程中,劳动者向人民法院申请采取财产保全措施,人民法院经审查认为申请人经济确有困难,或有证据证明用人单位存在欠薪逃匿可能的,应当减轻或者免除劳动者提供担保的义务,及时采取保全措施。

第十五条 人民法院作出的财产保全裁定中,应当告知当事人在劳动仲裁机构的裁决书或者在人民法院的裁判文书生效后三个月内申请强制执行。逾期不申请的,人民法院应当裁定解除保全措施。

第十六条 用人单位制定的内部规章制度与集体合同或者劳动合同约定的内容不一致,劳动者请求优先适用合同约定的,人民法院应予支持。

第十七条 当事人在劳动争议调解委员会主持下达成的具有劳动权利义务内容的调解协议,具有劳动合同的约束力,可以作为人民法院裁判的根据。

当事人在劳动争议调解委员会主持下仅就劳动报酬争议达成调解协议,用人单位不履行调解协议确定的给付义务,劳动者直接向人民法院起诉的,人民法院可以按照普通民事纠纷受理。

第十八条 本解释自 2006 年 10 月 1 日起施行。本解释施行前本院颁布的有关司法解释与本解释规定不一致的,以本解释的规定为准。

本解释施行后,人民法院尚未审结的一审、二审案件适用本解释。本解释施行前已经审结的案件,不得适用本解释的规定进行再审。

最高人民法院关于审理劳动争议案件适用法律若干问题的解释(三)

发文机关:最高人民法院　　　　　文号:法释〔2010〕12号

发文日期:2010年9月13日　　　　生效日期:2010年9月14日

为正确审理劳动争议案件,根据《中华人民共和国劳动法》、《中华人民共和国劳动合同法》、《中华人民共和国劳动争议调解仲裁法》、《中华人民共和国民事诉讼法》等相关法律规定,结合民事审判实践,特作如下解释。

第一条　劳动者以用人单位未为其办理社会保险手续,且社会保险经办机构不能补办导致其无法享受社会保险待遇为由,要求用人单位赔偿损失而发生争议的,人民法院应予受理。

第二条　因企业自主进行改制引发的争议,人民法院应予受理。

第三条　劳动者依据劳动合同法第八十五条规定,向人民法院提起诉讼,要求用人单位支付加付赔偿金的,人民法院应予受理。

第四条　劳动者与未办理营业执照、营业执照被吊销或者营业期限届满仍继续经营的用人单位发生争议的,应当将用人单位或者其出资人列为当事人。

第五条　未办理营业执照、营业执照被吊销或者营业期限届满仍继续经营的用人单位,以挂靠等方式借用他人营业执照经营的,应当将用人单位和营业执照出借方列为当事人。

第六条　当事人不服劳动人事争议仲裁委员会作出的仲裁裁决,依法向人民法院提起诉讼,人民法院审查认为仲裁裁决遗漏了必须共同参加仲裁的当事人的,应当依法追加遗漏的人为诉讼当事人。

被追加的当事人应当承担责任的,人民法院应当一并处理。

第七条　用人单位与其招用的已经依法享受养老保险待遇或领取退休金的人员发生用工争议,向人民法院提起诉讼的,人民法院应当按劳务关系处理。

第八条　企业停薪留职人员、未达到法定退休年龄的内退人员、下岗待岗人员以及企业经营性停产放长假人员,因与新的用人单位发生用工争议,依法向人民法院提起诉讼的,人民法院应当按劳动关系处理。

第九条　劳动者主张加班费的,应当就加班事实的存在承担举证责任。但劳动者有证据证明用人单位掌握加班事实存在的证据,用人单位不提供的,由用人单位承担不利后果。

第十条　劳动者与用人单位就解除或者终止劳动合同办理相关手续、支付工资报酬、加班费、经济补偿或者赔偿金等达成的协议，不违反法律、行政法规的强制性规定，且不存在欺诈、胁迫或者乘人之危情形的，应当认定有效。

前款协议存在重大误解或者显失公平情形，当事人请求撤销的，人民法院应予支持。

第十一条　劳动人事争议仲裁委员会作出的调解书已经发生法律效力，一方当事人反悔提起诉讼的，人民法院不予受理；已经受理的，裁定驳回起诉。

第十二条　劳动人事争议仲裁委员会逾期未作出受理决定或仲裁裁决，当事人直接提起诉讼的，人民法院应予受理，但申请仲裁的案件存在下列事由的除外：

（一）移送管辖的；

（二）正在送达或送达延误的；

（三）等待另案诉讼结果、评残结论的；

（四）正在等待劳动人事争议仲裁委员会开庭的；

（五）启动鉴定程序或者委托其他部门调查取证的；

（六）其他正当事由。

当事人以劳动人事争议仲裁委员会逾期未作出仲裁裁决为由提起诉讼的，应当提交劳动人事争议仲裁委员会出具的受理通知书或者其他已接受仲裁申请的凭证或证明。

第十三条　劳动者依据调解仲裁法第四十七条第（一）项规定，追索劳动报酬、工伤医疗费、经济补偿或者赔偿金，如果仲裁裁决涉及数项，每项确定的数额均不超过当地月最低工资标准十二个月金额的，应当按照终局裁决处理。

第十四条　劳动人事争议仲裁委员会作出的同一仲裁裁决同时包含终局裁决事项和非终局裁决事项，当事人不服该仲裁裁决向人民法院提起诉讼的，应当按照非终局裁决处理。

第十五条　劳动者依据调解仲裁法第四十八条规定向基层人民法院提起诉讼，用人单位依据调解仲裁法第四十九条规定向劳动人事争议仲裁委员会所在地的中级人民法院申请撤销仲裁裁决的，中级人民法院应不予受理；已经受理的，应当裁定驳回申请。

被人民法院驳回起诉或者劳动者撤诉的，用人单位可以自收到裁定书之日起三十日内，向劳动人事争议仲裁委员会所在地的中级人民法院申请撤销仲裁裁决。

第十六条　用人单位依照调解仲裁法第四十九条规定向中级人民法院申请撤销仲裁裁决，中级人民法院作出的驳回申请或者撤销仲裁裁决的裁定为终审裁定。

第十七条　劳动者依据劳动合同法第三十条第二款和调解仲裁法第十六条规定向人民法院申请支付令，符合民事诉讼法第十七章督促程序规定的，人民法院应予受理。

依据劳动合同法第三十条第二款规定申请支付令被人民法院裁定终结督促程序后,劳动者就劳动争议事项直接向人民法院起诉的,人民法院应当告知其先向劳动人事争议仲裁委员会申请仲裁。

依据调解仲裁法第十六条规定申请支付令被人民法院裁定终结督促程序后,劳动者依据调解协议直接向人民法院提起诉讼的,人民法院应予受理。

第十八条 劳动人事争议仲裁委员会作出终局裁决,劳动者向人民法院申请执行,用人单位向劳动人事争议仲裁委员会所在地的中级人民法院申请撤销的,人民法院应当裁定中止执行。

用人单位撤回撤销终局裁决申请或者其申请被驳回的,人民法院应当裁定恢复执行。仲裁裁决被撤销的,人民法院应当裁定终结执行。

用人单位向人民法院申请撤销仲裁裁决被驳回后,又在执行程序中以相同理由提出不予执行抗辩的,人民法院不予支持。

最高人民法院关于审理劳动争议
案件适用法律若干问题的解释(四)

发文机关:最高人民法院　　　　　　　文号:法释〔2013〕4号
发文日期:2013年1月18日　　　　　　生效日期:2013年2月1日

为正确审理劳动争议案件,根据《中华人民共和国劳动法》《中华人民共和国劳动合同法》《中华人民共和国劳动争议调解仲裁法》《中华人民共和国民事诉讼法》等相关法律规定,结合民事审判实践,就适用法律的若干问题,作如下解释:

第一条　劳动人事争议仲裁委员会以无管辖权为由对劳动争议案件不予受理,当事人提起诉讼的,人民法院按照以下情形分别处理:

(一)经审查认为该劳动人事争议仲裁委员会对案件确无管辖权的,应当告知当事人向有管辖权的劳动人事争议仲裁委员会申请仲裁;

(二)经审查认为该劳动人事争议仲裁委员会有管辖权的,应当告知当事人申请仲裁,并将审查意见书面通知该劳动人事争议仲裁委员会,劳动人事争议仲裁委员会仍不受理,当事人就该劳动争议事项提起诉讼的,应予受理。

第二条　仲裁裁决的类型以仲裁裁决书确定为准。

仲裁裁决书未载明该裁决为终局裁决或非终局裁决,用人单位不服该仲裁裁决向基层人民法院提起诉讼的,应当按照以下情形分别处理:

(一)经审查认为该仲裁裁决为非终局裁决的,基层人民法院应予受理;

(二)经审查认为该仲裁裁决为终局裁决的,基层人民法院不予受理,但应告知用人单位可以自收到不予受理裁定书之日起三十日内向劳动人事争议仲裁委员会所在地的中级人民法院申请撤销该仲裁裁决;已经受理的,裁定驳回起诉。

第三条　中级人民法院审理用人单位申请撤销终局裁决的案件,应当组成合议庭开庭审理。经过阅卷、调查和询问当事人,对没有新的事实、证据或者理由,合议庭认为不需要开庭审理的,可以不开庭审理。

中级人民法院可以组织双方当事人调解。达成调解协议的,可以制作调解书。一方当事人逾期不履行调解协议的,另一方可以申请人民法院强制执行。

第四条　当事人在人民调解委员会主持下仅就给付义务达成的调解协议,双方认为有必要的,可以共同向人民调解委员会所在地的基层人民法院申请司法确认。

第五条　劳动者非因本人原因从原用人单位被安排到新用人单位工作,原用人单位未支付经济补偿,劳动者依照劳动合同法第三十八条规定与新用人单位解除劳动合同,或者新用人单位向劳动者提出解除、终止劳动合同,在计算支付经济补偿或赔偿金的工作年限时,劳动者请求把在原用人单位的工作年限合并计算为新用人单位工作年限的,人民法院应予支持。

用人单位符合下列情形之一的,应当认定属于"劳动者非因本人原因从原用人单位被安排到新用人单位工作":

(一)劳动者仍在原工作场所、工作岗位工作,劳动合同主体由原用人单位变更为新用人单位;

(二)用人单位以组织委派或任命形式对劳动者进行工作调动;

(三)因用人单位合并、分立等原因导致劳动者工作调动;

(四)用人单位及其关联企业与劳动者轮流订立劳动合同;

(五)其他合理情形。

第六条 当事人在劳动合同或者保密协议中约定了竞业限制,但未约定解除或者终止劳动合同后给予劳动者经济补偿,劳动者履行了竞业限制义务,要求用人单位按照劳动者在劳动合同解除或者终止前十二个月平均工资的30%按月支付经济补偿的,人民法院应予支持。

前款规定的月平均工资的30%低于劳动合同履行地最低工资标准的,按照劳动合同履行地最低工资标准支付。

第七条 当事人在劳动合同或者保密协议中约定了竞业限制和经济补偿,当事人解除劳动合同时,除另有约定外,用人单位要求劳动者履行竞业限制义务,或者劳动者履行了竞业限制义务后要求用人单位支付经济补偿的,人民法院应予支持。

第八条 当事人在劳动合同或者保密协议中约定了竞业限制和经济补偿,劳动合同解除或者终止后,因用人单位的原因导致三个月未支付经济补偿,劳动者请求解除竞业限制约定的,人民法院应予支持。

第九条 在竞业限制期限内,用人单位请求解除竞业限制协议时,人民法院应予支持。

在解除竞业限制协议时,劳动者请求用人单位额外支付劳动者三个月的竞业限制经济补偿的,人民法院应予支持。

第十条 劳动者违反竞业限制约定,向用人单位支付违约金后,用人单位要求劳动者按照约定继续履行竞业限制义务的,人民法院应予支持。

第十一条 变更劳动合同未采用书面形式,但已经实际履行了口头变更的劳动合同超过一个月,且变更后的劳动合同内容不违反法律、行政法规、国家政策以及公序良俗,当事人以未采用书面形式为由主张劳动合同变更无效的,人民法院不予支持。

第十二条 建立了工会组织的用人单位解除劳动合同符合劳动合同法第三十九条、第四十条规定,但未按照劳动合同法第四十三条规定事先通知工会,劳动者以用人单位违法解除劳动合同为由请求用人单位支付赔偿金的,人民法院应予支持,但起诉前用人单位已经补正有关程序的除外。

第十三条 劳动合同法施行后,因用人单位经营期限届满不再继续经营导致劳动合同不能继续履行,劳动者请求用人单位支付经济补偿的,人民法院应予支持。

第十四条 外国人、无国籍人未依法取得就业证件即与中国境内的用人单位签订劳动合同,以及香港特别行政区、澳门特别行政区和台湾地区居民未依法取得就业证件即与内地用人单位签订劳动合同,当事人请求确认与用人单位存在劳动关系的,人民法院不予支持。

持有《外国专家证》并取得《外国专家来华工作许可证》的外国人,与中国境内的用人单位建立用工关系的,可以认定为劳动关系。

第十五条 本解释施行前本院颁布的有关司法解释与本解释抵触的,自本解释施行之日起不再适用。

本解释施行后尚未终审的劳动争议纠纷案件,适用本解释;本解释施行前已经终审,当事人申请再审或者按照审判监督程序决定再审的,不适用本解释。

浙江省高级人民法院关于 劳动争议案件疑难问题讨论纪要

发文机关：浙江省高级人民法院　　　　文号：浙高法〔2001〕240号
发文及生效日期：2001年

近年来，随着我省经济快速、持续的发展和劳动用工制度的变革，劳动争议案件数量上升幅度较大。此类案件政策性强，相关法律规定较原则，审理难度较大。为提高审理水平，正确适用《劳动法》和相关法规以及最高人民法院《关于审理劳动争议案件适用法律若干问题的解释》(下称《解释》)，省高级人民法院民庭在嘉兴市召开了全省劳动争议案件疑难问题研讨会。与会代表就审理劳动争议案件中遇到的若干疑难问题进行了认真讨论，并基本达成了共识，现纪要如下：

一、关于劳动争议案件的几个基本问题

1. 劳动争议案件应具备的条件是什么？

答：劳动争议案件应具备的条件是：一是争议的主体必须适格，即应是符合《劳动法》第二条规定的我国境内的企业、个体经济组织、国家机关、事业组织、社会团体及与之形成劳动关系的劳动者。二是争议主体之间必须存在书面的劳动合同，或虽没有书面合同，但实际上存在劳动关系。三是双方履行了劳动权利和义务，劳动者为用人单位工作，获得了劳动报酬、劳动保护等权利；同时，接受用人单位的管理，遵守用人单位的内部矛盾规章制度。四是争议的内容和事项必须属于劳动法律、法规调整的范围。另外，劳动者退休后与尚未能加社会保险统筹的原用人单位因追过养老金、医疗费、工伤保险待遇和其他社会保险费而发生的争议，也属于劳动争议案件。

2. 如何界定用人单位的范围？

答：用人单位包括：(1)与劳动形成劳动关系的中国境内的企业、个体经济组织；(2)与劳动者建立劳动关系的国家机关、事业组织和社会团体。

3. 如何界定劳动者的范围？

答：劳动者包括：(1)与中国境内企业、个体经济组织形成劳动关系的劳动者；(2)国家机关、事业组织、社会团体内实行劳动合同制的工勤人员；(3)实行企业化管理的事业单位的人员；(4)与国家机关、事业组织、社会团体建立劳动关系的其他劳动者。

4. 哪些情形不属于劳动关系？

答：下列情形不属于劳动关系：(1)国家机关与公务员之间的关系；(2)比照实行公务员制度的事业组织和社会团体与其工作人员之间的关系；(3)农村集体经济组织与

农民之间的关系,但农民作为乡镇企业职工的除外;(4)军队与现役军人之间的关系;(5)家庭保姆、临时帮工、家庭教师等与其雇主之间的关系。

5.如何区分劳动关系与劳务关系?

答:劳动关系是指,劳动者与用人单位之间存在的,以劳动给付为目的的劳动权利义务关系。劳务关系是指,劳动者为被服务方提供特定的劳动服务,被服务方依照约定支付报酬所产生的法律关系。两者的区别在于:一是劳动关系除了当事人之间债的要素之外,还含有身份的、社会的要素,而劳务关系则是一种单纯的债的关系。二是劳动关系的当事人之间的关系一般较为稳定,而劳务关系当事人之间的关系则往往具有"临时性、短期性、一次性"等特点。三是劳动关系中,当事人之间存在管理与被管理、支配与被支配的社会关系,劳务关系的当事人之间则不存在上述关系,而是平等主体之间的合同关系。

6.事实劳动关系的概念及特征是什么?

答:事实劳动关系是指,劳动者与用人单位之间没有订立书面的劳动合同,但双方实际享有、履行了劳动法所规定的劳动权利义务而形成的劳动关系。其特征是,劳动者为用人单位提供劳动,接受用人单位的管理,遵守用人单位劳动纪律,获得了用人单位支付的劳动报酬,受到了用人单位的劳动保护等。

二、关于仲裁期限问题

7.如何理解《劳动法》第八十二条关于仲裁申请期限应从"劳动争议发生之日起"计算的规定?"劳动争议发生之日"是否就是"当事人知道或应当知道其权利被侵害之日"?

答:劳动争议发生之日,一般与当事人知道或应当知道其权利被侵害之日相一致;但劳动关系具有特殊性,多种因素易导致劳动争议发生之日与当事人知道或应当知道其权利被侵害之日不一致。因此,不能将"劳动争议发生之日"简单地理解为"当事人知道或应当知道其权利被侵害之日",否则不利于保护劳动者的合法权益。基于劳动争议的发生需要以一方知道其权利被侵害,且能够与对方进行争议为前提,所以可把一方当事人向对方当事人明确表示异议之日视为劳动争议发生之日。

8.仲裁申请期限是否适用中断、中止、延长的规定?

答:依最高人民法院《解释》的精神,仲裁申请期限的概念相当于诉讼时效的概念,因此可以适用《民法通则》中有关中断、中止、延长的规定。

9.因用人单位拖欠、克扣工资或欠缴社会保险金引起的劳动争议,劳动者申请仲裁的其从何时起算?

答:对此类劳动争议,由于用人单位拖欠、克扣工资或欠缴社会保险金的行为具有连续性或不间断性,因此,劳动者可以随时申请劳动仲裁。

10.对于因"工伤"引起的劳动争议案件,仲裁申请期限从何起算?

答:因"工伤"引起的劳动争议案件,当事人应在工伤确认之日起六十日内申请劳动仲裁。如工伤确认的当时,医疗未终结或伤残等级鉴定结论未作出的,当事人应在医疗终结之日或伤残等级鉴定结论作出之日起六十日内申请劳动仲裁。

11.用人单位与劳动者之间就劳动争议事项达成和解协议之后,一方当事人反悔的,仲裁申请期限应从何时起算?

答:用人单位与劳动者达成和解协议后,一方当事人反悔的,仲裁申请期限应从和解协议签字之日起算,超过六十日的,视为已超过申请仲裁期限。

三、关于诉讼主体问题

12.劳动争议案件中,如果签订劳动合同的用人单位与实际全劳动者的用人单位、作出处理决定的用人单位不一致时,应如何列当事人?

答:劳动争议案件应列具有劳动关系的用人单位和劳动者为当事人。用人单位与劳动者订立劳动合同的,应以签约双方为当事人;如果签约的用人单位与实际用人单位不一致或签约的用人单位与作出处理决定的用人单位不一致的,则应将实际用人单位或作出处理决定的用人单位,与签约用人单位列为共同被告。

13.人民法院在审理劳动争议案件时,经审查发现劳动仲裁部门所列的当事人发生变更,或存在依法应当追加当事人情形的,应如何处理?

答:人民法院在审理劳动争议案件时,如发现劳动仲裁部门所列的当事人死亡而需列其继承人为当事人,或者用人单位合并或分立,或者存在必须共同参加诉讼的当事人没有参加诉讼等情形的,可根据民事诉讼法的规定,直接对诉讼主体进行变更或追加,无需由劳动仲裁部门重新仲裁。

14.用人单位与其他平等主体之间签订承包商经合同,劳动者在承包经营期间,与发包方或承包方发生劳动争议的,如何确定案件的用人单位?

答:在承包经营期间发生劳动争议的案件,应以劳动者是否与发包方或承包方存在劳动合同关系为依据来确定用人单位。如果劳动者与发包方和承包方之间均签订劳动合同,存在劳动合同关系的则应确定发包方与承包方为共同用人单位。如果劳动者只是与发包方签订劳动合同,而没有与承包方签订劳动合同的,则应确定发包方为用人单位;同时,由于承包方是实际用人单位和受益人,也应将其列为案件的当事人,即确定发包方与承包方为共同用人单位。如果劳动者只与承包方存在劳动关系的,则只确定承包方为用人单位,不应将发包方确定为用人单位。

15.建筑队工程层层转包中发生工伤事故引起的劳动争议案件,如何确定案件当事人?

答:建筑工程层层转包中发生工伤事故的,如果实际用人单位是合法用工主体,则列实际用工主体(包括包工负责人)为当事人。如果实际用人单位不具备合法用工主体资格的,则应列该实际用工主体与最近的上一层转包关系中具备合法用工主体资格的用人单位为共同当事人。

四、关于劳动合同问题

16.用人单位为限制劳动者"跳槽",在劳动合同中规定劳动者交纳押金或支付巨额赔偿金的条款是否有效?

答:劳动者享受有选择职业的权利,用人单位为限制劳动者"跳槽",在与劳动者签订的劳动中规定劳动者交纳押金或支付巨额赔偿金,其行为不合法的,该条款属无效条款。

17.劳动者因履行劳动合同与用人单位发生争议,劳动者实际停止了工作,人民法院应如何处理劳动者在停止工作时间内的工资收入的损失?

答:人民法院通过实体审查后,如果认定劳动者停止工作是由于用人单位的原因造成的,则应由用人单位承担劳动者实际停止期间的工资损失,如果认定是由于劳动者的原因造成的,则由劳动者自负停工期间的工资损失。

五、关于社会保险问题

18.用人单位签订内部承包合同的,其劳动者合同的社会保险待遇应如何处理?

答:用人单位签订内部承包合同,是用人单位内部经营管理的一种方式,并不改变用人单位与劳动者之间的劳动关系,用人单位应按照国家现行法律、法规、政策,保障劳动者的社会保险权益,因此,不论内部承包合同如何约定,用人单位都不能取消对劳动者的社会保险待遇。

19.用人单位已为劳动者办理了商业保险手续,是否仍应为劳动者办理社会保险手续?

答:商业保险与社会保险性质不同,为劳动者缴纳社会保险金是用人单位的法定义务。因此,用人单位虽为劳动者办理了商业保险手续,但仍应为劳动者办理社会保险手续。

六、关于工伤问题

20.人民法院在审理工伤引起的劳动争议案件时,如何采用劳动行政部门所作的工伤认定结论?

答:根据《劳动法》、劳动部《企业职工工伤保险试行办法》的规定,劳动部门认定工伤的行为是一种具体行政行为,当事人对工伤认定结论不服的,可依法提起行政复议或行政诉讼。人民法院在审理工伤引起的劳动争议案件时,一般应以劳动部门的工伤认定结论作为裁判的依据,但人民法院经审查认为该工伤认定结论确有错误,或者劳动部门不予或无法作出工伤认定结论的,人民法院应当依职权直接予以认定并据此进行裁判。

21.对劳动伤残等级鉴定机构所作的伤残等级鉴定,当事人提出异议的,人民法院能否另行委托鉴定?

答:劳动者工伤后的劳动能力和伤残等级的鉴定机构为各级劳动鉴定委员会。人民法院在审理工伤争议案件时,一般应采取劳动鉴定委员会作出的伤残等级鉴定结论;但确有新的证据证明原鉴定结论错误或伤残者伤情等情况发生重大变化,足以影响原鉴定结论的,人民法院可委托原劳动鉴定委员会重新作出鉴定,或者委托上一级劳动鉴定委员会或其他有法定鉴定资格的鉴定机构作出鉴定。

22.因工伤引起的劳动争议案件中,如存在用人单位以外的致害人的情形,应如何处理?

答:在工伤引起的劳动争议案件中,若存在用人单位以外的致害人的,劳动者有权选择向致害人主张侵权损害赔偿,或者向工伤保险经办机构或用人单位要求享受工伤补偿待遇;原则上劳动者可首先主张侵权损害赔偿,在获得赔偿后,可就低于工伤补偿待遇部分,要求工伤保险经办机构或用人单位予以补足。如果劳动者因客观原因无法向致害人主张或不能从致害人处获得赔偿的,工伤保险经办机构或用人单位应支付劳动者工伤实偿金。

23.非法使用童工引起的童工伤亡,是否属于劳动争议案件?此类案件应如何处理?

答:非法使用童工引起的童工伤亡,由于该劳动关系的劳动者主体不合格,因此不属于劳动争议案件,应按一般人身损害赔偿案件处理。此类案件应依照《劳动法》、国务院《禁止使用童工规定》等规定处理,用人单位除应当依法承担相应的行政责任和刑事责任外,还应当负责对童工的安置、治疗,并承担赔偿责任。用人单位应当立即将童工送回原居住地,并承担因此所需全部费用;如果童工患病或伤残的,则应当负责治疗并承担医疗期间全部医疗和生活费用,还应支付致残抚恤费;童工死亡的,应当发给童工父母或其他监护人丧葬补助费,并给予经济赔偿。

24.未参加工伤保险的用人单位,其劳动者因工致残被鉴定为五至六级的,用人单位要求按月支付伤残抚恤金,而劳动者要求一次性支付的,如何处理?

答:未参加工伤保险的用人单位,劳动者因工致残被鉴定为五至六级的,应由单位安排工作,单位不能重新安排工作的,一般应由用人单位按月支付伤残抚恤金;但有特殊情况的,也可一次性支付伤残抚恤金。

25.退休人员被其他单位聘用后发生工伤事故,其工伤待遇如何处理?

答:退休人员被其他单位聘用后发生工伤事故,其工伤医疗费用、工伤津贴应由聘用单位承担。因工致残的,聘用单位还应支付一次性伤残补助金;如伤残等级为一至六级并经确认需要护理的,则由聘用单位承担护理费;如伤残抚恤金标准超过本人退休待遇的,则由聘用单位补足差额部分。因工死亡的,则由聘用单位支付工亡的相应待遇。原单位则支付因病或非因工死亡的相应待遇。

七、关于其他问题

26.在企业改制过程中,因劳动者"下岗"或被整体拖欠工资而引发的纠纷,是否属于劳动争议案件?

答:劳动者"下岗"或整体被拖欠工资的,属于用人单位对劳动者进行劳动行政管理,是在制度改革和劳动用工制度改革中出现的特殊现象,不是因履行劳动合同引起的争议,应当由政府有关部门按照企业改制的政策规定统筹解决,故不属于劳动争议案件。

27.劳动者与用人单位因支付工资等发生劳动争议,用人单位以欠条形式确定后,能否按一般民事案件直接受理?

答:劳动者与用人单位之间因执行国家有关工资、保险、福利、培训、劳动保护的规定而发生的争议,属于劳动争议,应按国务院《企业劳动争议处理条例》规定的先裁后审的原则进行处理。用人单位以欠条形式对所欠工资等进行确认,并未改变双方争议的性质,故人民法院不能按一般民事案件直接受理。

28.用人单位在劳动仲裁裁决生效后或在审理过程中撤销或变更处理决定的,人民法院如何处理?

答:用人单位在劳动仲裁裁决生效后或在审理过程中撤销或变更处理决定的,如劳动者予以接受,并由劳动者或用人单位申请撤诉的,人民法院依法予以审查决定是否准予撤诉;如劳动者不予接受的,则按原诉请范围进行审理。

29.劳动争议的一方当事人不服劳动争议仲裁委员会的裁决向人民法院起诉,另一方提起反诉的,如何处理?

答:劳动仲裁是人民法院受理劳动争议案件的前置程序,反诉作为一个独立的诉,只有经过劳动仲裁之后,才能在诉讼中提起,否则,人民法院不予受理。

浙江省高级人民法院民一庭关于审理
劳动争议案件若干问题的意见

发文机关:浙江省高级人民法院　　　　文号:浙法民一〔2009〕3 号
发文日期:2009 年 4 月 16 日　　　　　生效日期:2009 年 4 月 16 日

为正确审理劳动争议案件,依据《中华人民共和国劳动合同法》(以下简称《劳动合同法》)、《中华人民共和国劳动争议调解仲裁法》(以下简称《劳动争议调解仲裁法》)等有关法律、法规及司法解释的规定,结合我省实际情况,制定本意见。

第一条　审理劳动争议案件应遵循平等保护、公正及时、优先调解、合理配置审判资源和充分利用诉讼外资源、法不溯及既往、法律效果与社会效果相统一等原则。

第二条　劳动者与用人单位因住房公积金产生的争议,不属于劳动争议。

第三条　达到法定退休年龄的劳动者与用人单位形成的用工关系,按雇佣关系处理。

未达到法定退休年龄而内退的劳动者,与其他用人单位形成的用工关系,一般应按劳动关系处理,但原用人单位继续为其缴纳社会保险费,劳动者又要求用人单位为其缴纳社会保险费的,不予支持。

第四条　外国人、无国籍人或台港澳人员与用人单位形成的用工关系,按劳动关系处理。上述人员未依法办理《外国人就业证》或《台港澳人员就业证》的,应当认定有关劳动合同无效;但劳动者已经付出劳动的,应由用人单位参照合同约定支付劳动报酬。

第五条　外国企业常驻代表机构或台港澳企业未依规定通过相关就业服务单位,而直接招用劳动者形成的用工关系,按雇佣关系处理。

第六条　在校学生在实习期间,因履行实习单位指派的任务,受到伤害而发生争议的,按雇佣关系处理。

第七条　劳动者与用人单位签订劳动合同后,被该用人单位派往其他单位工作,并在其他单位领取工资或办理社会保险,因用工关系发生争议的,指派单位和实际用工单位应作为共同当事人并承担连带责任。

第八条　劳动者与不具备合法经营资格的用工主体因用工关系发生争议的,应当将其出资人或开办单位作为当事人。

第九条　用人单位被吊销营业执照、责令关闭、撤销以及用人单位决定提前解散、歇业,应当将用人单位或清算组织作为当事人;用人单位或清算组织不能承担相关责任的,应当将其出资人或开办单位作为共同当事人。

第十条　用人单位挂靠在其他单位名下或借用其他单位的营业执照进行生产经营,劳动者与用人单位发生劳动争议的,用人单位和被挂靠单位或营业执照出借单位应作为共同当事人并承担连带责任。

第十一条　在建设工程层层转包、分包中,作为实际施工人的自然人与其招用的劳动者发生劳动争议的,最近的上一层转包、分包关系中具备合法用工主体资格的单位应作为当事人;也可视案情需要,将实际施工的自然人及违法转包人、分包人作为共同当事人。

第十二条　对《劳动争议调解仲裁法》实施前发生的劳动争议,申请人于该法实施后申请仲裁的,不适用该法中关于申请时效的规定,仍按原有规定执行。

第十三条　劳动者与用人单位之间因加班工资发生争议的,其申请仲裁的时效期间为二年,从当事人知道或者应当知道其权利被侵害之日起计算;但劳动关系终止的,其申请仲裁的时效期间为一年,从劳动关系终止之日起计算。

第十四条　《劳动争议调解仲裁法》第四十七条第(一)项所规定的劳动者追索劳动报酬、工伤医疗费、经济补偿金或赔偿金的争议,如仲裁请求涉及数项的,应分项计算争议金额。

第十五条　劳动争议委员会作出的裁决未区分一裁终局与非终局裁决事项的,人民法院应当分项处理。

第十六条　劳动者对《劳动争议调解仲裁法》第四十七条规定的一裁终局裁决不服向人民法院起诉,人民法院作出一审判决后,双方当事人不服的,均可向上一级人民法院提起上诉,但上诉请求的内容不得超出仲裁请求的范围。

第十七条　劳动者对《劳动争议调解仲裁法》第四十七条规定的一裁终局裁决不服,向人民法院起诉的,该裁决不发生法律效力。此前用人单位依据该法第四十九条的规定,已向中级人民法院申请撤销仲裁裁决的,中级人民法院应当裁定终结诉讼;此后申请撤销仲裁裁决的,中级人民法院应当裁定不予受理或裁定终结诉讼。但基层人民法院审理案件时,对用人单位申请撤销的抗辩应当一并审理。

劳动者起诉后又撤诉或因超过起诉期间被驳回起诉的,用人单位自收到裁定书之日起三十日内,可以向中级人民法院申请撤销仲裁裁决。

第十八条　基层人民法院受理劳动者不服终局裁决的起诉或中级人民法院受理用人单位撤销终局裁决的申请后,在开庭审理前,应当对是否同时存在上述两种诉讼的情况进行审查。

第十九条　用人单位向人民法院申请撤销仲裁裁决的诉讼中,不得将劳动争议仲裁委员会作为当事人。

第二十条　用人单位以不属于《劳动争议调解仲裁法》第四十九条规定的事由申请撤销仲裁裁决的,人民法院不予支持。

《劳动争议调解仲裁法》第四十九条第一款第（三）项规定的"违反法定程序"，是指违反《劳动争议调解仲裁法》规定的仲裁程序可能影响案件正确裁决的情形。

第二十一条 依据《劳动争议调解仲裁法》第二十九条、第四十三条的规定，因劳动争议仲裁委员会逾期未作出受理决定或仲裁裁决，当事人直接向人民法院提起诉讼，除仲裁中存在下列事由的以外，人民法院应予受理：

（一）移送管辖的；

（二）送达延误的；

（三）等待工伤复议、诉讼、评残结论的；

（四）启动鉴定程序，或委托其他部门调查取证的；

（五）因当事人确有正当理由，不能按时参加仲裁活动的；

（六）其他合理的事由。

当事人应向人民法院提交劳动争议仲裁委员会出具的已接受申请的凭证及尚未受理的证明，或虽已受理但尚未裁决的证明。

人民法院决定受理劳动者起诉的，应当在受理之日起五日内书面通知劳动争议仲裁委员会终结有关案件的仲裁。

第二十二条 当事人对劳动争议仲裁委员会逾期未作出受理决定或仲裁裁决并无异议，或者虽有异议但仍继续参加劳动争议仲裁委员会开庭审理，劳动争议仲裁委员经审理并作出裁决书或调解书后，当事人以逾期受理或裁决违法为由，要求撤销裁决书或调解书的，人民法院不予支持。

第二十三条 劳动争议仲裁过程中，用人单位出现企业主逃匿或转移财产等情形的，劳动者可以凭劳动争议仲裁委员会《受理通知书》，向人民法院提出财产保全申请。

第二十四条 根据审理撤销仲裁裁决案件的实际需要，人民法院可以向作出原裁决的劳动争议仲裁委员会出具调卷函调阅相关案卷。

人民法院应当将审结上述案件的裁定书，及时送作出原裁决的劳动争议仲裁委员会。

第二十五条 当事人依据《劳动争议调解仲裁法》第十五条规定申请仲裁，后又对仲裁裁决不服提起诉讼的，人民法院应当认定双方当事人原达成的劳动争议调解协议具有合同性质，经审理该调解协议不存在无效或可撤销情形的，应当确认其效力并作为裁判依据。

第二十六条 劳动者依据《劳动合同法》第三十条第二款和《劳动争议调解仲裁法》第十六条的规定，向人民法院申请支付令的，应符合《中华人民共和国民事诉讼法》第十七章的有关规定。

劳动者向劳动争议仲裁委员会申请仲裁后，又向人民法院申请支付令的，人民法院不予受理。

第二十七条 人民法院裁定终结督促程序后，劳动者应先就劳动争议事项向劳动争议仲裁委员会申请仲裁。但属于最高人民法院《关于审理劳动争议案件适用法律若干问题的解释(二)》第三条、第十七条第二款规定,或有证据证明用人单位拖欠劳动报酬,且诉讼请求不涉及劳动关系其他争议的,劳动者可以直接向人民法院起诉,人民法院应当按照普通民事纠纷受理。

第二十八条 用人单位未与劳动者签订劳动合同的,人民法院认定双方是否存在劳动关系时,可审查下列证据:

(1)工资支付凭证或记录,缴纳各项社会保险费的记录;

(2)用人单位向劳动者发放的"工作证"、"服务证"等身份证件;

(3)考勤记录;

(4)劳动者填写的用人单位招聘"登记表"、"报名表"等招用记录;

(5)其他相关证据。

人民法院应当根据上述证据的形成、来源、占有等因素,确定当事人的举证责任。

第二十九条 在劳动争议案件审理过程中,劳动者与用人单位对是哪一方提出解除劳动合同或终止劳动关系的事实发生争议的,应当根据"谁主张谁举证"的原则确定举证责任。

第三十条 劳动者主张加班工资,应对加班事实负举证责任。劳动者证明加班事实的相关证据由用人单位持有的,人民法院应责令用人单位提供,用人单位不提供的,应由其承担不利的法律后果。

第三十一条 劳动者与用人单位对有无支付加班工资的事实发生争议的,应由用人单位对其已经支付加班工资的事实负举证责任。用人单位已支付的工资具有以下情形的,人民法院可认定其中不包含加班工资:

(1)折算后的正常工作时间工资低于当地最低工资标准的;

(2)计件工资中的劳动定额明显不合理的。

第三十二条 劳动者与用人单位约定业务提成在货款回收后才支付,且货款回收由劳动者经手的,劳动者应对货款回收的事实负举证责任。

第三十三条 用人单位以劳动者违反劳动合同中有关服务期的约定为由,请求劳动者支付违约金的,应对其已为劳动者提供专项培训及具体费用等相关事实负举证责任。

第三十四条 用人单位在《劳动合同法》实施前制定的规章制度,虽未经过该法第四条第二款规定的民主程序,但内容未违反法律、行政法规、政策及集体合同规定,不存在明显不合理的情形,并已向劳动者公示或告知的,可以作为人民法院审理劳动争议案件的依据。

《劳动合同法》实施后,用人单位制定、修改或者决定直接涉及劳动者切身利益的规章制度或者重大事项时,未经过该法第四条第二款规定的民主程序的,一般不能作为人民法院审理劳动争议案件的依据。规章制度或者重大事项决定的内容未违反法律、行政法规、政策及集体合同规定,不存在明显不合理的情形,并已向劳动者公示或告知,且劳动者没有异议的,可以作为人民法院审理劳动争议案件的依据。

第三十五条 用人单位为规避《劳动合同法》第十四条而采取下列行为的,应认定无效,劳动者的工作年限和订立固定期限劳动合同的次数应连续计算:

(一)采取迫使劳动者辞职后重新签订劳动合同的方式,将劳动者工龄"清零"的;

(二)采取注销原单位、设立新单位的方式,将劳动者重新招用到新单位,且工作地点、工作内容没有实质性变化的;

(三)通过设立关联企业,在与劳动者签订合同时交替变换用人单位名称的;

(四)通过非法劳务派遣的;

(五)其他明显违反诚信和公平原则的规避行为。

第三十六条 当事人对劳动行政部门作出的工伤认定不服,可以申请行政复议、提起行政诉讼;人民法院在审理劳动争议案件中,一般不直接作出工伤认定。劳动者请求工伤待遇,但未提供劳动行政部门作出的工伤认定的,人民法院可以裁定驳回起诉,但具有下列情形的除外:

(一)未为该劳动者办理工伤保险的用人单位对构成工伤无异议的;

(二)非法用工单位在用工中导致劳动者伤亡的。

第三十七条 劳动者因他人的侵权行为导致工伤的,一般应先向侵权人请求民事侵权赔偿;如其就民事侵权已实际获得相应赔偿,其可以要求用人单位或社会保险机构在工伤待遇总额内补足工伤待遇。如因侵权人逃逸等原因,劳动者无法向侵权人主张赔偿的,其可以要求用人单位或者社会保险机构依法先行支付工伤停工留薪期工资福利、伤残津贴、工伤医疗费、丧葬补助金、供养亲属抚恤金等工伤保险待遇;其向侵权人主张后实际获得民事侵权赔偿的,可在工伤保险待遇范围内按总额补差的办法结算;其向侵权人主张后仍不能实际获得民事侵权赔偿的,用人单位或者社会保险机构应依法支付工伤保险待遇。用人单位或者社会保险机构支付相关费用后,可以向民事侵权人进行追偿,人民法院可视情追加劳动者为当事人。

在用人单位或社会保险机构向劳动者已经支付全部或部分工伤保险待遇后,劳动者又向侵权人提起民事侵权诉讼的,人民法院应追加用人单位或社会保险机构为当事人,使其依法行使对侵权人的全部或部分追偿权。

第三十八条 劳动者提前三十日以书面形式通知用人单位,可以依法解除劳动合同。用人单位在劳动合同中设定违约金条款以限制劳动者上述解除权的,该违约金条款无效。但由于劳动者行使上述解除权而违反劳动合同有关约定,并给用人单位造成直接经济损失的,劳动者应予赔偿。

第三十九条 依据《劳动合同法》第二十二条的规定,劳动者违反劳动合同中有关服务期约定的,应当按照约定支付违约金,但属于《劳动合同法》第三十八条、第四十一条规定情形的除外。

约定违约金过高的,人民法院应当依据《劳动合同法》第二十二条第二款的规定予以调整。

《劳动合同法》第二十二条中规定的"培训费用",不包括劳动者接受专项培训期间的基本工资;"专业技术培训"是指为提高劳动者特定技能而提供的培训,不包括上岗前的培训和日常业务培训。

第四十条 用人单位与劳动者约定竞业限制但未同时约定经济补偿,或者约定经济补偿的数额明显过低、不足以维持劳动者在当地的最低生活标准的,属于《劳动合同法》第二十六条第(二)项规定的"用人单位免除自己的法定责任、排除劳动者权利的"情形,该竞业禁止条款无效。

第四十一条 具有以下情形之一的,竞业限制条款对劳动者不再具有约束力:

(一)劳动者依《劳动合同法》第三十八条第二款规定,被迫解除劳动合同的;

(二)用人单位依《劳动合同法》第四十一条规定,解除劳动合同的;

(三)用人单位破产、关闭、停业、转行或解散的;

(四)用人单位未按约定支付经济补偿的。

第四十二条 用人单位调整劳动者工作岗位,一般应经劳动者同意。如没有变更劳动合同主要内容,或虽有变更但确属用人单位生产经营所必需,且对劳动者的报酬及其他劳动条件未作不利变更的,劳动者有服从安排的义务。

第四十三条 劳动者以用人单位未及时足额支付劳动报酬为由,请求解除劳动合同并要求用人单位支付经济补偿金的,如果该事实发生在《劳动合同法》实施前,除符合最高人民法院《关于审理劳动争议适用法律若干问题的解释(一)》第十五条规定的情形以外,不予支持;如果该事实发生在《劳动合同法》实施后,应予支持,但用人单位确有特殊困难或合理理由或劳动者曾经认可的除外。

第四十四条 劳动者以其他事由提出解除劳动合同后,又以系因用人单位存在《劳动合同法》第三十八条第一款所列情形迫使其辞职为由要求用人单位支付经济补偿金的,一般不予支持。

第四十五条 对劳动者无正当理由未办理请假手续,擅自离岗连续超过十五日,用人单位规章制度已有规定的,按相关规定执行;用人单位规章制度无规定的,用人单位可以劳动者严重违反劳动纪律为由,解除劳动合同。

用人单位以劳动者擅自离岗为由,作出解除劳动合同决定,但确因客观原因无法将该决定送达给劳动者,后劳动者以用人单位未履行送达等相关手续为由主张解除无效的,不予支持。

第四十六条 本意见自下发之日起施行。法律法规、司法解释、规章等有新规定的,按新规定执行。

浙江省高级人民法院民一庭关于审理劳动争议纠纷案件若干疑难问题的解答

发文机关:浙江省高级人民法院

发文日期:2012 年 12 月　　　　　　　　生效日期:2012 年 12 月

近年来劳动争议纠纷案件量增幅较大,出现了一些新情况、新问题。为正确审理此类案件,省高院民一庭经与省劳动仲裁院联合调研,并广泛征求意见,就此类案件审理中的一些突出问题作出解答,供办案时参考。

一、如果确系不可归责于用人单位的原因导致未签订书面劳动合同,劳动者能否要求用人单位支付二倍工资?

答:签订书面劳动合同系用人单位的法定义务,但确系不可归责于用人单位的原因导致未签订书面劳动合同,劳动者因此主张二倍工资的,可不予支持。下列情形一般可认定为"不可归责于用人单位的原因":

用人单位有充分证据证明劳动者拒绝签订或者利用主管人事等职权故意不签订劳动合同的;工伤职工在停工留薪期内的,女职工在产假期内或哺乳假内的,职工患病或非因工负伤在病假期内的,因其他客观原因导致用人单位无法及时与劳动者签订劳动合同的。

二、用人单位超过一个月未与劳动者订立书面劳动合同,但在一年内又补订了劳动合同的,是否应该向劳动者支付二倍工资?

答:用人单位超过一个月未与劳动者签订书面劳动合同,后在一年内又与劳动者补订了劳动合同,用人单位应向劳动者支付用工之日起满一个月的次日至补订劳动合同的前一日期间的二倍工资。实际补订日期,应根据补订的劳动合同落款日期及其他情形综合认定。

三、未订立书面劳动合同的,二倍工资的最长支付期限是多少?

答:依据《劳动合同法》第十四条第三款和《劳动合同法实施条例》第七条的规定,用人单位自用工之日起满一年未与劳动者订立书面劳动合同的,视为双方已订立无固定期限劳动合同。因此,未订立书面劳动合同情形下二倍工资的支付最长不超过 11 个月。劳动者请求用人单位支付一年届满后的二倍工资的,不予支持。

四、二倍工资的仲裁时效应该如何理解?

答:《劳动合同法》第八十二条所称的"二倍工资"中加付的一倍工资并不属于劳动报酬,劳动者申请仲裁的时效为一年。用人单位自用工之日起超过一个月未与劳动者订立书面劳动合同,劳动者要求用人单位支付二倍工资的,仲裁时效应从用人单位与其补订劳动合同之日或者视为双方已订立无固定期限劳动合同之日起计算。

五、劳动合同期满,但因特殊情形延续导致劳动者在同一用人单位连续工作满 10 年的,劳动者能否请求与用人单位订立无固定期限劳动合同?

答:劳动合同期满,因劳动者有下列情形之一而续延,因此达到劳动者在同一用人单位连续工作满 10 年,劳动者提出订立无固定期限劳动合同的,用人单位应当与劳动者订立无固定期限劳动合同:从事接触职业病危害作业的劳动者未进行离岗前职业健康检查,或者疑似职业病病人在诊断或者医学观察期间的;患病或者非因工负伤,在规定的医疗期内的;女职工在孕期、产期、哺乳期的。

六、劳动合同期满后,依照《劳动合同法》第四十二条的规定双方合同关系依法延续,劳动者能否请求用人单位支付延续期间未签订劳动合同的二倍工资?

答:按照《劳动合同法》第四十二条的规定劳动合同关系依法延续的,在延续期间双方未订立书面劳动合同,劳动者请求用人单位支付二倍工资,不予支持。

七、劳动合同期满后,劳动者继续在用人单位工作,用人单位超过一个月不与劳动者订立书面劳动合同的法律后果是什么?

答:签订书面劳动合同系用人单位的法定义务,用人单位应该规范用工。劳动合同期满后,劳动者继续在用人单位工作,用人单位超过一个月不满一年未与劳动者订立书面劳动合同,劳动者请求用人单位支付二倍工资的,应予支持。用人单位超过一年未与劳动者订立书面劳动合同的,视为双方已订立无固定期限劳动合同。

八、对保安、门卫、仓库保管员等特殊岗位劳动者主张加班工资的,加班事实应如何把握?

答:对于全天 24 小时吃住在单位的保安、传达室门卫、仓库保管员等人员,其工作性质具有特殊性。如确因工作所需和单位要求,不能睡眠休息的,应认定为工作时间;如工作场所中同时提供了住宿或休息设施的,应合理扣除可以睡眠休息的时间,即劳动者正常上班以外的时间不应计算为工作时间,对超出标准工作时间上班的,用人单位应支付加班工资。审判实践中,可以综合考虑以下因素:用人单位是否就该岗位向劳动行政部门申请办理过综合计算工时工作制、不定时工作制的审批手续(应注意审批的有效期和审批人数);用人单位是否在工作场所内为劳动者配备必要的休息设施;用人单位的工作制度或规章制度中对劳动者具体工作内容、工作强度的要求(以判断劳动者按照该制度工作是否将导致事实上无法休息);用人单位安排值班的人数(即考虑同一时段劳动者是否有轮换休息的可能性)。

九、实行计件工资制的加班工资如何认定?

答:用人单位实行计件工资制,劳动者主张加班工资的,认定加班事实应主要审查计件工资劳动定额是否合理。劳动合同对计件工资劳动定额有约定的按照约定的定额审查,无约定的按行业规定审查。对劳动定额明显不合理或无行业规定的,按标准工时折算定额后再计算加班工资。

十、用人单位一次性向劳动者支付了竞业限制经济补偿,劳动者违反竞业限制义务时,用人单位能否向劳动者主张违约金?

答:《劳动合同法》第二十三条仅规定了用人单位"在竞业限制期限内按月给予劳动者经济补偿"的补偿方式。用人单位如果在解除或终止劳动合同时,一次性向劳动者支付了竞业限制补偿金的,劳动者违反竞业限制义务时,用人单位可以向劳动者主张违约金。

十一、劳动者不愿意缴纳社会保险费,并书面承诺放弃参加社会保险的法律后果是什么?

答:劳动者不愿意缴纳社会保险费,并书面承诺放弃参加社会保险的,该书面承诺无效。劳动者可以此为由解除劳动合同,但要求用人单位支付经济补偿金的,不予支持。

十二、用人单位违法解除劳动合同,劳动者要求撤销解除劳动合同的决定,继续履行劳动合同的,应如何处理?

答:如果在一审宣判前,原劳动合同期限已经届满的,则一般不支持劳动者关于继续履行劳动合同的请求。对劳动者主张停发工资日至劳动合同届满日期间的工资损失,应按劳动者被停发工资前十二个月的平均工资确定。

如果在一审宣判时,原劳动合同期限尚未届满的,则对劳动者主张继续履行劳动合同的请求予以支持。对停发工资日以后的工资损失,应按劳动者被停发工资前十二个月的平均工资确定。

十三、用人单位未及时、足额支付劳动报酬或未依法缴纳社会保险费的,能否作为劳动者单方解除劳动合同的理由?

答:用人单位因过错未及时、足额支付劳动报酬或未依法缴纳社会保险费的,可以作为劳动者解除劳动合同的理由。但用人单位有证据证明确因客观原因导致计算标准不清楚、有争议,或确因经营困难、具有合理理由或经劳动者认可,或欠缴、缓缴社会保险费已经征缴部门审批,劳动者以用人单位未"及时、足额"支付劳动报酬或未依法缴纳社会保险费为由解除劳动合同,要求用人单位支付经济补偿金的,不予支持。

十四、用人单位与劳动者就工伤待遇、加班工资、经济补偿金等达成和解或经调解组织调解后,劳动者能否再以数额过低要求用人单位补足差额?

答:用人单位与劳动者协商或经调解组织调解,就工伤待遇、加班工资、经济补偿金等达成和解或调解协议后,劳动者以数额过低要求用人单位补足差额的,不予支持。但劳动者有证据证明协议签订存在受胁迫、欺诈而违背自己真实意思表示,或协议内容显失公平等情形的除外。

十五、因第三人侵权导致工伤的,采用何种赔偿模式?

答:《社会保险法》实施后,因第三人侵权导致工伤的,仍继续适用浙政发(2009)50

号通知的规定。职工因劳动关系以外的第三人侵权造成人身损害，同时构成工伤的，依法享受工伤保险待遇。如职工获得侵权赔偿，用人单位承担的工伤保险责任相对应项目中应扣除第三人支付的下列五项费用：医疗费，残疾辅助器具费，工伤职工在停工留薪期间发生的护理费、交通费、住院伙食补助费。

十六、《工伤保险条例》第三十三条规定的工伤职工在停工留薪期内"原工资福利待遇不变"的计算标准是什么？

答：工伤职工在停工留薪期内，原工资福利待遇不变，其中"原工资"按照工伤职工因工作遭受事故伤害或者患职业病前12个月的平均月工资计算，包括计时工资或者计件工资、奖金、津贴和补贴等，但不包括加班工资。

十七、职工在同一用人单位多次发生工伤并形成多个伤残等级的，应该如何确定一次性工伤保险待遇的等级标准？

答：职工在同一用人单位多次发生工伤，形成多个伤残等级的，在与用人单位解除或终止劳动关系时，应按最高伤残等级确定劳动者应当享受的工伤保险待遇。

浙江省高级人民法院民事审判第一庭、浙江省劳动人事争议仲裁院关于审理劳动争议案件若干问题的解答(二)

发文机关:浙江省高级人民法院、浙江省劳动人事争议仲裁院

文号:浙高法民一〔2014〕7 号

发文日期:2014 年 4 月 14 日　　　　　　生效日期:2014 年 4 月 14 日

2009 年以来,针对劳动争议纠纷案件增长迅速、新问题不断出现的情况,省高级法院民一庭、省劳动人事争议仲裁院连续下发了一系列规范性文件及解答意见。为进一步解决此类案件中的一些突出问题,省高级法院民一庭、省劳动人事争议仲裁院经广泛调研,制定本解答,供裁判中参考。

一、建筑施工企业违法转包、分包中的相关法律关系应如何认定?

答:具备用工主体资格的承包单位违反法律、法规规定,将承包业务转包、分包给不具备用工主体资格的组织或者自然人,该不具备用工主体资格的组织或者自然人所招用的人员请求确认与承包单位存在劳动关系的,不予支持。但该人员在工作中发生伤亡,受害人请求承包单位参照工伤的有关规定进行赔偿的,人民法院应当予以支持。社会保险行政部门已认定该人员工伤的,按工伤保险规定处理。

二、劳动者与用人单位保留劳动关系的同时,又到其他用人单位工作的,法律关系应如何认定?劳动者向后一个用人单位主张劳动报酬、解除劳动关系经济补偿、赔偿金及休息休假权的,应否支持?

答:劳动者与用人单位保留劳动关系的同时,又到其他用人单位工作的,应认定双方存在劳动关系。劳动者向后一个用人单位主张劳动报酬、解除劳动关系经济补偿、赔偿金及休息休假权的,依法应予支持。

三、饭店实行"包厨",承包人招用的厨师或者厨房其他工作人员与饭店之间的法律关系应如何认定?

答:实行"包厨"的饭店,认定厨师及厨房工作人员是否与饭店构成劳动关系,一般应区分以下情况:如承包人招用的厨师和厨房工作人员是饭店内部职工,应认定双方为劳动关系;如厨师和厨房工作人员系承包人从外部招用,工作期间这些人员只接受承包人的指挥和管理,由承包人支付其工资,则不应认定其与饭店之间存在劳动关系。承包协议另有约定的,从其约定。

四、劳动者自带工具,没有底薪,以包片等名义或者签订委托协议等形式为单位工作(如快递员、超市促销员),其与单位之间的法律关系应如何认定?

答:劳动者以包片等名义或者以签订委托协议等形式为单位服务的,一般应按双方约定认定双方的法律关系。如单位依法制定的各项劳动规章制度适用于劳动者,劳动者受单位的劳动管理,从事单位安排的有报酬的劳动,且劳动者提供的劳动是单位业务的组成部分,应认定双方存在劳动关系。

五、用人单位与劳动者连续订立二次固定期限劳动合同,第二次劳动合同到期后,劳动者要求订立无固定期限劳动合同的,应否支持?

答:用人单位与劳动者已连续订立二次固定期限劳动合同,第二次固定期限劳动合同期满后,劳动者根据劳动合同法第十四条第二款第三项的规定提出续订劳动合同并要求订立无固定期限劳动合同的,应予支持。对劳动合同的内容,双方应当按照合法、公平、平等自愿、协商一致、诚实信用的原则协商确定;对协商不一致的内容,依照劳动合同法第十八条的规定执行。

六、用人单位违反法律规定超过一年未与劳动者签订书面劳动合同或者签订无固定期限劳动合同,在仲裁时效内,劳动者主张二倍工资的,应否全额支持?

答:依据劳动合同法第十四条第三款和《劳动合同法实施条例》第七条的规定,用人单位自用工之日起满一年未与劳动者订立书面劳动合同的,视为双方已订立无固定期限劳动合同。因此,未订立书面劳动合同情形下二倍工资的最长支付期限为11个月。

劳动者依据劳动合同法第十四条的规定提出订立无固定期限劳动合同,用人单位违反规定未与劳动者订立无固定期限劳动合同的,二倍工资的最长支付期限为11个月。

劳动者有关支付最长11个月二倍工资的诉请符合相关法律规定,且最后一个月的二倍工资请求未超过仲裁时效的,应予全额支持。

七、用人单位与劳动者在劳动合同中约定"合同到期后劳动者继续在用人单位工作的,视为原劳动合同期限的延长"。延长的劳动合同到期后,劳动者提出其已符合签订无固定期限劳动合同的条件,要求用人单位与其续签无固定期限劳动合同的,应否支持? 劳动者以延长期间用人单位未与其签订书面劳动合同为由要求支付二倍工资的,应否支持?

答:劳动合同中约定"合同到期后劳动者继续在用人单位工作的,视为原劳动合同期限的延长",双方实际履行了该约定的,视为双方之间订立了新的劳动合同,因此,延长的劳动合同到期后,用人单位不能直接终止劳动合同,如劳动者提出签订无固定期限劳动合同且符合劳动合同法第十四条第二款第三项规定的,应予支持。但劳动者以延长期间用人单位未与其签订书面劳动合同为由要求支付二倍工资的,不予支持。

八、劳动者违反用人单位规章制度,符合用人单位与其解除劳动合同的条件,用人单位应在多长时间内行使劳动合同解除权？

答：劳动者违反用人单位规章制度，符合用人单位与其解除劳动合同的条件，用人单位一般应在知道或者应当知道之日起 5 个月内行使劳动合同解除权。

九、用人单位的规章制度规定绩效考核等级，并规定考核末位淘汰的，用人单位能否据此单方解除与考核末位者的劳动关系？

答：劳动者在用人单位绩效考核中居于末位等次，不等同于"不能胜任工作"，不符合单方解除劳动合同的法定条件，用人单位不能据此单方解除劳动合同。

十、劳动者以用人单位未与其签订书面劳动合同为由，提出解除劳动关系并要求用人单位支付经济补偿的，应否支持？

答：用人单位未与劳动者签订书面劳动合同不属于劳动合同法第三十八条规定的情形，劳动者以用人单位未与其签订书面劳动合同为由，提出解除劳动关系并要求用人单位支付经济补偿的请求，不符合劳动合同法第四十六条的规定，不予支持。

十一、劳动者解除或者终止劳动合同前十二个月包含医疗期等非正常工作期间，且在该期间内用人单位未支付正常工作工资的，经济补偿基数应如何确定？

答：劳动合同法第四十七条第三款规定的"本条所称月工资是指劳动者在劳动合同解除或者终止前十二个月的平均工资"，应理解为劳动合同解除或者终止前劳动者正常工作状态下十二个月的平均工资，不包括医疗期等非正常工作期间。

十二、劳动者月工资高于用人单位所在直辖市、设区的市级人民政府公布的本地区上年度职工月平均工资三倍，其在用人单位的工作时间跨越 2008 年 1 月 1 日，劳动合同在劳动合同法施行后解除或者终止，劳动者要求用人单位支付经济补偿的，计算经济补偿的最高年限应如何认定？

答：劳动合同法第四十七条第二款规定经济补偿的最高支付年限为十二年。劳动者工作时间跨越劳动合同法实施之日，依法计算的工作年限超过十二年的，经济补偿金最多支付十二个月工资。

十三、竞业限制协议约定的经济补偿低于当地的最低生活标准，劳动者履行了竞业限制义务后要求用人单位按合理标准补足经济补偿的，应否支持，补足标准如何确定？

答：竞业限制协议约定的经济补偿低于当地最低生活标准，劳动者已经履行了竞业限制义务的，可以要求用人单位按其解除或者终止劳动合同前十二个月平均工资的 30% 的月补偿标准补足差额；若该标准低于最低工资的，按最低工资标准补足差额。

十四、超过法定退休年龄的劳动者在工作中受事故伤害或者患职业病，其向聘用单位主张工伤保险待遇的，应否支持？

答：劳动者超过法定退休年龄，仍接受单位聘用的，其与聘用单位之间构成劳务关系，劳动者因工伤亡或者患职业病而向聘用单位主张工伤保险待遇的，不予支持。但劳动者尚未享受基本养老保险待遇或者领取退休金，且聘用单位已为其缴纳工伤保险费的,其工伤保险待遇应予支持。

十五、已参加工伤保险的工伤职工工作期间存在劳动合同法第三十九条情形,用人单位依照规定解除劳动合同的,是否还应向该工伤职工支付一次性伤残就业补助金?

答:一次性伤残就业补助金是职工因工伤产生的社会保险待遇。用人单位虽依照劳动合同法第三十九条规定与工伤职工解除劳动合同,但仍应向该工伤职工支付一次性伤残就业补助金。

十六、用人单位已依法为劳动者缴纳了工伤保险,劳动者工伤医疗费超出社保基金报销目录范围的费用,如何承担?

答:用人单位已依法为劳动者缴纳了工伤保险,劳动者工伤医疗费超出社保基金报销目录范围的费用原则上不应由用人单位承担,但超出目录范围的费用经用人单位同意或者认可的除外。

十七、劳务派遣用工关系中,用工单位与劳动者约定服务期的效力如何认定?

答:劳务派遣单位对服务期约定予以认可的,该约定有效,服务期超过劳动合同期限的,劳动合同应当顺延至服务期满。劳务派遣单位对服务期约定不予认可的,该服务期约定无效。

十八、劳务派遣用工关系中,劳务派遣单位损害劳动者权益的,用工单位是否要承担连带赔偿责任?

答:劳务派遣单位给劳动者造成损害的,除用工单位存在故意或者重大过失情形,原则上不承担连带赔偿责任。

十九、劳动者与用人单位就未休年休假的工资报酬发生争议的,申请仲裁的时效期间及起算点应如何确定?

答:用人单位未安排劳动者年休假,侵害的是劳动者的休假权利,支付未休年休假工资报酬是因用人单位未安排年休假而应当承担的法律义务,故适用一般的时效规定。劳动者要求用人单位支付未休年休假工资报酬的仲裁时效从次年的1月1日起计算。经劳动者同意跨年度安排年休假的,顺延至下一年度的1月1日起计算;劳动关系解除或者终止的,从解除或者终止之日起计算。

二十、劳动者8月份上班22天,其中10天在35℃以上环境下工作,12天在33℃以下环境下工作,其当月高温津贴应如何计发?

答:根据浙江省人力资源和社会保障厅2013年7月5日下发的《关于夏季防暑降温工作有关问题的答复》等相关规定,高温津贴的发放是以用人单位安排劳动者在高温月份(6月、7月、8月、9月)工作为标准,而不是以实际工作的高温天数计发。用人单位提供的防暑降温饮料和必需药品不得冲抵高温津贴。

浙江省高级人民法院民事审判第一庭、浙江省劳动人事争议仲裁院关于审理劳动争议案件若干问题的解答（三）

发文机关：浙江省高级人民法院、浙江省劳动人事争议仲裁院

文号：浙高法民一〔2015〕9号

发文日期：2015年9月29日　　　　　　生效日期：2015年9月29日

为正确审理劳动争议案件，统一案件裁审尺度，省高级人民法院民一庭、省劳动人事争议仲裁院经广泛调研，制定本解答，供裁判中参考。

一、村民委员会、居民委员会、业主委员会等群众性自治组织聘用人员，双方是否构成劳动关系？

答：村民委员会、居民委员会、业主委员会等群众性自治组织，不属于《劳动合同法》第二条及《劳动合同法实施条例》第三条规定的用人单位，其与聘用人员之间不构成劳动关系。

二、用人单位与劳动者约定了竞业限制，但未约定经济补偿或者约定的经济补偿过低，竞业限制条款或协议的效力如何认定？

答：用人单位与劳动者约定了竞业限制，但未约定经济补偿或约定的经济补偿过低的，不影响竞业限制条款或协议的效力。

用人单位可按照劳动者在劳动合同解除或者终止前十二个月平均工资的30％按月支付或补足经济补偿。该标准低于劳动合同履行地最低工资标准的，按照劳动合同履行地最低工资标准支付。

劳动合同解除或者终止后，因用人单位原因未支付经济补偿达三个月，劳动者此后实施了竞业限制行为，视为劳动者已以其行为提出解除竞业限制约定，用人单位要求劳动者承担违反竞业限制违约责任的，不予支持。

三、用人单位依据竞业限制协议向劳动者支付了经济补偿，而劳动者违反了竞业限制约定，用人单位除要求劳动者承担违约金外，还要求其返还已收取的经济补偿，能否支持？

答：劳动者违反竞业限制约定，用人单位要求劳动者返还违反竞业限制约定期间用人单位向其支付的经济补偿的，应予支持。对劳动者履行竞业限制约定期间用人单位向其支付的经济补偿，用人单位要求返还的，不予支持。

用人单位向劳动者一次性支付经济补偿的,应当将经济补偿数额进行折算,对劳动者违反竞业限制约定期间相对应的经济补偿予以返还。

四、劳动者违反竞业限制约定并泄露用人单位商业秘密,用人单位诉请劳动者承担商业秘密侵权责任,又要求劳动者承担违反竞业限制违约责任的,能否支持?

答:劳动者违反竞业限制约定不以泄露商业秘密为条件,两者系不同行为。用人单位根据《反不正当竞争法》要求劳动者承担商业秘密侵权责任,又根据竞业限制条款或协议要求劳动者就其违反竞业限制约定的行为承担违约责任的,可予支持。

五、用人单位与劳动者约定在劳动者任职期间及离职后一定期间内不能到其他单位从事或自行从事与本单位相竞争的工作,并约定了违约责任。劳动者在职期间违反前述约定,用人单位以竞业限制为由要求劳动者承担责任的,能否支持?

答:竞业限制期间包括但不限于劳动合同解除或者终止后,用人单位与劳动者就劳动者在职期间的竞业限制义务作出约定的,应属有效。用人单位要求劳动者就其在职期间违反竞业限制约定的行为承担责任的,可予支持。

劳动者要求用人单位就其在职期间履行竞业限制义务支付经济补偿,或者以用人单位未支付经济补偿为由主张在职期间竞业限制约定无效的,不予支持。

六、用人单位存在未及时足额支付劳动报酬或者未依法为劳动者缴纳社会保险费情形,但在劳动者以前述情形为由提出解除劳动合同前,用人单位已经补正的,劳动者要求用人单位支付解除劳动合同的经济补偿,能否支持?

答:在劳动者提出解除劳动合同前,用人单位已经对未及时足额支付劳动报酬或者未依法为劳动者缴纳社会保险费情形予以补正,劳动者主张解除劳动合同经济补偿的,不予支持。

七、劳动者辞职时未说明原因或理由,之后以《劳动合同法》第三十八条第一款为据,要求用人单位支付解除劳动合同经济补偿。经查用人单位确实存在《劳动合同法》第三十八条第一款规定情形的,对劳动者要求经济补偿的主张能否支持?

答:用人单位存在《劳动合同法》第三十八条第一款规定情形,但劳动者辞职时未说明原因或理由,事后以用人单位存在《劳动合同法》第三十八条第一款规定情形为由,要求用人单位支付解除劳动合同经济补偿的,不予支持。

八、用人单位以劳动者存在《劳动合同法》第三十九条规定情形为由解除劳动合同,在仲裁或诉讼程序中,用人单位又补充提出劳动者存在用人单位可单方解除劳动合同的其他事由或情形,对此如何处理?

答:对用人单位是否构成违法解除劳动合同的审查,应当围绕用人单位在解除劳动合同当时所提出的事由或情形,用人单位事后补充的劳动者存在用人单位可单方解除劳动合同的其他事由或情形,均不纳入审查范围。

九、用人单位解除劳动合同符合《劳动合同法》第四十条规定情形,但未提前三十日通知劳动者,也未额外支付劳动者一个月工资,劳动者要求用人单位支付违法解除劳动合同的赔偿金,能否支持?

答:用人单位解除劳动合同符合《劳动合同法》第四十条规定情形,但未提前三十日通知劳动者,也未额外支付劳动者一个月工资的,属于程序瑕疵,不构成违法解除。劳动者要求用人单位支付违法解除劳动合同赔偿金的,不予支持。但劳动者要求用人单位额外支付一个月工资的,可予支持。

十、劳动者以用人单位违法解除或终止劳动合同为由要求用人单位支付赔偿金,经审理认为理由不成立,但解除或终止劳动合同符合用人单位应当支付经济补偿的情形,能否直接裁决或者判决用人单位向劳动者支付经济补偿?

答:仲裁委员会和法院在审理中可以告知劳动者赔偿金和经济补偿的区别,询问如对其赔偿金的请求不能支持,是否要求用人单位向其支付经济补偿。经释明后,劳动者仍坚持只要求用人单位支付赔偿金的,不能径行裁判由用人单位支付经济补偿。

十一、劳动者擅自离岗,用人单位以劳动者严重违反规章制度或劳动纪律为由解除劳动合同,劳动者以用人单位未及时足额支付其劳动报酬为由进行抗辩,该抗辩事由能否成立?

答:劳动者提供劳动是劳动关系的根本特征之一。用人单位未及时足额支付劳动报酬的,劳动者可以依据《劳动合同法》第三十八条规定解除劳动合同,或者依据《劳动合同法》第八十五条规定请求劳动行政部门责令用人单位限期支付,但不能以此为由擅自离岗。该抗辩事由不能成立。

十二、工伤职工的停工留薪期应当如何确定?

答:工伤职工的停工留薪期是指工伤职工遭受事故伤害或者患职业病暂停工作接受工伤医疗的期间。故停工留薪期一般应当根据医院出具的诊断证明书,以工伤职工遭受事故伤害或者患职业病之日至暂停工作接受治疗终结止的期间确定,且不超过伤残等级鉴定作出之日;通过以上方法无法判断但又确需病休的,可以综合考虑工伤职工的受伤部位、治疗情况等,参照门诊病历的相关就医记录予以确定。必要时可通过鉴定、征询专家意见等方式确定相应期间。

十三、劳动者在元旦、春节等法定节假日工作的,加班工资如何计付?

答:根据《劳动法》第四十四条规定,元旦、春节等法定节假日安排劳动者工作的,支付不低于工资百分之三百的工资报酬。法定节假日计薪,不影响加班工资的计付。劳动者在法定节假日工作的,加班工资应当按照百分之三百工资报酬标准另行计付。

十四、劳动关系解除或终止后,劳动者以用人单位未为其办理失业保险为由主张失业保险待遇损失的,是否需要审查劳动者享受失业保险待遇的相关条件?

答:城镇职工以用人单位未为其办理失业保险为由,要求用人单位赔偿损失的,应当参照《浙江省失业保险条例》第二十一条规定,审查劳动者如正常缴费是否满一年以及是否非因本人意愿中断就业;农民合同制职工以用人单位未为其办理失业保险为由,要求用人单位赔偿损失的,应当参照《浙江省失业保险条例》第二十七条规定,审查劳动者是否连续工作满一年。对符合前述条件的劳动者,应当依照《浙江省失业保险条例》第四十七条规定,由用人单位按照其失业保险待遇损失或者一次性生活补助损失总额的二倍给予赔偿。

十五、用人单位超过法律规定期限与劳动者约定试用期,已经实际履行的超过法定试用期的期间,用人单位除按照《劳动合同法》第八十三条规定支付赔偿金外,是否还应当补足超过期间的工资差额?

答:用人单位超过法律规定期限与劳动者约定试用期,对已经履行的超过法定试用期的期间,用人单位应当按照《劳动合同法》第八十三条规定支付赔偿金,但无需向劳动者补足超过期间的工资差额。

浙江省高级人民法院民事审判第一庭、浙江省劳动人事争议仲裁院关于审理劳动争议案件若干问题的解答（四）

发文机关：浙江省高级人民法院、浙江省劳动人事争议仲裁院

文号：浙高法民一〔2016〕3号

发文日期：2016年12月30日　　　　　生效日期：2016年12月30日

为正确审理劳动争议案件，统一案件裁审尺度，省高级人民法院民一庭、省劳动人事争议仲裁院经广泛调研，制定本解答，供裁判中参考。

一、劳动合同缺少《劳动合同法》第十七条第一款规定的劳动合同期限、工作内容、劳动报酬、劳动保护、劳动条件等部分内容的，该劳动合同是否成立？用人单位要否支付未签订书面劳动合同的二倍工资？

答：劳动合同能够确定合同双方当事人主体身份且能够认定该合同系双方的真实意思表示，一般可认定合同成立。对合同欠缺的劳动合同期限、工作内容、劳动报酬、劳动保护、劳动条件等部分内容，可依照《劳动合同法》第十八条及相关规定确定。劳动者主张二倍工资的，不予支持。

二、劳动者在试用期请病假，病假期间能否从试用期中扣除？

答：试用期是用人单位与劳动者的相互考察期间。劳动者在此期间请病假，影响到考察目的的实现，故该病假期间可从试用期中扣除。

三、用人单位依法制定的规章制度规定，在发放年度绩效奖金时双方已解除或终止劳动合同的，不予发放年度绩效奖金。该规定是否有效？

答：该规章制度未违反法律、法规的强制性规定，应属合法有效。在发放年度绩效奖金时双方已解除或终止劳动合同，劳动者请求用人单位支付年度绩效奖金的，一般不予支持。

四、劳动者与用人单位经协商签订了协议，其中有"不得再向用人单位主张权利"、"双方签订协议后互不追究任何一方经济责任"等类似表述，该约定是否有效？

答：如劳动仲裁、诉讼所涉事项，协议已作约定，且协议不违反法律、行政法规的强制性规定，不存在欺诈、胁迫或者乘人之危情形的，该协议应当认定有效，作为裁判依据。

五、劳动者提前三十日书面提出解除劳动合同，但三十日到期后，劳动者继续在用

人单位工作,用人单位未表示异议的,双方劳动关系状况如何认定?

答:劳动者提前三十日提出解除劳动合同,但三十日到期后,劳动者继续在用人单位工作,且用人单位未表示异议的,一般可视为双方按原劳动合同继续履行。

六、劳动合同依法解除或者终止时,用人单位提出解除竞业限制协议,是否支持?劳动者请求用人单位额外支付三个月的竞业限制经济补偿,是否支持?

答:劳动合同依法解除或者终止时,用人单位提出解除竞业限制协议的,应予支持。劳动者请求用人单位额外支付三个月竞业限制经济补偿的,不予支持。

七、用人单位违法与劳动者解除劳动合同,劳动者要求继续履行劳动合同,而劳动合同已经客观上无法继续履行的,如何处理?

答:用人单位违法解除劳动合同,且劳动合同客观上无法继续履行,劳动者要求继续履行劳动合同的,仲裁委员会和法院可询问劳动者是否要求用人单位支付赔偿金。劳动者坚持原请求的,不予支持;劳动者要求支付违法解除劳动合同赔偿金的,可予支持。

八、用人单位以《劳动合同法》第四十条规定解除了与女职工的劳动合同,女职工现以怀孕期间不能解除劳动合同为由,要求恢复劳动关系,是否支持? 如其要求支付违法解除劳动合同的赔偿金,是否支持?

答:用人单位以《劳动合同法》第四十条规定解除了与女职工的劳动合同,女职工现以怀孕期间不能解除劳动合同为由,要求恢复劳动关系的,应当予以支持;不要求恢复劳动关系但要求支付违法解除劳动合同赔偿金的,应举证证明在解除劳动合同前其已告知用人单位怀孕的事实。

九、《劳动合同法》第四十六条第(五)项所规定的维持或者提高劳动合同约定条件是否包括期限、岗位、地点等?若合同约定的工资低于实际工资,但与前一份合同约定的工资相同,是否属于降低了约定条件?

答:《劳动合同法》第四十六条第(五)项所规定的维持或者提高劳动合同约定条件,该条件应做广义解释,即包括期限、岗位、地点等。若合同约定的工资低于实际工资,但与前一份合同约定的工资相同,视为维持原劳动合同约定的条件。

十、劳动者依据《劳动合同法》第八十五条规定,要求用人单位支付赔偿金的,如何处理?

答:劳动者依据《劳动合同法》第八十五条规定,要求用人单位支付赔偿金的,前提是经劳动行政部门责令用人单位限期支付而逾期不支付。劳动者未能举证证明已经过该前置程序的,对其要求用人单位支付赔偿金的请求,人民法院应不予支持。

十一、用人单位未缴纳工伤保险,职工工亡的,其近亲属要求用人单位支付丧葬补助金、一次性工亡补助金产生的争议是否属于劳动争议? 近亲属的范围如何确定?

答:用人单位未缴纳工伤保险,职工工亡的,其近亲属要求用人单位支付丧葬补助金、一次性工亡补助金产生的争议属于劳动争议。近亲属的范围为《中华人民共和国继承法》规定的继承人。

十二、劳动者以虚假身份与用人单位签订劳动合同,用人单位按劳动者提供的身份信息缴纳了工伤保险,后劳动者发生工伤事故,由工伤保险基金支付的工伤待遇部分是否应由用人单位承担?

答:劳动者以虚假身份与用人单位签订劳动合同,用人单位按劳动者提供的身份信息缴纳了工伤保险且不存在疏忽大意等过错的,劳动者应当为其欺诈行为承担不利后果,用人单位一般无须负担本应由工伤保险基金支付的工伤待遇部分。但基于该劳动者已与用人单位存在事实劳动关系,用人单位应当承担工伤保险待遇中应当由用人单位承担的部分。

十三、《劳动部关于贯彻〈企业职工患病或非因工负伤医疗期规定〉的通知》(劳部发〔1995〕236 号)规定:"对某些患特殊疾病(如癌症、精神病、瘫痪等)的职工,在 24 个月内尚不能痊愈的,经企业和劳动主管部门批准,可以适当延长医疗期"。该规定是否可以理解为患上述特殊疾病的职工无须考虑其工作年限而直接给予 24 个月医疗期?

答:该规定指职工根据实际参加工作年限和在本单位工作年限确定医疗期,该医疗期满后尚不能痊愈的情况下,可以申请延长,并不意味着患有上述特殊疾病的职工的医疗期当然为 24 个月。

杭州市中级人民法院民事审判第一庭关于审理劳动争议案件若干实务问题的处理意见（试行）

发文机关：杭州市中级人民法院

发文日期：2009 年 7 月 2 日

为正确审理劳动争议案件，依据《中华人民共和国劳动合同法》（以下简称《劳动合同法》）、《中华人民共和国劳动争议调解仲裁法》等有关法律、法规及司法解释的规定，结合我市实际情况，制定本意见。

第一条　劳动者诉请用人单位补缴社会保险的，以国务院《社会保险费征缴暂行条例》施行之日（1999 年 1 月 22 日），作为人民法院判令用人单位补缴社会保险的起始时间节点。

第二条　劳动者诉请用人单位补缴社会保险引发的纠纷，适用仲裁申诉时效的规定，实践中应根据案件的不同情形确定相应的"劳动争议发生之日"：

（一）用人单位与劳动者之间的劳动关系尚未解除或终止，双方就劳动关系存续期间的补缴社会保险问题发生争议的，以劳动者主张权利之日为劳动争议发生之日；

（二）用人单位与劳动者之间的劳动关系已经解除或终止，双方就劳动关系存续期间的补缴社会保险问题发生争议的，以劳动关系解除或终止之日为劳动争议发生之日；

（三）劳动者在用人单位工作期间，用人单位先未为劳动者缴纳社会保险，后开始为劳动者缴纳社会保险的，如劳动者主张补缴此前的社会保险，以用人单位开始为劳动者缴纳社会保险之日为劳动争议发生之日。

（四）劳动者以书面形式承诺放弃用人单位缴纳社会保险义务的，或者确有证据证明劳动者同意用人单位以现金补贴方式免除用人单位缴纳社会保险义务的，如劳动者起诉要求用人单位补缴社会保险，以劳动者书面承诺之日或者用人单位支付给劳动者现金补贴之日为劳动争议发生之日。如据此认定劳动者主张补缴社会保险的诉请未超过仲裁申诉期间的，则判决支持劳动者的诉请。但此时人民法院不宜主动向用人单位释明对已发放的现金补贴是否提起反诉主张返还。如果用人单位自行提起反诉主张劳动者返还的，则在判令用人单位补缴社会保险的同时判令劳动者返还现金补贴。

第三条　用人单位已从劳动者工资中扣除了个人应付部分的社会保险金却未予

代交,劳动者诉请用人单位补缴社会保险的,以劳动者知道或应当知道用人单位未缴社会保险之日为劳动争议发生之日。

第四条　省属机关、事业单位编外人员诉请用人单位补缴社会保险的,如经审理查明在我省范围内尚未出台相应政策可供具体参照实施的,一般不予支持。

第五条　劳动者超过法定退休年龄后主张补缴退休前养老保险的,不予支持。

第六条　在已有其他单位为劳动者缴纳社会保险,或劳动者以自由职业者等身份已经自行缴纳了社会保险的情况下,劳动者诉请现在的用人单位再次为其缴纳社会保险的,不予支持。

第七条　劳动者和用人单位之间因补缴少缴的社会保险问题引发的纠纷,不属于劳动争议案件的审理范围,人民法院不予处理。

第八条　在劳动者诉请用人单位补缴社会保险引发的纠纷中,如用人单位以"地方政策对当地企业缴纳社会保险的职工人数比例有相应要求,且企业实际缴费职工人数符合该比例要求"为由进行抗辩的,人民法院对该抗辩理由,不予采信。

第九条　劳动者诉请用人单位补缴养老保险、医疗保险,符合法律、法规、政策规定的,应予支持;劳动者诉请用人单位补缴失业保险、生育保险、工伤保险的,不予支持(该三种社会保险根据现有政策法规无法补缴)。劳动者诉请中仅概括主张用人单位补缴社会保险的,人民法院应行使释明权,让劳动者明确其主张补缴的具体险种。

第十条　鉴于养老保险、医疗保险的补缴问题政策性较强,故人民法院可在判决书的"本院认为"部分中,对(养老、医疗)保险的补缴期间作出范围性的认定,并在"判决书主文"部分中就该节内容具体表达如下:"某某单位应于本判决生效之日起 30 日内为某某劳动者补缴某年某月至某年某月的(养老、医疗)保险(具体补缴数额、时段由社保机构依政策确定),个人应负担部分由个人自行缴纳。"

第十一条　如劳动者未能举证证明用人单位存在故意不支付解除劳动合同的经济补偿金的事实,则对劳动者关于解除劳动合同的额外经济补偿金的诉请,一般不予支持。

第十二条　劳动者可与用人单位协议提高或降低经济补偿金的标准,但双方达成上述协议的过程中是否存在欺诈、胁迫或乘人之危等情形,需个案审查确定。

第十三条　用人单位提出并坚持变更劳动合同的全部或部分内容,但与劳动者无法协商一致时:

(一)如劳动者据此要求解除劳动合同的,用人单位应支付解除劳动合同的经济补偿金。

(二)如劳动者明确要求继续履行原劳动合同,而用人单位既不安排劳动者从事原工作,也不按原劳动合同的约定支付相应报酬,导致劳动者提出解除劳动合同的,可视为用人单位违法解除劳动合同。

(三)涉及用人单位单方调整劳动者工作岗位的情况,应参照浙江省高级人民法院民事审判第一庭《关于审理劳动争议案件若干问题的意见(试行)》第四十二条的规定加以处理。

第十四条 劳动者解除劳动合同前十二个月的平均工资水平应按照劳动者每月应发工资数额计算。个人应负担而由用人单位代扣代缴的个人所得税、社会保险费等不予扣除。加班工资等不固定的收入不予扣除。

第十五条 通过劳动用工事实所确定的事实劳动关系和通过书面劳动合同所确定的劳动关系,是劳动关系建立的两种不同形式,劳动者的权利都应当同等地受到劳动法律、法规的调整和保护。故涉及事实劳动关系解除时用人单位应否支付给劳动者经济补偿金等问题,应参照法律、法规对签订书面劳动合同情况下劳动关系解除的相关规定,予以同样处理。

第十六条 在劳动者的工作期间跨越 2008 年 1 月 1 日的情形下,如需计算解除或终止劳动关系的经济补偿金,可按照"补偿标准不分段,补偿月份分段"计算的原则予以处理:

(一)所谓"一个月工资的经济补偿金"标准应确定为劳动者解除或终止劳动关系之日前十二个月的平均工资水平。

(二)补偿月份以 2008 年 1 月 1 日为届点分段计算后相加确定:

1. "劳动关系建立之日—2007 年 12 月 31 日"工作期间内,参照"工作时间不满一年的,计算一个月"的标准确定补偿月份;

2. "2008 年 1 月 1 日—解除或终止劳动关系之日"工作期间内,参照"工作时间六个月以上不满一年的,计算一个月;工作时间不满六个月的,计算半个月"的标准确定补偿月份;

3. 根据上述第 1、2 项分别计算出的补偿月份相加后得出的总补偿月份乘以"劳动者解除或终止劳动关系之日前十二个月的平均工资水平"得出的数额,即为用人单位应支付的经济补偿金。

第十七条 《劳动合同法》施行前,在固定期限劳动合同自然到期的情况下,用人单位无须支付终止劳动合同的经济补偿金。《劳动合同法》施行后,在固定期限劳动合同自然到期的情况下,用人单位需支付终止劳动合同的经济补偿金,但用人单位提出维持或者提高原劳动合同约定条件续订劳动合同,而劳动者不同意续订的情形除外。

第十八条 劳动合同解除或终止后,用人单位未出具解除或终止劳动合同的有效证明,此后劳动者主张损失赔偿的,如果劳动者不能举证证明用人单位存在拒不出具相关证明的情况,则对劳动者主张损失赔偿的诉请,一般不予支持。

第十九条 做早操、工间操的时间和用餐时间不计入上班时间。

第二十条 劳动者主张用人单位返还被多算多扣的个人收入所得税引发的争议,不属于劳动争议。

第二十一条 因劳动者占有用人单位财物而引发的财产返还争议,如劳动者该占有财物的行为与其劳动权利、义务相牵连的,可作为劳动争议案件处理;如劳动者该占有财物的行为与劳动权利、义务无关,或属非法占用、临时占有的,可不作劳动争议案件处理。

第二十二条 用人单位虽未向劳动者出具解除劳动关系的书面通知,但双方已经事实上解除了劳动关系的,可确认劳动关系已经解除的事实。

第二十三条 用人单位和劳动者之间未书面变更劳动合同,但确有证据表明双方事实上已经变更了劳动合同的全部或部分内容,并实际履行持续一定时间的,可确认劳动合同已经变更的事实。

第二十四条 因劳动者原因导致未能签订书面劳动合同的,用人单位仍应支付双倍工资。

第二十五条 对《浙江省失业保险条例》第二十一条中规定的"(二)非因本人意愿中断就业的"的理解问题,人民法院应参照劳动合同和社会保障部《失业保险金申领发放办法》(2001年1月1日施行)第四条的规定加以认定。人民法院认定"因劳动者本人意愿中断就业",须查明同时符合两个条件,即"因劳动者本人原因"和"由劳动者本人提出解除劳动关系"。

八、劳动监察

劳动保障监察条例

发文机关:国务院　　　　　　　　文号:国务院令第 423 号

发文日期:2004 年 11 月 1 日　　　生效日期:2004 年 12 月 1 日

第一章　总　则

第一条　为了贯彻实施劳动和社会保障(以下称劳动保障)法律、法规和规章,规范劳动保障监察工作,维护劳动者的合法权益,根据劳动法和有关法律,制定本条例。

第二条　对企业和个体工商户(以下称用人单位)进行劳动保障监察,适用本条例。

对职业介绍机构、职业技能培训机构和职业技能考核鉴定机构进行劳动保障监察,依照本条例执行。

第三条　国务院劳动保障行政部门主管全国的劳动保障监察工作。县级以上地方各级人民政府劳动保障行政部门主管本行政区域内的劳动保障监察工作。

县级以上各级人民政府有关部门根据各自职责,支持、协助劳动保障行政部门的劳动保障监察工作。

第四条　县级、设区的市级人民政府劳动保障行政部门可以委托符合监察执法条件的组织实施劳动保障监察。

劳动保障行政部门和受委托实施劳动保障监察的组织中的劳动保障监察员应当经过相应的考核或者考试录用。

劳动保障监察证件由国务院劳动保障行政部门监制。

第五条　县级以上地方各级人民政府应当加强劳动保障监察工作。劳动保障监察所需经费列入本级财政预算。

第六条　用人单位应当遵守劳动保障法律、法规和规章,接受并配合劳动保障监察。

第七条　各级工会依法维护劳动者的合法权益,对用人单位遵守劳动保障法律、法规和规章的情况进行监督。

劳动保障行政部门在劳动保障监察工作中应当注意听取工会组织的意见和建议。

第八条 劳动保障监察遵循公正、公开、高效、便民的原则。

实施劳动保障监察,坚持教育与处罚相结合,接受社会监督。

第九条 任何组织或者个人对违反劳动保障法律、法规或者规章的行为,有权向劳动保障行政部门举报。

劳动者认为用人单位侵犯其劳动保障合法权益的,有权向劳动保障行政部门投诉。

劳动保障行政部门应当为举报人保密;对举报属实,为查处重大违反劳动保障法律、法规或者规章的行为提供主要线索和证据的举报人,给予奖励。

第二章 劳动保障监察职责

第十条 劳动保障行政部门实施劳动保障监察,履行下列职责:

(一)宣传劳动保障法律、法规和规章,督促用人单位贯彻执行;

(二)检查用人单位遵守劳动保障法律、法规和规章的情况;

(三)受理对违反劳动保障法律、法规或者规章的行为的举报、投诉;

(四)依法纠正和查处违反劳动保障法律、法规或者规章的行为。

第十一条 劳动保障行政部门对下列事项实施劳动保障监察:

(一)用人单位制定内部劳动保障规章制度的情况;

(二)用人单位与劳动者订立劳动合同的情况;

(三)用人单位遵守禁止使用童工规定的情况;

(四)用人单位遵守女职工和未成年工特殊劳动保护规定的情况;

(五)用人单位遵守工作时间和休息休假规定的情况;

(六)用人单位支付劳动者工资和执行最低工资标准的情况;

(七)用人单位参加各项社会保险和缴纳社会保险费的情况;

(八)职业介绍机构、职业技能培训机构和职业技能考核鉴定机构遵守国家有关职业介绍、职业技能培训和职业技能考核鉴定的规定的情况;

(九)法律、法规规定的其他劳动保障监察事项。

第十二条 劳动保障监察员依法履行劳动保障监察职责,受法律保护。

劳动保障监察员应当忠于职守,秉公执法,勤政廉洁,保守秘密。

任何组织或者个人对劳动保障监察员的违法违纪行为,有权向劳动保障行政部门或者有关机关检举、控告。

第三章 劳动保障监察的实施

第十三条 对用人单位的劳动保障监察,由用人单位用工所在地的县级或者设区的市级劳动保障行政部门管辖。

上级劳动保障行政部门根据工作需要,可以调查处理下级劳动保障行政部门管辖的案件。劳动保障行政部门对劳动保障监察管辖发生争议的,报请共同的上一级劳动保障行政部门指定管辖。

省、自治区、直辖市人民政府可以对劳动保障监察的管辖制定具体办法。

第十四条 劳动保障监察以日常巡视检查、审查用人单位按照要求报送的书面材料以及接受举报投诉等形式进行。

劳动保障行政部门认为用人单位有违反劳动保障法律、法规或者规章的行为,需要进行调查处理的,应当及时立案。

劳动保障行政部门或者受委托实施劳动保障监察的组织应当设立举报、投诉信箱和电话。

对因违反劳动保障法律、法规或者规章的行为引起的群体性事件,劳动保障行政部门应当根据应急预案,迅速会同有关部门处理。

第十五条 劳动保障行政部门实施劳动保障监察,有权采取下列调查、检查措施:

(一)进入用人单位的劳动场所进行检查;

(二)就调查、检查事项询问有关人员;

(三)要求用人单位提供与调查、检查事项相关的文件资料,并作出解释和说明,必要时可以发出调查询问书;

(四)采取记录、录音、录像、照相或者复制等方式收集有关情况和资料;

(五)委托会计师事务所对用人单位工资支付、缴纳社会保险费的情况进行审计;

(六)法律、法规规定可以由劳动保障行政部门采取的其他调查、检查措施。

劳动保障行政部门对事实清楚、证据确凿、可以当场处理的违反劳动保障法律、法规或者规章的行为有权当场予以纠正。

第十六条 劳动保障监察员进行调查、检查,不得少于2人,并应当佩戴劳动保障监察标志、出示劳动保障监察证件。

劳动保障监察员办理的劳动保障监察事项与本人或者其近亲属有直接利害关系的,应当回避。

第十七条 劳动保障行政部门对违反劳动保障法律、法规或者规章的行为的调查,应当自立案之日起60个工作日内完成;对情况复杂的,经劳动保障行政部门负责人批准,可以延长30个工作日。

第十八条 劳动保障行政部门对违反劳动保障法律、法规或者规章的行为,根据调查、检查的结果,作出以下处理:

(一)对依法应当受到行政处罚的,依法作出行政处罚决定;

(二)对应当改正未改正的,依法责令改正或者作出相应的行政处理决定;

(三)对情节轻微且已改正的,撤销立案。

发现违法案件不属于劳动保障监察事项的,应当及时移送有关部门处理;涉嫌犯罪的,应当依法移送司法机关。

第十九条 劳动保障行政部门对违反劳动保障法律、法规或者规章的行为作出行政处罚或者行政处理决定前,应当听取用人单位的陈述、申辩;作出行政处罚或者行政处理决定,应当告知用人单位依法享有申请行政复议或者提起行政诉讼的权利。

第二十条 违反劳动保障法律、法规或者规章的行为在2年内未被劳动保障行政部门发现,也未被举报、投诉的,劳动保障行政部门不再查处。

前款规定的期限,自违反劳动保障法律、法规或者规章的行为发生之日起计算;违反劳动保障法律、法规或者规章的行为有连续或者继续状态的,自行为终了之日起计算。

第二十一条 用人单位违反劳动保障法律、法规或者规章,对劳动者造成损害的,依法承担赔偿责任。劳动者与用人单位就赔偿发生争议的,依照国家有关劳动争议处理的规定处理。

对应当通过劳动争议处理程序解决的事项或者已经按照劳动争议处理程序申请调解、仲裁或者已经提起诉讼的事项,劳动保障行政部门应当告知投诉人依照劳动争议处理或者诉讼的程序办理。

第二十二条 劳动保障行政部门应当建立用人单位劳动保障守法诚信档案。用人单位有重大违反劳动保障法律、法规或者规章的行为的,由有关的劳动保障行政部门向社会公布。

第四章　法律责任

第二十三条 用人单位有下列行为之一的,由劳动保障行政部门责令改正,按照受侵害的劳动者每人1000元以上5000元以下的标准计算,处以罚款:

(一)安排女职工从事矿山井下劳动、国家规定的第四级体力劳动强度的劳动或者其他禁忌从事的劳动的;

(二)安排女职工在经期从事高处、低温、冷水作业或者国家规定的第三级体力劳动强度的劳动的;

(三)安排女职工在怀孕期间从事国家规定的第三级体力劳动强度的劳动或者孕期禁忌从事的劳动的;

(四)安排怀孕7个月以上的女职工夜班劳动或者延长其工作时间的;

(五)女职工生育享受产假少于90天的;

(六)安排女职工在哺乳未满1周岁的婴儿期间从事国家规定的第三级体力劳动强度的劳动或者哺乳期禁忌从事的其他劳动,以及延长其工作时间或者安排其夜班劳动的;

（七）安排未成年工从事矿山井下、有毒有害、国家规定的第四级体力劳动强度的劳动或者其他禁忌从事的劳动的；

（八）未对未成年工定期进行健康检查的。

第二十四条 用人单位与劳动者建立劳动关系不依法订立劳动合同的，由劳动保障行政部门责令改正。

第二十五条 用人单位违反劳动保障法律、法规或者规章延长劳动者工作时间的，由劳动保障行政部门给予警告，责令限期改正，并可以按照受侵害的劳动者每人100元以上500元以下的标准计算，处以罚款。

第二十六条 用人单位有下列行为之一的，由劳动保障行政部门分别责令限期支付劳动者的工资报酬、劳动者工资低于当地最低工资标准的差额或者解除劳动合同的经济补偿；逾期不支付的，责令用人单位按照应付金额50%以上1倍以下的标准计算，向劳动者加付赔偿金：

（一）克扣或者无故拖欠劳动者工资报酬的；

（二）支付劳动者的工资低于当地最低工资标准的；

（三）解除劳动合同未依法给予劳动者经济补偿的。

第二十七条 用人单位向社会保险经办机构申报应缴纳的社会保险费数额时，瞒报工资总额或者职工人数的，由劳动保障行政部门责令改正，并处瞒报工资数额1倍以上3倍以下的罚款。

骗取社会保险待遇或者骗取社会保险基金支出的，由劳动保障行政部门责令退还，并处骗取金额1倍以上3倍以下的罚款；构成犯罪的，依法追究刑事责任。

第二十八条 职业介绍机构、职业技能培训机构或者职业技能考核鉴定机构违反国家有关职业介绍、职业技能培训或者职业技能考核鉴定的规定的，由劳动保障行政部门责令改正，没收违法所得，并处1万元以上5万元以下的罚款；情节严重的，吊销许可证。

未经劳动保障行政部门许可，从事职业介绍、职业技能培训或者职业技能考核鉴定的组织或者个人，由劳动保障行政部门、工商行政管理部门依照国家有关无照经营查处取缔的规定查处取缔。

第二十九条 用人单位违反《中华人民共和国工会法》，有下列行为之一的，由劳动保障行政部门责令改正：

（一）阻挠劳动者依法参加和组织工会，或者阻挠上级工会帮助、指导劳动者筹建工会的；

（二）无正当理由调动依法履行职责的工会工作人员的工作岗位，进行打击报复的；

（三）劳动者因参加工会活动而被解除劳动合同的；

（四）工会工作人员因依法履行职责被解除劳动合同的。

第三十条 有下列行为之一的,由劳动保障行政部门责令改正;对有第(一)项、第(二)项或者第(三)项规定的行为的,处 2000 元以上 2 万元以下的罚款:

(一)无理抗拒、阻挠劳动保障行政部门依照本条例的规定实施劳动保障监察的;

(二)不按照劳动保障行政部门的要求报送书面材料,隐瞒事实真相,出具伪证或者隐匿、毁灭证据的;

(三)经劳动保障行政部门责令改正拒不改正,或者拒不履行劳动保障行政部门的行政处理决定的;

(四)打击报复举报人、投诉人的。

违反前款规定,构成违反治安管理行为的,由公安机关依法给予治安管理处罚;构成犯罪的,依法追究刑事责任。

第三十一条 劳动保障监察员滥用职权、玩忽职守、徇私舞弊或者泄露在履行职责过程中知悉的商业秘密的,依法给予行政处分;构成犯罪的,依法追究刑事责任。

劳动保障行政部门和劳动保障监察员违法行使职权,侵犯用人单位或者劳动者的合法权益的,依法承担赔偿责任。

第三十二条 属于本条例规定的劳动保障监察事项,法律、其他行政法规对处罚另有规定的,从其规定。

第五章　附　　则

第三十三条 对无营业执照或者已被依法吊销营业执照,有劳动用工行为的,由劳动保障行政部门依照本条例实施劳动保障监察,并及时通报工商行政管理部门予以查处取缔。

第三十四条 国家机关、事业单位、社会团体执行劳动保障法律、法规和规章的情况,由劳动保障行政部门根据其职责,依照本条例实施劳动保障监察。

第三十五条 劳动安全卫生的监督检查,由卫生部门、安全生产监督管理部门、特种设备安全监督管理部门等有关部门依照有关法律、行政法规的规定执行。

第三十六条 本条例自 2004 年 12 月 1 日起施行。

劳动和社会保障部关于实施
《劳动保障监察条例》若干规定

发文机关：劳动和社会保障部　　　　文号：劳动和社会保障部令第 25 号
发文日期：2004 年 12 月 31 日　　　　生效日期：2005 年 2 月 1 日

第一章　总　则

第一条　为了实施《劳动保障监察条例》，规范劳动保障监察行为，制定本规定。

第二条　劳动保障行政部门及所属劳动保障监察机构对企业和个体工商户（以下称用人单位）遵守劳动保障法律、法规和规章（以下简称劳动保障法律）的情况进行监察，适用本规定；对职业介绍机构、职业技能培训机构和职业技能考核鉴定机构进行劳动保障监察，依照本规定执行；对国家机关、事业单位、社会团体执行劳动保障法律情况进行劳动保障监察，根据劳动保障行政部门的职责，依照本规定执行。

第三条　劳动保障监察遵循公正、公开、高效、便民的原则。

实施劳动保障行政处罚坚持以事实为依据，以法律为准绳，坚持教育与处罚相结合，接受社会监督。

第四条　劳动保障监察实行回避制度。

第五条　县级以上劳动保障行政部门设立的劳动保障监察行政机构和劳动保障行政部门依法委托实施劳动保障监察的组织（以下统称劳动保障监察机构）具体负责劳动保障监察管理工作。

第二章　一般规定

第六条　劳动保障行政部门对用人单位及其劳动场所的日常巡视检查，应当制定年度计划和中长期规划，确定重点检查范围，并按照现场检查的规定进行。

第七条　劳动保障行政部门对用人单位按照要求报送的有关遵守劳动保障法律情况的书面材料应进行审查，并对审查中发现的问题及时予以纠正和查处。

第八条　劳动保障行政部门可以针对劳动保障法律实施中存在的重点问题集中组织专项检查活动，必要时，可以联合有关部门或组织共同进行。

第九条　劳动保障行政部门应当设立举报、投诉信箱，公开举报、投诉电话，依法查处举报和投诉反映的违反劳动保障法律的行为。

第三章 受理与立案

第十条 任何组织或个人对违反劳动保障法律的行为,有权向劳动保障行政部门举报。

第十一条 劳动保障行政部门对举报人反映的违反劳动保障法律的行为应当依法予以查处,并为举报人保密;对举报属实,为查处重大违反劳动保障法律的行为提供主要线索和证据的举报人,给予奖励。

第十二条 劳动者对用人单位违反劳动保障法律、侵犯其合法权益的行为,有权向劳动保障行政部门投诉。对因同一事由引起的集体投诉,投诉人可推荐代表投诉。

第十三条 投诉应当由投诉人向劳动保障行政部门递交投诉文书。书写投诉文书确有困难的,可以口头投诉,由劳动保障监察机构进行笔录,并由投诉人签字。

第十四条 投诉文书应当载明下列事项:

(一)投诉人的姓名、性别、年龄、职业、工作单位、住所和联系方式,被投诉用人单位的名称、住所、法定代表人或者主要负责人的姓名、职务;

(二)劳动保障合法权益受到侵害的事实和投诉请求事项。

第十五条 有下列情形之一的投诉,劳动保障行政部门应当告知投诉人依照劳动争议处理或者诉讼程序办理:

(一)应当通过劳动争议处理程序解决的;

(二)已经按照劳动争议处理程序申请调解、仲裁的;

(三)已经提起劳动争议诉讼的。

第十六条 下列因用人单位违反劳动保障法律行为对劳动者造成损害,劳动者与用人单位就赔偿发生争议的,依照国家有关劳动争议处理的规定处理:

(一)因用人单位制定的劳动规章制度违反法律、法规规定,对劳动者造成损害的;

(二)因用人单位违反对女职工和未成年工的保护规定,对女职工和未成年工造成损害的;

(三)因用人单位原因订立无效合同,对劳动者造成损害的;

(四)因用人单位违法解除劳动合同或者故意拖延不订立劳动合同,对劳动者造成损害的;

(五)法律、法规和规章规定的其他因用人单位违反劳动保障法律的行为,对劳动者造成损害的。

第十七条 劳动者或者用人单位与社会保险经办机构发生的社会保险行政争议,按照《社会保险行政争议处理办法》处理。

第十八条 对符合下列条件的投诉,劳动保障行政部门应当在接到投诉之日起5个工作日内依法受理,并于受理之日立案查处:

（一）违反劳动保障法律的行为发生在 2 年内的；

（二）有明确的被投诉用人单位，且投诉人的合法权益受到侵害是被投诉用人单位违反劳动保障法律的行为所造成的；

（三）属于劳动保障监察职权范围并由受理投诉的劳动保障行政部门管辖。

对不符合第一款第（一）项规定的投诉，劳动保障行政部门应当在接到投诉之日起5 个工作日内决定不予受理，并书面通知投诉人。

对不符合第一款第（二）项规定的投诉，劳动保障监察机构应当告知投诉人补正投诉材料。

对不符合第一款第（三）项规定的投诉，即对不属于劳动保障监察职权范围的投诉，劳动保障监察机构应当告诉投诉人；对属于劳动保障监察职权范围但不属于受理投诉的劳动保障行政部门管辖的投诉，应当告知投诉人向有关劳动保障行政部门提出。

第十九条 劳动保障行政部门通过日常巡视检查、书面审查、举报等发现用人单位有违反劳动保障法律的行为，需要进行调查处理的，应当及时立案查处。

立案应当填写立案审批表，报劳动保障监察机构负责人审查批准。劳动保障监察机构负责人批准之日即为立案之日。

第四章　调查与检查

第二十条 劳动保障监察员进行调查、检查不得少于 2 人。劳动保障监察机构应指定其中 1 名为主办劳动保障监察员。

第二十一条 劳动保障监察员对用人单位遵守劳动保障法律情况进行监察时，应当遵循以下规定：

（一）进入用人单位时，应佩戴劳动保障监察执法标志，出示劳动保障监察证件，并说明身份；

（二）就调查事项制作笔录，应由劳动保障监察员和被调查人（或其委托代理人）签名或盖章。被调查人拒不签名、盖章的，应注明拒签情况。

第二十二条 劳动保障监察员进行调查、检查时，承担下列义务：

（一）依法履行职责，秉公执法；

（二）保守在履行职责过程中获知的商业秘密；

（三）为举报人保密。

第二十三条 劳动保障监察员在实施劳动保障监察时，有下列情形之一的，应当回避：

（一）本人是用人单位法定代表人或主要负责人的近亲属的；

（二）本人或其近亲属与承办查处的案件事项有直接利害关系的；

（三）因其他原因可能影响案件公正处理的。

第二十四条 当事人认为劳动保障监察员符合本规定第二十三条规定应当回避的,有权向劳动保障行政部门申请,要求其回避。当事人申请劳动保障监察员回避,应当采用书面形式。

第二十五条 回避决定应在收到申请之日起 3 个工作日内作出。作出回避决定前,承办人员不得停止对案件的调查处理。对回避申请的决定,应当告知申请人。

承办人员的回避,由劳动保障监察机构负责人决定;劳动保障监察机构负责人的回避,由劳动保障行政部门负责人决定。

第二十六条 劳动保障行政部门实施劳动保障监察,有权采取下列措施:

（一）进入用人单位的劳动场所进行检查;

（二）就调查、检查事项询问有关人员;

（三）要求用人单位提供与调查、检查事项相关的文件资料,必要时可以发出调查询问书;

（四）采取记录、录音、录像、照相和复制等方式收集有关的情况和资料;

（五）对事实确凿、可以当场处理的违反劳动保障法律、法规或规章的行为当场予以纠正;

（六）可以委托注册会计师事务所对用人单位工资支付、缴纳社会保险费的情况进行审计;

（七）法律、法规规定可以由劳动保障行政部门采取的其他调查、检查措施。

第二十七条 劳动保障行政部门调查、检查时,有下列情形之一的可以采取证据登记保存措施:

（一）当事人可能对证据采取伪造、变造、毁灭行为的;

（二）当事人采取措施不当可能导致证据灭失的;

（三）不采取证据登记保存措施以后难以取得的;

（四）其他可能导致证据灭失的情形的。

第二十八条 采取证据登记保存措施应当按照下列程序进行:

（一）劳动保障监察机构根据本规定第二十七条的规定,提出证据登记保存申请,报劳动保障行政部门负责人批准;

（二）劳动保障监察员将证据登记保存通知书及证据登记清单交付当事人,由当事人签收。当事人拒不签名或者盖章的,由劳动保障监察员注明情况;

（三）采取证据登记保存措施后,劳动保障行政部门应当在 7 日内及时作出处理决定,期限届满后应当解除证据登记保存措施。

在证据登记保存期内,当事人或者有关人员不得销毁或者转移证据;劳动保障监察机构及劳动保障监察员可以随时调取证据。

第二十九条 劳动保障行政部门在实施劳动保障监察中涉及异地调查取证的,可以委托当地劳动保障行政部门协助调查。受委托方的协助调查应在双方商定的时间内完成。

第三十条 劳动保障行政部门对违反劳动保障法律的行为的调查,应当自立案之日起 60 个工作日内完成;情况复杂的,经劳动保障行政部门负责人批准,可以延长 30 个工作日。

第五章 案件处理

第三十一条 对用人单位存在的违反劳动保障法律的行为事实确凿并有法定处罚(处理)依据的,可以当场作出限期整改指令或依法当场作出行政处罚决定。

当场作出限期整改指令或行政处罚决定的,劳动保障监察员应当填写预定格式、编有号码的限期整改指令书或行政处罚决定书,当场交付当事人。

第三十二条 当场处以警告或罚款处罚的,应当按照下列程序进行:

(一)口头告知当事人违法行为的基本事实、拟作出的行政处罚、依据及其依法享有的权利;

(二)听取当事人的陈述和申辩;

(三)填写预定格式的处罚决定书;

(四)当场处罚决定书应当由劳动保障监察员签名或者盖章;

(五)将处罚决定书当场交付当事人,由当事人签收。

劳动保障监察员应当在 2 日内将当场限期整改指令和行政处罚决定书存档联交所属劳动保障行政部门存档。

第三十三条 对不能当场作出处理的违法案件,劳动保障监察员经调查取证,应当提出初步处理建议,并填写案件处理报批表。

案件处理报批表应写明被处理单位名称、案由、违反劳动保障法律行为事实、被处理单位的陈述、处理依据、建议处理意见。

第三十四条 对违反劳动保障法律的行为作出行政处罚或者行政处理决定前,应当告知用人单位,听取其陈述和申辩;法律、法规规定应当依法听证的,应当告知用人单位有权依法要求举行听证;用人单位要求听证的,劳动保障行政部门应当组织听证。

第三十五条 劳动保障行政部门对违反劳动保障法律的行为,根据调查、检查的结果,作出以下处理:

(一)对依法应当受到行政处罚的,依法作出行政处罚决定;

(二)对应当改正未改正的,依法责令改正或者作出相应的行政处理决定;

(三)对情节轻微,且已改正的,撤销立案。

经调查、检查,劳动保障行政部门认定违法事实不能成立的,也应当撤销立案。

发现违法案件不属于劳动保障监察事项的,应当及时移送有关部门处理;涉嫌犯罪的,应当依法移送司法机关。

第三十六条 劳动保障监察行政处罚(处理)决定书应载明下列事项:

(一)被处罚(处理)单位名称、法定代表人、单位地址;

(二)劳动保障行政部门认定的违法事实和主要证据;

(三)劳动保障行政处罚(处理)的种类和依据;

(四)处罚(处理)决定的履行方式和期限;

(五)不服行政处罚(处理)决定,申请行政复议或者提起行政诉讼的途径和期限;

(六)作出处罚(处理)决定的行政机关名称和作出处罚(处理)决定的日期。

劳动保障行政处罚(处理)决定书应当加盖劳动保障行政部门印章。

第三十七条 劳动保障行政部门立案调查完成,应在 15 个工作日内作出行政处罚(行政处理或者责令改正)或者撤销立案决定;特殊情况,经劳动保障行政部门负责人批准可以延长。

第三十八条 劳动保障监察限期整改指令书、劳动保障行政处理决定书、劳动保障行政处罚决定书应当在宣告后当场交付当事人;当事人不在场的,劳动保障行政部门应当在 7 日内依照《中华人民共和国民事诉讼法》的有关规定,将劳动保障监察限期整改指令书、劳动保障行政处理决定书、劳动保障行政处罚决定书送达当事人。

第三十九条 作出行政处罚、行政处理决定的劳动保障行政部门发现决定不适当的,应当予以纠正并及时告知当事人。

第四十条 劳动保障监察案件结案后应建立档案。档案资料应当至少保存三年。

第四十一条 劳动保障行政处理或处罚决定依法作出后,当事人应当在决定规定的期限内予以履行。

第四十二条 当事人对劳动保障行政处理或行政处罚决定不服申请行政复议或者提起行政诉讼的,行政处理或行政处罚决定不停止执行。法律另有规定的除外。

第四十三条 当事人确有经济困难,需要延期或者分期缴纳罚款的,经当事人申请和劳动保障行政部门批准,可以暂缓或者分期缴纳。

第四十四条 当事人对劳动保障行政部门作出的行政处罚决定、责令支付劳动者工资报酬、赔偿金或者征缴社会保险费等行政处理决定逾期不履行的,劳动保障行政部门可以申请人民法院强制执行,或者依法强制执行。

第四十五条 除依法当场收缴的罚款外,作出罚款决定的劳动保障行政部门及其劳动保障监察员不得自行收缴罚款。当事人应当自收到行政处罚决定书之日起 15 日内,到指定银行缴纳罚款。

第四十六条 地方各级劳动保障行政部门应当按照劳动保障部有关规定对承办的案件进行统计并填表上报。

地方各级劳动保障行政部门制作的行政处罚决定书,应当在 10 个工作日内报送上一级劳动保障行政部门备案。

第六章　附　则

第四十七条　对无营业执照或者已被依法吊销营业执照,有劳动用工行为的,由劳动保障行政部门依照本规定实施劳动保障监察。

第四十八条　本规定自 2005 年 2 月 1 日起施行。原《劳动监察规定》(劳部发〔1993〕167 号)、《劳动监察程序规定》(劳部发〔1995〕457 号)、《处理举报劳动违法行为规定》(劳动部令第 5 号,1996 年 12 月 17 日)同时废止。

浙江省劳动保障监察条例

发文机关:浙江省人大常委会　文号:浙江省第十届人大常委会公告第 41 号
发文日期:2005 年 4 月 14 日　生效日期:2005 年 7 月 1 日

第一章　总　则

第一条　为加强和规范劳动和社会保障监察(以下简称劳动保障监察)工作,维护劳动者的合法权益,促进经济发展和社会稳定,根据《中华人民共和国劳动法》和国务院《劳动保障监察条例》等有关法律、法规,结合本省实际,制定本条例。

第二条　对本省行政区域内的企业、个体工商户、民办非企业单位(以下统称用人单位)实施劳动保障监察,适用本条例。

对职业介绍机构、职业技能培训机构和职业技能考核鉴定机构进行劳动保障监察,依照本条例执行。

第三条　县级以上人民政府劳动保障行政部门主管本行政区域内的劳动保障监察工作。

财政、税务、经贸、工商、公安、建设、监察、卫生、审计等有关行政部门和共青团、妇联等人民团体应当依照各自职责,依法配合劳动保障行政部门做好劳动保障监察工作。

第四条　县级以上人民政府应当加强劳动保障监察工作。劳动保障监察工作所需经费列入本级财政预算。

第五条　各级工会依照《中华人民共和国劳动法》和《中华人民共和国工会法》的规定,依法维护劳动者的合法权益,对用人单位遵守劳动保障法律、法规、规章的情况进行监督。

第六条　任何组织或者个人对劳动保障违法行为,有权向劳动保障行政部门举报。

劳动保障行政部门对举报属实,为查处重大劳动保障违法行为提供主要线索和证据的举报人,给予奖励。

第二章　监察机构及职责

第七条　县级以上劳动保障行政部门设置劳动保障监察机构,根据监察任务的需要配备专职劳动保障监察人员。

劳动保障行政部门可以委托劳动保障监察机构实施劳动保障监察。

第八条 县级劳动保障行政部门根据劳动保障监察工作需要,在本行政区域内的乡(镇)、街道设立劳动保障监察派出机构或者兼职人员,协助处理有关的劳动保障监察事项。

第九条 劳动保障行政部门或者劳动保障监察机构中实施劳动保障监察的人员(以下称劳动保障监察员)应当熟悉劳动保障法律、法规、规章和监察业务,经考核合格,取得劳动保障监察员证后方可从事劳动保障监察工作。

第十条 劳动保障监察员履行法定职责和职权,必须严格遵守法定程序,文明执法,廉洁奉公。劳动保障监察员应当严格遵守工作纪律,不得泄露举报人的有关情况和被检查单位的商业秘密。

第十一条 劳动保障行政部门可以从政府有关部门,工会、共青团、妇联等人民团体,企业事业单位中聘请劳动保障法律监督员,协助劳动保障行政部门依法开展工作。

劳动保障法律监督员向劳动保障行政部门反映或者转达与劳动保障工作相关的建议、意见和要求的,劳动保障行政部门应当认真听取并予以答复;对劳动保障法律监督员提请处理的劳动保障违法行为,劳动保障行政部门应当及时依法处理。

第十二条 劳动保障行政部门依照国务院《劳动保障监察条例》第十一条规定的范围实施劳动保障监察。

劳动保障行政部门对下列劳动保障违法行为应当依法查处:

(一)用人单位非法招用未满十六周岁未成年人的;

(二)用人单位在招用劳动者时收取保证金、押金等费用或者扣押劳动者证件的;

(三)用人单位不依法签订劳动合同或者违法解除劳动合同的;

(四)用人单位强迫劳动者延长工作时间的;

(五)用人单位克扣或者无故拖欠劳动者工资的;

(六)用人单位拒不支付或者不按标准支付劳动者延长工作时间的工资报酬和节假日加班工资报酬的;

(七)用人单位低于当地最低工资标准支付工资的;

(八)用人单位解除劳动合同后,不按劳动保障法律、法规、规章的规定给予劳动者经济补偿的;

(九)用人单位违反女职工、未成年工、残疾人特殊劳动保护规定的;

(十)用人单位使用应当取得而未取得国家职业资格证书的劳动者从事相应技术工种的;

(十一)用人单位不依法参加社会保险的;

(十二)职业介绍机构、职业技能培训机构和职业技能考核鉴定机构违反国家有关职业介绍、职业技能培训和职业技能考核鉴定的规定的;

(十三)其他违反劳动保障法律、法规、规章的行为。

第三章　劳动保障监察的实施

第十三条　对用人单位的劳动保障监察,由用人单位用工行为所在地的县级或者设区的市劳动保障行政部门管辖。

上级劳动保障行政部门根据工作需要,可以直接调查处理下级劳动保障行政部门管辖的案件;下级劳动保障行政部门对其管辖范围内的案件,认为需要上级劳动保障行政部门处理的,可以提请上级劳动保障行政部门处理。

劳动保障行政部门之间对管辖有争议的,应当报请共同的上一级劳动保障行政部门指定管辖。

第十四条　劳动保障监察采取日常巡视检查、书面审查、专项检查、举报投诉调查等形式。

第十五条　劳动保障行政部门应当建立用人单位劳动保障守法诚信档案,并无偿向社会提供查询服务。用人单位有重大违反劳动保障法律、法规、规章行为的,有关的劳动保障行政部门可以将其违法行为向社会公布。

税务、工商、劳动保障等行政部门应当共享用人单位有关信息资料。

第十六条　劳动保障行政部门实行书面审查时,应当事先公告通知。用人单位进行自查后,应当如实填报有关材料,接受劳动保障行政部门的核查。

劳动保障行政部门应当逐步推行通过互联网进行书面审查。

第十七条　各级总工会和产业工会发现用人单位有劳动保障违法行为的,有权提请有管辖权的劳动保障行政部门依法处理。劳动保障行政部门对工会提出的处理要求,应当依法办理,并将处理结果告知工会。

第十八条　劳动保障行政部门应当建立健全举报投诉制度,设置举报投诉信箱及电子信箱,公布举报投诉电话,指定专人受理举报投诉。

第十九条　举报人举报劳动保障违法行为的,需提供被举报用人单位的名称、住所和违法事实。举报可以采用书面、口头、电话或者电子邮件等形式提出。鼓励举报人署名举报。

第二十条　劳动者认为用人单位侵犯其劳动保障合法权益的,有权向劳动保障行政部门投诉,要求劳动保障行政部门依法保护其合法权益。对因同一事由引起的集体投诉,投诉人可以推选代表投诉,推选的代表最多不超过五人。

第二十一条　投诉人投诉时应当向劳动保障行政部门递交投诉文书。书写投诉文书有困难的,可以口头投诉,由劳动保障行政部门指定人员进行笔录,由投诉人在笔录上签字。

第二十二条　投诉事项有下列情形之一的,劳动保障行政部门不予受理,并及时书面告知投诉人:

（一）投诉事项不属于劳动保障监察范围的；

（二）投诉事项应当或者已经按照劳动争议处理程序申请仲裁，或者已经提起劳动争议诉讼的；

（三）投诉人不提供被投诉用人单位的名称、住所以及合法权益受侵害的事实等基本情况的。

第二十三条 劳动保障行政部门应当自接到投诉之日起五个工作日内依法决定是否受理，并于受理之日起立案查处。劳动保障行政部门通过日常巡视检查、书面审查、专项检查、接受举报等形式发现用人单位有劳动保障违法行为，需要进行调查处理的，应当及时立案查处。

第二十四条 劳动保障监察员进行调查、检查时不得少于二人，并应当佩戴劳动保障监察标志，出示劳动保障监察证件。

劳动保障监察实行回避制度。劳动保障监察员的回避，由劳动保障监察机构负责人决定；劳动保障监察机构负责人的回避，由本级劳动保障行政部门负责人决定。

第二十五条 劳动保障监察员进行现场监察时，被检查对象有关负责人及其他有关人员应当如实回答询问，如实提供用工考勤、工资支付、劳动合同履行等情况及其他相关资料，不得阻挠、隐瞒、规避。

现场监察应当制作笔录，并由劳动保障监察员和被检查单位有关当事人签名或者盖章，被检查单位拒绝签名或者盖章的，由劳动保障监察员注明拒签事由。

第二十六条 劳动保障行政部门在调查拖欠工资的投诉时，被投诉的用人单位负有提供工资支付凭证等证据的义务。用人单位拒绝提供或者逾期不能提供证据证明未拖欠工资的，劳动保障行政部门可以根据投诉人提供的材料认定事实，并责令用人单位限期支付工资。

第二十七条 劳动保障行政部门实施劳动保障监察时，可以向用人单位及其有关人员发出劳动保障监察询问通知书，用人单位及其有关人员应当按劳动保障监察询问通知书规定的时限和要求予以回复。

第二十八条 劳动保障监察员对事实清楚、证据确凿、可以当场处理的劳动保障违法行为，有权当场予以制止和纠正；对符合当场处罚规定的，可以按规定填写行政处罚决定书当场交付当事人，并及时报劳动保障行政部门备案。

第二十九条 劳动保障行政部门在查处劳动保障违法行为时，在证据可能灭失或者事后难以取得的情况下，经本部门负责人批准，可以先行登记保存，并应当在七日内依法作出处理决定。当事人不得销毁或者转移登记保存的证据。

第三十条 劳动保障行政部门立案查处的劳动保障违法案件，应当在六十个工作日内完成调查；情况复杂的，经劳动保障行政部门负责人批准，可以延长三十个工作日。

因当事人逃匿、无法取得相关证据或者其他法定事由，致使调查无法进行的，经本级劳动保障行政部门负责人批准,中止案件的调查。中止调查的情形消除后,劳动保障行政部门应当恢复调查。自恢复调查之日起,调查期限继续计算。

延长调查期限和中止调查的案件有投诉人的,劳动保障行政部门应当自批准延长调查期限或者中止调查之日起三日内书面告知投诉人。

第三十一条 当事人对劳动保障行政部门作出的行政处罚决定及责令支付劳动者工资报酬、经济补偿金、赔偿金等行政处理决定,在法定期限内不申请行政复议、也不提起行政诉讼、又不履行决定的,劳动保障行政部门可以申请人民法院强制执行。

第三十二条 上级劳动保障行政部门应当加强对下级劳动保障行政部门劳动保障监察工作的监督、指导和协调。

劳动保障行政部门作出行政处罚决定,应当在十个工作日内报上一级劳动保障行政部门备案。涉及重大劳动保障违法行为的,应当随时报告。

本级人民政府和上级劳动保障行政部门经审查发现劳动保障行政部门作出的行政处理决定和行政处罚决定违法或者不当的,应当责令限期纠正;逾期不纠正的,有权予以变更或者撤销。

第三十三条 各级人民政府及其有关部门应当建立健全劳动保障方面的预警机制。

对劳动保障方面的群体性突发事件,劳动保障行政部门应当会同有关部门立即调查处理,并按应急处置预案及时报告同级人民政府和上一级劳动保障行政部门。

各级人民政府可以安排必要的资金,用于劳动保障方面的突发性群体事件的应急保障。

第三十四条 对建筑业和其他特殊行业,可以实行职工工资支付担保或者保障金等职工工资支付保证制度。具体办法由省人民政府制定。

第四章　法律责任

第三十五条 违反本条例的行为,法律、法规已有行政处罚规定的,按照法律、法规的规定执行。

第三十六条 有下列行为之一的,由劳动保障行政部门责令限期改正,并处以二千元以上二万元以下的罚款:

(一)阻挠劳动保障监察员依法进入工作场所检查、调查的;

(二)销毁或者转移先行登记保存证据的;

(三)拒不执行劳动保障监察询问通知书的。

第三十七条 劳动保障行政部门、劳动保障监察机构或者劳动保障监察员有下列行为之一的,对该部门或者机构直接负责的主管人员和有关责任人员或者该劳动保障监察员依法给予行政或者纪律处分;构成犯罪的,依法追究刑事责任:

（一）利用职权谋取私利的；

（二）泄露被检查单位商业秘密的；

（三）泄露举报人有关情况的；

（四）不依法受理投诉或者受理投诉后不及时处理的；

（五）有其他徇私舞弊、滥用职权、玩忽职守行为的。

第三十八条　劳动保障行政部门和劳动保障监察员违法行使职权，侵犯用人单位或者劳动者合法权益的，依法承担赔偿责任。

第五章　附　则

第三十九条　无照经营者有劳动用工行为的，由劳动保障行政部门依照本条例规定实施劳动保障监察，并及时通报工商行政管理部门予以取缔。

第四十条　对国家机关、事业单位、社会团体执行劳动保障法律、法规、规章的情况进行监督检查，由劳动保障行政部门根据其职责，依照本条例规定实施。

第四十一条　劳动安全卫生的监督检查，由卫生部门、安全生产监督管理部门、特种设备安全监督管理部门等有关部门依照有关法律、行政法规的规定执行。

第四十二条　本条例自 2005 年 7 月 1 日起施行。1997 年 1 月 15 日浙江省人民政府发布的《浙江省劳动监察规定》同时废止。

图书在版编目(CIP)数据

浙江省劳动争议处理实用手册 / 陈松涛主编. —杭
州:浙江大学出版社,2019.3
ISBN 978-7-308-19005-3

Ⅰ.①浙… Ⅱ.①陈… Ⅲ.①劳动争议—处理—浙江
—手册 Ⅳ.①D927.552.591.5

中国版本图书馆 CIP 数据核字(2019)第 044075 号

浙江省劳动争议处理实用手册

陈松涛 主编

责任编辑	石国华	
责任校对	杨利军	陈逸行
封面设计	赵邦峰	周 灵
出版发行	浙江大学出版社	
	(杭州市天目山路 148 号 邮政编码 310007)	
	(网址:http://www.zjupress.com)	
排 版	杭州星云光电图文制作有限公司	
印 刷	杭州高腾印务有限公司	
开 本	710mm×1000mm 1/16	
印 张	21	
字 数	430 千	
版 印 次	2019 年 3 月第 1 版 2019 年 3 月第 1 次印刷	
书 号	ISBN 978-7-308-19005-3	
定 价	58.00 元	

浙江大学出版社市场运营中心联系方式:0571-88925591;http://zjdxcbs.tmall.com